주역의 힘

리더십부터 조직론까지 주역 읽기의 혁명

주역의 힘

리더십부터 조직론까지 주역 읽기의 혁명

문킨축 지음
박문현·임형석 옮김

글항아리

머리말

중국 문화의 근원은 『주역』입니다. 『주역』은 중국의 전통문화가 발전하는 과정에 막대한 영향을 끼쳤지요. 또한 유가사상과 도가사상, 병가사상도 모두 『주역』과 아주 깊은 관계를 맺고 있습니다. 나아가 점술이나 사주팔자, 풍수, 한의학, 무술, 기공 따위의 일상생활마저도 『주역』에 담긴 생각으로부터 영향을 받았지요. 그러므로 중국의 전통문화를 '주역 문화'라고도 할 수 있을 정도입니다. 지난날 『주역』을 연구하던 사람들 중에는 『주역』의 이치에만 치우친 사람도 있었고 술수에만 치우친 사람도 있었지만 양쪽이 모두 영향을 끼치고 있습니다.

중국의 전통문화에 관한 책 가운데 『주역』이 가장 도전해볼 만합니다. 왜냐하면 『주역』은 이러쿵저러쿵 지식을 논하는 것이 아니라 지혜를 중심으로 사고하는 책이기 때문입니다. 지식은 시공간의 제한을 받지만 지혜는 영원성을 가지고 있습니다. 지난날의 지식은 오늘날 실용적이지 않을 수 있지만 지난날의 지혜는 도움이 되는 경우가 여전히 많습니다. 지식은 지혜의 기초이고, 지혜는 지식의 승화입니다. 『주역』이 중국의 전통문화에서 오랫동안 지위를 유지할 수 있었던 까닭이 바로 여기에 있습니다.

당나라 태종 때의 재상 우세남虞世南은 이렇게 말했습니다. "『주역』을 읽지 않으면 재상이 될 수 없다不讀易 不可爲相." 명나라의 유명한 재상 장거정張居正도 『주역』을 대단히 높이 평가했지요. 재상은 지난날 황제가 다스리던 시절 행정부의 수반이었고, 『주역』에 환하게 통달하는 일은 재상이 되려면 반드시 갖춰야 하는 조건이었습니다. 이를 통해 우리는 『주역』의 지혜가 사람을 대하거나 일을 처리하는 경우에만 국한되지 않고, 리더십과 관련되어 있다는 사실을 알 수 있습니다. 정부나 사회, 기업 등을 아우르는 현대적 조직에는 리더나 리더 그룹이 있습니다. 이들 각자의 능력에는 높낮이가 있게 마련이지요. 그저 전문 지식만 갖춘 리더에게 의존할 것이 아니라 리더십으로 리더의 능력을 판단해야 합니다. 시공간을 장악하고 적당한 조치를 취해서 조직을 안정적으로 발전시킬 수 있는 힘이 리더십입니다.

조직의 리더는 조직 전체의 이익 추구를 가장 중요한 임무로 삼아야만 하겠지요. 리더는 목표를 달성하기 위해 조직 구성원의 능력을 응집시키는 힘을 갖추어야 하고, 구성원들이 화합 정신을 가질 수 있게 해야 하며, 고도의 구심력을 형성해야 합니다. 아울러 조직을 지속적으로 발전시킬 수 있는 방법에 관한 안목과 능력도 지녀야 합니다. 조직에 부패 현상이 나타났을 때, 리더는 재빨리 조직을 변혁해서 낡은 것을 없애고 바른 기준을 새롭게 세워야 합니다. 사물이 발전할 때는 순환 현상과 물극필반物極必反 현상이 나타나는 경우가 많습니다. 리더는 인지 능력과 검증 능력을 갖추어 변동하고 있는 상황에 적응해야만 합니다. 조직이 곤경에 처했을 때도 리더는 변화에 놀라지 않는 의지력을 갖추고 침착하게 곤경에서 벗어나는 조치를 취해야 합니다. 경쟁하고 있을 때도 리더는 반드시 사람을 부리는 병법을 갖추어야만 합니다. 굳세고 부드러운 균형감도 리더가 갖추지 않으면 안 되는 덕목입니다. 그래서 『주역』은 사회 활동의 행위나 행동에 지침이 됩니다.

『주역』은 씩씩함剛健, 너그러움寬厚, 정성誠信, 올바름中正, 화목和衷, 겸손謙遜 같은 개인의 도덕 수양도 대단히 중요하게 생각합니다. 『주역』은 도덕 수양이 행위의 근거라고 생각하지요.

『주역』은 개인 인품의 수양이나 여러 행위의 지침을 제시하고 있습니다. 이것은 사실 『주역』의 지혜를 대표하며 '주역을 아는 유형의 리더'에게 없어서는 안 될 필요조건입니다. 물론 지식은 리더에게 중요하지만 지혜가 모자란다면 지식은 걸맞은 진가를 드러낼 수 없게 됩니다. 리더가 지식과 지혜를 함께 갖추고 있어야만 이것들이 알맞게 어울려 힘을 발휘하게 됩니다. 만약 지식을 '양陽'이라고 본다면 지혜는 '음陰'이 되어야겠지요. 음양이 기능을 합친다면 리더의 능력을 이상적으로 드러내도록 만들 수 있을 것입니다. 이 책은 이런 리더십의 중요성을 지적하고 있습니다.

조직이 안정적으로 발전하고 잠재력을 드러낼 수 있을지의 여부는 리더의 사고력과 상관이 있습니다. 훌륭한 사고력을 갖춘 리더는 사물의 변화에 관한 관계를 파악할 수 있고, 조직을 평온하게 이끌어 발전을 거듭하는 탄탄대로를 걷게 합니다. 『주역』은 리더의 사고방식을 단련시키는 작용을 합니다.『주역』의 변증법적·논리적·술수적·이미지적·직관적 사고 등은 리더가 사물을 관찰하거나 인식하고 사물을 개조하는 능력을 끌어올립니다.『주역』에 내포된 이런 기능이야말로『주역』이 오랫동안 매혹적인 영역으로 자리매김할 수 있었던 이유입니다.『주역』이 가진 원리적哲理性 사고방식을 오늘날 철학의 사고방식과 꼭 같은 것으로 볼 수 있다는 말은 아닙니다. 하지만 리더의 사고력을 끌어올리는데는 여전히 실용적입니다.

『주역』의 경문 부분은 역경이라고 합니다. 역경은 본디 점치는 책이고 『주역』이라고 불렀습니다. 역경에 역전易傳을 붙이면서 원리의 성질을 가지게 되었지요. 그래서『주역』은 역전이 풀이한 경문 형식을 띠게 되었습니다. 점술은 그저『주역』의 표면에 있는 껍데기일 뿐이고 이제 내면은 지혜와 원리를 포함하게 된 것이지요. 대대로『주역』과 관련된 저작이나 연구는 모두 역학이라고 할 수 있습니다. 역학의 연구 영역은 아주 광범위합니다. 철학과 문자학, 윤리, 정치, 역사, 의학, 수학, 자연과학 등의 여러 관점을 포괄합니다.『주역』은 그래서 '정해지지 않은無' 성질을 가지고 있다고 할 수 있습니다. 읽는 사람의 배경과 관심이 다르면『주역』에 대한 이해도 달라집니다. 읽는 사람마다 각자 필요한 것을 얻을 수 있습니다. "어진 사람은 어진 것을 보고, 지혜로운 사람은 지혜를 본다見仁見智"는 역전의 이치처럼 말입니다. 이 책은 조직을 담당하는 리더의 관점에서『주역』을 보기 때문에 제가 깨달은 '도' 역시 다른 학문 분야의 해석이나 체험과 약간 차이가 날 수밖에 없습니다. 그러나 기본적으로 사람을 대하고 일을 처리하는 원리입니다. 왜냐하면 조직의 리더가 직면한 문제는 주로 사람에 관한 문제이며 조직이 어떻게 잠재력을 표현하게 만들지 역시 리더가 어떻게 조직을 이끄는지에 달려 있기 때문입니다. 이것은 사람을 이끄는 방침이나 사람을 관리하는 문제일 것입니다.

이 책은 『주역』이 본디 가지고 있는 점술의 기능에 관해서도 논의하고 있습니다. 저는 점술을 미신으로 보기만 해도 안 되지만 예측과학으로 보기만 해도 안 된다고 생각합니다. 점술은 리더가 생각할 여유를 주는 도구입니다. 곧 점을 쳐서 얻은 괘의 형태나 괘사卦辭와 효사爻辭를 유추하고 연상하다보면 새로운 구상을 떠올릴 수도 있고 나아가 정책을 결정할 때 참고할 수도 있을 것입니다.

21세기는 지식이 이끄는 시대입니다. 만약 드러나는 지식이 드러나지 않는 지혜와 어울려 서로 보완하고 협력한다면 조직의 발전에 더욱 유리한 결과를 낳을 것입니다. 그러면 『주역』의 지혜도 새로운 시절에 본연의 능력을 드러낼 것입니다.

차 례

제1장

『주역』이란 무엇인가

『주역』, 역경, 역전, 역학

∷

본디 '주역'이라 일컬었던 책은 중국 한나라 때 사람들이 경전으로 존중하는 바람에 '역경'이라는 이름으로 부르기 시작했습니다. 『역경』은 그때부터 모든 경전의 으뜸이 되었지요. 『주역』은 본래 그냥 점을 치거나 괘를 뽑는 책으로서 서주西周 때 사람들이 지었습니다. 세상의 길흉화복과 인간의 행위를 헤아리는 지침으로 쓰려는 생각이었겠지요. '역易' 자는 변화라는 뜻을 가지고 있습니다. 그래서 『주역』이나 『역경』은 변화하는 현상을 중점적으로 이야기하고 있습니다. 서양에서도 『주역』을 '변화의 책The Book of Changes'이라고 번역합니다. '역'은 옛날 사람들이 점술에 관한 책을 통틀어 부르던 이름이었습니다. 따라서 『주역』이라는 이름도 주나라 때의 점술 책이라고 이해하면 됩니다. 왜냐하면 점칠 때 쓰던 '역'에는 『연산역連山易』 『귀장역歸藏易』 『주역』의 3가지가 있었기 때문입니다. 그러나 『연산역』과 『귀장역』은 오늘날 전해지지 않고 있습니다.

『주역』의 경문은 아주 간단해서 그때 사람들이 아니라면 이해하기가 매우 어렵게 되어 있습니다. 그래서 경문을 풀이하는 사람이나 경문에 담긴 뜻을 전수하는 사람들은 자기 관점을 보태지 않을 수 없었고, 그에 따라 『주역』의 경문, 곧 괘사와 효사를 풀이할 때 다른 입장을 지닌 전문적인 글이 나타나게 되었습니다. 『주역』의 오래된 경문을 풀이한 전문적인 글을 '역전'이라고 합니다. 『주역』을 전수한 전문적인 논문이라는 뜻입니다. 그래서 『주역』의 원래 경문 부분을 '역경'이라고 부르게 되었지요. 그러므로 『주역』은 사실 '역경'과 '역전'이라는 두 부분을 포괄하고 있습니다.

역전을 통틀어 가장 영향력이 있는 것은 다음의 10가지입니다.

1. 「단사상전象辭上傳」   2. 「단사하전象辭下傳」

3. 「상사상전象辭上傳」   4. 「상사하전象辭下傳」

5. 「문언전文言傳」   6. 「계사상전繫辭上傳」

7. 「계사하전繫辭下傳」   8. 「설괘전說卦傳」

9. 「서괘전序卦傳」   10. 「잡괘전雜卦傳」

이상 10가지를 '십익十翼'이라고도 합니다. 날개를 뜻하는 '익'은 『주역』의 경문 또는 역경을 풀이하는 참고서라는 뜻입니다.

「단전象傳」의 상편과 하편은 육십사괘六十四卦의 괘명卦名, 괘사卦辭,

『주역』이란
무엇인가

괘의卦義를 풀이합니다. 「상전象傳」의 상편과 하편은 크게 2가지로 나눌 수 있습니다. 괘상卦象을 풀이한 것은 「대상전大象傳」, 효사爻辭를 풀이한 것은 「소상전小象傳」이라고 부릅니다. "하늘의 운행은 씩씩하다. 군자는 그것을 근거로 끊임없이 노력한다天行健 君子以自強不息"라는 유명한 말은 「대상전」에 나옵니다. 「문언전」은 두 대목인데, 건괘와 곤괘의 괘사, 효사, 괘의를 자세히 설명하고 있습니다.

「계사전繫辭傳」의 상편과 하편은 역전에서 중요한 자리를 차지합니다. 음양 개념으로 『주역』의 괘상과 효상爻象을 설명하고 음양 사상으로 『주역』의 원리를 해설하고 있지요. '음과 양이 번갈아 바뀌는 것이 도다一陰一陽之謂道' '태극太極' '음양이 기능을 합친다陰陽合德' '강과 유가 서로 민다剛柔相推' '한계에 부딪히면 변하고, 변하면 통용하고, 통용하면 오래 지속된다窮則變 變則通 通則久' 등의 개념도 여기서 나옵니다. 「계사전」은 『주역』을 해설할 때 지은이 자신의 철학 사상을 녹여넣은 부분으로서 본디 점칠 때 쓰던 『주역』이 원리가 됩니다.

「설괘전」은 건乾, 곤坤, 진震, 손巽, 감坎, 이離, 간艮, 태兌라는 8가지 경괘經卦를 해설한 전문적인 글입니다. 팔괘八卦의 성질과 기능 및 팔괘가 가리키는 방위를 설명하고 있는 것으로서 점술의 중요한 근거를 제공합니다. 「서괘전」은 육십사괘의 배열 순서를 풀이하고 육십사괘가 앞뒤로 이어지는 의미가 무엇인지 설명합니다. 「잡괘전」은 육십사괘를 둘씩 짝지어 32쌍으로 나누고 한 글자나 두세 글자로 육십사괘의 괘의를 나타내고 있습니다. 예를 들어 건괘乾卦는 '강剛', 곤괘坤卦는 '유柔'라고 나타내는 식입니다. 짝지은 두 개의 괘는 괘의 꼴로 보면 서로 착괘錯卦이거나 종괘綜卦입니다. 사물이 변화하는 법칙을 설명하려고 하기 때문에 괘의도 대부분 상반됩니다.

역전은 본래 역경 뒤에 따로 두었기 때문에 경문과 섞여 있지 않았다가 한나라 때 합쳐지게 되었습니다. 그래서 역경은 역전 부분을 포함하게 되었고, 오늘날『주역』과『역경』이라는 2가지 이름이 모두 쓰이게 되었습니다.

2000년이 넘는 동안『주역』을 연구한 책은 3000가지가 넘습니다.『주역』에 관한 연구를 통틀어 '역학易學'이라고 합니다. 역학의 범위는 철학, 문학, 문자학, 역사학, 정치학, 경영학, 의학, 수학, 천문학, 군사학 등으로 아주 넓습니다. 그리고 역학의 이 같은 광대한 범위가 원래 점을 치거나 괘를 뽑을 때 쓰던『주역』을 다양한 성질을 가진 책으로 바꾸어놓게 되었습니다.『주역』은 사실 '정해지지 않은' 성질을 아주 많이 가지고 있습니다. 그래서 어떤 특정한 학문의 범위 안에만 국한시킬 수 없습니다. 이런 현상은 다른 책들에 도저히 비길 수 없는 것이지요.『주역』에서 파생된 점술이나 사주팔자, 관상, 풍수 같은 방술方術이 널리 유행하고 있지만『주역』의 가치는 주로『주역』의 원리에 있습니다.

지혜의 책
::

『주역』은 본질적으로 지식이 아닌 지혜를 제공합니다. 특히 인간의 행위에 관한 지혜이지요. 그래서『주역』은 지혜로운 행위의 책이라고 할 수 있습니다.『주역』에 담긴 괘사와 효사의 내용은 옛날에 벌어진 어떤 사건의 기록이기 때문에 현대 생활에 직접 응용할 만한 가치는 없습니다.

하지만 이렇게 기록된 사건들을 하나의 단독 사건으로 보지 않고 어떤 '유형'으로 본다면 상황은 달라질 것입니다. 오늘 마주친 어떤 사건이 옛날에 벌어진 어떤 '유형'과 비슷한 성질이라고 가정한다면 짐작해서 결론을 얻을 수 있습니다. 이미 알고 있는 사실이나 거기에 포함된 유형의 동일성을 근거로 미래의 일이 어떤 결론을 맺을지 짐작해볼 수 있다는 말입니다.

곤괘의 첫 번째 효사인 "서리를 밟으니 굳은 얼음이 이른다履霜 堅冰至"를 예로 들어봅시다. 살짝 내린 서리를 밟을 때 단단한 얼음이 곧 얼 것이라는 사실을 알게 된다는 말입니다. 지금 미루어 짐작할 때 정말 '서리를 밟아보아야' 비로소 '엄동설한'이 올 것을 알게 된다는 조건은 필요 없습니다. '서리'는 단단한 얼음이 의미하는 어떤 심각한 사건이 미처 드러나기 전에 나타난 징조를 가리킵니다. 곤괘 효사의 의미는 사람들이 '드러나지 않은 것을 보고 드러날 것을 아는見微知著' 영민한 두뇌를 갖도록 해줍니다. 미세한 징조를 보았을 때 그것이 앞으로 나아갈 추세를 미리 느낄 수 있게 해주지요. 그때 벌어질 일의 대응도 일이 벌어지기 전에 미리 준비할 수 있게 해주고, 호미로 막을 일을 가래로 막지 않도록 해줍니다. 만약 이렇게 미루어 짐작할 수 있는 능력을 갖춘다면 우리는 『주역』의 도움을 받아 좀더 많은 지혜를 얻을 수 있습니다.

『주역』의 괘상을 분석하다보면 상상력을 끌어올릴 수 있습니다. 『주역』에는 육십사괘가 있습니다. 육십사괘의 괘상은 하늘, 땅, 우레, 바람, 물, 불, 산, 연못 같은 8가지 자연계의 사물을 2개씩 조합해서 나타냅니다. 함괘咸卦를 예로 들어보면 함괘의 위쪽에 있는 괘는 연못을 나타내고, 아래쪽에 있는 괘는 산을 나타냅니다. 함괘는 연못과 산으로 구성된 괘이지요. 함괘의 괘상은 다른 상징을 가질 수도 있습니다. 산 위에 연못이 있는 꼴은 위아래가 교감하는 현상을 상징합니다. 연못의 물이 흘러 산을 적시고, 산 아래로 간 물의 기운이 다시 연못으로 상승하기 때문에 산과 연못의 기운이 통하게 됩니다. 함괘의 괘사에 '형亨' 자가 있는 것도 위아래가 교감하는 일의 중요성을 표현하기 위해서입니다. 사실 정부와 시민 사이의 소통, 기업 조직에서 임원진과 평사원 사이의 교감 등 오늘날의 비슷한 상황을 함괘의 괘상으로 미루어 짐작해볼 수 있습니다. 『주역』의 나머지 괘상도 미루어 짐작하는 유추법을 사용해 비슷한 상황에 응용할 수 있습니다. 괘상으로 유사한 상황의 결론을 짐작하면 사고의 창의성과 상상력을 끌어올릴 수 있다는 것이지요.

함괘에서 산과 연못의 관계는 사실 음양 관계의 일종입니다. 음양사상은 『주역』의 핵심적인 부분이지요. 『주역』에 음양 개념이 없다면 『주역』은 활력과 빛을 잃어버린 채 그저 단순한 점술 책으로 변해버리고 맙니다. 역전의 원리가 발전하면서 『주역』은 비로소 중국 전통문화의 원천으로 올라서게 되지요. 음양 개념은 음효와 양효, 태극의 변화로 표현되고 변증법적 사고를 발전시켰습니다. 그것은 곧 운동과 변화, 상호 관계의 관점으로 사물을 인식하는 사고방식을 말합니다. 변증법적 사고는 유기적 사고와 다이내믹한 사고, 상호 보완적 사고를 포함합니다. 음양은 상반되는 두 가지 원소를 나타내지만 서로 의지하고, 서로 돕고 보완하며, 서로 전환하기 때문에 대립의 통일 관계를 구성합니다. 육십사괘 사이에 결코 절대적인 독립은 없습니다. 효변爻變을 통해 전체론적 성질과 다이내믹한 성질을 갖추고 '구분되는 동시에 합쳐진' 하나의 거대한 시스템으로 육십사괘를 변화시킵니다. 변증법적 사고와 시스템 개념을 통해 사고 공간을 넓히기도 하고 분석력과 판단력을 끌어올리기도 합니다.

『주역』이 말하는 이치는 '시간'과 '공간'을 결합한 것입니다. 사물의 변화를 말할 때도 '시간'과 '공간'을 떠날 수 없습니다. 『주역』의 관점에서 '시공간'은 분리시킬 수 없고 둘이 결합해야만 진실해집니다. 『주역』의 육십사괘, 삼백팔십사효는 각각 하나씩 시공간을 나타냅니다. 어떤 괘의 어떤 효든지 변동하면 시공간의 변경이 생깁니다. 시공간, 곧 '시위時位'를 장악할 수 있으면 더 잘 변화할 수 있습니다. 어떤 때 변화해야 적당한지 또는 어떤 자리에서 변화해야 적당한지도 알게 됩니다. 시공간을 이해하고 나아가 시공간을 파악하는 일은 일종의 예술이자 지혜입니다.

리더십의 지혜
::

『주역』은 결국 지혜일 뿐 지식이 아닙니다. 『주역』을 이해하면 사고 공간을 넓힐 수 있고 두뇌의 영민함과 논리성, 연역 능력, 변증법적 능력을 끌어올릴 수도 있습니다. 그리고 사고력을 기르는 일에 관한 것들은 지혜를 끌어올리는 데도 유용합니다. 지혜와 지식의 관계는 마치 음양 관계처럼 상호 보완적입니다. 어떤 조직의 리더가 전문 지식만 있고 지혜가 없다면 리더십과 경영의 효율성은 제한될 수밖에 없습니다. 반대로 지혜만 있고 적당한 전문 지식이 없다면 지혜는 실질적으로 유지되지 못합니다. 지혜와 전문 지식이 적당히 배합되어야 음양이 조화롭게 작용합니다. 어떤 시공간에서는 전문 지식이 겉으로 드러나게 되고 지혜가 안으로 숨게 됩니다. 그러나 다른 경우에는 전문 지식이 안으로 숨게 되고, 지혜가 겉으로 드러나기도 합니다. 이 책은 『주역』의 지혜를 어떻게 조직에 응용할까를 설명하려는 것일 뿐 조직에서 전문 지식이 중요하지 않다고 말하는 것이 아닙니다. 지식은 지혜의 기초이고, 지혜는 지식의 승화입니다.

리더십의 원리
::

『주역』의 괘사와 효사에는 인간 행위에 관한 많은 원리가 가득 차 있습니다. 이런 원리들은 괘상이나 효상, 드러나지 않은 괘사와 효사에 몰래 숨어 있습니다. 『주역』의 원리에 관한 표현 방식은 직접적이지 않고 간접적입니다. 그래서 약간씩 다르게 이해하는 것은 자연스러운 일입니다. 이는 「계사상전」의 "어진 사람은 어진 것을 보고, 지혜로운 사람은 지혜로운 것을 본다見仁見智"는 이치에도 부합합니다. 육십사괘는 행위의 원리를 각각 하나씩 가지고 있습니다. 삼백팔십사효도 대부분 행위 지침으로 풀이할 수 있습니다. 비슷한 것을 제외해도 여전히 인간 행위나 조직의 리더에게 의미 있는 원리를 많이 가지고 있습니다. 예를 들어 다음과 같은 개념이지요.

공정성公正	정성誠信	식견遠見
적극성積極	신중함審愼	겸손함謙遜
침착함穩重	결단력果斷	사람 보는 안목識人

소통溝通	결속력團結	균형감平衡
적절성適度	영민함靈敏	임기응변靈活
적응력適應	격려激勵	경쟁競爭

　이상적인 리더의 특성과 능력에 관한 위의 18가지 개념은 고대 사회에서만 강조한 것이 아닙니다. 현대 사회에서도 마찬가지로 중요합니다. 『주역』은 고대 사회에서 나타났지만 그 관점은 대부분 현대 사회에도 여전히 적용됩니다. 그래서 오래되었다고 진부하거나 낙후했다고 결코 말할 수 없습니다. 서양에서도 리더십 개념을 『주역』과 같은 원리로 일찌감치 발전시켰습니다. 이것은 행위의 원칙이 이치에 맞기만 하다면 문화가 다른 사회라 할지라도 똑같은 것을 요구하게 마련이라는 점을 설명해줍니다. 이런 가정이 설득력을 얻는다면 『주역』의 여러 원리는 중국 문화에서 벗어난 다른 사회에서도 범위와 수준만 다를 뿐이지 마찬가지로 적용될 수 있다는 것이지요. 그러나 『주역』의 음양 사상은 중국 전통문화의 핵심입니다. 따라서 음양 사상에서 파생된 '전체'의 개념과 '화합'의 개념은 중국 문화 고유의 리더십 개념이 되어야만 합니다.

어떤 사람들이 읽으면 좋을까
::

　이 책을 읽으면 좋을 만한 사람들은 전통 학문의 범위에서 연구하는 아카데믹한 역학 연구자가 아니라 다음과 같이 사회의 여러 조직에 몸담고 있는 중간층과 고위층 리더입니다.

○ 기업의 리더　　○ 정부의 리더　　○ 사회의 리더

　그러므로 이제부터 『주역』의 원리가 조직의 리더에게 어떤 의미가 있는지 중점적으로 설명하겠습니다. 『주역』은 '정해지지 않은' 성질을 가지고 있어서 각자의 배경이나 직위에 따라 괘상, 괘사, 효사의 내용을 저마다 다르게 이해하게 됩니다. 하지만 자신의 상황에 근거해 행위나 행동을 알맞게 조절한다면 길한 것을 따르고 흉한 것을 피할 수 있습니다. 역전의 '십익'도 지은이의 배경과 취향에 근거해서 『주역』을 해석한 것입니다. 그래서 원리 쪽에 기운 것도 있고, 괘상이나 괘의 꼴에 기운 것도 있습니다. 이 책은 『주역』의 원리를 조직 경영의 원리로 발전시켰습니다. 현대 조직의 리더는 『주역』에서 지혜로운 행동 지침을 찾을 수 있을 것입니다.

　한편 『주역』의 지혜도 다양한 사고방식에 반영되어 있습니다. 조직의 리더에게 사고와 원리는 중요합니다. 다양한 사고는 사고 공간을 넓혀서 문제에 대한 인식 능력과 분석력, 논리적 능력, 연역 능력 등을 끌어올려주기 때문에 현대 조직의 리더에게 없어서는 안 될 조건입니다. 풍부한 원리를 담은 두뇌는 조직의 리더가 폭넓은 시야와 적절한 결단, 임기응변을 갖추게 해줍니다. 따라서 조직의 리더는 『주역』을 통해 통솔의 예술을 배울 수 있을 것입니다.

제2장

괘와 효

괘와 효

::

괘는 옛사람들이 자연현상을 표시하던 도구입니다. '괘'라는 말의 해석 가운데 자연현상을 '걸어놓고掛' 본다는 뜻이 있습니다. 중국 문자는 본디 꼴을 본뜬 그림의 성질이 있지요. 문자는 그림에서 기원했기 때문에 자연현상을 그림이나 도안으로 표현하는 방식도 자연스러운 일입니다. 복희씨가 선천팔괘先天八卦를 만들고, 주나라 문왕이 후천팔괘後天八卦를 만들었다는 이야기가 전합니다. 팔괘는 하늘, 땅, 우레, 바람, 물, 불, 산, 연못 같은 세상의 8가지 자연현상을 도안으로 표시하는 것을 가리킵니다. 괘의 도안은 세 가닥의 선으로 표시하기 때문에 삼획괘三劃卦라고도 하지요.

삼획괘는 2가지 부호로 이루어져 있습니다. 첫 번째 부호는 중간이 끊어진 선--이고, 두 번째 부호는 중간이 이어진 선—입니다. 2가지 부호를 '효爻'라고 부르는데, '사귀다爻'라는 함축적 의미를 지니고 있습니다. 효는 만물이 교류하는 관계를 가지기 때문에 변화가 생기는 것을 표시합니다. 중간이 끊어진 선 모양의 효를 음효陰爻, 중간이 이어진 선 모양의 효를 양효陽爻라고 합니다. 음효와 양효가 8가지 자연현상을 표현할 때는 팔괘 또는 팔경괘를 구성합니다. 팔괘에는 저마다 각각의 괘명이 있습니다.

건괘 (하늘) ☰		곤괘 (땅) ☷	
진괘 (우레) ☳		손괘 (바람) ☴	
감괘 (물) ☵		이괘 (불) ☲	
간괘 (산) ☶		태괘 (연못) ☱	

건괘는 순전히 양효로만 구성되었기 때문에 순양괘純陽卦라고도 합니다. 곤괘는 모두 음효로만 구성되었기 때문에 순음괘純陰卦라고도 합니다. 세계는 하늘과 땅에서 시작하고 나머지 만물은 하늘과 땅이 낳았기 때문에 건괘와 곤괘는 나머지 육괘를 낳는 기초입니다.

선천팔괘와 후천팔괘는 팔괘의 방위에만 차이가 있고 나머지는 대체로 같습니다. 팔괘의 방위와 이 책의 주제는 그리 상관없으니 여기서는 생략하겠습니다. 주나라 문왕이 팔괘를 둘씩 짝지어 육십사괘를 구성했다는 말이 있습니다. 육십사괘는 달리 별괘別卦라고도 합니다.

팔괘는 만물의 성장과 분류를 본뜬 것이고, 육십사괘는 만물의 64가지 패턴을 표시한 것입니다. 실제 세계에서 만물이 변화하는 현상이 본디

64가지만 있는 것은 아니지요. 하지만 분석의 편리를 위해 유추법을 택한다면 사물이 가지고 있는 비슷한 속성들은 같은 유형으로 분류해도 괜찮을 것입니다. 만약 어떤 유형을 포함하고 있는 비슷한 상황이 많아지면 64가지 유형으로 해석할 수 있는 범위도 넓어질 것입니다. 별괘는 6개의 효로 되어 있기 때문에 육십사괘는 모두 삼백팔십사효를 가지고 있습니다. 효는 사물이 뒤얽혀 변동하는 현상을 나타냅니다. 괘상과 괘사는 어떤 특정한 시공간에서 벌어지는 총체적인 현상을 해석하지만, 효상과 효사는 그런 총체적인 현상에 포함된 개별적 상황을 해석한 것입니다. 삼백팔십사효는 단지 384가지 상황만 설명합니다. 하지만 유추법을 사용하는 경우에 해석할 수 있는 사물의 실제 상황이 크게 늘어납니다. 유추법의 논리는 19장 '사고론'에서 설명하겠습니다.

　음효와 양효가 표현한 음양 개념은 『주역』의 핵심 사상입니다. 음양이라는 말은 『주역』의 원래 괘사와 효사에는 나타나지 않지만 역전을 통해 그 개념이 발전했습니다. 「계사상전」이 '음과 양이 번갈아 바뀌는 것이 도'라는 개념을 내놓았지요. 음효와 양효가 뒤얽히고 어울리면서 만물의 변화를 가져오는데, 육십사괘의 괘상과 효상이 바로 이런 생각을 표현하고 있습니다.

괘의 구성
::

『주역』의 육십사괘는 각각 6개의 효로 구성되어 있고, 육효六爻에는 아래쪽부터 위쪽으로 순서를 매깁니다. 육효의 순서는 시간에 따라 단계적으로 발전한다는 생각을 나타냅니다. 첫 번째 효위爻位는 '초初'이고 이후 '이二' '삼三' '사四' '오五'인데, 여섯 번째 효는 '상上'이라고 합니다. '상'이란 말을 쓰는 까닭은 단계가 발전하다가 끝자리, 곧 상위上位에 도달했고 더 발전하게 되면 다른 것으로 전환된다는 점을 표시하기 위해서입니다. 만약 '육六'으로 나타낸다면 '칠七'이나 '팔八'이 다음에 나올 가능성이 있기 때문에 '상'으로 가장 높은 극한의 자리라는 것을 나타냅니다. 또한 육효의 '자리位'마다 음이나 양의 속성을 가지고 있습니다. 자리가 홀수이면 양이고 짝수이면 음이지요. 그래서 양의 자리는 초, 삼, 오이고, 음의 자리는 이, 사, 상입니다.

자리의 순서와 자리의 음양 속성은 괘마다 있는 육효의 이름을 구성합니다. 초구初九는 첫 번째 효가 양효라는 말이고, 초륙初六은 첫 번째 효가 음효라는 말입니다. 구이九二는 두 번째 효가 양효라는 말이고, 육이六二는 두 번째 효가 음효라는 말입니다. 이렇게 미루어보면 상구上九

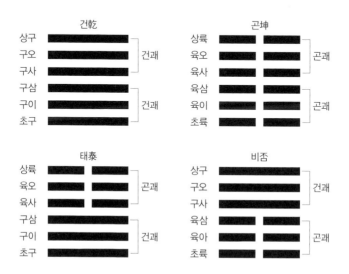

는 여섯 번째 효가 양효라는 말이고, 상륙上六은 여섯 번째 효가 음효
라는 말입니다. 다음은 괘의 구조를 설명한 것입니다.

　모든 별괘는 두 부분으로 나누어볼 수 있습니다. 별괘 위쪽의 경괘
를 상괘上卦 또는 외괘外卦, 별괘 아래쪽의 경괘를 하괘下卦 또는 내괘
內卦라고 합니다. 위쪽에 열거한 괘를 예로 들어보지요. 태괘의 상괘(외
괘)는 곤괘, 하괘(내괘)는 건괘이고, 가인괘의 상괘는 손괘, 하괘는 이괘
라는 식입니다. 별괘 하나가 경괘 둘로 이루어졌다는 것은 어떠한 조직
이든 내부를 나눌 수 있다는 의미입니다. 경괘 둘이 합쳐 별괘 하나가
되는 것은 조직의 전체적 성질을 나타냅니다. 이는 "하나가 둘로 나뉘
고 둘이 하나로 합치는一分二 二合一" 유기적 사고라 할 수 있습니다.

괘의 변화
::

팔괘는 경괘經卦라고 하지만 육십사괘는 본괘本卦, 원괘原卦, 대성괘大成
卦라고도 합니다. 본괘는 현상을 나타냅니다. 만약 다른 관점에서 어떤
문제를 보고 싶으면 본괘의 효를 변화시켜 다른 괘상을 얻고 달리 생각

할 여지를 일깨울 수 있습니다.

변효變爻와 변괘變卦

건괘의 초구 양효를 초륙 음효로 바꾸면 건괘는 천풍구天風姤괘가 됩니다.

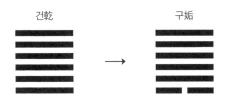

건乾　　　　　　　　　　구姤

변효를 이용해 어떻게 다른 괘상을 얻을지는 다음 단락에서 예를 들어 설명하겠습니다.

종괘綜卦

본괘의 괘상을 거꾸로 뒤집으면 본괘는 종괘로 바뀝니다. 이것을 도괘倒卦, 반대괘反對卦, 복괘覆卦, 왕래괘往來卦라 부르기도 합니다.

본괘	태泰	종괘	비否
땅		하늘	
하늘		땅	

또는 이렇게도 됩니다.

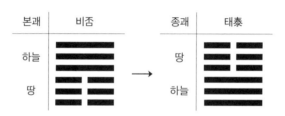

| 본괘 | 비否 | | 종괘 | 태泰 |

| 하늘 | | | 땅 | |
| 땅 | | → | 하늘 | |

이것은 바로 이런 뜻입니다.

비否

태괘가 극에 달하면 비괘가 온다泰極否來.
비괘가 극에 달하면 태괘가 온다否極泰來.

태泰

종괘의 다른 사례로는 다음과 같은 것도 있습니다.

| 익益 | 쾌夬 | 미제未濟 | 비遯否 |
| 손損 | 박剝 | 기제旣濟 | 돈遯 |

『주역』의 육십사괘 가운데 56가지 괘는 본괘와 꼴이 다른 종괘입니다.

그러나 다음의 8가지 괘의 종괘는 괘의 꼴이 본괘의 꼴과 같습니다.

| 건乾 | 곤坤 | 감坎 | 이離 |

| 이頤 | 대과大過 | 중부中孚 | 소과小過 |

종괘에 함축된 의미는 사물들 사이에 짝짓기 현상이 있다는 것입니다. 조직에서 어떤 계획을 세우거나 조치를 내릴 때 이에 찬성하는 구성원과 반대하는 구성원이 반드시 생겨나게 마련입니다. 이것이 바로 짝을 이룬 상황입니다. 조직의 리더는 결정을 내릴 때 반드시 마음을 단단히 먹을 필요가 있습니다. 아무도 드러내면서 반대하지 않는다 하더라도 속으로 불만을 가지고 있을 수 있지요. 상대적 상황이 있으면 절대적 상황도 있게 마련입니다. 건괘, 곤괘, 감괘, 이괘 등 8가지 괘는 자체가 종괘이거나 종괘가 없는 괘들입니다. 이런 현상이 절대적 상황이라고 부를 만한 것입니다. 조직의 어떤 조치가 선택할 수 있는 유일한 것이어서 다른 조치를 선택할 여지가 없을 때, 곧 조직에 유일한 선택만 남거나 피할 수 없는 상황만 남는 수가 있습니다. 이것이 바로 위쪽의 8가지 괘가 표현하는 절대적인 상황입니다. 나머지 56가지 괘는 상대적 상황을 표현합니다. 사물이 변화하는 상황에 결국 상대성이 절대성보다 많다는 것을 『주역』의 육십사괘 시스템은 다음과 같이 보여줍니다.

상반되는 상황을 고려할 때 종괘의 사고가 필요합니다. 예를 들어 이런 것이 있을 수 있지요.

1. 현재 일어나고 있는 상황과 반대되는 상황은 무엇인가?
2. 행동을 계획할 때 장점 말고 단점은 무엇인가?
3. 협상을 할 때 상대방의 입장에서 어떤 문제를 고려해야 하는가?
4. 어려움이 닥쳤을 때는 어떻게 대처해야 하는가?

착괘錯卦

음양이 서로 바뀌는 원리에 따라 본괘의 육효에서 양효를 음효로, 음효를 양효로 바꾸면 착괘가 됩니다.

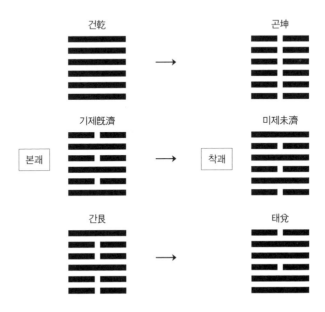

건乾 → 곤坤

본괘 기제既濟 → 착괘 미제未濟

간艮 → 태兌

『주역』의 육십사괘는 괘마다 모두 착괘가 있습니다. 그래서 32쌍의 착괘가 있는 셈이지요. 착괘가 품고 있는 의미는 음양이 서로 맞물려 대립한다는 것입니다. 착괘와 종괘의 차이는 이렇습니다. 착괘는 '정면으로' 대립하는 것을 말합니다. 다시 말해 음효가 양효로 바뀌거나 양효가 음효로 바뀌지만 '정면으로' 마주 보고 있는, 곧 같은 효위의 음효와 양효가 바뀝니다. 그러나 종괘는 괘가 '뒤집혀' 대립하는 관계를 말합니다. 착괘와 종괘는 관점이나 각도가 다르기 때문에 얻은 결과나 상황도 저절로 달라집니다. 종괘의 사고는 '전체적으로' 반대되는 현상이나 상황을 고려하지만 착괘의 사고는 '개별적으로' 상대적 상황을 고려

합니다. 그런데 괘마다 육효가 있기 때문에 상대적 상황은 6가지가 생깁니다. 그래서 착괘의 사고가 '미시적인' 관점이라면 종괘는 '거시적인' 관점으로 기울게 됩니다. 같은 본괘라도 관점이 다르면 변동의 결과도 저절로 달라집니다.

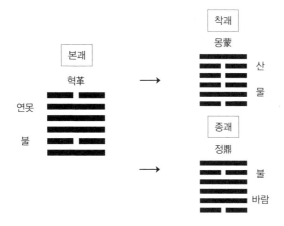

본괘 혁괘의 종괘는 정괘이고 착괘는 몽괘입니다. 정괘와 몽괘가 지닌 성질과 함의는 본디 다릅니다. 혁괘는 변혁이나 낡은 것을 없앤다는 뜻이 있고, 정괘는 새로운 것을 펼치거나 혁신한다는 뜻입니다. 혁괘와 정괘의 의미는 이렇듯 서로 대응하지요. 혁괘의 착괘는 몽괘입니다. 몽괘는 산 아래로 물이 흐르는 꼴이며 계몽의 뜻이 있습니다. 샘물이 절벽이라는 장애를 뚫고 흘러나오는 이미지에서 어리석음을 깨쳐 지혜가 활짝 열리는 일을 상징하지요. 그러나 혁괘의 종괘는 정괘입니다. 정괘는 나무 위에 불이 있는 꼴이고 솥으로 요리하는 일을 상징합니다. 몽괘와 정괘는 본디 두 가지 다른 상황이지요. 본괘 혁괘를 착괘 및 종괘와 동시에 고려하는 이유는 관련 사건이나 문제가 대단히 '뒤얽혀서 복잡하기' 때문입니다.

교호괘交互卦(호체괘互體卦, 복괘伏卦)

조직의 리더가 어떤 문제에 맞닥뜨리면 종괘나 착괘의 상황을 고려하는 것 말고도 드러나지 않고 숨어 있는 상황이나 문제에 주의를 기울여야 합니다. 교호괘의 사고는 이런 고려 때문에 생겼을 것입니다. 교호괘는 호체괘나 복괘라고도 하지요. 모든 괘 안에는 사실 다른 괘가 드러나지 않고 숨어 있다는 뜻입니다. 본괘의 두 번째 효, 세 번째 효, 네 번째 효를 하나의 그룹으로 보고 하괘를 만들고, 세 번째 효와 네 번째 효, 다섯 번째 효를 또 다른 그룹으로 보고 상괘를 만듭니다. 이렇게 상괘와 하괘가 생기면 교호괘 하나가 구성됩니다. 새로운 괘는 바로 하괘에 있는 2개의 효와 상괘에 있는 2개의 효를 서로 엇갈리게 해서 만든 것입니다. 다음과 같은 예를 봅시다.

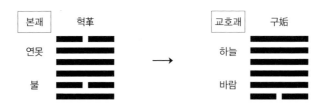

혁괘의 교호괘는 바로 구괘인데, 구괘는 만난다는 뜻을 지니고 있습니다. 조직의 리더는 낡은 것을 없애고 새로운 것을 펼치려는 상황이나 일을 꾸미는 상황을 고려하는 것 말고도 드러나지 않고 숨어 있는 '만남'의 상황도 고려해야만 합니다. '만남'이란 무엇일까요? 리더는 이것을 근거로 짐작할 필요가 있습니다.

교호괘의 개념은 한층 더 깊이 발전시킬 수 있습니다. 본괘의 육효를 '네 줄씩 연결하는' 방법인데, 다음과 같이 세 그룹으로 나눕니다.

첫 번째 그룹: 초효, 이효, 삼효, 사효

두 번째 그룹: 이효, 삼효, 사효, 오효

세 번째 그룹: 삼효, 사효, 오효, 상효

그룹마다 관련된 교호괘를 구성해보면 다음과 같습니다.

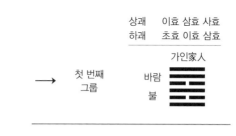

세 번째 그룹

상괘   이효 삼효 사효
하괘   초효 이효 삼효

가인家人

바람

불

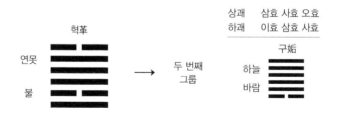

혁革

연못

불

두 번째 그룹

상괘   삼효 사효 오효
하괘   이효 삼효 사효

구姤

하늘

바람

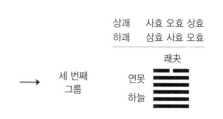

세 번째 그룹

상괘   사효 오효 상효
하괘   삼효 사효 오효

쾌夬

연못

하늘

만약 본괘의 육효를 세 그룹으로 나눈 뒤 드러나지 않고 본괘에 숨어 있는 교호괘를 분석하면 혁괘처럼 가인괘家人卦, 구괘, 쾌괘夬卦라는 3개의 교호괘를 얻을 수 있습니다. 이것은 바로 조직의 리더가 고려해야 하지만 드러나지 않은 상황이나 문제가 3가지일 것이라는 말입니다.

조직의 리더가 본괘와 교호괘, 착괘, 종괘 등 다양한 상황을 동시에 고려하는 것도 드러나지 않은 채 뒤얽혀 있는 상황이나 문제를 고려하는 것입니다.

호역괘互易卦

호역괘는 본괘의 상괘와 하괘의 위치를 맞바꾼 것입니다. 예를 들어 혁괘의 상괘인 택괘와 하괘인 이괘의 위치를 바꾸는 것입니다. 그러면 택괘는 하괘로 변하고 이괘는 상괘로 변하기 때문에 혁괘의 호역괘는 규괘睽卦가 됩니다.

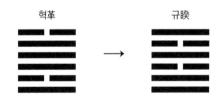

상괘와 하괘의 위치를 서로 바꾸지만 경괘 자체는 절대 바꿀 수 없다는 점이 호역괘와 종괘의 다른 점입니다. 그러나 종괘는 180도 회전하기 때문에 상괘와 하괘가 변하지 않는 8가지 괘를 제외한 나머지 56가지 괘의 상괘와 하괘에는 모두 변동이 생깁니다. 이것은 호역괘의 사고방식과 종괘의 사고방식이 다름을 설명합니다. 종괘는 상반되는 상황을 고려하지만 호역괘는 3가지 개별적인 상황이나 행동을 맞바꾼 뒤 상황이 어떨지를 고려하지요. 이것은 상황이나 행동을 분석하는 데 참고할 수 있는 것으로 리더의 사고 영역을 넓혀줍니다.

효위爻位의 관계
∷

육효 사이의 관계는 사물 사이의 관계를 나타내기도 하므로 조직의 리더는 이를 소홀히 여겨서는 안 됩니다. 육효의 관계는 '응應' '비比' '승承' '승乘'의 4가지로 나눌 수 있습니다.

응應

'응'은 하괘 세 효와 상괘 세 효의 음양이 교감하는 관계를 가리키는데, 음양이 교감한다고 하여 '응'이라고 합니다. 음양이 교감할 때 대응하는 것은 초효와 사효, 이효와 오효, 삼효와 상효입니다. 2개의 효 사이에서 어떤 효가 양효일 때 다른 효가 음효라면 2개의 효는 '응'이 됩니다. 그렇지 않으면 응하지 않는 '불응不應'이나 적대적으로 대응하는 '적응敵應'이 됩니다. 예를 들어 초구와 육사, 초륙과 구사, 육이와 구오, 구이와 육오, 구삼과 상륙, 육삼과 상구 등은 모두 '응'의 관계입니다. '응'은 강유剛柔가 서로 돕는 관계를 반영하고 있습니다.

여기 동인괘同人卦의 구오와 육이는 대응 관계를 보여줍니다. 『주역』의 핵심 사상은 음양이 서로 기능을 맞추어야陰陽合德 사물을 발전시키는 원동력도 되고 화합의 기초도 된다는 것입니다. 음양이 조화롭다는

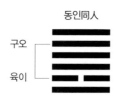

동인同人

구오

육이

것은 강유가 서로 돕는다는 말이지요. 이는 어떤 조직의 리더이든 주의를 기울여야 하는 리더십과 경영의 원칙이며, 조직의 효율을 끌어올리는 필요조건의 하나입니다. 음양 개념과 강유가 서로 돕는 관계는 나중에 자세히 설명하겠습니다.

비比

'비'는 이어지는 두 효 사이의 관계를 가리키는데, 다음의 3가지 경우가 있습니다.

1. '친비親比'
2. '승承'
3. '승乘'

'친비'는 음효와 음효가 나란히 있거나 양효와 양효가 나란히 있는 관계를 가리킵니다. 예를 들어 육이와 초륙, 구이와 초구 같은 관계입니다. 친비는 화합하는 관계를 상징합니다.

승承

나란히 있는 두 효 가운데 하나가 음효이고 나머지가 양효인데, 음효가 밑에 있고 양효가 위에 있는 것입니다. '승'은 음이 양을 받아들이는 관계를 보여줍니다. 음이 양을 따르는 동시에 둘 사이의 관계도 화합하는 쪽으로 기울게 되겠지요. 훌륭한 태도를 가진 '군자君子'를 양효가 나타내고, 태도가 훌륭하지 않은 '소인小人'을 음효가 나타내는 경우도 있습니다.

승乘

　나란히 있는 두 효 가운데 음효가 위에 있고 양효가 밑에 있는 것입니다. 음이 양을 올라타서 화합하지 못하는 관계가 됩니다. 이 관점은 옛날 남성우월주의의 영향을 받은 것이 확실하기 때문에 현대 사회에서는 제한적입니다. 음이 양을 올라타는 일은 소인이 군자보다 윗자리에 있는 상황이기도 하지만, 현대 사회의 관점에서 본다면 능력 없는 사람이 능력 있는 사람 위에 있는 상황이기도 합니다. 만약 '자리에 어긋나는錯位' 현상이 생긴다면 조직에 불리하게 됩니다. 자리에 어긋나는 현상을 공자도 똑같이 봅니다. 『논어論語』「위정爲政」에는 이런 말이 있습니다. "곧은 사람을 천거해서 굽은 사람 위에 두면 백성이 복종하지만, 굽은 사람을 천거해서 곧은 사람 위에 두면 백성이 복종하지 않는다擧直錯諸枉 則民服 擧枉錯諸直 則民不服." 진짜 재주가 있고 공부도 잘하는 사람(곧은 사람)을 아무 재능도 없고 공부도 못하는 사람(굽은 사람) 위에 두어야 사람들이 믿고 따르지, 그렇지 않으면 믿고 따르지 않는다는 말입니다.

　조직의 리더가 효위에 어떻게 대처해야 하는지 깊이 이해해야 인사 문제나 의사결정 문제를 처리할 때 도움이 됩니다. 이에 관해서는 나중에 설명하겠습니다.

괘와
효

대축괘大畜卦의 효위

이제 대축괘로 '응' '비' '승' '승'의 성질을 설명해보겠습니다.

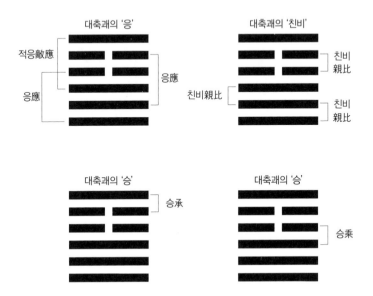

대축괘의 '응'　　　　대축괘의 '친비'

적응敵應　　　　　　　　　　　응應　　　　친비親比　　　　친비親比

응應

대축괘의 '승'　　　　대축괘의 '승'

승承　　　　　　　　　　　승乘

대축괘의 효위를 보면 강유가 서로 돕는 '응'은 육오와 구이, 육사와 초구입니다. 상구와 구삼은 적대적 대응이지요. '친비'는 육오와 육사, 구삼과 구이, 구이와 초구입니다. '승承'은 육오와 상구입니다. 육사는 구삼을 '올라타고乘' 있습니다. 어떤 조직이 대축괘의 상황에 있다면 힘을 쌓아 발전을 준비하는 중입니다. 적당한 강유 관계와 친비 관계, 승承으로 인접한 관계는 목표를 달성하는 데 유리합니다. 동시에 적대적 대응과 올라타는 승乘의 현상을 제거해야만 조직의 조화를 강화시킬 수 있습니다.

당위當位와 실위失位

::

만약 음효와 양효의 속성이나 초, 삼, 오의 홀수 자리와 이, 사, 상의 짝수 자리 속성이 맞아떨어지면 '당위'라고 합니다. 예를 들어 양효가 양위陽位에 있거나 음효가 음위陰位에 있는 경우입니다. 그렇지 않다면 '실위'입니다. 예를 들어 초구, 구삼, 구오, 육이, 육사, 상륙은 모두 당위입니다. 구이, 구사, 상구, 초륙, 육삼, 육오는 실위입니다. 만약 어떤 효가 당위라면 '길한吉' 상황입니다. 관련 행위가 '자리位'의 성질에 딱 맞아떨어지기 때문에 이런 행위는 글자 그대로 '자리에 맞습니다當位.' 거꾸로 '자리'의 성질에 딱 맞지 않는 성질의 행위는 '자리를 잃습니다失位.' 어떤 직위에 있는 조직 구성원이 실제 업무에서 자신의 직위가 요구하는 것에 딱 맞게 일하고 있는지는 당위와 실위의 개념으로 평가하거나 검토할 수 있습니다. 어떤 기업의 제품이 시장에서 제자리를 차지하고 있는지도 이런 개념으로 검토할 수 있습니다. 제자리를 차지하고 있다면 당위에 속하고, 제자리를 차지하지 못하고 있다면 실위에 속할 것입니다.

하늘天, 땅地, 사람人

::

여섯 효로 이루어진 괘는 하늘, 땅, 사람의 '삼재三才' 관계로 상징할 수도 있습니다. 첫 번째 효와 두 번째 효는 '땅의 효地爻,' 세 번째 효와 네 번째 효는 '사람의 효人爻,' 다섯 번째 효와 여섯 번째 효는 '하늘의 효天爻'

입니다. 효의 위치를 보면 사람이 육효의 중심에 있습니다. 「계사하전」
에는 다음과 같은 말이 나옵니다.

> 역이라는 책은 광대해서 모두 갖추고 있다. 거기에는 하늘의 길이 있
> 고 사람의 길이 있으며 땅의 길이 있다. 삼재를 모두 갖추고 두 배로
> 불렸기 때문에 육효가 된다. 육효는 다른 것이 아니다. 바로 삼재의 길
> 이다易之爲書也 廣大悉備 有天道焉 有人道焉 有地道焉 兼三才而兩之 故六 六者非
> 他也 三才之道也.

『주역』의 괘에 육효가 있는 까닭은 하늘과 땅, 사람의 개념을 표현하
기 위해서입니다. 하늘과 땅, 사람의 개념에서 사람의 가치는 천지, 곧
우주 안에서만 드러낼 수 있습니다. 달리 말하면 사람은 천지의 범위를
뛰어넘을 수 없고, 사람의 활동도 천지의 자연법칙이나 객관적인 법칙
을 본받은 것이지요. 『주역』이 주로 말하는 이치는 사람과 자연의 통일
성, 곧 '사람은 하늘을 본받는다天人合一'라는 개념이기도 합니다.

하늘과 땅, 사람의 개념은 조직의 구조에도 응용할 수 있습니다. 하
늘은 조직의 상층, 사람은 조직의 중층, 땅은 조직의 하층을 나타냅
니다. 쩡스창曾仕強은 『21세기의 역경 경영법二十一世紀的易經管理法』에서
하늘과 땅, 사람의 개념을 근거로 조직의 각급 기관을 상층, 중층, 하
층 3단계로 나누었습니다. 각 층의 구성원은 저마다 자리가 다르고 임
무와 권한이 다르기 때문에 상층, 중층, 하층은 각자에게 주어진 임무
에 따라 활동하고 단계별 구성원들은 서로 소통해서 업무에 협조해야
만 합니다. 상층은 권한을 부여하는 원리를 잘 이해하고 하급 기관에

권한을 부여해서 각 단계에서 자신의 자리에 주어진 임무를 집행하기 편하도록 만들어주어야만 합니다. 동시에 각급 기관 사이에도 자리에 따라 책임지는 제도가 있어야만 합니다. 아랫자리가 중간 자리에 대해 책임을 지고, 중간 자리가 높은 자리에 대해 책임지도록 해야 하는 것이지요. 각 단계는 '자리에 맞게當位' 배치되어 권한을 나누고 책임지는 제도를 실행합니다. '자리를 넘거나越位' '자리를 잃는失位' 현상을 피하기 위해 상층은 직급을 건너뛰어 직접 지휘하면 안 됩니다.

괘사와 효사

::

『주역』에는 괘마다 괘사가 하나씩 있고, 효사가 6개씩 있습니다. 그래서 육십사괘에는 64개의 괘사와 384개의 효사가 있는 셈입니다. 건괘와 곤괘에는 각각 '용구用九'와 '용륙用六'이라는 효사가 더 있습니다. 용구는 무슨 말일까요? 건괘의 육효는 하나도 남김없이 '노양老陽'이 나온 것입니다. '양이 극에 달하면 음이 나온다陽極陰生'라는 원칙에 따라 6개의 양효를 모두 음효로 바꾸어야 하기 때문에 건괘는 곤괘로 바뀌게 됩니다. 모든 양효가 음효로 바뀌기 직전의 상황에 있는 효사가 용구입니다. 반대로 곤괘의 육효가 모두 '노음老陰'일 때는 '음이 극에 달하면 양이 나오는陰極陽生' 상황이 됩니다. 그러면 6개의 음효를 모두 양효로 바꾸게 되는데, 이때 응용하는 효사가 바로 용륙입니다. 이에 관한 자세한 설명은 5장 점술 부분을 보십시오.

괘사는 옛날 점술가의 기록입니다. 첫째 자연현상의 변화, 둘째 역사적 사건, 셋째 행위의 득실, 넷째 길흉의 판단이 괘사의 내용입니다. 현대적 조직의 리더가 괘사나 효사에서 직접 경험을 얻어 실천하려고 해도 꼭 들어맞지는 않습니다. 괘사와 효사의 내용이 옛것이기에 지금 형편과는 다르기 때문입니다. 옛날의 직접적인 경험을 현대 사회에 그대로 응용하는 것은 본디 안 될 일입니다. 하지만 괘사와 효사에 표현되거나 숨겨진 여러 가지 사회적 원리와 지침을 간접적으로 빌리는 일은 가능합니다. 특히 리더가 자신의 논리적 사고를 활용해서 괘사와 효사가 보여주는 과거의 지침을 미루어 짐작하고 현재나 미래의 비슷한 상황에 적용할 필요가 있을 때 말입니다. 19장 사고론 대목에서 유추법의 응용 문제를 이야기하겠습니다.

효변爻變과 괘변卦變을 조직에 응용하기
::

조직의 리더는 어떤 문제에 부닥치거나 결단을 내려야 할 때 단순한 관점에서 벗어나 다양한 관점으로 문제를 보아야 합니다. 그래야 문제의 본질을 더 넓게 인식할 수 있고 더 객관적이고 합리적인 결정도 내릴 수 있습니다. 『주역』의 괘변은 이런 측면에서 다양한 사고방식을 제공합니다.

『주역』의 육십사괘는 64가지 상황을 나타냅니다. 모든 괘가 각각 어떤 상황을 나타내는 것이지요. 괘마다 육효가 있기 때문에 육십사괘에는 384가지 유형의 개별적인 상황이 있는 셈입니다. 육십사괘나 삼백팔십사효가 현실 세계의 모든 상황을 반영할 수는 없습니다. 하지만 이것이 중요한 것은 아닙니다. 왜냐하면『주역』이 열거한 상황에만 맞춰 현실의 갖가지 상황을 해석하려는 태도는 현실적이지 않기 때문입니다. 다만『주역』의 괘변이라는 사고방식으로 문제를 처리하고 분석할 때 참고하는 기초로만 생각한다면 실용적인 효과를 얻을 수 있습니다.

　순전히 양효로만 이루어진 건괘☰와 순전히 음효로만 이뤄진 곤괘 ☷를 뺀 나머지 괘들은 모두 음효—와 양효--가 뒤섞여 구성되어 있습니다. 건괘와 곤괘는 나머지 육십이괘의 근원인 셈입니다. 건괘와 곤괘를 기초로 해서 효를 변동시키면 다른 괘를 얻을 수 있습니다. 예를 들어 건괘의 초구를 초륙으로 바꾸면, 곧 양효를 음효로 바꾸면 건괘는 구괘로 바뀝니다.

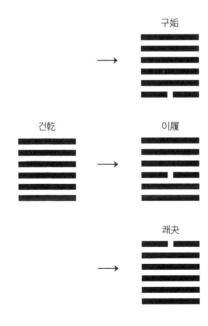

구姤

건乾　　　　　이履

쾌夬

곤괘에서도 똑같이 효를 바꾸어서 다른 괘를 얻을 수 있습니다. 예를 들어 곤괘의 초륙을 초구로 바꾸면, 곧 음효를 양효로 바꾸면 곤괘는 복괘로 바뀝니다.

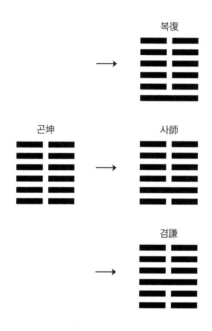

효변을 통해 어떤 괘가 다른 괘로 변할 수 있는 것은 조직의 리더에게 특별한 의미가 있습니다. 왜냐하면 문제를 생각할 때나 결정을 내릴 때 여러 상황을 고려하게 마련인데, 변효는 특정 행동의 상황을 나타내고 특정 행동을 바꾸면 상황이 바뀌는 효과가 있다는 것을 나타내기 때문입니다.

앞서 살펴본 종괘와 착괘, 교호괘, 호역괘라는 괘변의 주요 방식 4가지를 좀더 자세히 알아보겠습니다.

종괘

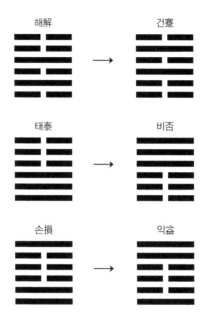

해解 → 건蹇

태泰 → 비否

손損 → 익益

조직의 리더는 어떤 문제를 고려할 때 문제 자체만 생각해서는 안 되며 반대 상황까지도 생각해야 합니다. 그래야만 더 객관적인 입장을 유지할 수 있고, 그런 입장에서 결정을 내려야 조직 구성원이 받아들이게 됩니다. 기업의 경영진과 직원이 임금 인상폭을 놓고 협상을 벌일 때 고려해야 하는 여러 문제를 예로 들어봅시다. 경영진과 직원이 임금 인상 문제를 놓고 협상을 벌이는 일은 어떤 문제가 해결되기를 기다리는 국면입니다. 이것은 해괘解卦의 상황입니다. 해괘를 뒤집으면 종괘인 건괘蹇卦가 됩니다. 건괘는 곤란한 국면을 나타내기 때문에 경영진은 문제를 소홀히 다루면 안 됩니다. 한편 뒤집어진 건괘는 직원 쪽도 곤란한 상황이라는 점을 암시합니다. 그래서 기업은 상대방과 협상할 때 자기 입장만 반복해서는 안 되고 상대방 입장에서도 문제를 살펴보아야 합니다. 그래야만 상대방이 생각하는 문제와 협상 결과에서 문제 해결의 실마리로 삼을 만한 행동을 짐작할 수 있습니다. 그런 다음에 자기 입장으로 다시 돌아와 미리 가정한 상대방의 행동을 격파할 방법을 찾아야 합니다. 『손자병법孫子兵法』의 지피지기知彼知己 원칙도 종괘에 쓸 수 있습니다. 지피지기의 피彼는 시뮬레이션을 말합니다. 시뮬레이션을 해본 지피지기의 방법을 통해 상대방이 할 법한 행동을 짐작할 수 있습니다.

착괘

착괘는 음양이 서로 맞물려 있다는 뜻입니다. 어떤 괘의 양효가 음효로, 음효가 양효로 바뀐 것입니다. 효변의 결과로 괘변이 생깁니다. 건괘의 여섯 양효가 전부 음효로 바뀌었을 때 건괘는 곤괘로 변합니다. 그림과 같은 다른 사례도 마찬가지입니다.

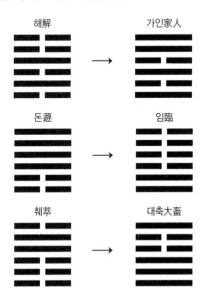

조직의 리더가 어떤 조치를 취해 목표를 달성하려고 계획하는 때를 생각해봅시다. 예를 들어 '임금 동결'로 기업의 경영 원가를 줄이려고 계획하는 상황에서 해괘를 본괘로 얻었다고 합시다. 조직의 리더는 임금 동결을 전제하고 동결 조치 탓에 일어날 수 있는 갖가지 영향을 분석합니다. 본괘의 상황에서 지괘之卦인 가인괘의 상황을 고려하는 것이지요. 동일한 목표를 염두에 두고 다른 입장에서 문제를 보는 것이 착괘를 응용하는 이유입니다. 예를 들어 임금 동결이 본괘의 목표이지만 동결 조치가 기업의 조직 구성원의 '사기'와 '조화로운 관계'에 영향을 끼칠지의 여부는 지괘인 가인괘에서 이끌어낼 문제라는 것입니다. 착괘는 사고방식 문제입니다. 관련 조치가 일으킬지도 모르는 여러 가지 문제를 리더가 사색하도록 재촉하지요.

호역괘

호역괘는 본괘의 내괘와 외괘를 서로 바꾸어서 구성한 지괘입니다. 예를 들어 해괘의 상괘와 하괘 또는 내괘와 외괘를 서로 바꾸면 준괘屯卦가 됩니다.

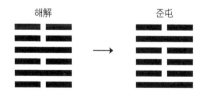

해解 → 준屯

2가지 예를 더 들어보면 다음과 같습니다.

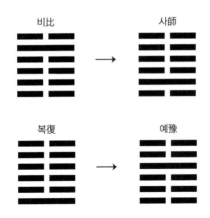

비比　　　　　　　　사師

복復　　　　　　　　예豫

호역괘를 쓰는 이유 역시 본괘를 바탕으로 이끌어낸 두 번째 지괘이기 때문입니다. 첫 번째 지괘인 착괘의 상황과 다르다는 점을 고려해야만 합니다. 예를 들어 임금 동결을 통해 기업의 경영 원가를 줄이는 일은 해괘의 상황입니다. 그러나 이런 조치를 취할 때 종괘인 건괘의 상황이라면 직원 쪽에서 부딪히게 될 곤란한 처지도 고려해야만 한다고 지적합니다. 착괘인 가인괘의 상황이라면 임금 인상폭을 낮춘 뒤에 기업 구성원의 사기와 조화로운 노사 관계에 불리한 영향은 없을지 고려해야만 합니다. 더 나아가 호역괘의 방법으로 준괘를 얻었다면 준괘는 힘을 모아야만 발전에 유리하다는 점, 약하지만 점차 강해질 테니 경거망동하지 말아야 한다는 점을 지적하지요. 호역괘는 행동할 때 신중해야만 한다고 말합니다. 그래서 기업이 임금을 동결해야 하는지 마는지 더 고려해야 하고 다른 좋은 방법이 없는지 살펴보아야 합니다.

교호괘

임금 동결 조치가 불러일으킨 여러 문제는 종괘와 착괘, 호역괘 3가지 이외에도 교호괘의 방법으로 곰곰이 생각해볼 수 있습니다. 종괘와 착괘, 호역괘는 본괘의 겉모습이 바뀐 것입니다. 그래서 탐색하고 있는 문제는 본괘의 외부에서 캐낼 수 있고, 이것이 외부 문제나 상황의 성질을 가지고 있다는 점을 상징하지요. 그러나 교호괘는 본괘의 내부에서 변화하고 발전한 것이기 때문에 드러나지 않은 문제나 상황의 성질을 가지고 있습니다. 교호괘를 만드는 방법은 본괘의 이효, 삼효, 사효를 가지고 지괘의 초효, 이효, 삼효를 만들고, 본괘의 삼효, 사효, 오효를 가지고 지괘의 사효, 오효, 상효를 만드는 것입니다. 예를 들면 다음과 같습니다.

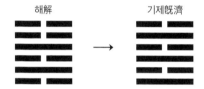

2가지 예를 더 들어보면 다음과 같습니다.

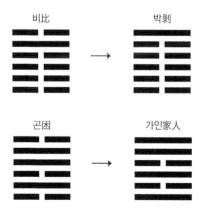

예를 든 것처럼 임금 동결 조치가 맞닥뜨린 상황은 종괘, 곧 건괘를 통해 반영할 수도 있습니다. 호역괘를 통해서 반영한다면 준괘가 있겠고, 착괘를 통해 반영한 것은 가인괘의 상황이며, 교호괘를 통해 반영한 것이 기제괘입니다. 건괘는 임금 동결 조치가 맞닥뜨릴 여러 가지 곤란한 문제를 지적합니다. 예를 들어 직원의 반대 같은 것이지요. 준괘는 그런 조치를 당장 단행하는 일은 적절하지 않다는 것을 암시합니다. 시기가 아직 무르익지 않았으므로 뒤로 미루었다가 집행하는 것이 적절하기 때문입니다. 하지만 가인괘와 기제괘의 의미를 보면 기업 경영진은 직원들에게 임금 동결 조치를 받아들이라고 설득할 기회가 아직 있습니다. 양쪽은 당연히 협상할 필요가 있지요. 더 깊이 소통해서 양쪽이 합의점을 찾게 된다면 한 식구 같은 조화로운 관계를 이룰 수 있고, 임금 동결 조치는 협력해서 집행할 수 있게 됩니다.

이런 상황은 결코 실제 상황이 아니고 본괘의 괘변 4가지로 미루어 짐작해본 시뮬레이션 상황입니다. 이것이 바로 『주역』의 전방위적인 사고방식입니다. 문제를 볼 때 꼭 상황을 여러 각도로 관찰하고 분석해야만 더 객관적인 태도를 유지하고 합리적인 결정을 내릴 수 있는 것이지요.

괘변의 심층 분석
::

본괘를 기점으로 당장 맞닥뜨린 상황이나 문제를 분석하고 나면 괘변법을 통해 고려해야만 하는 여러 문제를 깨닫게 됩니다. 종괘와 착괘,

호역괘, 교호괘의 방법은 첫 번째 단계일 뿐이므로 더욱 많은 힌트를 얻기 위해 각각의 지괘를 기초로 다시 괘변을 분석할 수 있습니다. 예를 들어 본괘 해괘에서 종괘인 건괘를 끌어낸 뒤에 지괘의 괘변을 다시 깊이 분석할 수 있다는 말이지요. 건괘의 착괘인 규괘를 다시 예로 들 수도 있습니다. 규괘는 분리 현상을 암시하지요. 임금 동결 조치가 잘 처리되지 못하면 노사가 분리되는 상황을 조성하고 기업의 안정에 불리할 것이라는 뜻은 아닐까요?

건괘의 호역괘는 몽괘입니다. 직원들이 경영진의 조치를 받아들이게 하려면 꼭 여러 가지로 설명하고 설득할 필요가 있고 기업의 구성원이 기업의 운영 상태 전반과 당장 맞닥뜨린 어려움을 이해하도록 만들 필요가 있다는 것을 암시합니다. 이런 소통 방식은 마치 계몽의 성질을 띤 일과 같아서 계몽의 작용을 가지고 있습니다.

건괘의 교호괘는 미제괘입니다. 행동의 목적이 결코 기업 구성원들의 동의를 곧바로 얻을 수는 없기 때문에 이에 뒤따르는 작업을 아직 더 해야 한다는 점을 분명히 제시하고 있습니다.

건괘乾卦의 효변

::

건괘는 용龍의 상징을 빌려 괘의를 서술합니다. '잠룡潛龍' '현룡見龍' '척룡惕龍' '약룡躍龍' '비룡飛龍' '항룡亢龍' 등 6마리의 용이 있고, 용구의 '군룡群龍'까지 더해서 건괘는 '용의 괘'라고 할 수 있습니다. 용은 씩씩함과 진취성을 나타내기도 하고, 스스로 몸과 마음을 힘껏 가다듬음自强

을 나타내기도 하며, 힘이 강한 양강陽剛을 상징하기도 합니다. 하지만 지나치게 강한 양강이 행동에 꼭 유리한 것은 아닙니다. 그래서 순전히 양으로만 이루어진 건괘에는 신중함도 포함되어 있습니다. '자맥질하다 潛' '두려워하다惕' '오르다亢' 따위의 경고가 그런 사례입니다. 건괘의 사고는 결코 양강에만 국한되어 있지 않고 음유陰柔의 사고도 포함하고 있습니다. 이것이 바로 '양 안에 음이 있고, 음 안에 양이 있는陽中有陰陰中有陽' 현상입니다. '태극도太極圖'는 원래 흰 물고기와 검은 물고기가 서로 꼬리를 물고 있는 모양입니다. 흰 물고기의 눈은 검고, 검은 물고기의 눈은 희지요. 이 역시 마찬가지 이치입니다. 건괘의 겉은 순양괘이지만 속은 음의 성질을 가지고 있습니다. 양 안에 음이 있는 상황인데, 6개의 양효가 미처 변동하지 않았을 때도 이미 갖추어져 있습니다. 만약 6개의 양효를 하나씩 변동시키면 건괘의 현상은 다른 괘상으로 변합니다. 이것은 조직의 리더가 새로운 사고를 하도록 작용합니다.

음효가 하나이고 양효가 다섯인 상황—陰五陽

건괘의 변효는 나머지 괘로 확장할 수 있습니다. 여기서는 음효가 하나이고 양효가 5개인 괘로 변화하는 상황을 먼저 살펴보겠습니다.

구괘☰

건괘의 초구가 초륙으로 변하면 순양괘가 구괘로 변합니다. 구괘는 서로 만나는 법을 말하는데 하나의 유柔가 5개의 강剛을 만난 이미지입니다. 기업이 임금 동결 조치를 취하고자 하는 예를 다시 들어보겠습니다. 임금 동결 조치를 취한다면 필연적으로 직원들의 반대에 부딪히게 될 테지요. 노사 양쪽은 틀림없이 백병전처럼 치열한 협상을 벌이게 될 것입니다. 만약 사용자 쪽을 '양', 노동자 쪽을 '음'이라고 한다면 표면적인 현상은 음양의 2가지 힘이 대립하는 국면입니다. 어떻게 해야 양쪽의 대립이나 모순이 심화되는 일을 피할 수 있을까요? 경영진이 직원들과 소통하고 설득해야만 합니다. 구괘는 하늘 아래 바람이 지나감을 나타냅니다. 바람이 만물과 만나는 것은 위에서 아래와 소통해야 할 필요가 있는 상황을 암시합니다. 위아래 양쪽이 모두 진정으로 협력하겠다는 태도를 지녀야만 문제를 해결할 공감대와 방법을 찾을 수 있습니다.

건괘의 초구가 초륙으로 변한 것은 곧 양이 음으로 변한 것입니다. 이것은 경영진이 지나치게 강경한 양강의 수단으로 직원을 대해서는 안 되고 여러 가지 유화책을 쓰는 쪽이 대국적으로 유리하다는 점을 암시합니다.

동인괘䷌

만약 경영진이 유화책을 채택한다면 건괘의 구이효를 육이효로 바꾼 동인괘가 될 것입니다. 동인괘는 남과 '뜻을 맞춰야만和同' 한다고 권유하는 괘입니다. 사람과 사람 사이에 다툼은 피할 수 없지요. 기업의 노사 양쪽도 이런 현상을 피할 수 없습니다. 하지만 기업의 경영진이 직원들과 한마음 한뜻으로 한 배를 탄 사람들처럼 함께 어려움을 헤쳐 나간다면 공감대를 얻을 수 있겠지요. 육이효의 효사는 "피붙이끼리만 뭉친다. 인색하다同人于宗 吝"입니다. 피붙이처럼 가까운 사람하고만 뜻을 맞춘다면 폐단이 생기게 마련입니다. 특히 구오효가 상징하는 것처럼 상사에게만 알랑거린다면 말이지요. 경영진도 자기보다 낮은 중층이나 하층과 뜻을 맞추어야 합니다.

동인괘는 하늘과 불로 구성되어 있습니다. 하늘과 불은 본질적으로 큰 차이가 있지만 두 가지 사이에도 같은 구석을 찾을 수 있습니다. 하늘은 위에 있고 불도 위로 올라가는 성질이 있기는 매한가지입니다. 이것이 바로 다르지만 같다는 것이지요. 기업의 경영진이 직원들과 임금 동결을 담판 지으려는 일에 대해서 동인괘는 "다른 것은 그대로 두고 공통점을 찾는다存異求同"는 협상의 기초를 제시하고 모순의 국면을 피할 것을 제안합니다.

이괘䷈

구삼을 육삼으로 바꾸면 이괘가 됩니다. 이괘는 "호랑이 꼬리를 밟아도 사람을 물지 않는다履虎尾 不咥人"라고 합니다. 호랑이 꼬리를 바짝 따라가다보면 위험하게 마련입니다. 만약 신중함을 유지한다면 호랑이에게 먹히는 일은 피할 수 있겠지요. 노사 협상은 어려운 일입니다. 대화가 잘 안 되고 양쪽이 자기 의견만 견지하며 양보하지 않으면 서로 대립하는 형세도 악화될 것입니다. 양쪽 모두 위험 부담이 커지는 것이 마치 호랑이에게 먹히는 일과 같다고 한 것입니다. 협상 과정에서 유화적인 수단은 경직되어 있는 국면을 완화시키는 작용을 합니다. 양쪽이 협상하는 과정에서 강경하게 대립하는 태도만 취하지 않는다면 협상의 결렬에 따르는 위험 부담을 피할 수 있을 것입니다. 노사 협상은 호랑이와 같지요. 잘 처리하지 못하면 노사 양쪽이 다치게 될 테고, 좀 타협하면 편안하고 탈이 생기지 않을 것입니다.

'호랑이 꼬리를 밟는다'는 말은 약한 쪽이 협상 과정에서 경계심을 유지해야만 강한 쪽에게 일방적으로 좌지우지당하는 일을 피할 수 있다고 해석할 수도 있습니다. 협상할 때 꼭 조심스럽게 "마치 깊은 못을 마주한 듯 마치 살얼음을 밟듯如臨深淵 如履薄氷"이라는 신중함의 원칙을 구현해야만 강한 쪽의 일방적인 속임수에 넘어가지 않을 것입니다.

소축괘䷈

구사를 육사로 바꾸면 소축괘를 얻게 됩니다. 소축괘의 괘사는 "비는 뿌리지 않는 먹구름이 우리 서쪽 벌판으로부터密雲不雨 自我西郊"입니다. 서쪽에서 몰려온 먹구름이 아직 비를 뿌리지는 않았다는 말의 함의는 '시기가 아직 무르익지 않았으니 참고 기다리는 동시에 시기가 왔을 때 필요한 조건을 길러야만 한다'입니다. 기업 경영진은 임금 동결 조치를 잠시 미룰 것을 고려해야 하지 않을까요? 먼저 비공식적인 소통과 설득 작업을 시행한 뒤에 시행을 정식으로 발표해야만 합니다. 경영진이 지나치게 서둘면 노사 사이에 분쟁이 생길 수도 있고 양쪽이 대립해서 수습할 수 없는 모순된 국면으로까지 치달을 수도 있습니다.

대유괘䷍

대유괘의 이미지는 불이 하늘에서 만물을 비추는 것입니다. 만약 기업 경영진이 임금 동결을 단행하는 주요 원인이 기업 경영의 어려움 때문이라면 떳떳한 조치입니다. 그러나 직원들의 봉급을 억제해서 기업의 이윤만을 늘리려는 이유라면 옳지 않습니다. 기업이 임금 동결 조치를 취하는 것이 정말 정당한 이유가 있는지 검토해야만 합니다. 만약 정당

괘와
효

한 이유가 있다면 직원들의 동의와 지지를 얻게 될 것입니다. '대유'는 '인심을 얻는다'는 함의도 있습니다.

육오는 음이 임금 자리에 있는 격이라서 부드러움이 높은 자리를 얻은 셈입니다. 리더는 씩씩하고 위엄 있는 기세가 있다고 해서 함부로 위세를 부리거나 강압적으로 아랫사람을 억누르지 말아야 합니다. 사람을 성의 있게 대하고 포용하는 자세로 아랫사람의 처지를 같이 아파할 때, 훌륭한 공식적·비공식적 소통 채널을 마련하게 될 것입니다. 이런 조건들을 갖춘다면 기업의 임금 동결 조치는 직원들의 지지를 쉽게 얻을 수 있고 바라던 목적도 달성하게 될 것입니다.

쾌괘☰☱

상구를 상륙으로 바꾸면 쾌괘가 됩니다. 연못의 수증기가 하늘로 올라가 응결된 뒤에는 비가 내리게 됩니다. '둑이 터지는決潰' 일을 상징하고, 결단이나 결정의 뜻이 있습니다. 경괘인 택괘의 괘상은 ☱입니다. 택괘의 음효--는 물이 연못 입구에 있음을 나타내고, 아래쪽 2개의 양효는 물을 나타냅니다. 그러나 쾌괘의 괘상에는 양효가 5개이기 때문에 연못 아래 물이 더 많이 있는 형상입니다. 물이 많으면 둑이 터질 가능성이 높아집니다. 이것은 '결단決'을 달리 풀이할 수도 있다는 말입니다. 기업 경영진이 임금 동결 조치를 취할 때는 과감하게 결정해야지, 질질 끌면서 우유부단하면 안 됩니다. 기회가 왔을 때 결단을 내려야만 합니다.

쾌괘는 음효 하나가 양효 다섯에게 압박받는 이미지입니다. 만약 경영진이 지나치게 무르면 직원들의 강한 반대에 부딪히게 됩니다.

여기까지 건괘의 변효는 음효가 하나이고 양효가 다섯인 상황 6가지입니다. 상황마다 함의는 다르지만 모두 '유와 강이 맞서는' 상황입니다. 순전히 양강陽剛인 방식에 유화적인 수단을 끼워 넣으면 기업의 경영진과 직원 사이의 임금 인상폭 협상에 유리합니다. 건괘의 변효를 통해 필요한 조치를 취할 때 리더는 자신이 고려해야 하는 사고방식을 폭넓게 알게 됩니다. 임금 동결 조치를 예로 들면 구괘가 제시한 '진정한 협력의 태도', 동인괘가 제시한 '다르지만 같은 점을 찾는' 원칙, 이괘가 제시한 '신중한 태도', 소축괘가 제시한 '시기상조'의 관점, 대유괘가 제시한 '동의와 지지', 쾌괘가 제시한 '과감함' 등을 고려해야만 한다는 말입니다.

음효가 둘이고 양효가 넷인 상황二陰四陽과 음효와 양효가 셋인 상황三陰三陽

건괘의 변효는 본래 다음과 같이 음효가 둘이고 양효가 넷인 상황과 음효와 양효가 셋인 상황도 생길 수 있습니다.

음효가 둘이고 양효가 넷인 상황과 음효와 양효가 셋인 상황에서 변효의 방법을 취해 사고의 폭을 넓히려고 하면 지나치게 복잡해집니다. 점을 쳐서 몇 개의 괘를 얻고 사고와 추리의 실마리로 삼는 것이 간단하고 빠른 방법입니다. 이것은 마치 샘플을 뽑는 방법과 같기 때문에 개인의 주관적인 선택을 피할 수 있습니다.

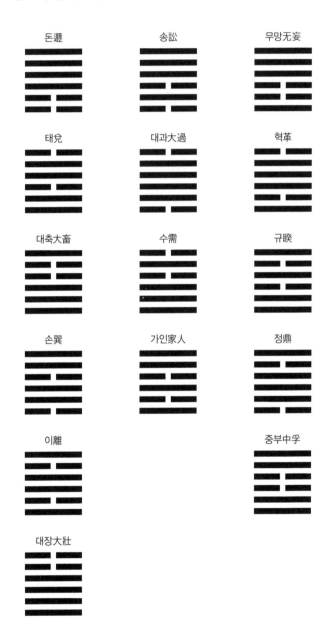

돈遯　　　　　송訟　　　　　무망无妄

태兌　　　　　대과大過　　　　　혁革

대축大畜　　　　　수需　　　　　규睽

손巽　　　　　가인家人　　　　　정鼎

이離　　　　　　　　　중부中孚

대장大壯

✳ 음효와 양효가 셋인 괘(곤괘에서 이끌어낼 수도 있음)

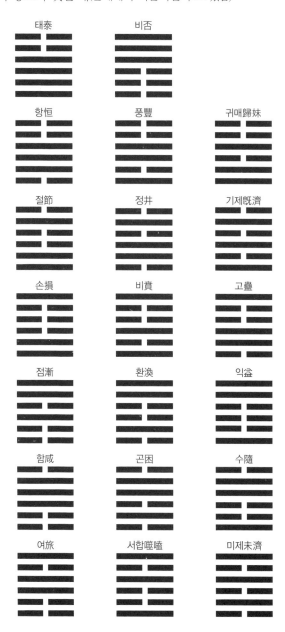

태泰　　　　비否

항恒　　　　풍豐　　　　귀매歸妹

절節　　　　정井　　　　기제旣濟

손損　　　　비賁　　　　고蠱

점漸　　　　환渙　　　　익益

함咸　　　　곤困　　　　수隨

여旅　　　　서합噬嗑　　　미제未濟

괘와
효

65

곤괘坤卦의 효변

::

곤괘는 유순하고 유화적이며 포용하는 것을 나타냅니다. 양강陽剛 유형의 리더십 말고 리더십의 또 다른 유형입니다. 건괘에는 양강 속에 음유陰柔의 요소, 곧 신중함이 들어 있는 것처럼 곤괘의 음유 속에도 양강의 요소가 들어 있습니다. 예를 들어 육이는 정직하고 반듯할 것直而方을 강조합니다. 이것도 음 속에 양이 있는 이치입니다. 이는 곤괘의 음효가 아직 변하지 않았을 때의 상황입니다. 만약 곤괘의 음효를 양효로 바꾸면 변효한 뒤의 여러 상황을 탐색해서 더 넓은 사고의 여지를 제공할 터이므로 결정에 유리해집니다.

양효가 하나이고 음효가 다섯인 상황—陽五陰

앞에서 말한 임금 동결 조치를 예로 든다면, 기업은 본래 유화적인 방식을 취해서 직원들의 지지를 얻으려고 했습니다. 하지만 유화적인 방식을 취하는 것 외에 양강적인 수단을 이용할지 고려해야만 지나치게 수동적이 되지 않을 수 있습니다. 먼저 양효가 하나이고 음효가 다섯인 변효 방식을 취한다면 오른쪽과 같은 6가지 괘상이 생깁니다.

복괘의 괘상은 우레가 땅속에 있는 것입니다. 경영진이 힘을 축적해서 터뜨릴 때를 기다리고 주동적인 주문을 여럿 준비해야 한다는 것을 상징합니다. 사괘의 괘상은 땅속에 있는 물입니다. 유순한 방식에는 투쟁의 위험이 도사리고 있다는 뜻입니다. 괘사는 "어른이면 길하다丈人吉"입니다. 직원들과 협상할 때 경험이 풍부한 사람에게 협상 임무를 맡기는 식으로 응용해야 마땅합니다. 구이는 양효가 음의 자리에 있기 때

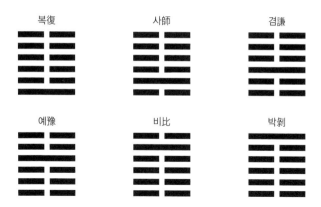

| 복復 | 사師 | 겸謙 |
| 예豫 | 비比 | 박剝 |

문에 강하면서도 유할 수 있다거나 강유가 서로 돕는 상황을 반영합니다. '양효가 중간 자리에 있지만剛中' 육오와 응할 수 있기 때문에 협상에 유리합니다. 겸괘는 협상 과정에서 경영진이 겸허한 태도를 유지하는 것이 마땅하다는 점을 지적합니다. 다만 지나치게 겸손하면 무르게 보여서 도리어 협상에 불리해지므로 적당한 겸손을 갖추고 있어야만 합니다.

예괘의 괘상은 우레가 땅 위에 나와 있는 것입니다. 위가 움직이면 아래가 따르는 모양이지요. 위아래가 화기애애한 국면을 만들어서 협상이 진행되기 유리하도록 해야만 합니다. 비괘의 괘상은 물이 땅 위에 나와 있는 것입니다. 서로의 관계는 친목과 화합을 유지해야만 한다는 것을 상징합니다. 박괘의 괘상은 음효가 야금야금 위로 올라가는 모양입니다. 음효가 다섯이고 양효가 하나인 상황을 형성하지요. 그래서 '유가 강으로 변하는' 협상 전략을 상징합니다. 직원들이 협상 도중 강경한 태도를 보일 때 경영진은 여전히 유화적인 방식으로 대처해야 합니다. 상대방의 강을 유로 '깨뜨리는剝' 것인데 이렇게 하면 '강과 강이 맞서는'

직접적인 모순 상황을 피할 수 있습니다.

양효가 둘이고 음효가 넷인 상황二陽四陰

양효가 둘이고 음효가 넷인 변효의 괘상에는 다음과 같이 15가지가
있습니다.

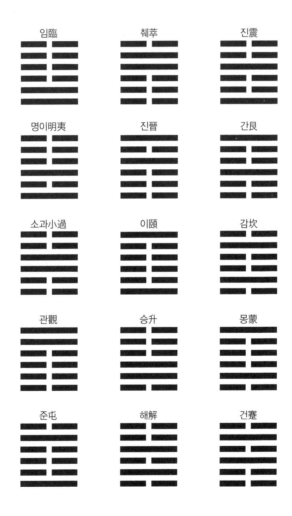

양효가 둘이고 음효가 넷인 십오괘를 응용해서 사고를 펼칠 때 참고할 수 있습니다. 이것은 앞쪽에서 제시한 음효가 둘이고 양효가 넷인 경우와 마찬가지입니다. 효변이나 점술을 통해 몇 개의 괘를 얻어 미루어 짐작하는 대상으로 삼을 수 있습니다.

효변과 괘변의 방법
::

먼저 어떤 괘상으로 효변을 할 것인지 결정해야 합니다. 첫 번째 방법은 전통적인 점술 방법을 취하는 것입니다. 이때 얻은 본괘나 지괘를 실마리로 괘변과 효변을 합니다. 이 방법의 장점은 괘상이 주관적이지 않고 객관적이라는 것입니다. 그러나 이렇게 얻은 괘와 당면한 상황이 표면적으로 아무 관계가 없는 것처럼 보인다는 단점이 있습니다. 분석하는 사람의 추리력과 사고력에 달려 있기 때문입니다. 점치는 방법은 나중에 설명하겠습니다.

두 번째 방법은 당면한 상황과 육십사괘 가운데 어느 괘가 가장 비슷한지 주관적으로 판단하는 것입니다. 이것을 실마리로 괘변과 효변을 하고 생각할 여지를 넓힌다는 것은 앞서 말한 내용과 같습니다.

객관적인 점술이든 주관적인 판단이든 모두 결정권자가 자신이 생각할 여지를 넓히는 데 도움이 됩니다. 따라서 당면한 정책을 결정하는 과정에서 미처 생각하지 못한 요소와 방식을 생각할 수 있게 합니다.

제3장

태극 음양 오행

『주역』의 핵심 사상은 음양 개념입니다. 만약 음양 개념을 뺀다면 팔괘나 육십사괘도 없을 것이고, 괘효의 변화도 없을 것입니다. 모든 사물의 변화는 음양이라는 두 가지 힘이 맞서서 서로 변한 결과이기 때문에 「계사전」도 '음과 양이 번갈아 바뀌는 것이 도'라고 이야기하고 있지요. 사물의 존재에는 양면성이 있기 때문에 사물의 성질을 관찰할 때 맞서 있는 양쪽을 동시에 보아야만 사물의 진짜 성질을 인식할 수 있고 단편적이지 않을 수 있다는 말입니다. 조직 관리에서도 이것은 특별한 의미를 가집니다. 리더는 일방적인 생각에만 국한된 사고를 해서는 안 되고 정면이나 반면 또는 여러 측면에서 문제를 보아야만 균형을 이룬 상황에 도달하게 됩니다.

태극도太極圖의 함의

::

『주역』의 음양 개념은 태극도에서 분명하게 인식할 수 있습니다.

태극도의 둥근 테두리는 태극太極을 나타냅니다. 이것은 모든 사물의 근원이자 출발점입니다. 일一이나 태을太乙이라고도 하는데, 하나의 전체를 나타내지

그림 1. 태극도

요. 태극이나 전체 안에 희고 검은 음양의 물고기 두 마리가 있습니다. 검은 물고기는 음의 물고기, 흰 물고기는 양의 물고기를 나타냅니다. 물고기 두 마리의 꼴은 서로 맞선 상태처럼 보이지만 자세히 관찰해보면 두 마리가 서로 껴안고 있다고 볼 수도 있습니다. 모든 사물에 음의 힘과 양의 힘이 맞서는 측면도 있지만 서로 의지하고 보완하는 측면도 있다는 점을 간접적으로 보여주는 것이지요. 태극의 관점에서 전체를 음 부분陰體과 양 부분陽體으로 나눌 수도 있습니다만 이것은 상대적인 대립 관계일 뿐 절대적인 대립이 아닙니다. 왜냐하면 둘은 같은 몸뚱이의 다른 측면一體兩面인 관계, 곧 서로 의지하고 이어진 관계, 서로 돕고 서로 살리는 관계이기 때문입니다. 음양의 기능을 합쳐야 발전할 수 있는 원동력도 생기고 태극의 범위 자체도 커질 수 있습니다. 동시에 음양이 기능을 합치면 새로운 사물을 창조하게 됩니다.

중국 춘추시대 제나라의 재상 안영晏嬰은 '어울리기和'의 의미가 무엇인지 지적한 바 있습니다. 그는 물에 물을 붓고 끓이는 일을 예를 들었

지요. 물에 물을 넣어보아야 결국 물일 뿐 국이 되지는 못합니다. 생선이나 식초, 소금, 양념 따위의 다른 재료들을 물에 넣고 끓여야만 '어울리는' 작용이 생기고 맛있는 국이 됩니다. 안영의 말은 '같아지기同'는 새로운 사물을 낳지 못하고 '어울리기'여야만 새로운 사물을 낳을 수 있다는 사실을 설명하고 있습니다.

태극도는 음의 힘과 양의 힘이 합쳐지는 어울리기의 이치를 제시하지요. 하지만 음의 힘과 양의 힘은 태극도가 보여주는 것처럼 절대적인 대립이 아니라 상대적인 대립입니다. 왜냐하면 둘은 여전히 하나의 전체에 속해 있고 아직 갈려나가지 않았으니까요. 음양 관계는 '하나가 둘로 나뉘면서一分二' '둘이 하나로 합쳐지는二合一' 관계입니다. 대립의 통일 관계라고 해도 되겠지요. 음양설은 이원론이 아니고 변화가 있는 일원론입니다. 태극도는 변화가 있는 일원론을 전달하고 있습니다. 음양의 기능이 합쳐져야 힘이 생기고 나뉘면 힘을 잃어버립니다. 이것은 다름 아닌 '음은 혼자서 낳을 수 없고, 양은 혼자서 자랄 수 없다孤陰不生 獨陽不長'는 사상입니다.

태극도의 음양 물고기는 눈을 하나씩 가지고 있습니다. 검은 물고기인 음의 물고기에는 흰 눈이 있고, 흰 물고기인 양의 물고기에는 검은 눈이 있습니다. 이것은 '음 안에 양이 있고, 양 안에 음이 있는' 관계를 나타냅니다. 음의 힘과 양의 힘은 영원히 변하지 않는 성질이 아닙니다. 음양의 위치는 상황에 따라 바뀔 수 있습니다. 음이 양으로 변할 수도 있고, 양이 음으로 변할 수도 있지요. 음의 부분에 양의 성분이 있고, 양의 부분에 음의 성분이 있습니다. 왜냐하면 음양은 본래 일체를 이루는 것이어서 하나라고 볼 수도 있고 둘이라고 볼 수도 있기 때문입니다.

양이 자랄 때 음은 스러지고, 반대로 음이 자랄 때 양은 스러집니다. 태극도에서 음의 물고기와 양의 물고기가 서로 껴안고 있는 관계는 이런 상황을 설명합니다. 흰 물고기의 몸은 가는 꼬리부터 점점 두꺼운 머리까지 확대됩니다. 이것은 양의 기운이나 양의 힘이 상승하는 것을 반영합니다. 그러나 검은 물고기는 머리부터 꼬리까지 점점 축소됩니다. 이것은 음의 기운이나 음의 힘이 하강하는 것을 반영합니다. 그러나 전체적으로는 여전히 조화로운 상태를 유지하고 있습니다. 이것이 바로 '양이 극에 달하면 음이 나오고, 음이 극에 달하면 양이 나오는' 이치입니다. 검은 물고기와 흰 물고기가 둥글게 껴안고 일체를 형성한 모양, 큰 머리와 작은 꼬리를 가진 물고기 두 마리가 꼬리에 꼬리를 물고 이어져 있는 모양은 물고기 두 마리가 끝없이 헤엄치는 다이내믹한 느낌을 연출합니다. 이것은 사물의 음양이 쉬지 않고 운동하고 순환하면서 번갈아 바뀌는 현상을 반영하고 있습니다.

태극도는 태극 개념에 대해 유력하고 분명하게 설명하는데 다음과 같이 요약할 수 있습니다.

1. 태극은 전체 조직의 근원입니다.

2. 전체는 음의 힘과 양의 힘으로 분화될 때 발전 과정을 시작합니다. 이것은 전체론 원칙에 따라 다원화되는 발전 현상을 상징합니다.

3. 음의 힘과 양의 힘은 발전 과정에서 대립성을 가지고 있지만 둘 사이의 협조를 통해 서로 보완할 수 있습니다.

4. 음의 힘과 양의 힘이 대립과 충돌의 과정을 거쳐 서로 보완하고 화합하는 관계로 바뀌면 새로운 전체가 생깁니다. 이것도 하나의 태극입니다.

전체(태극) → 음양의 분화와 대립 → 상호 보완 → 화합 → 새로운 전체(새로운 태극)

전체가 발전하는 과정에는 증가시키고 확장시키는 작용이 있기 때문에 새로운 태극의 범위太極圈, 곧 새로운 전체의 부피는 이전 태극의 범위, 곧 낡은 전체의 부피보다 커집니다. 만약 음양이 대립하기만 하고 서로 보완하지 않는다면 반대로 균형과 화합이 모자라게 됩니다. 그러면 전체를 증가시키지도 못하고 심지어 줄어들게 만듭니다. 이렇게 되면 새로운 태극의 범위는 아무 변화도 없이 낡은 태극 범위의 크기와 같거나 오히려 줄어들게 됩니다.

5. 태극도의 음양 물고기는 어떤 방향으로 영원히 고정되어 있지 않습니다. 예를 들어 흰 물고기, 곧 양의 물고기는 본디 머리가 위에 있고 꼬리가 아래에 있습니다. 외부 요소의 변화에 영향을 받은 태극의 범위는 그에 적응하려면 자신을 조정하고 변동시킬 테지요. 이때 흰 물고기의 방위는 거꾸로 뒤집혀서 꼬리가 위쪽으로, 머리가 아래쪽으로 돌게 될 수 있습니다. 그러면 동시에 검은 물고기의 방위도 흰 물고기의 원래 방위를 대신하면서 검은 물고기의 머리가 위에 있고 꼬리가 아래에 있는 상태로 바뀔 테지요. 이처럼 검은 물고기와 흰 물고기의 방위가 서로 뒤바뀌는 일은 음양의 위치가 결코 영원히 고정되어 있지 않고 서로

전환하는 상황이 있을 수 있으며 적응력을 증가시키기도 한다는 점을 설명합니다. 검은 물고기와 흰 물고기의 방위는 당연히 다른 형태도 있을 수 있습니다. 예를 들어 검은 물고기가 위를 차지하고 흰 물고기가 아래에 있거나 흰 물고기가 위를 차지하고 검은 물고기가 아래에 있을 수 있습니다. 이는 음양 관계가 여러 가지 변화의 성질을 가지고 있다는 점을 설명합니다.

6. 태극도가 돌지 못하는 상황에서도 여전히 음의 물고기와 양의 물고기의 위치는 바뀔 수 있습니다. 검은 것이 희게 되고 흰 것이 검어지는 것처럼 빛깔을 서로 바꾸는 일을 통해서 음의 물고기와 양의 물고기의 위치가 바뀔 수 있다는 말입니다. 음의 물고기와 양의 물고기가 빛깔을 바꾸는 것도 음양설의 생각 가운데 하나입니다. 음효와 양효의 변동이 상효의 단계에 도달했을 때 '양이 극에 달하면 음이 생기거나' '음이 극에 달하면 양이 생기는' 전환 작용이 발생합니다. 흰 물고기의 머리에 바짝 붙어 곧바로 검은 물고기의 꼬리가 이어지는 것이 음양의 변화에 관한 과정을 설명하고 있습니다. 음양 관계의 전환은 달리 효변과 괘변의 과정을 통해 설명할 수도 있습니다. 양괘가 음괘로 변할 수도 있고 음괘가 양괘로 변할 수도 있다든지, 괘마다 있는 음효와 양효의 속성이 결코 고정되어 있지 않고 완전히 변할 수도 있다는 것을 보면 말입니다. 효변과 괘변의 변효, 호괘, 착괘, 종괘 등의 방식을 통해 음효와 양효를 급격히 변화시킬 수 있습니다. 효변은 본래 본괘의 음양 관계를 바꾸어서 새로운 음양 관계를 얻습니다. 이것도 새로운 괘나 새로운 상황이지요.

7. 음양은 같은 몸뚱이의 다른 측면입니다. 같은 몸뚱이라고 볼 수도 있고, 다른 측면이라고 볼 수도 있는 것이지요. 같은 몸뚱이라고 한다면 음양이 아직 나뉘기 전이거나 나뉜 뒤의 전체나 태극일 것입니다. 다른 측면이라고 한다면 음양이 변화하는 과정에서 제각각이라고 보고 운동動은 양, 정지靜는 음, 전진進은 양, 후퇴退는 음, 상승升은 양, 하강降은 음, 강剛은 양, 유柔는 음으로 구분하는 것입니다. 다른 시공간에서 어떤 사물은 다른 성질을 가질 수 있는데, 이것은 음양설이 강조하는 적응성을 반영하고 있습니다.

8. 사물을 인식하려면 꼭 전체를 파악해야만 하고, 전체로부터 개체를 이해해야만 합니다. 음양의 관점으로 각 부분의 개체를 인식해야만 하며, 개체 각각의 입장에서도 전체를 파악해야만 합니다. 전체와 개체는 결코 독립적인 상태로 있는 것이 아니라 서로 의존하는 사이입니다. 전체 속에 개체가 있고 개체가 모여서 다시 전체를 이룬다는 전체론적 사고가 태극의 주요 함의입니다.

태극을 기업의 조직에 어떻게 응용할까
::

기업의 조직 전체를 하나의 태극이라고 보고 발전 과정을 전개해보도록 하겠습니다. 먼저 기업의 여러 가지 자원과 인력을 결합시켜야 발전의 원동력이 생기겠지요. 기업의 조직은 각 분야마다 성질과 기능이 다릅니다. 이것은 음의 힘과 양의 힘이 어울리는 일을 반영합니다. 어떤 분야는 더 뚜렷하게 양의 성질을 가지고 있지요. 예를 들어 직선적인 분야나 전방에 배치된 분야, 곧 생산 부서나 마케팅 부서 등이 그렇습니다. 어떤 분야는 음의 성질을 가지고 있지요. 후방에서 지원하는 인력 자원 부서나 수리 부서, 공급 부서 등의 서비스 분야입니다. 전방 분야든 후방 분야든 상관없이 모두 전체 속의 개체입니다. 분야와 개체 사이에는 의견 차이나 대립하는 모순 관계가 없을 수 없습니다. 다만 분야마다 결코 절대적으로 독립적인 위치에 있지는 않습니다. 분야마다 서로 의존하고 있기 때문에 모순이 있다면 협력을 통해 해결해야 하며, 전체 속에서 개체를 나누고 개체 속에서 전체를 생각해야 합니다. 전체의 이익과 개체의 이익이 균형을 이룰 때 기업은 조화로운 상태에 도달하게 됩니다. 그래야 기업의 효율도 끌어올릴 수 있고, 새로운 태극의 범위도 낡은 태극의 범위보다 커집니다.

기업집단과 다국적기업의 발전에도 전체와 개체 사이, 개체와 개체 사이의 관계가 있습니다. 협조를 잘하는 기업집단은 회사 전체와 자회사, 자회사와 자회사 사이에 이익 균형을 이루도록 유지할 수 있습니다. 조화로운 상황에서 태극의 부피는 커질 수 있고 지속적으로 발전할 수 있는 조건을 만듭니다. 이것이 바로 음양이 기능을 합칠 때 전체에 유리하게 작용한다는 것입니다. 만약 기업 내부나 기업집단의 회사 내부가 균형을 잃었을 경우, 곧 음양이 균형을 잃은 경우라면 반대로 상호 기능이 일사불란하게 움직일 수 없고 개체 사이에 모순이 생기거나 따로 놀게 됩니다. 협력 메커니즘이 없는 상황에서 음양이 균형을 잃으면 태극은 줄어들게 되지요.

기업의 조직 내부가 균형을 잃은 것은 양陽, 곧 표면적인 현상이고,

사실 음陰, 곧 진짜 속내는 사람의 행위가 균형을 잃은 탓입니다. 왜냐하면 기업 활동을 포함한 모든 경제 활동은 사람의 활동이기 때문이지요. 그러나 같은 조직에서 부서마다 의견 차이가 있을 경우, 만약 적절한 시기에 적절한 협력이 없다거나 상사가 일방적인 의견만 취해서 행동한다면 음양이 균형을 잃는 결과를 초래하게 됩니다.

대외적이든 대내적이든 기업은 대처할 능력을 갖출 필요가 있습니다. 시장의 수요와 요구의 전환, 정부의 새로운 정책, 사회의 압력, 내부 조직의 재조정, 직원의 바람 등을 예로 들 수 있습니다. 변화에 대처한다는 것은 음양 관계를 새롭게 조합해서 내적, 외적 조건의 전환에 새롭게 적응하는 것입니다. 음양의 전환을 장악할 수 있는 것이 변화에 대처하는 중요한 기초입니다. 이것은 『손자병법』의 요점이기도 합니다.

기업의 리더는 음양 변화와 물극필반의 개념을 꼭 인식해야만 합니다. 이것은 육십사괘의 상효에서 이미 지적했습니다. 검은 물고기와 흰 물고기가 스러지고 자란다는 태극도의 생각도 같은 개념입니다. '사물은 극에 도달해서는 안 된다. 극에 도달하면 되돌아간다'는 생각은 리더에게 '편안할 때 닥쳐올 위험을 생각해야 한다居安思危'고 경고하고 있습니다.

음양 개념의 응용

••

음양 개념은 사고하고 추리하는 도구가 될 수 있어서 조직의 행위에 아주 널리 응용되기 때문에 이 단락에서 깊이 있게 설명하겠습니다.

대립과 상호 보완

앞서 태극 개념을 분석할 때 음양 관계는 맞서는 동시에 보완하는 이중적인 성질을 가진 관계이고, 같은 몸뚱이에 다른 측면을 지닌 개념이라고 했습니다. 그러므로 음양의 속성은 결코 독립적인 관계가 아니라 통일적인 관계입니다.

조직의 리더는 음양 개념을 분석의 기초로 삼을 수 있습니다. 어떤 행동을 계획할 때를 예로 들어보지요. 행동의 성질이 결국 양의 성질, 곧 강한 성질에 속하는지, 아니면 음의 성질, 곧 부드러운 성질에 속하는지 반드시 이해해야 합니다. 만약 강한 행동에 속한다면 부드러운 행동으로 상호 보완 작용을 일으켜야 합니다. 다른 방향의 강한 행동을 해서는 결코 안 됩니다. 왜냐하면 유기적 행동은 강한 성질과 부드러운 성질을 꼭 포함해야만 균형을 이룰 수 있기 때문입니다. 그렇지 않다면 강한 것과 부드러운 것이 돕는 효과를 얻을 수 없습니다.

작업 팀에 인원을 배치할 경우에도 구성원의 강한 성격과 부드러운 성격이 어울리는지, 상사와 아랫사람이나 동료 사이에 더 조화로운 상황이 생길 수 있는지, 구성원의 강한 성격과 부드러운 성격이 적당하게 배합되었는지 주목해야 합니다. 강한 성격을 가진 사람끼리 배치하면 마찰이 생기기 쉽고, 부드러운 성격을 가진 사람끼리 배치하면 지나치게 온건한 상황을 만들기 쉽습니다. 강함과 부드러움을 적절히 배합해야만 맞서는 상황이 생기더라도 '차이' 문제를 해결할 수 있고 장점으로 작용할 수 있습니다. 왜냐하면 차이를 적절하게 조절하는 것이 바로 '조화'이기 때문이지요. 그렇게 하면 상호 보완하는 작용이 생겨나 팀이나 조직 전체의 효율성이 높아지게 됩니다. 이것이 바로 '다른 것들이 조화

태극
음양
오행

를 이루어야 만물을 낳을 수 있지 같은 것들끼리는 지속할 수 없다和實
生物 同則不繼'라는 관점입니다.

경영진(양)과 종업원(음)이 어떤 정책에 대해 의견이 다를 때 대립 현
상이 일어나게 됩니다. 그러나 노사는 본질적으로 같은 조직에 속해 있
기 때문에 피차 이익이 연결되어 있지요. 리더는 이런 관점에서 적절한
정책의 실마리를 잡아야만 합니다. 대립이 꼭 불리한 것만은 아닙니다.
대립을 상호 보완으로 바꾸는 것이 바로 행동의 요령입니다.

음양과 힘

음양은 각각 두 가지 힘을 나타냅니다. 그러나 이를 함께 결합시켜야
만 발전의 원동력이 생깁니다. 한 가지 힘만으로 발전을 추진하기에는
무리가 따릅니다. '음은 혼자서 낳을 수 없고, 양은 혼자서 자랄 수 없
다'는 말은 이런 이치를 지적하고 있습니다. '같으면' 음양이 화합하는
작용이 없고 '달라야만' 서로 녹아들어 합치는 효과를 나타냅니다. 조
직은 제각기 다른 능력을 가진 구성원을 포함하고 있습니다. 이렇게 한
데 모여 구성원들이 각기 자신의 비교 우위를 드러낼 수 있다면 전체적
으로 더 크게 발전할 원동력이 생기겠지요.

다양한 능력을 갖춘 사람은 아주 소수에 불과합니다. 그러나 조직이
제각기 다른 능력을 가진 사람들을 보유하고 있을 때는 상황이 달라집
니다. 왜냐하면 개인의 능력이 고루 균형을 이루지는 못하지만 전체적
으로는 균형을 이루기 때문입니다. 다양한 능력을 가지고 있는 조직이
한 가지 능력만 가지고 있는 조직보다 발전의 원동력이 훨씬 크다는 것
은 필연적이고 자연스러운 일입니다. 성공적인 전자상거래 조직은 반드

시 정보과학 분야의 인재와 비즈니스 분야의 인재를 동시에 보유하고 결합시켜야만 조직을 발전시킬 강력한 원동력이 생기게 됩니다. 같은 이유로 다양한 제품 구성이나 업무를 가진 기업집단이 단일 업무만 가진 기업보다 발전의 원동력이 훨씬 크다는 점도 필연적입니다. 다른 업무를 가진 기업 간의 합병이나 연합은 발전의 원동력을 한층 강화하려는 뜻입니다.

음양과 균형

음양 개념은 조직의 시스템 사이의 관계를 인식하는 데도 응용할 수 있습니다. 조직 안에는 양강 시스템과 음유 시스템이 있습니다. 전자는 조직의 주요 직무 수행 능력을 책임지는 시스템이고, 후자는 전자를 지원하는 시스템입니다. 예를 들어 생산이나 마케팅 같은 기업 조직의 직선적인 분야는 양陽의 시스템이고, 재무와 인력, 운수, 창고 같은 서비스 분야는 음陰의 시스템입니다. 대학 조직이라면 교육 분야는 양의 시스템이고, 행정 분야는 음의 시스템이겠지요. 양의 시스템이 없으면 조직은 직책을 수행할 수 없습니다. 그래서 주요 시스템이 되는 것입니다. 그러나 행정 분야인 음의 시스템이 지원하지 않는다면 양의 시스템도 효율성 측면에서 영향을 받게 되겠지요. 반대로 양의 시스템이 없다면 음의 시스템도 있을 필요가 없습니다. 음은 혼자서 낳을 수 없고, 양은 혼자서 자랄 수 없다는 이치 때문입니다. 음양은 제각각 상대방의 존재를 자신이 존재할 조건으로 삼습니다. 따라서 시스템 전체의 효율을 높이려면 반드시 음의 시스템과 양의 시스템 사이에 적절한 균형이 이루어져야만 합니다.

요즘 활발하게 이루어지고 있는 인터넷 전자상거래를 예로 들어 이야기해보지요. 잠재적인 고객 네트워크와 판매 능력은 양의 시스템입니다. 그러나 인터넷 전자상거래의 효율은 지원 시스템이나 음의 시스템에 의해 결정됩니다. 공급 체계와 운수, 물류 센터 등 지원 시스템의 효율을 예로 들어보겠습니다. 만약 양의 시스템이 잘 발전하더라도 음의 시스템의 효율이 따라가지 못하면 전자상거래 전체의 효율이 영향을 받게 됩니다. 따라서 음의 시스템과 양의 시스템 사이에 적절한 균형이 생겨야만 전자상거래의 효율도 끌어올릴 수 있습니다.

음양의 전환

음양의 위치는 영원히 고정불변한 것이 아니어서 시공간의 전환에 따라 변화가 생길 수 있습니다. 음이 양으로 바뀔 수도 있고, 양이 음으로 바뀔 수도 있습니다. 기업 조직도 분야마다 크게 음과 양으로 분류할 수 있습니다. 특정 시공간에서 적극적이고 주동적인 행동을 할 경우 '강한 성질의 분야'라고 할 수 있고, 안정성과 지원하는 성질을 가진 분야는 '부드러운 성질의 분야'에 속합니다. 어떤 조직이 강한 성질의 분야에만 속하는 것은 불가능하지요. 아울러 부드러운 성질의 분야에만 속하는 것도 불가능합니다. 강유는 어울려야만 하고 또 어울려야 바뀔 수 있는 것입니다.

A라는 시공간에서 조직의 경영진이 강한 성질의 분야라면 종업원은 부드러운 성질의 분야가 됩니다. 또한 B라는 시공간에서 종업원이 임금 인상을 요구하면서 적극적이고 주도적인 행동을 취하게 되면 종업원의 성질은 부드러운 성질의 분야에서 강한 성질의 분야로 전환한 것입니다.

만약 경영진의 태도가 강경한 쪽에서 유화적인 쪽으로 바뀌었다면 부드러운 성질로 변한 것입니다. 그러나 경영진의 태도가 강경하다면 여전히 강한 성질의 분야라는 자리를 유지할 수 있겠지요. 그러나 강과 강이 서로 만났기 때문에 화합을 벗어나 모순과 충돌이라는 상황이 생기는 것은 필연적입니다. 음양의 위치가 서로 전환되는 것은 사물이 발전할 때 반드시 일어나는 현상입니다. 따라서 조직의 리더는 음양이 전환할 때 생기는 불리한 작용을 회피하거나 완화할 수 있는 대응 방법을 마련해야만 하며, 나아가 음양이 전환하는 작용을 빌려 조직을 발전하게 만들 원동력을 강화해야 합니다.

전체와 개체

음양은 같은 몸뚱이에 다른 측면을 지닌 성질 때문에 차이도 있지만 일체라는 성질도 있습니다. 그래서 다른 면과 같은 면이 조합된 것입니다. 같으면 태극이 전체라는 위치로 되돌아오고, 다르면 차이가 있는 두 가지 발전의 원동력으로 분해됩니다. 조직의 리더는 전반적인 계획의 초안을 잡을 때 전체의 성질이나 '일체'라는 개념에서 시작하기도 하지만 동시에 각 분야의 상황도 고려해야만 합니다. 전체와 개체의 관계는 본질적으로 서로 의존합니다. 전체에 유리한 것이라면 개체에도 유리하고, 반대로 개체에 유리한 것이라면 전체에도 유리하게 마련입니다.

음양의 상호 내포

순수한 양이나 순수한 음의 상황은 현실에 없지요. 태극도의 흰 물고기인 양에는 검은 눈, 곧 음이 있고, 검은 물고기인 음에는 흰 눈, 곧 양이 있습니다. 이것은 양 안에 음이 있고, 음 안에 양이 있는 상황을 설명합니다. 양강 유형의 리더도 부드러운 성격을 가지고 있습니다. 반대로 부드러운 성격의 리더도 양강 특유의 성질을 가지는 법입니다. 리더는 상대방과 협상할 때 주동적인 양강의 방법을 취해서 강경한 태도로 상대방에게 상당한 압력을 주기도 합니다. 하지만 부드러운 수단을 동시에 섞기도 합니다. 이익으로 유혹하거나 간접적인 이익을 제공하는 것처럼 말이지요. 한 손에는 단단한 것을 쥐고 다른 한 손에는 무른 것을 쥔다는 강유 혼합 방법으로서 협상을 벌일 때 유리합니다.

강유와 리더십

리더 특유의 성질은 음양이나 강유로 구분할 때 크게 양강 유형과 음유 유형으로 나눌 수 있습니다.

양강 특유의 성질	음유 특유의 성질
1. 성격이 강직하다	1. 유화적이다
2. 솔직하다	2. 유순하다
3. 과감하다	3. 창조적이다
4. 주도적이다	4. 개방적이다
5. 자신감이 있다	5. 신중하다
6. 긴장감이 있다	6. 느슨하다

위의 두 유형으로 살펴본 리더의 성질 가운데 어느 쪽이 더 나은가에 관해서는 정해진 결론이 없습니다. 각자의 장점을 발휘하는 시공간이 다르기 때문입니다. 만약 리더가 한쪽 성질만 가지고 있다면 확실히 불리할 것입니다. 음은 혼자서 낳을 수 없고, 양은 혼자서 자랄 수 없기

때문입니다. 양쪽 성질을 모두 가진 리더라야 음양이 서로 합치고 강유가 서로 돕는 능력을 갖추게 됩니다.

권력 집중과 분권

권력 집중과 분권도 음양 관계의 일종입니다. 권력 집중은 양을 나타내고, 분권은 음을 나타냅니다. 권력 집중도가 분권의 정도보다 높은 조직은 양강의 성격이 강한 조직이겠지요. 반대로 분권의 정도가 권력 집중도보다 높은 조직은 음유의 성격을 가진 조직으로 기울 것입니다. 양강의 성격을 가진 권력 집중적 조직과 음유의 성격을 가진 분권 조직은 음양이 화합하는 관계를 유지할 수 있습니다. 여기서 핵심은 '정도' 문제입니다.

만약 조직의 권력 집중도가 지나치게 높아서 적절한 범위를 넘는다면 양강이 지나치게 강하고 음유가 모자라는 상황이 생깁니다. 결국 조직의 적극성이 줄어들고 적응력이 모자라게 되며 전체의 효율이 떨어지게 됩니다. 반대로 분권의 정도가 지나치게 높아서 적절한 범위를 넘는다면 음양이 균형을 잃어 파벌주의가 득세하며 따로 놀게 되고 일사불란하게 움직이지 않아서 전체 효율도 떨어지게 됩니다.

권력 집중과 분권의 정도가 적절한 범위에서 균형을 이루어야만 조직이 화합하는 상황에 도달할 수 있습니다. 이밖에도 권력 집중이나 분권은 언제 어디서나 문제의 핵심이 됩니다. 따라서 적절한 시공간에서 권력을 집중시키거나 분권해야만 음양이 균형을 이룬 상황을 얻을 수 있습니다.

목표와 균형

기업 조직의 목표는 여러 가지가 있을 수 있습니다. 첫 번째로 사회적 수요를 만족시키는 일을 전제로 이윤을 획득하는 것, 두 번째로 조직의 구성원에게 훌륭한 근무 환경과 복지를 제공하는 것, 세 번째로 훌륭한 경쟁력을 갖추는 것, 네 번째로 새로운 상품이나 서비스를 지속적으로 개발하는 것 등을 예로 들 수 있습니다. 만약 4가지 목표를 동시에 달성할 수 있다면 조직의 목표에서 음양 관계는 균형을 이루게 되고, 목표 사이에도 조화로운 관계가 형성됩니다. 만약 한 가지 목표에만 치중하고 나머지 목표를 소홀히 한다면 음양이 균형을 잃는 현상이 생깁니다.

시간의 관점에서 조직의 목표는 단기 목표와 장기 목표로 나눌 수 있습니다. 단기 목표는 양이고, 장기 목표는 음입니다. 단기 목표를 지나치게 강조하면 장기 목표를 소홀히 할 가능성이 생깁니다. 그러면 음양이 균형을 잃게 되며 발전이 요동칠 가능성이 커지게 됩니다. 반대로 장기 목표를 지나치게 강조하고 단기 목표를 소홀히 한다면 단기적인 효율이 더 낮아지는 현상이 나타날 수 있습니다. 장기 목표와 단기 목표의 균형을 이룬 조합이 조직의 안정적인 발전에 유리합니다.

책임과 권한

직위에 따른 권한이 직위에 따른 책임보다 작으면 직책은 양이 되고 권한은 음이 됩니다. 양이 음보다 크면, 곧 직책이 권한보다 크면 음양이 균형을 잃게 되지요. 직책을 집행할 때 권한이 모자라 제한을 받게 되면 집행의 효율에 영향을 주게 됩니다. 반대로 권한이 직책보다 지나치게 크면 권한은 양으로 변하고 직책은 음으로 변합니다. 권한이 직책을 넘어도 음양이 균형을 잃게 되며 권한 남용이 발생할 가능성이 생기겠지요. 이것도 마찬가지로 효율을 떨어뜨릴 수 있습니다. 직책과 권한이 알맞은 균형 관계를 유지해야만 조직이 화합하고 효율을 높일 수 있습니다.

규정과 집행

조직의 규정은 양이고, 규정의 집행은 음입니다. 만약 집행이 규정을 따른다면 음양이 균형을 이루게 되고, 반대로 집행이 규정을 따르지 않는다면 음양이 균형을 잃게 되어 조화롭지 못한 상황이 생깁니다. 하지만 다른 시공간에서도 같은 규정을 절대적으로 따른다면 아마 융통성이 없는 경우가 생길 수도 있습니다. 그래서 어느 정도 알맞게 탄력적인 규정을 유지하는 쪽이 유리하지요. 규정과 집행 사이에는 적절하고 탄력적인 범위가 있어야 합니다. 음양의 균형은 결코 '점'의 개념이 아니라 탄력적인 '도'의 개념입니다.

동기와 격려

조직 구성원의 내면적 동기와 조직의 격려 방법은 적절한 균형 관계를 유지해야만 합니다. 표면적인 격려 방법(양)에 치중하고 구성원의 내면적 동기(음)를 고려하지 않는다면 두 가지가 조화를 이루지 못하는 상황을 만들 수도 있습니다. 그러면 음양이 균형을 잃게 되며, 구성원들의 적극성은 물론이고 심지어 조직 전체의 효율에까지 영향을 끼치게 됩니다.

인사고과와 기준

조직이 구성원의 근무 효율을 심사할 때도 음양 균형의 문제가 생깁니다. 어떤 단일한 기준(양)에만 치중하고 다른 기준(음)을 얕보면 음양이 균형을 잃을 가능성도 생기고 조직의 조화로운 관계도 흔들리게 됩니다.

정부와 민간 부문

정부와 민간 부문의 관계도 음양 관계와 같습니다. 적극적이고 주동적이며 진취적인 정부는 양강의 성질이 강한 정부입니다. 사회와 경제 발전에 관한 정책에 따라 민간 부문은 세력이 강한 정부 밑에서 유순하게 변합니다. 반대로 정부가 음유 유형이라면 사회와 경제의 기초 시설을 개선하고, 경제 정책과 법치를 안정시키며, 민간 기업이 발전할 환경을 창조하는 것을 주요 직책으로 삼게 될 것입니다. 그렇게 되면 경제와 기업 활동은 주로 민간 기업이 이끌게 될 테지요. 이런 상황에서 민간 부문은 양강 유형이 되고, 정부는 음유 유형으로 변하게 됩니다. 정부와 민간 부문의 두 가지 관계에서 어느 쪽이 나은지는 일률적으로 말할 수 없습니다. 둘이 조화로운 관계를 유지하는지, 시공간의 차이는 무엇인지를 보고 정해야 합니다.

만약 정부의 양강이 민간 부문의 음유보다 지나치게 높으면 음양이 균형을 잃고 조화롭지 못한 상황이 나타날 수도 있습니다. 반대로 민간 부문의 양강이 정부의 음유보다 지나치게 높아도 사회와 경제의 불안정을 초래하게 되며 음양이 균형을 잃어 사회와 경제에도 조화롭지 않은 상황이 나타날 수 있습니다. 정부와 민간 부문의 음양 관계가 적절한 균형을 이루어야만 조화로운 상황이 나타나게 됩니다.

수요와 공급

시장경제의 수요와 공급은 음양 관계입니다. 공급이 수요보다 클 때 공급은 양의 성질을 갖게 되고, 수요는 음의 성질을 갖게 됩니다. 큰 것은 양이고 작은 것은 음이기 때문이지요. 반대로 수요가 공급보다 클 경우에 수요는 양으로 변하고 공급은 음으로 변하게 됩니다. 2가지 상황은 모두 음양이 균형을 잃거나 수요와 공급이 균형을 잃은 상황입니다. 수요와 공급의 균형도 음양 균형의 특성을 반영합니다. 다른 시공간의 수요와 공급도 2가지 상황이 나타날 수 있습니다. 그렇게 되면 음양이 균형을 잃게 됩니다. 수요와 공급이 균형을 이루거나 음양이 균형을 이룬 상황에서만 수요와 공급, 음양의 조화로운 관계가 이루어질 수 있습니다.

저축과 소비

거시경제의 각도에서 세금을 뗀 사회 전체의 가처분소득은 소비와 저축으로 나눌 수 있습니다. 소비와 저축은 서로 바뀌는 성질을 가지고 있는데, 소비가 늘면 저축이 줄고 반대로 소비가 줄면 저축이 늘게 됩니다. 소비와 저축의 합은 '1'입니다. 이것은 가처분소득의 태극이기도 합니다. 소비와 저축은 태극의 음양 관계를 구성하고 가처분소득에서 같은 몸뚱이의 다른 측면인 관계입니다.

만약 소비가 증가하면 저축은 감소하고 투자 증가를 동반하기 때문에 경제를 성장시키는 작용을 합니다. 이때 소비는 양의 성질을 가지게 되고 저축은 음으로 변합니다. 반대로 저축이 늘면 소비가 줄어듭니다. 이것은 경제에 긴축 작용을 불러옵니다. 소비가 지나치게 높고 저축이 지나치게 낮으면 통화팽창의 압력을 형성합니다. 반대로 저축이 지나치게 높고 소비가 지나치게 낮아도 통화긴축 현상을 형성합니다. 2가지 상황은 모두 음양이 균형을 잃고 경제에 조화롭지 않은 현상이 나타나게 합니다.

경제의 조화로운 상태를 유지하려면 소비와 저축이 적절한 범위에서 변동해야 합니다. 일단 소비와 저축의 변동이 적절한 수준을 넘게 되면 경제파동이나 경제가 조화롭지 않은 상황을 불러올 수 있습니다. 경제를 안정시키는 역할을 하는 정부 기관은 알맞은 조치를 취해서 음양 관계가 균형을 이루도록 하고 경제가 조화로운 상황을 회복하도록 해야 합니다. 중앙은행이 이자율이라는 수단으로 경제의 음양 관계에 균형을 맞추는 일을 예로 들 수 있습니다.

지식과 지혜

지식과 지혜의 합은 태극이라고 할 수 있습니다. 지식과 지혜는 음양의 성질이 될 수 있고, 관계 또한 음양 관계입니다. 지식과 지혜는 양처럼 겉으로 드러나거나 음처럼 속으로 숨는 성질입니다. 그래서 첫 번째로 겉으로 드러난 지식과 두 번째로 속으로 숨은 지식, 세 번째로 겉으로 드러난 지혜, 네 번째로 속으로 숨은 지혜는 지식과 지혜의 4가지 조합을 구성할 수 있습니다.

첫째, 지식과 지혜가 겉으로 드러납니다.

지식과 지혜가 모두 겉으로 드러나거나 노출됩니다. 중양重陽 유형에 속하고, 지식과 지혜가 남의 눈에 쉽게 띕니다.

둘째, 지식은 속으로 숨고 지혜는 겉으로 드러납니다.
여기서 지식은 음이고 지혜는 양입니다. 음양이 조화를 이루도록 하는 작용을 합니다.

셋째, 지식은 겉으로 드러나고 지혜는 속으로 숨습니다.
여기서 지식은 양이고 지혜는 음입니다. 음양이 조화를 이루도록 하는 작용을 합니다.

넷째, 지식과 지혜가 속으로 숨습니다.
지식과 지혜가 모두 속으로 숨습니다. 중음重陰 유형에 속하고, 지식과 지혜가 남의 눈에 쉽게 띄지 않습니다.

표 1. 겉으로 드러나는 것과 속으로 숨는 것: 지식과 지혜의 조합

		지식	
		겉으로 드러남	속으로 숨음
지혜	겉으로 드러남	1	2
	속으로 숨음	3	4

지식과 지혜의 4가지 조합 가운데 조직의 지도자가 갖추어야만 하는 조합이 어느 것인지는 정해져 있지 않습니다. 각기 다른 상황에 따라 특정 조합이 유리하게 나타날 것입니다. 서양 사회에서는 지식과 지혜가 겉으로 드러나는 경우를 높이 평가하겠지요. 그러나 중국에서는 나

머지 3가지 경우가 옳다고 보는 쪽이 전통적인 관점입니다. 지식과 지혜가 지나치게 겉으로 드러나는 것은 『주역』에 나오는 겸괘謙卦의 정신과 맞지 않습니다. 도가의 선택은 아마 넷째 조합에 속하는 경우가 많겠지요. 지식과 지혜는 모두 속으로 숨는 성질에 속합니다. 첫째 조합의 리더는 강한데 더 강한 유형입니다. 둘째와 셋째 조합의 리더는 강유가 서로 돕는 유형입니다. 넷째 조합의 리더는 부드러운데 더 부드러운 유형입니다.

지식과 지혜의 음양 관계를 한층 더 깊게 설명하면 다음과 같습니다. 지식과 지혜의 상호 보완 관계에서 보면 지식은 지혜의 근원이고, 지혜는 지식의 승화입니다. 지식은 지혜를 촉진할 수 있고, 지혜는 지식을 드러낼 수 있습니다. 하지만 지식과 지혜가 맞서는 측면도 있을 수 있습니다. 겉으로는 지식이 훌륭하지만 속으로는 지혜가 모자란 조합이나 속으로는 지식이 조금 모자라지만 겉으로는 지혜가 아주 높은 조합은 바른 길이나 바르지 않은 길에 모두 쓸 수 있습니다. 효과는 다른 시공간을 보고 정합니다.

지식과 실천

지식과 실천도 같은 몸뚱이의 다른 측면인 음양 관계입니다. 지식을 실천에 옮기면 지식은 음이 되고, 실천은 양이 됩니다. 만약 지식이 모자라도 실천하는 상황이면 양이 음보다 커서 음양이 균형을 잃게 됩니다. 반대로 지식은 풍부한데 실천이 모자라도 양이 음보다 작아서 음양이 균형을 잃게 됩니다. 만약 지식과 실천 사이에 알맞은 균형을 유지할 수 있다면 이상적인 지행합일知行合一의 경지에 도달할 수 있습니다.

지식은 결코 조직 리더의 개인적 지식만을 가리키지 않습니다. 조직 구성원 전체가 갖춘 지식과 재능을 가리킬 수도 있습니다. 조직 구성원이 지식과 재능을 모두 드러낼 수 있을 때 조직 내의 지식과 실천은 음양이 균형을 이룬 상태가 됩니다.

음양과 전략

전략적 사고력은 조직의 리더에게 없어서는 안 될 부분입니다. 전략은 외부 환경의 변동에 대응할 때 사용합니다. 정부는 외교와 군사에 사용하고, 기업은 경쟁에 사용합니다. 중국에서의 전략적 사고는 전통적으로 음양 개념을 기초로 합니다. 『손자병법』과 『삼십육계三十六計』에서 음양과 관련된 파생 개념으로는 허실虛實, 기정奇正, 명암明暗, 강약強弱, 손익損益, 화쟁和爭, 곡직曲直, 공수攻守, 진퇴進退, 동정動靜, 전후前後 등이 있습니다. 전략적 사고는 음양이 맞선다는 개념을 기초로 합니다.

리더는 결국 환하게 드러난 양의 행동을 가장 먼저 취할지, 아니면 어둡게 숨은 음의 행동을 취할지 고려해야만 합니다. 그다음에 상대방이 우리 쪽 행동을 어떻게 보고 있는지 짐작해보아야 합니다. 만약 상대방에게 우리 쪽의 표면적 동향을 일부러 알게 만들고 뒤로 진짜 행동을 숨긴다면 우리 쪽의 표면적인 행동은 양, 숨겨놓은 진짜 행동은 음이 됩니다. '겉으로 거짓을 내세우고 속으로 실속을 챙기는表虛裏實' 것은 음양 개념을 전략에 응용할 때 중요합니다. 이에 관해서는 17장 군사론에서 더 자세히 설명하겠습니다.

음양과 시공간

음양의 속성은 괘의 육효를 통해 표현됩니다. 6개의 효로 이루어진 괘는 하나의 시공간 조합입니다. 효마다 특정 공간을 나타내는 음위와 양위의 구분이 있고, 효마다 특정 시간을 나타내는 음효와 양효의 구분도 있습니다. 그러므로 효는 시간과 공간의 속성을 동시에 가지고 있습니다. 6개의 효로 이루어진 괘는 시공간에 대한 분석입니다. 첫 번째 효부터 여섯 번째 효는 시간의 흐름을 나타내는 동시에 특정 시간대의 특정 공간으로 차례차례 넘어갑니다. 음양의 변화도 시공간의 변화를 반영합니다. 음이 극에 달하면 양이 나오고, 양이 극에 달하면 음이 나온다는 것은 시공간의 변화를 의미합니다. 효변을 통해 괘변이 생기는 것은 시공간의 변화입니다.

조직의 리더는 시공간의 개념에 대해 인식해야만 하고, 앞에서 말한 음양의 법칙을 완전히 파악하고 행동해야 더 좋은 시공간을 얻게 됩니다.

오행

::

음양으로 이루어진 팔괘와 육십사괘는 시간이나 세로 방향의 변동 과정을 중요하게 생각합니다. 이것은 다름 아닌 육효의 변동 단계입니다. 그러나 오행설은 공간이나 가로 방향의 관점에 주의를 기울입니다. 팔괘 시스템은 음의 힘과 양의 힘을 어울리게 하거나 조합한 것을 발전의 원동력으로 봅니다. 그러나 오행은 사물을 구성하는 금金, 목木, 수水, 화火, 토土라는 5가지 원소를 발전의 원동력으로 봅니다. 오행의 '행'은

5가지 원소의 변동성을 분명하게 드러냅니다. 5가지 원소는 사실 5가지 성능과 작용을 나타냅니다. 그러나 금, 목, 수, 화, 토는 다만 5가지 성능을 나타내는 명사일 뿐입니다.

금, 목, 수, 화, 토라는 5가지 성능의 시스템에서 토는 분명 중심에 있습니다. 왜냐하면 나머지 4가지 원소의 성능이 모두 토와 직접적 혹은 간접적으로 관계가 있기 때문입니다. 토가 금을 낳고, 목이 토에서 자라며, 토와 수가 결합해야 강이나 호수, 바다가 생기고, 화가 토를 창조합니다. 5가지 원소의 성능과 작용 사이에는 2가지 순환 관계가 있는데 첫째는 상생相生 관계, 둘째는 상극相剋 관계입니다.

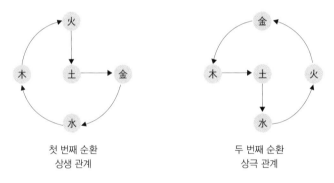

첫 번째 순환
상생 관계

두 번째 순환
상극 관계

그림 2. 오행의 상생 / 상극 관계

상생의 순환에서 토는 금을 낳고, 금은 수를 낳으며, 수는 목을 낳고, 목은 화를 낳으며, 화는 토를 낳습니다. 상극의 순환에서 토는 수를 이기고, 수는 화를 이기며, 화는 금을 이기고, 금은 목을 이기며, 목은 토를 이깁니다. 상생의 순환에서 토가 금을 낳는 까닭은 쇠가 돌 속에 있고 산에 의지하기 때문입니다. 흙이 모여야 산이 되고 산에는 꼭 돌이

자라게 마련입니다. 금이 수를 낳는 까닭은 온도가 낮은 음기 상태의 금속 물질에서 흐르는 액체가 나오기 때문입니다. 또한 쇠를 녹이면 쇠가 용액으로 변하기 때문이기도 하지요. 수가 목을 낳는 까닭은 나무는 물이 충분해야만 자랄 수 있기 때문입니다. 목이 화를 낳는 까닭은 불이 나무에 숨어 있다가 나무를 문지르면 살아나기 때문입니다. 화가 토를 낳는 까닭은 나무가 탄 뒤에 재가 되기 때문입니다. 상극의 순환에서 토는 수를 막을 수 있고, 수는 화를 끌 수 있으며, 화는 금을 녹일 수 있고, 금은 목을 자를 수 있으며, 목은 토의 영양을 빨아먹으면서 자랍니다.

첫 번째 상생 순환은 금, 목, 수, 화, 토의 상생 관계를 설명합니다. 두 번째 상극 순환은 5가지 원소의 상극 관계를 설명합니다. 2가지 순환을 합치면 균형 작용이 생기는데, 상생하는 상호 보완의 관계도 있고 제약하는 상극 관계도 있습니다. 그러나 어느 한쪽으로 치우치지만 않는다면 오행의 순환 관계는 중화中和를 이루어 안정적으로 작용할 수 있습니다.

오행 사상에서 상생 순환과 상극 순환은 사실 음양 관계를 나타내기도 합니다. 상생 순환은 양의 원동력이 미치는 범위를 나타내고, 상극 순환은 음의 상반된 원동력이 미치는 범위를 나타냅니다. 음의 원동력과 양의 원동력 범위를 합치면 발전 과정에서 사물의 추진력을 반영하게 됩니다. 상호 보완하는 상생 관계도 있지만 상호 제약하는 상극 관계도 있습니다. 음의 원동력이 미치는 범위와 양의 원동력이 미치는 범위가 번갈아가며 서로 영향을 주면 사물이 발전하면서도 균형과 조화를 이루게 됩니다. 오행 사상은 음양 사상의 보충이자 확장입니다.

음양 사상과 오행 사상의 결합은 다음과 같은 조합을 구성합니다.

표 2. 음양과 오행의 결합

음양 / 오행	음	양
금	음금	양금
목	음목	양목
수	음수	양수
화	음화	양화
토	음토	양토

오행과 음양이 어울릴 때 상징하는 특성은 다음과 같습니다.

금 추진력剛健

　음금: 속이 강하다 / 양금: 겉이 강하다

목 창조력創造

　음목: 은폐된 창조 / 양목: 겉으로 드러난 창조

수 적응력變化

　음수: 은폐된 임기응변 / 양수: 겉으로 드러난 임기응변

화 응집력凝聚

　음화: 드러나지 않는 응집 / 양화: 드러나는 응집

토 통합력統合

　음토: 안에 숨어 있는 통합 / 양토: 겉으로 드러난 통합

음양을 오행에 녹여 합치면 10가지 분류가 생깁니다. 금, 목, 수, 화,

토의 5가지 특성을 안팎, 곧 음양의 관점으로 보면 사물을 한층 더 깊이 인식할 수 있습니다.

기업 조직에서 오행의 응용
::

상생 순환과 상극 순환이라는 오행의 2가지 순환은 기업의 조직 구조에 2가지 메커니즘이 꼭 동시에 있어야만 한다는 중요한 관점을 제시합니다. 첫째, 효율적으로 서로 지지하는 메커니즘을 관련 분야 사이에 확립해서 분야마다 능력을 최대한 드러낼 수 있고 아무 방해나 간섭을 받지 않도록 해주어야 합니다. 하지만 동시에 제약하는 제어 메커니즘도 확립해서 각 분야의 활동이 '적절한' 범위를 넘어서 조직 전체의 효율과 이익에 영향을 주는 일을 피하도록 해주어야 합니다. 상생과 제약이라는 2가지 메커니즘에서 기업의 발전은 균형과 조화로 기울게 됩니다.

오행 개념은 인사에도 응용할 수 있습니다. 조직의 인원은 오행과 음양을 조합한 10가지 유형의 성격에 따라 적합한 업무를 맡게 할 수 있습니다. 토형土型인 사람은 통합력과 포용성이 있기 때문에 리더의 업무를 맡는 직위에 적합합니다. 금형金型인 사람은 씩씩한 성격이면서도 사람 됨됨이가 꼼꼼하고 재빠르기 때문에 감독이나 제어 쪽 업무를 맡아야 합니다. 목형木型인 사람은 창조성이 있기 때문에 연구와 개발 쪽 직위를 맡아야 합니다. 수형水型인 사람은 적응력이 있기 때문에 마케팅 쪽 업무를 맡아야 합니다. 화형火型인 사람은 협조를 잘하기 때문에 인사, 홍보, 섭외 쪽 업무를 맡아야 합니다.

만약 금, 목, 수, 화, 토의 5가지 성격을 다시 음금, 양금, 음목, 양목, 음수, 양수, 음화, 양화, 음토, 양토의 10가지 성격으로 세분하면 직위를 배치하거나 인원을 조합할 때 매우 유용하게 참고할 수 있습니다. 성격이 서로 어울릴 만한 사람들이 같은 부서에서 일하면 관계가 조화롭게 이루어지는 경향이 있기 때문입니다. 예를 들어 음토 유형의 리더는 통솔력이 있지만 성격이 부드럽고 내성적인 유형이기 때문에 아랫사람들과 주동적으로 소통하지 못해 동료나 아랫사람들과의 관계에 틈이 생기게 됩니다. 음토 유형의 리더가 본래 가지고 있는 통솔력은 아마이런 틈 때문에 약해질 것입니다. 반대로 양토 유형의 리더는 주동적인 소통에 중점을 두고 투명하기 때문에 동료나 아랫사람을 모으는 응집력이 강하고 통솔력도 뛰어난 편입니다. 하지만 음토 유형의 리더에게도 장점이 있습니다. 음토 유형의 리더는 민감한 문제에 관한 결론을 내리기 전에 자기 뜻을 먼저 털어놓지 않습니다. 그래서 남들을 자신의 쪽으로 끌어들여 공정성의 원칙을 어기는 일을 피합니다. 양토 유형의 리더에게도 유도하는 경향이 있을 수 있습니다. 음토 유형의 리더는 음유의 성질을 가진 사람이기 때문에 겉으로 냉정하고 충동적이지 않은 반면 남들에게 냉혹하다는 느낌을 주고 인정이 없다고 느끼게 만듭니다. 양토 유형의 리더는 상대적으로 명랑하고 인간관계도 좋기 때문에 남들을 설득하는 능력을 가지고 있습니다. 그러나 양토 유형의 리더는 음토 유형의 리더에 비해 타성에 젖기 쉽습니다.

나머지 8가지 유형도 이렇게 미루어 짐작할 수 있습니다. 예를 들어 음화 유형인 사람은 내면이 열정으로 넘치지만 외면이 차가운 편이기 때문에 겉이 차갑고 속은 더운 쪽입니다. 양화 유형의 사람은 반대로 내면과 외면이 모두 뜨겁습니다. 음화 유형이든 양화 유형이든 모두 협조를 해야 하는 업무에 적합하고 상황에 따라 각자 장점이 있습니다. 만약 음화 유형이나 양화 유형이 조직의 리더가 되면 효율성 측면에서는 아마 양토 유형이나 음토 유형의 리더보다 못할 것입니다.

어떤 유형의 사람이 어떤 유형의 업무를 담당하는 것이 가장 좋고 잠재된 효율을 충분히 드러낼 수 있을까요? 이것이 바로 『주역』이 말하는 '당위當位'입니다. 음효가 음위에 있고 양효가 양위에 있는 것이지요. 제자리에 있지 않으면 '실위失位'나 '착위錯位'입니다. 기업 조직이 인사 배치를 할 때 직위와 임무를 감당해낼 수 있는 능력 외에 성격이 오행의 어느 유형에 속하는지를 함께 고려해야만 관련 직위에 적합한지도 판가름 날 것입니다.

부서마다 소속된 직원을 오행의 성격에 따라 배치하는 문제에도 똑같은 관점을 적용할 수 있습니다. 만약 오행의 성격에 따라 어울리게 배치하지 못하면 직원들 사이의 마찰과 충돌을 피하기 어려울 것입니다. 전체 효율을 구현할 때도 영향을 주겠지요. 반대로 오행의 성격이 적당하게 어울리도록 배치한다면 틀림없이 전체 효율을 끌어올리는 데 도움이 될 것입니다.

상사와 아랫사람의 오행 성격이 적당하게 어울리면 위아래의 관계가 균형을 유지하고, 조화로운 상황에 도달할 수 있도록 서로에게 영향을 줍니다. 만약 상사가 양토 유형의 리더이고 아랫사람이 음금, 음목, 음수, 음화, 음토 유형이라면 위아래가 마찰을 일으킬 기회가 좀 적어집니다. 왜냐하면 주된 유형이 음유 유형인 직원은 양강 유형의 상사를 보좌할 때 반대 의견을 직접 전달하지 않기 때문입니다. 대신 계획이나 행동에서 어디가 주도면밀하지 못한지 고려해야 한다고 에둘러 지적하거나 어떤 보충 대책을 취할 수 있는지 제의하기만 합니다. 양토 유형의 상사는 제의를 곧바로 받아들일 가능성이 매우 큽니다. 이것이 바로 강유가 서로 보완해서 음양이 균형을 이루는 경우입니다. 반대로 만약 부하 직원도 양금이나 양화 같은 양강 유형이라면 아마 상사에게 직접 대들 것입니다. 결과적으로 강과 강이 맞서는 꼴이기 때문에 저절로 마찰이나 충돌이 생기게 됩니다. 만약 상사가 양금 유형이면 위아래의 모순은 더 심해집니다.

만약 상사가 음토 유형이고 아랫사람이 음목 유형이면 둘 사이에는 목이 토를 이기는 관계가 생기게 됩니다. 이 경우 아마도 둘이 직접적으로 충돌하는 상황은 발생하지 않겠지만 겉으로 맞는 것 같아도 내면적으로는 화합하지 못하기 때문에 음양이 균형을 잃게 되고 전체 효율도 떨어지게 될 것입니다. 만약 양화 유형인 사람을 배치해서 함께 일하면 균형과 조화의 목적을 달성할 수 있습니다. 화형의 사람은 토형의 사람과 화목하게 지낼 수 있고 목형인 사람과도 서로 편안히 지낼 수 있기 때문입니다. 상극 관계에 있는 사람들 속에 상생 관계인 사람을 넣으면 공동 작업을 개선할 수 있습니다.

만약 어떤 조직 구성원이 모두 양이거나 음, 금형이거나 수형 등 똑같은 유형이라면 음양과 오행을 어울리게 한다는 관점에서 볼 때 틀림없이 '같을 때' 생기는 부작용이 있습니다. 상호 보완의 관계가 없기 때문에 추진력과 창조력에까지 영향을 끼치기 때문입니다. 상반되는 상황에서 조직 구성원에 양과 음도 있고 나아가 세분해서 양토, 음토, 양금, 음금, 양목, 음목, 양수, 음수, 양화, 음화의 10가지 유형의 사람들이 있다면 조직은 갖가지 유형의 인재를 가진 셈입니다. 만약 적당하게 조합하면 균형과 조화를 이룬 상황에 도달할 수 있고, '조화'라는 목적도 구현할 수 있게 됩니다.

오행 분류법은 기업의 제품에도 응용할 수 있습니다. 예를 들면 다음과 같습니다.

금형 제품: 판매량이 안정적인 제품

목형 제품: 판매량이 증가하는 제품

수형 제품: 판매량의 변화가 큰 제품

화형 제품: 현재 시장에서 유행하는 제품

토형 제품: 다양한 소비자를 가진 제품

주식시장에서도 비슷하게 분류할 수 있습니다.

금형 주식: 수익이 안정적인 공기업 주식

목형 주식: 성장주

수형 주식: 손익의 폭이 큰 주식

화형 주식: 현재 시장에서 매매가 가장 활발한 주식

토형 주식: 복합기업 주식

음양과 오행은 기업 조직을 분류할 때 주로 응용합니다. 리더는 중국 전통문화의 이러한 분류를 통해 관련 사물을 조합할 때 일을 더 훌륭하게 처리할 수 있습니다.

제4장

때와 자리

조직의 리더는 '시공', 곧 시간과 공간 개념을 장악해야만 리더십과 경영의 효율을 최대한 끌어올릴 수 있습니다. 만약 리더가 다른 쪽에 능력이 있어도 시공간에 대한 인식과 이해가 부족하다면 결단을 내릴 때 실수할 가능성이 높습니다. 『주역』의 주요 관점 가운데 하나가 바로 시간과 공간에 대한 인식을 강조하는 것입니다. 『주역』의 육십사괘는 시공간의 시스템이고, 시공간은 하나의 전체를 구성합니다. 괘의 육효는 특정 현상에 관한 시공간의 조합이며, 육효는 갑작스럽게 바뀌는 시간적 단계도 나타내고 상황에 따르는 각각의 장소도 나타냅니다. 효마다 특정 시간과 특정 공간을 드러냅니다. 『주역』의 '때時'라는 개념이 이미 공간 개념을 포괄하고 있기 때문에 시공간은 통일된 성질을 가진 것입니다.

때와 변화

::

『역』은 변동한다는 뜻입니다. 괘마다 하나의 현상이나 상황을 나타냅니다. 그러나 효는 하나의 현상에서 관련 행동의 변동 상황을 표시하기 때문에 단계의 성질이 있습니다. 괘는 6개의 효로 구성되고, 효의 변동은 초효부터 시작해서 상효에까지 이르게 됩니다. 만약 효의 변동이 상효까지 도달하지 않으면 무슨 괘인지, 그리고 어떤 상황인지 알 수 없습니다. 예를 들어 앞에 나온 효 5개가 전부 양효라고 해서 상효가 꼭 양효이고 건괘▅가 될까요? 상효가 꼭 양효일 리는 없고 음효일 수도 있습니다. 예를 들어 행동 변화의 영향을 받아서 전체 상황이 쾌괘▅로 변한다면 함의도 저절로 달라집니다. 효가 변하면 괘도 변합니다. 효의 변동이나 행동의 변동은 괘의 성질을 결정합니다. 행동이 상황을 결정한다는 말이지요. 어떤 행동이 어떤 상황을 결정하는 것은 마치 효가 스스로 변하는 변수이고 괘는 변수에 의해 변하는 것과 같습니다. 최종적인 상황이나 괘는 특정 행동이나 효에 의해 결정되는 것이 아니라 육효나 6가지 행동 같은 여러 가지 상황에 의해 결정됩니다. 행동마다 분명한 단계성이 있습니다. 이는 시간성이 있다는 말과 다르지 않습니다. 다른 시간에 다른 행동을 취해야만 어떤 '괘'라는 미리 예상한 목표에 도달할 수 있습니다. 이런 상황에서 효가 변하면 괘가 변한다는 것도 일이 벌어지기 전의 개념입니다. 만약 일이 벌어진 뒤의 개념을 취하면 이미 생긴 괘의 꼴에서 육효의 구체적인 상황을 검토해야 합니다. 2가지 방법은 모두 리더에게 의미가 있습니다. 만약 일이 벌어지기 전의 개념을 취해 어떤 괘라는 목표에 도달할 수 있을 것이라고 예상한다면 효라는 관련 행동은 일이 벌어지기 전에 적당한 계획을 세워 불리한 행동을 취하는 일을 피해야만 합니다. 행동을 제어해서 길한 것을 따르고 흉한 것을 피해야 한다는 말입니다. 만약 일이 벌어진 뒤의 개념을 취한다면 이는 어떤 괘의 현상에서 육효라는 관련 행동의 성질을 인식하는 것이고, 예로 든 상황처럼 경험을 쌓는 작용을 합니다.

『주역』에는 다음과 같이 시간을 특히 강조하는 몇 가지 논점이 있습니다.

1. 사람은 자연을 본받는다天人合一
2. 조화와 통합和合
3. 진보進展
4. 모든 변화는 극에 달하게 마련이다物極
5. 기회를 기다린다待機
6. 분리와 통합分合
7. 얻는 것과 잃는 것得失
8. 변혁變革
9. 임기응변應變

사람은 자연을 본받는다

『주역』「계사하전」에서는 육효를 세 그룹으로 나눕니다. 위쪽 두 효가 하늘, 아래쪽 두 효가 땅, 가운데 두 효가 사람인데, '삼재'라고 부르는 천지인天地人입니다. 효위를 보면 사람이 중심입니다. 사람은 '하늘의 운행은 씩씩하다天行健'라는 하늘의 적극성과 '너그러운 덕으로 만물을 신는다厚德載物'라는 땅의 포용성을 본받아야 합니다. 하늘의 길天道과 사람의 길人道은 모두 자연의 도道이기 때문에 '천인합일'은 사람이 자연을 본받는다는 뜻입니다. 천지와 만물은 모두 변화하고 있기 때문에 사람이 하늘을 본받으려면 객관적인 법칙을 따라야 하고, 이를 따르면 조화로운 상태에 이르게 됩니다. '적합한 때天時'는 자연법칙과 시간 변화의 관계를 지적합니다. 사람은 자신이 주동적인 상황에서 객관적인 법칙에 따라 때의 변동에 적응할, 곧 때에 맞게 적절히 처리할因時制宜 필요가 있습니다.

조화와 통합

음의 힘과 양의 힘이 서로 맞서기도 하고 서로 의존하기도 하는 관계에서 만물이 발전한다고 『주역』은 생각합니다. 음의 힘과 양의 힘은 시간의 변화에 따라 서로 맞서거나 보완하는 사이에 서로 바뀌고 변동하면서 균형과 화합의 경지에 도달합니다. 태극도는 검은 물고기와 흰 물고기로 이런 사상을 설명하지요. 순양괘인 건괘☰와 순음괘인 곤괘☷를 제외한 나머지 괘는 모두 음효와 양효가 6가지 단계로 조합된 것입니다. 음의 힘과 양의 힘이 맞서기도 하고 보완하기도 하는 상황에서 통일적으로 화합하면서 발전한다는 것을 설명하고 있습니다. 화합和은 통합合의 전제이며, 화합하지 않으면 진정한 통합에 도달하기 어렵습니다. 강제로 화합시킨다 해도 그저 표면적인 통합에 지나지 않기 때문에 긁어모으거나 뒤섞는 방식이 될 뿐입니다. 조직 구성원들은 입으로만 복종한다고 할 뿐 마음으로는 복종하지 않습니다. 겉으로는 화합하는 것같아도 속으로 분열되기 때문에 진정으로 통합할 수 없습니다. 그래서 화합은 진정한 통합의 필요조건이며 시간적으로 통합보다 앞섭니다.

진보

『주역』의 정신은 결국 건괘가 강조한 대로 '끊임없이 노력하는自強不息' 것이고, 건괘의 「대상전」처럼 '떨쳐 일어나 강해지자發奮圖強'는 정신입니다. 사람의 일이란 하늘, 곧 자연의 운동 현상을 본받게 마련이기 때문에 길이길이 씩씩한 정신을 품고 떨쳐 일어나 진보하자는 것이지요. 승괘와 점괘, 진괘, 이괘, 미제괘도 모두 '진보進'의 특성을 가지고 있습니다. 승괘는 추세에 순응하는 진보를 강조하고, 점괘는 순서대로 점진하는 데 중점을 두며, 진괘는 부드러운 진보를 중시하고, 이괘는 위험한 상황에서 진보의 길을 찾는 일을 제시하며, 미제괘는 끝없는 진보를 주장합니다. 어떤 방식의 진보든지 모두 시간과 관련이 있습니다만 이에 관해서는 12장 진보론에서 더 논하겠습니다. 조직의 리더는 진보와 개척의 의지와 정신을 가져야만 합니다. 하지만 다른 시기와 장소에서는 다른 방식을 취해야 합니다.

모든 변화는 극에 달하게 마련이다

사물이 발전하다가 극한의 단계에 도달하면 대립하는 쪽으로 급격히 변화하는 물극필반의 현상이 생기게 됩니다. 태괘가 극에 도달하면 비괘가 오거나 비괘가 극에 도달하면 태괘가 오는 것처럼 말이지요. 이것은 태괘와 비괘를 대비시키는 해석입니다. 효위의 변동에도 같은 현상이 있습니다. 양이 극에 달할 때 음이 나오거나 음이 극에 달할 때 양이 나오는 것처럼 변동이 상효에 도달하면 방향을 바꿀 가능성이 있습니다. 그래서 괘마다 상효가 방향을 바꾸는 현상이 더 뚜렷합니다.

모든 조직의 리더는 '물극필반'이나 '편안할 때 닥쳐올 위험을 생각해야 한다'는 경각심을 가져야만 합니다. 예를 들어 경제 순환이 이미 고점을 찍은 단계에 도달했다든지 주식이나 환율이 상승해 여러 번 고점에 도달하는 것처럼 극히 왕성한 시기에 있을 경우, 조직은 '높은 곳은 추위가 심하다高處不勝寒'라는 마음가짐으로 즉시 방지 대책을 취해야만 합니다.

기회를 기다린다

적당한 기회가 아직 오지 않았다면 인내하며 기다려야만 합니다. 만약 이때 무턱대고 행동하면 위험을 피할 수 없게 됩니다. 이는 온건한 유형의 리더가 꼭 지녀야 할 원칙입니다. 건괘의 초구 효사는 "잠룡은 쓰지 말라潛龍勿用", 수괘需卦의 초구 효사는 "먼 벌판에서 기다린다需于郊", 소축괘의 괘사는 "비는 뿌리지 않는 먹구름密雲不雨"입니다. 이는 모두 기회가 아직 무르익지 않았을 때에는 기다려야 한다는 이치를 지적합니다. 이 역시 '신중함'이라는 『주역』의 중요한 원칙을 반영하고 있습니다.

분리와 통합

조직의 리더는 분리와 통합을 이해하고 장악해야만 경영 효율을 끌어올릴 수 있습니다. 만약 조직에 원심력이 생겼다면 제때 저지해서 원심력의 확대를 피하고 위험을 안전한 상태로 바꾸어야만 합니다. 환괘는 흩어질 때 흩어지더라도 어지러워지지 않는 여러 가지 원칙을 취할 수 있는 지침을 제시합니다. 규괘는 분리 현상이 생겼을 때 '차이는 그대로 두고 공통점을 찾는다'는 원칙을 취하고 '화합해서' '통합'을 이룬다는 목적을 달성할 수 있다는 점을 제시합니다.

조직은 발전 과정에서 환경의 전환 때문에 적당히 조절할 필요가 있고 시기적절하게 행동할 필요가 있습니다. 예를 들어 경제 순환의 상승기에는 업무를 다원화시키는 쪽으로 발전해서 다양한 이익을 얻는 행동을 취해야 하고, 경제 순환의 쇠퇴기에는 다원화를 줄이고 집중화하는 데 총력을 기울여야 합니다. 분리와 통합의 이익은 영원히 변하지 않는 것이 아니라 시간의 변화에 따라 급격히 변하기 때문에 반드시 시기적절한 행동이 필요합니다.

얻는 것과 잃는 것

조직 행동에서 얻는 것과 잃는 것에도 시간 개념이 있습니다. 오늘 얻은 것을 내일 잃을 수도 있고, 오늘 잃은 것을 내일 얻을 수도 있습니다. 오늘의 투자가 내일 손실이 될 수 있고, 오늘 손실을 본 투자가 내일 실질적인 투자로 변할 수도 있다는 말입니다. 따라서 득실이나 손익을 현재의 기준으로만 판단하면 안 됩니다. 얻는 것과 잃는 것은 시간의 전환 때문에 '자리'를 서로 바꿀 수 있습니다. 손괘와 익괘는 이런 측면에서 두드러지게 토론하고 있습니다. '새옹지마塞翁之馬'라는 고사성어도 시간 개념에서의 손익이나 득실이라는 관점을 보여주고 있습니다. 태극도에서 음의 물고기와 양의 물고기가 급격하게 변화하는 것도 시간의 변동에 따라 얻고 잃는 자리가 변동하는 현상을 만든다는 사실을 지적합니다.

변혁

어떤 조직이든 시간의 변화에 따라 알맞게 조정할 필요가 있습니다. 예를 들어 조직의 구조와 규모, 인사, 전략 등의 변혁과 교체는 불가피한 일입니다. 변혁을 순조롭게 추진하려면 기회 장악이 핵심입니다. 기회가 지나치게 이르거나 늦으면 변혁과 교체를 실행하는 데 불리합니다. 혁괘와 정괘는 이런 측면에서 다양한 지침을 제시합니다.

임기응변

『주역』의 목적은 본래 점친 괘의 상황을 점술의 관점으로 해설하는 것입니다. 어떤 행동을 취해야 길한 것을 따르고 흉한 것을 피할 수 있는지에 관한 임기응변의 작용을 갖춰놓고 있습니다. 애초에『주역』에 담긴 용법이기는 하지만 점술의 방식을 빌려 임기응변에 관한 여러 행동을 갑자기 연상할 수도 있습니다.

직면한 환경에 대응하려면 먼저 현재 처해 있는 상황이 어느 괘와 가장 비슷한지 분별해야 합니다. 그런 다음 괘사와 효사의 내용을 근거로 연상법, 추리법, 연역법을 취해서 행동에 대한 힌트를 얻습니다. 예를 들어 건괘蹇卦☰는 산 위에 물이 있다는 것을 표시하고 험난하다는 상징이 있습니다. 괘사는 "서남쪽이 이롭고 동북쪽이 불리하다. 대인을 보기 이로우니 바르면 길하다利西南 不利東北 利見大人 貞吉"입니다. 주나라 때 서남쪽에는 우방국이 많았지만 동북쪽에는 주나라와 맞서는 강력한 귀방鬼方이 있었기 때문에 주나라 사람이 서남쪽으로 가면 이롭지만 동북쪽으로 가면 불리했습니다. 뜻이 같고 의견이 맞는 친구를 사귀어 그들의 지지를 쟁취해야지 혼자 무턱대고 나아가 위험에 빠지지 말아야 한다는 뜻입니다. '대인을 보기 이롭다'는 말은 능력 있는 사람들을 찾아서 조직의 리더와 경영진으로 삼는다는 것으로 해석할 수 있습니다.

효사는 이렇게 말합니다. 초륙은 무턱대고 나아가지 말라고 권고하고, 육이는 힘껏 다니면서 어려움을 해결해야만 한다고 말합니다. 구삼은 위험을 만나면 물러날 줄 알아야 한다고 제시합니다. 육사는 연맹을 조직해야만 한다고 주문합니다. 구오는 한번 먹은 마음은 흔들리거나 굽히지 말아야 결국 친구의 도움을 받을 수 있다고 주장합니다. 상륙은 위험을 만나면 멈춰야만 하고 안팎의 힘을 모아 어려움을 극복해야 한다고 합니다.

건괘의 괘사와 효에서 여러 가지 힌트를 얻을 수 있습니다. 만약 힌트를 얻으려면 감괘坎卦, 박괘剝卦, 곤괘困卦처럼 곤경에 관한 괘들을 참고하면 됩니다. 이런 괘들의 괘사와 효사도 추리와 연역의 사고 방식을 활용해 여러 영감과 견해, 건의를 얻을 수 있습니다.

건괘의 효를 변경해서 다른 괘를 얻고 다른 현상을 알게 되면 한층 더 추리하고 연역할 수 있습니다. 예를 들어 건괘의 상륙효를 양효로 바꾸면 건괘는 점괘☷가 됩니다. 산 위에 부는 바람인 점괘는 험악한 곤경에서 벗어나려면 순서대로 점진하는 방식을 취해야만 한다고 암시합니다. 관련 괘사와 효사는 여러 가지 행동을 제시하는 것으로 볼 수 있습니다. 만약 육사효를 양효로 바꾸고 상구효를 음효로 바꾼다면 함괘☷로 변합니다. 함괘의 괘사와 효사에서도 많은 힌트를 얻을 수 있는데, 예를 들어 함괘는 감응과 교류, 소통을 강조합니다.

자리와 변화

::

여기서 말하는 '자리'는 공간입니다. 『주역』에서 육효 사이의 관계는 응應, 비比, 승承, 승乘의 4가지 개념에 반영되어 있습니다. '응'은 화합과 상호 보완, 통일을 나타내고, '비'는 같은 성질의 힘이 서로 의탁하고 지지하는 관계를 나타내며, '승承'은 어떤 힘이 다른 힘을 지지하는 관계를, '승乘'은 조화롭지 못한 관계를 나타냅니다. 조직의 관점에서 '응'은 상사와 아랫사람의 조화로운 관계입니다. 음효와 양효의 어울림은 도道의 원리에 들어맞고 상호 보완과 화합의 관계를 생성한다고 할 수 있습니다.

상사와 아랫사람은 서로 성격이 달라야만 어울릴 수 있습니다. 상사가 양강 유형이라면 아랫사람은 음유 유형이어야 한다거나 상사가 음유 유형이라면 아랫사람은 양강 유형이어야만 둘의 관계가 조화로움을 유지하며 양쪽의 비교 우위를 보완할 수 있게 됩니다. 상사와 아랫사람이 모두 양강 유형이라면 충돌이 일어날 가능성이 많아집니다. 둘 다 음유 유형이라면 적극성과 주동성이 없어서 조직의 발전에 불리할 것입니다. 결국 상사가 양강 유형이어야 하는지 음유 유형이어야 하는지는 관점에 따라 다릅니다. '승承'의 관점에서 보면 상사가 양강 유형이고 아랫사람이 음유 유형인 쪽이 유리합니다. '승乘'의 관점에서 보면 상사가 음유 유형이고 아랫사람이 양강 유형인 쪽은 음이 양에 올라탄 것이기 때문에 불리합니다. 이는 여성이 남성보다 지위가 높으면 안 된다는 것이 아니라 음유 유형의 상사가 양강 유형의 아랫사람에게 좌지우지되거나 붕 떠버릴 가능성을 고려한 것입니다. 상사가 지나치게 유약하면 제멋대로 구는 아랫사람에게 조종당하는 일이 생깁니다. 조직에 당연히 불리하지요. 그렇다면 『주역』에서 '승乘'의 관점도 일리가 있습니다. 음유가 양강 위에 있으면 꼭 불리할까요? 그렇지는 않습니다. 노자가 말한 "유약한 것이 강한 것을 이긴다柔弱勝剛强"라는 관점에서 보면 부드러움으로 씩씩함을 이길以柔克剛 가능성은 여전히 존재합니다. '억지로 하지 않아도 다스린다無爲而治'라는 개념은 부드러운 방식柔道의 경영을 요구합니다. 유가 강을 올라타는 것을 편견을 가지고 보면 안 됩니다. 조직의 부서마다 인간성의 구조를 살펴보면 전부 양강 유형일 수도 없고 전부 음유 유형일 수도 없습니다. 음양이 어울려서 균형과 조화를 이룬 구조가 이상적인 모습입니다.

『주역』의 '공간'이나 '자리'는 실제로 시간과 연결되어 있기 때문에 어떤 시간에는 일정한 자리가 생기게 됩니다. 시공간이나 때와 자리는 통일된 것으로 이것이 '시위時位'이지요. 육효는 효마다 일정한 시간적 단계와 공간적 위치를 나타냅니다. 육효의 첫 번째 '시위'는 '일'이라 하지 않고 '초'라 하고, 여섯 번째 '시위'는 '육'이라 하지 않고 '상'이라 합니다. 사물이 발전하는 시작과 끝을 '초'와 '상'이 표시하기 때문입니다. 4가지 '시위'인 이, 삼, 사, 오는 사물이 발전하는 중간 단계입니다.

조직에서는 직위마다 일정한 규정과 요구가 있습니다. 직위를 맡은 사람의 능력이 그 자리가 요구하는 것에 어울리면 '자리에 맞다當位'고 하고, 그렇지 못할 경우에는 '자리를 잃었다失位'고 합니다. 만약 업무 범위가 직위의 규정을 넘었다면 '자리를 넘었다越位'거나 '자리를 잃었다'고 합니다. '자리를 잃으면' 조직에 적합하지 않습니다. 하지만 특수한 상황, 예를 들어 창의성을 끌어올려 임기응변하기 위해 '자리를 잃거나'

'자리를 넘어도' 허락되는 경우가 있습니다.

'자리'는 공식 조직의 자리와 비공식 조직의 자리로 나눌 수도 있습니다. 만약 리더가 구성원들의 존중과 지지를 받고 있다면 그의 비공식적인 자리는 공식적인 자리보다 높을 것입니다. 반대로 구성원들의 존중을 받지 못한다면 그의 비공식적인 자리는 공식적인 자리보다 낮을 것입니다. 예를 들어 중부괘의 정성誠信과 건괘의 적극성, 곤괘의 포용성, 함괘의 소통 등은 리더가 개인적으로 꼭 갖추어야 한다고 『주역』이 강조하는 조건입니다. 비공식적인 자리 때문에 생긴 영향력은 공식적인 자리의 권한보다 큰 법입니다.

육십사괘는 괘마다 일정한 시간의 자리가 됩니다. 효변은 괘변을 일으켜 A괘를 B괘로 바꾸지요. 이것은 괘의 시위가 변화한 것입니다. 본괘가 변화한 호괘, 착괘, 종괘, 호역괘도 시위 변동이지요.

때와 자리의 관계가 결코 독립된 것이 아니라 함께 연결된 통일의 관계라는 데 비추어 보면 때에 대한 『주역』의 9가지 논점을 자리에도 마찬가지로 응용할 수 있습니다.

사람은 자연을 본받는다

자리도 때와 같아서 사람은 객관적인 법칙을 장악하고 자기 자신의 주동성을 결합해 자리를 변화시켜 새로운 환경에 적응해야만 합니다. 하지만 행동의 범위가 세상의 고유한 객관적인 법칙을 뛰어넘을 수는 없습니다.

조화와 통합

음의 힘과 양의 힘이 서로 맞서거나 상호 보완하는 관계를 왕래往來
와 변화라고 합니다. 이것은 음양의 상대적인 위치가 고정되어 결코 변
하지 않는 것이 아니라 변동하고 있다는 말입니다. 균형을 이뤄 보완하
는 상황에 이른다면 조화로운 경지에 도달할 테고, 화합이 생기면 응집
력이 생겨 통합에 도달하기 쉬워집니다.

진보

초효에서 상효까지 육효의 변동도 자리의 변동이고 괘의 전환도 자
리의 변화입니다. 왜냐하면 A괘의 현상이 B괘의 현상과 다르기 때문입
니다.

모든 변화는 극에 달하게 마련이다

효의 변동이 상효에 이르렀을 때, 음이 극에 달하면 양이 나오고 양
이 극에 달하면 음이 나오는 현상이나 물극필반의 현상과 마주치게 됩
니다. 그러면 괘위는 급격하게 변화할 가능성이 생깁니다.

기회를 기다린다

기회가 아직 무르익지 않았을 때는 고요하게 있으면서 움직일 때를
기다리는 쪽이 좋습니다. 원래 자리에 머물러 있는 쪽이 분명 더 유리
합니다. 만약 무턱대고 행동하면 현재 유리한 자리와 장래에 유리할 기
회를 잃어버릴 수 있습니다.

분리와 통합

예를 들어 조직을 확대하는 일처럼 분리 과정에서는 끊임없이 새로운 자리가 생기고, 조직을 합병하는 일처럼 통합 과정에서는 자리의 수가 줄어들게 됩니다. 분리 과정에서 정해지는 조직의 자리도 통합 과정에서 정해지는 자리와 다릅니다.

얻는 것과 잃는 것

계획적인 행동에서 현재 무언가 잃어버리는 것처럼 보이는 자리가 장래에 무언가를 얻는 자리로 바뀝니다. 반대로 오늘 무언가 얻는 자리가 내일 무언가를 잃을 가능성이 있는 자리가 될 수도 있습니다. 득실과 손익의 자리는 서로 바뀔 수 있습니다.

변혁

변혁과 교체의 행동은 결과적으로 자리의 변동을 일으킵니다. 그에 따라 새로운 자리가 낡은 자리를 대체하게 마련입니다.

임기응변

환경이 급격히 변할 경우에 기업은 새롭게 자리를 정해서 새로운 환경의 요구에 적응해야만 합니다. 자리의 전환은 임기응변의 전략적 수단입니다.

때와
자리

때와 자리의 통일성

::

앞서 때와 자리에 관한 개념을 둘로 나누어서 논의한 까닭은 확실한 구분을 위해서입니다. 사실 『주역』의 관점에서 '시공간'이나 '시위'는 결코 나뉘는 것이 아니라 통일된 것입니다. 『주역』은 괘마다 특정 시점의 상황을 나타냅니다. 예를 들어 건괘는 적극적이고 진취적인 때를 나타내지만, 건괘의 육효는 그때그때 단계마다 때와 자리의 변동된 상황을 나타냅니다. 그래서 괘의 '시'는 특정 시기 전체의 때와 자리를 가리키지만, 효의 '시'는 특정 시기에 있는 개별적인 6단계의 때와 자리를 가리킨다고 할 수 있습니다. 괘의 변동은 시간과 위치의 변동을 나타내고, 효의 변동은 때의 이동도 나타내지만 동시에 자리의 변동도 반영하고 있습니다. 때가 달라지면 다른 자리가 생깁니다. 때와 자리는 그저 같은 몸뚱이의 다른 측면이라는 관점입니다. 효위의 상하 관계는 공간 관계를 나타내는 동시에 시간의 변천도 나타냅니다. '시위'라는 통일적인 개념은 다이내믹한 환경 속의 조직에 중요한 의미가 있습니다. 자리는 때가 변동하면서 급격하게 변화하기 때문에 새로운 시대에는 새로운 자리가 생겨야만 합니다. 낡은 자리를 유지하며 조절하지 않는다면 새로운 환경에 적응하기 어렵고 조직의 효율도 저절로 떨어지게 되겠지요. 그래서 '시위'의 통일성은 중요한 의미를 담고 있습니다.

금융시장에서의 때와 자리

∷

금융시장 운용에 있어서도 때와 자리는 중요합니다. 금융시장을 분석할 때는 기본적 분석과 기술적 분석 방법을 주로 사용합니다. 기본적 분석은 경제 변동에 관한 여러 가지 지표에 근거해서 이자율, 환율, 주가 등 '자리'의 변동 방향을 추측합니다. '때'가 주요 관심 포인트이고, 때와 연계된 '자리'는 호가단위처럼 때를 따라 움직이는 포인트이지요. 다른 때에는 다른 자리가 생기게 마련입니다. 기술적 분석은 다른 시간의 가격 변동, 곧 자리의 변동에만 주의를 기울입니다. 자리의 변동 형태를 보고 가격의 변동 방향을 미루어 판단합니다. 기술적 분석에서는 '자리'가 주요 관심 포인트이고 '때'는 자리와 함께 움직이는 포인트이지요. 다른 자리에는 다른 때가 생기게 마련입니다. 하지만 어떤 분석이든 때와 자리가 동시에 변동한다는 점은 『주역』의 '시위' 개념에 들어맞습니다.

금융시장의 파생상품은 시공간의 전환을 빌려 위험을 회피하거나 이윤을 얻는 수단입니다. 외환시장의 선물환, 선물옵션이나 주식시장의 지수선물, 워런트, 이자율선물 등을 예로 들 수 있습니다. 지수선물의 경우, 시장 참여자들은 보증금이나 옵션수수료를 조금만 지불하면 미래의 시공간을 미리 살 수 있습니다. 보험의 운용도 시공간을 전환하는 똑같은 작용을 하고 있습니다.

제5장

점술

점술은 확실하지 않다

::

『주역』은 본디 점치는 책입니다. 그래서 『주역』의 원리만 설명하고 점술은 설명하지 않는다면 『주역』을 제대로 논의하지 못하게 됩니다. 점술은 사실 미신적인 도구라고 할 수도 없습니다. 점술이 인류의 사고를 넓히는 도구라고 보면 결론은 좀 다를 것입니다. 바꾸어 말하면 점술은 경험, 직관, 논리, 지능, 상상력을 포함한 인류의 종합적 추리력을 드러낼 수 있도록 해주고, 괘를 풀이할 때도 절대적으로 중요한 역할을 합니다. 똑같은 괘라도 사람에 따라 해석에 차이가 생깁니다. 이는 사람마다 경험, 직관, 논리, 지능, 상상력에 차이가 있기 때문입니다. 종합적 추리력은 원인이고 괘를 풀이한 내용은 결과입니다.

괘의 분석이 정확한지 아닌지는 문제의 초점이 아닙니다. 점술로 사물의 발전을 '예측하는' 것이 점술의 진정한 목적이 되어서는 안 됩니다. 길하거나 흉한 것을 맞출 수 있는 확률이 반반이기 때문에 그렇습니다. 『주역』의 괘사와 효사에 근거해 해석한다면 긍정이나 부정, 둘 중 하나의 점괘나 예측의 결과를 볼 수 있습니다. 점괘의 예측 결과는 설정한 조건과 관련되어 있다는 말입니다. 괘사와 효사의 조건처럼 일정한 가설 조건에 부합한다면 긍정적인 결과를 얻게 됩니다. 그렇지 않다면 아마 부정적인 결과를 얻게 되겠지요. 예를 들어 점친 괘의 변효가 건괘의 구삼이라고 합시다. 구삼 효사는 "군자는 해가 지도록 굳세고 굳세다. 저녁에 두려운 듯하면 위태롭지만 허물은 없다君子終日乾乾 夕惕若 厲 无咎"입니다. 군자는 온종일 긴장하면서 부지런히 움직여야 하고, 설령 모두 쉬는 저녁이라 해도 늘 경계해야 위험한 처지에서도 재난을 피할 수 있다는 말입니다. '온종일 부지런히 움직여야 한다'라는 말은 '예측한' 결과 '재난이 없는' 상태에 도달할 수 있다는 가설의 첫 번째 조건입니다. '저녁이라도 늘 경계해야만 한다'라는 말은 '예측한' 결과에 도달할 수 있다는 가설의 두 번째 조건입니다. 만약 한나절이나 한나절 조금 넘는 동안만 부지런한 상태를 유지하거나 저녁에도 한밤중 무렵에야 겨우 경계를 유지한다면 '예측'의 결과가 꼭 신통치는 않을 것입니다.

이처럼 설정의 조건을 가진 괘사와 효사는 『주역』에 적지 않게 나옵니다. 수괘의 초구 효사 "먼 벌판에서 기다린다. 꾸준함을 쓰기 이롭다. 허물이 없다需于郊 利用恒 无咎"를 예로 들어봅시다. '수需'는 기다린다는 뜻이 있지만 교외에서 기다린다는 기다림의 '시작'을 나타내는 초효는 꾸준한 마음을 유지해야만 이익을 얻을 수 있고 해로움이 없다고 합니다. 기다림의 시작은 설정의 조건이 분명합니다. 만약 꾸준한 마음이

점술

생긴 때가 기다림의 시작이 아니라 기다림의 중간 단계라면 설정된 조건에 맞지 않고 '예측한' 결과인 '이익을 얻는 일'이나 '허물이 없는 것'도 저절로 나타나지 못합니다. 이괘의 육삼 효사에 "호랑이 꼬리를 밟았는데 사람을 무니 흉하다履虎尾 咥人 凶"라는 말이 있습니다. 이괘의 구사 효사에도 "호랑이 꼬리를 밟는다. 조심하고 조심하면 결국 길하다履虎尾 愬愬 終吉"라는 상황이 있습니다. 2가지 상황은 모두 호랑이의 꼬리 쪽으로 걸어간 것이지만 육삼의 상황은 호랑이에게 물렸고 구사의 상황은 도리어 아무 탈 없이 무사합니다. 2가지 상황의 차이는 '두려움과 조심스러움을 유지했느냐 하지 못했느냐'에 있습니다. 만약 유지할 수 있었으면 재앙을 피하게 되고, 유지하지 못했다면 재앙이 생기게 됩니다. '예측'의 결과는 설정된 조건에 도달해서 결정되었는지 아닌지에 따릅니다. 서양의 사회와 경제 분석에도 늘 '나머지 조건은 변하지 않는다'는 설정된 조건이 포함되어 있습니다. 조건이 하나라도 갖추어지지 않았다면 분석해서 예측한 결과는 자연스레 도달하지 못하게 됩니다.『주역』의 점술에도 비슷한 조건 설정이 있습니다.

『주역』의 괘사와 효사에는 본래 확실성이 더 높은 함의를 가진 것도 있습니다. 건괘의 초구 효사 "잠룡은 쓰지 말라"와 상구 효사 "항룡은 후회가 있다亢龍有悔", 곤괘의 초륙 효사 "서리를 밟으니 굳은 얼음이 이른다履霜 堅氷至"와 육오 효사 "누런 치마다. 아주 길하다黃裳 元吉", 태괘「상전」의 "하늘과 땅이 사귀는 것이 태天地交 泰", 비괘「상전」의 "하늘과 땅이 사귀지 않는 것이 비天地不交 否" 등을 예로 들 수 있습니다. 하지만 여전히 분명하지 않은 정의도 있습니다. 예를 들어 이런 것입니다. 잠룡이 '잠겨 있다면' 어느 깊이까지 잠겨야 할까요? 항룡이 어느 높이까지 날아야 '지나치게 높은' 것일까요? 서리의 두께는 얼마인가요? 노랑의 기준은 무엇인가요? 천지가 서로 교류하거나 교류하지 않는 정도는 얼마라고 해야만 할까요? 만약 관련 개념을 위와 같이 정의하더라도 절대적으로 확정짓지 못한다면 '예측'의 결과는 저절로 차이가 생기게 되고 '예측'의 결과에 대한 정확성에도 영향을 주게 됩니다. 만약 이런 관점을 받아들인다면 『주역』의 괘사와 효사에 담긴 함의는 사실 어느 정도 불확정성의 요소를 지니게 됩니다. 그래서 해석할 때 이리저리 에두를 만한 여지가 더 커집니다. 이것이 도리어 『주역』에는 변화성이 있다는 기본 정신에도 부합하겠지요.

점술의 의미와 응용
::

『주역』의 점술에 불확정성이 있더라도 일상생활이나 조직에 자문을 제공한다는 사실은 부정할 수 없습니다. 조직의 리더는 판단하기 어려운 문제에 부딪힐 경우 점을 칠 수 있습니다. 『주역』의 해답이 힌트나 사고 방식을 통해 사고 영역을 넓혀주어 자문을 구한 사람이나 조직의 리더가 상상력을 펼치도록 해줄 것입니다. 『주역』의 괘사와 효사의 내용은 점괘를 얻은 사람이 보고 싶어하는 답안과 직접적인 관계가 없을 수도 있습니다. 그러나 괘를 풀고자 하는 사람이 점친 괘사나 효사에서 추리하고 연역하는 과정을 통해 넓고 깊게 사색함으로써 더 합리적인 해석을 찾으라고 강요합니다. 이런 사고 과정은 이른바 '브레인스토밍'과 비슷한 효과가 있어서 괘를 풀고자 하는 사람의 사고 영역을 넓혀주고 사고력을 강화시켜줍니다. 조직의 리더가 괘사와 효사의 해석을 빌려 사고방식을 확대하고 아울러 이를 바탕으로 새로운 것을 깨닫게 된다면 조직의 발전에 더없이 유리한 일이 될 것입니다.

점괘를 빌려 사고 영역을 확장하는 예를 들어보겠습니다. 기업의 리더가 경제 침체기에 어떤 프로젝트에 새로 투자를 할 것인지 말 것인지를 놓고 고민하고 있는데, 프로젝트가 자금을 대량으로 투자해야 하는 일이고 자회사의 확장에 영향을 끼칠 수도 있다고 가정해봅시다. 조직의 리더는 사고 영역을 넓히기 위해 『주역』의 점술을 사용했는데 점친 결과 손괘䷨가 나왔다고 합시다. 괘사는 "믿음이 있으면 아주 길하다. 허물이 없다. 올바를 수 있다. 갈 곳이 생기니 유리하다有孚 元吉 无咎 可貞 利有攸往"입니다. '정성을 유지하기만 하면 길할 것이고, 재앙도 없다. 올바르게 지킨다면 앞으로 나아갈 때 틀림없이 이로움이 있다'라는 뜻입니다. 손괘의 괘상은 산 아래에 연못이 있는 것입니다. 높은 산 아래에 깊은 연못이 있는데 연못에서 흙과 돌을 덜어내서 산을 높이는 것입니다.

손괘의 괘사에 근거하자면 새로운 프로젝트에 투자하는 일이 이익은 있어도 해로움은 없다고 봅니다. 다만 한 가지 고려해야 할 문제는 새로운 프로젝트에 투자하려면 많은 자금이 필요할 테고, 이로 인해 기업 집단에 속한 자회사의 발전과 나머지 자회사 직원들의 사기에도 영향을 끼칠 수 있으리라는 점입니다. 하지만 새로운 프로젝트의 전망이 좋다면 장기적으로 볼 때 기업 전체에 유리한 점도 있을 것입니다. 새로운 프로젝트를 발전시키려고 자회사의 확장을 제한하는 일은 피할 수 없습니다. 아래쪽을 덜어서 위쪽에 보태는損下益上 작용이 있는 것이지요.

그러나 여기서 '위쪽'은 집단 전체를 나타냅니다. 그래서 아래쪽을 덜어서 위쪽에 보태는 행동은 여전히 실행할 만합니다. 정책을 실행하기 위해 조직의 리더는 정직하고 진심 어린 태도로 자회사에 설명을 해야 합니다. 집단의 구심력을 유지하기 위해 이 과정은 반드시 필요합니다. 손괘의 교호괘는 복괘䷗입니다. 아래쪽이 우레이고 위쪽이 땅인데, 우레가 땅속에 엎드려서 힘을 축적하며 회복되기를 기다리고 있는 중입니다. 초효는 양효인데, 양강의 기를 상징하며 회복하려는 기세가 있습니다. 현재의 경제 침체라는 음기를 장차 상승하는 양기가 대체할 것이고 경제가 회복될 기약이 있다는 점을 상징합니다. 조직의 리더는 새로운 프로젝트의 발전에 대해 낙관적인 태도를 취하고 있지만 좀더 증명하고 나서 최후의 결정을 내릴 필요가 있습니다.

『주역』의 괘사와 효사로 사물이 발전할 결과를 예측하려면 창의성이나 논의할 만한 여지가 있어야 합니다. 그렇다고 이것이 『주역』의 실용적인 가치를 낮추지는 않습니다. 『주역』이 자문하는 '고문'의 성질을 가진 것으로 보아도 좋습니다. 예를 들어 전망이 불투명하거나 정보와 데이터를 가지고 있지 않을 때 『주역』의 점술을 사용해 사고와 의식, 개념, 이성, 행위 등에서 새로운 힌트를 얻으려고 하면 더 합리적인 결정을 내릴 수 있을 것입니다. 정보와 데이터를 이미 가지고 있다손 치더라도 『주역』의 점술로 두뇌를 자극해서 사고 영역을 넓히는 것은 괜찮습니다. 『주역』의 예측 결과가 정확한지는 결코 중요하지 않습니다. 조직의 리더가 『주역』의 지시나 지침을 통해 길하거나 유리한 방향으로 행동을 조정하기만 해도 조직은 불리한 상황을 피하거나 그 정도를 낮출 수 있습니다. 『주역』이 요구하는 행동은 흉한 일을 피하고 길한 일로 기우는

점술

성질을 가지고 있습니다. 반대로 말해『주역』이 말하는 원칙들을 외면하는 행동을 한다면 흉하거나 불리한 요소가 저절로 많아지게 될 것입니다.

점치는 법
::

옛날 점술은 시초蓍草 50개를 가지고 점을 쳤습니다. 이렇게 괘를 뽑는 방법은 지나치게 복잡하고 대단히 많은 시간을 들여야 겨우 괘 하나를 얻을 수 있기 때문에 현대 사회의 생활 리듬에는 적합하지 않습니다. 그래서 동전을 던져 괘를 뽑는 방법을 사용합니다. 동전으로 시초를 대체하면 점치는 과정이 간단해집니다. 동전 던지기는 동전 3개로 괘를 뽑는 것인데, 동전 3개를 손에 쥐고 던지면 그만이지요.

동전에서 숫자가 있는 쪽이 앞쪽, 그림이 있는 쪽이 뒤쪽이라고 합시다. 던진 동전이 앞쪽이면 음을 나타내고 뒤쪽이면 양을 나타냅니다. 이렇게 정한 이유는 농부가 땅을 갈 때 태양을 등지는 까닭에 뒤쪽이 양이고, 앞쪽이 음이기 때문입니다.

"태극이 양의를 낳고, 양의가 사상을 낳으며, 사상이 팔괘를 낳는다 太極生兩儀 兩儀生四象 四象生八卦"라는 생성 순서에 근거하는데, 사상은 노양老陽, 소양少陽, 소음少陰, 노음老陰을 가리킵니다. 사상이 나타내는 수는 노양이 9, 소음이 8, 소양이 7, 노음이 6입니다.

숫자가 있는 동전 앞쪽의 수는 2, 그림이 있는 뒤쪽의 수는 3입니다. 일단 동전을 던집니다. 동전 3개가 모두 앞쪽이면 합계는 2+2+2=6이 됩니다. 6은 노음 또는 태음太陰이고 음효-- • 로 나타냅니다. 동전 3개가 모두 뒤쪽이면 합계는 3+3+3=9가 됩니다. 9는 노양 또는 태양太陽이고 양효 ━ • 로 나타냅니다. 동전 2개가 앞쪽이고 1개가 뒤쪽이면 2+2+3=7이 됩니다. 7은 소양이고 양효 ━ 로 나타냅니다. 동전 2개가 뒤쪽이고 1개가 앞쪽이면 3+3+2=8이 됩니다. 8은 소음이고 음효-- 로 나타냅니다. 노양의 양효와 노음의 음효 뒤에 점을 찍은 것은 양효나 음효가 변해야만 한다는 표시입니다. 왜냐하면 노양은 양이 끝에 도달한 자리極位를 나타내고 물극필반해서 양이 장차 음으로 바뀔 것이기 때문입니다. 양효가 음효로 바뀌려고 한다는 것을 점을 찍어 변효임을 표시했고, 이때 효의 성질은 바뀌어야 합니다. 반대로 노음은 음이 끝에 도달한 자리를 나타내기 때문에 양효로 바뀌려고 합니다. 점으로 양효나 음효가 바뀌고 전환해야만 한다고 주의를 준 것입니다.

노양과 노음을 아라비아숫자로 9와 6이라고 나타내면 물극필반의 현상을 잘 반영할 수 있습니다. 9를 거꾸로 뒤집으면 6이 되고, 6을 거꾸로 뒤집으면 9가 되지요. 이것도 우연의 일치입니다.

동전을 던져 괘를 뽑는 순서는 다음과 같습니다.

1. 먼저 동전을 던져서 뒤쪽이 2개, 앞쪽이 1개라고 가정하면 3+3+2=8
   8은 소음이기 때문에 초륙--

2. 두 번째 던진 동전에서 뒤쪽이 2개, 앞쪽이 1개라면 3+3+2=8
   8은 소음이기 때문에 육이--

3. 세 번째 동전 조합에서 앞쪽이 2개, 뒤쪽이 1개라면 2+2+3=7
   7은 소양이기 때문에 구삼 ━

4. 네 번째 동전 조합에서 앞쪽이 2개, 뒤쪽이 1개라면 2+2+3=7

   7은 소양이기 때문에 구사ー

5. 다섯 번째 동전 조합에서 앞쪽이 2개, 뒤쪽이 1개라면 2+2+3=7

   7은 소양이기 때문에 구오ー

6. 여섯 번째 동전 조합에서 뒤쪽이 2개, 앞쪽이 1개라면 3+3+2=8

   8은 소음이기 때문에 상륙--

　별괘의 육효는 초효부터 시작하기 때문에 위에서 동전을 던져 얻은 육효는 함괘를 구성합니다. 이렇게 뽑은 함괘는 변효가 없습니다. 왜냐하면 노양과 노음이 나타나지 않은, 곧 9와 6이라는 숫자가 없기 때문에 변효할 필요가 없지요. 육효가 변하지 않는 상황에서 얻은 본괘는 움직이지 않는 괘이며 본괘, 곧 함괘의 괘사로만 괘를 풀면 됩니다.

상륙	▰▰　▰▰
구오	▰▰▰▰▰▰
구사	▰▰▰▰▰▰
구삼	▰▰▰▰▰▰
육이	▰▰　▰▰
초륙	▰▰　▰▰

본괘	함咸		지괘	건蹇
연못	▰▰　▰▰	●	물	▰▰　▰▰
	▰▰▰▰▰▰			▰▰　▰▰
산	▰▰　▰▰		산	▰▰　▰▰
	▰▰▰▰▰▰			▰▰▰▰▰▰

만약 뽑은 괘에서 어떤 효가 노양인 9나 노음인 6이라면 변효할 필요가 생깁니다. 본괘 말고도 괘를 하나 더 얻게 되지요. 결국 변효가 많은지 적은지를 보고 본괘의 괘사와 효사로 해석할지, 아니면 지괘의 괘사와 효사로 해석할지 결정해야 합니다. 앞의 예에서 뽑은 함괘를 예로 들겠습니다. 만약 구사 하나만 변효라면, 곧 동전 3개가 모두 뒤쪽이라면 3+3+3=9이고 노양의 숫자입니다. 노양은 양이 극에 달하는 상황을 나타내기 때문에 양이 스러지고 음이 자랍니다. 양효가 음효로 바뀌어야만 하기 때문에 구사가 육사로 바뀌어야 하고 건괘가 생깁니다.

효변이 하나만 있기 때문에 본괘의 변효인 구사 효사로 괘를 풀이합니다. 만약 본괘에 효변이 2개 있으면 아래와 같습니다. 그러면 변효 2개, 곧 구사와 육이로 괘를 풀이하는데, 위쪽에 있는 구사 효사를 위주로 합니다.

본괘	함咸		지괘	정井
연못		●	물	
산		●	바람	

본괘에 변효가 3개 있을 때는 본괘의 괘사와 변한 지괘의 괘사를 아울러 괘를 풀이합니다.

본괘	함咸		지괘	손巽
연못		●	바람	
산		●	바람	
		●		

변효가 4개 있을 때는 지괘에서 변하지 않은 효의 효사를 응용해서
괘를 풀이합니다.

본괘	함咸		지괘	환渙
연못		●	바람	
		●		
산		●	물	

위의 예에서 함괘에 변효가 4개 있을 때, 곧 육이, 구삼, 구사, 상륙
이 변효일 때는 지괘인 환괘에서 구이, 육삼, 육사, 상구가 변효이고, 초
륙과 구오는 변하지 않는 효입니다. 반대로 변하지 않는 효에서 괘를 풀
이할 때는 아래쪽의 초륙 효사를 위주로 하는데, 이 경우 구오 효사가
도움이 됩니다.

만약 본괘에 변효가 5개 있다면 지괘에서 유일하게 변하지 않는 초륙
효의 효사로 괘를 풀이합니다.

본괘	함咸		지괘	몽蒙
연못			산	
산			물	

만약 육효가 모두 변한다면 아래와 같은 2가지 상황이 생깁니다.

1. 육효가 모두 변효이지만 본래 뽑은 괘가 건괘나 곤괘가 아닐 경우에는 변한 지괘의 괘사를 가지고 괘를 풀이합니다.

본괘	함咸		지괘	손損
연못			산	
산			연못	

2. 육효가 모두 변효이지만 점쳐서 얻은 괘가 건괘나 곤괘일 경우입니다. 만약 건괘라면 '용은 많지만 우두머리가 없는 것을 본다. 길하다見 群龍无首 吉'라는 '용구' 효사를 가지고 괘를 풀이합니다. '용구'라는 숫자는 마치 용이 떼거리로 나타난 것과 같습니다. 하지만 어느 놈도 자기가 우두머리라고 주장하지 않으니 길합니다.

본괘	건乾		지괘	곤坤
하늘			땅	
하늘			땅	

건괘가 곤괘로 변한 것은 건괘가 곤괘의 성질을 가지고 있기 때문입니다. 양 안에 음을 가지고 있기에 강유가 서로 돕는 작용을 포함하고 있습니다. 반대로 점을 쳐서 얻은 괘가 만약 곤괘라면 '용륙' 효사인 "오래가고 바르기에 이롭다利永貞"를 취합니다. '용륙'이라는 숫자는 올바른 길을 영원히 지킬 수 있습니다. 곤괘가 건괘로 변한 것은 곤괘가 건괘의 성질을 가지고 있음을 나타냅니다. 이 역시 음 안에 양을 가지고 있고 부드러움 안에 씩씩함을 가진 것이어서 강유가 서로 돕는 작용을 포함하고 있습니다.

본괘	곤坤	지괘	건乾
땅		하늘	
땅		하늘	

동전 던지기로 괘를 뽑는 일은 과정도 짧고 방법도 쉽습니다. 하지만 괘를 풀이할 때는 여전히 어렵지요. 이것은 괘를 푸는 사람의 학식, 수양, 논리, 추리력과 관련이 있습니다. 괘사와 효사를 판단의 토대로 삼을 수 없는 경우가 표면적으로 생기기도 합니다. 괘사와 효사가 표면적으로 불리해도 유리한 쪽에서 해석할 수 있겠지요. 반대로 표면적으로 유리해도 불리한 쪽에서 헤아릴 수도 있습니다. 이런 상황은 옛날 점괘를 헤아릴 때의 사례에서 다양한 예를 찾을 수 있습니다. 앞에서 괘사와 효사의 해석은 논의할 여지가 더 크다고 지적한 이유가 여기에 있습니다. 괘를 푸는 실력의 높낮이는 괘를 푸는 사람의 수양과 추리력에 달려 있습니다.

제6장

전체론

『주역』의 사고방식은 전체론입니다. 이것은 중국의 전통문화와 사상에 크나큰 영향을 끼쳤습니다. 『주역』의 전체론은 다음 개념들에 반영되어 있습니다.

  1. 시스템 개념   2. 태극 개념
  3. '집중執中' 개념   4. 사람은 자연을 본받는다는 개념

시스템 개념

::

『주역』의 육십사괘는 하나의 시스템입니다. 육십사괘는 괘마다 상대적이고 독립적인 성질을 가지고 있습니다. 왜냐하면 괘마다 효변을 통해

특정 괘가 다른 괘로 바뀌기 때문입니다. 이에 관한 내용은 효변에 관한 대목에서 이미 설명했습니다. 예를 들어 태괘☱의 구이가 육이로 변하면 태괘는 명이괘明夷卦☲로 변합니다. 새로운 괘상에는 새로운 상황이 담기지요. 하지만 괘의 전환은 여전히 육십사괘 시스템 안에서 일어나는 변화입니다. 전체 안에서 변화해봐야 시스템 밖으로 옮겨갈 수 없기 때문입니다. 예를 들어 '예순다섯 번째 괘'는 없다는 말입니다. 이것은 『주역』이 하나의 전체라는 개념을 반영하며 어떤 변화든지 여전히 통일된 전체 시스템 안에 있는 것입니다.

육십사괘는 하나의 전체입니다. 괘는 시스템 전체의 하위 시스템이거나 개체이지만 각각의 괘 자체는 또 하나의 전체이기도 합니다. 각각의 별괘는 내괘와 외괘라는 경괘 둘로 구성되어 있기 때문입니다. 예를 들어 기제괘☲☵는 내괘인 이괘☲와 외괘인 감괘☵로 구성되어 있습니다. 이런 상황에서 기제괘 자체는 하나의 전체이며 이괘와 감괘는 기제괘의 하위 시스템 혹은 개체입니다. 그러나 이괘와 감괘 자체도 3개의 효로 구성되어 있기 때문에 하나의 전체입니다. 만약 3개의 효를 하나의 전체로 본다면 음효와 양효는 경괘의 기본 요소로 변하게 됩니다.

육효는 다시 세 부분으로 나눌 수 있습니다. 위쪽의 두 효는 하늘, 아래쪽의 두 효는 땅, 가운데 두 효는 사람을 나타냅니다. 세 부분인 하늘, 땅, 사람을 '삼재'라고 하지요. 삼재는 각각 하늘의 길, 땅의 길, 사람의 길을 나타냅니다. 「설괘전」의 삼재설에 따르면 하늘의 길은 음양, 땅의 길은 강유, 사람의 길은 인의仁義를 말합니다. 삼재설은 각각의 별괘를 하나의 우주 전체로 봅니다. 삼재 사이의 관계는 사람과 자연 사이의 상호 영향 관계와 상호 의존 관계를 반영하고 있습니다.

별괘는 위에 있는 경괘인 상괘와 아래에 있는 경괘인 하괘로 구성되어 있습니다. 별괘를 미루어 헤아리고 해석할 때 상괘와 하괘 사이의 관계를 고려할 필요가 있습니다. 경괘 둘을 하나의 전체로 보는 것은 전체론적 의식의 표현입니다. 예를 들어 겸괘는 상괘인 곤괘와 하괘인 간괘로 구성되어 산 위에 땅이 있는 모양이 됩니다. 산은 본디 땅보다 높지만 현재의 괘상은 오히려 산이 땅보다 낮기 때문에 '겸손'의 특유한 성질을 보여줍니다.

별괘는 효를 바꾸거나 경괘의 위치를 변경하는 방식을 통해 다른 별괘로 바뀔 수 있습니다. 겸괘䷎의 종괘는 예괘䷏, 착괘는 이괘䷝, 호역괘는 박괘䷖, 교효괘는 해괘䷧인 것과 같습니다. 별괘가 어떻게 변화하든 결국 여전히 육십사괘 시스템 안에 있으며 각각의 별괘 사이에 연계된 관계가 존재하는데, 이 역시 전체론적 의식의 표현입니다.

어떤 조직이든 64개의 전체 시스템으로 생각해볼 수 있습니다. 그리고 차근차근 아래쪽으로 분해할 수 있지요. 높은 부서에서 중간 부서로, 중간 부서에서 하위 부서까지 분해합니다. 또한 높은 부서와 중간 부서 밑에 관련 부서를 나눌 수도 있습니다. 그래서 조직 전체를 보면 그 자체가 하나의 시스템이지만 아래쪽에 하위 시스템도 있을 수 있습니다. 이는 마치 육십사괘 시스템과 같습니다. 그중 하위 시스템 하나에 변화가 생기면 관련 부서에도 영향을 끼치게 됩니다. 예를 들어 A 부서의 운영이 효율적으로 개선되면 관련된 B 부서나 C 부서의 효율도 변동시키기가 유리해집니다. 『주역』의 전체론적 사고는 하위 시스템 사이의 내재적인 상호 관계를 일찌감치 제시한 것입니다.

만약 조직의 영역을 확대한다고 해도 조직 자체는 사회 전체에서 볼 때 하나의 작은 분자일 뿐입니다. 어떤 기업을 예로 들어보지요. 기업이 상대하는 사회의 조직에는 도매상, 소매상, 수출상, 수입상, 은행, 노동조합, 대중매체, 운수업체, 연구기관 등이 있습니다. 기업은 이런 조직들과 연계되어 있지요. 그중 어떤 조직이 변화를 일으킨다면 나머지 조직에도 영향을 주게 됩니다. 사회 조직의 분자인 기업의 활동은 다른 사회 조직에도 영향을 줄 수 있습니다. 예를 들어 새로운 과학기술의 창조는 다른 관련 조직에 연쇄적인 영향을 끼칠 테지요. 이것이 바로 효변이 일으킨 연쇄 작용과 같은 것입니다. 그러나 때로는 자기 이익만 생각하다가 사회 전체 이익에 해를 끼치기도 합니다. 공업제품을 생산하는 과정에서 배출한 화학폐기물과 매연이 생태 환경을 오염시키는 사례가 이에 해당합니다.

만약 사회 전체의 영역을 확대한다고 해도 사회는 그 사회가 속한 국가의 하위 시스템에 지나지 않을 것입니다. 하위 시스템들은 마치 64개의 별괘가 연계된 관계와 같습니다. 만약 영역을 확대한다면 세계의 총체적인 시스템으로 변합니다. 각국은 하위 시스템이 되겠지요. 다시 영역을 확대한다면 세계 전체나 지구는 우주의 일부가 됩니다. 『주역』의 육십사괘는 시스템 개념에 대한 강력한 설명입니다.

태극 개념

∷

태극 개념은 앞에서도 서술한 적이 있습니다. 태극은 전체입니다. 「계사상전」은 '음과 양이 번갈아 바뀌는 것이 도'라고 제시하는데, '도'가 바로 '태극'입니다. 태극도의 동그라미도 '도'나 '태극'을 의미하고 전체 개념을 나타냅니다. 태극은 우주의 시작이며, 모든 사물도 하나의 소우주이므로 모든 사물에는 시작이나 태극이 있고 우주나 소우주가 하나의 전체라는 사상입니다. 태극도에서 음의 물고기와 양의 물고기는 표면적으로 대립 관계를 드러내지만 사실 상호 보완 관계입니다. 음의 물고기와 양의 물고기는 같은 몸뚱이의 다른 측면이라는 성질을 가지고 있습니다. 곧 하나의 전체에 들어 있는 2가지 기본 원동력이지요. 태극 사상은 이원론이 아니라 변화가 있는 일원론입니다. 음의 물고기와 양의 물고기의 변동은 태극의 범위 밖으로 떨어져나갈 수 없습니다. 음효와 양효의 변화도 육십사괘 밖으로 나갈 수 없습니다. 이것이 바로 전체론 사상의 표현입니다.

어떤 조직이든 하나의 태극으로 볼 수 있기 때문에 조직의 발전 과정은 바로 '하나'가 '다원적으로 변화하는' 과정입니다. 어떤 기업이 단일 기업에서 기업집단으로 발전하는 것을 예로 들어보겠습니다. 이는 '하나'에서 '여럿'으로 발전하는 태극의 변동 과정입니다. 하지만 각 기업은 여전히 하나의 그룹이나 하나의 전체에 속해 있습니다. 기업집단이라는 측면에서 보면 유기적인 집단의 발전 전략도 있기 때문에 자회사의 발전 방향은 여전히 집단 전체의 방향에 따라 움직이고 음양이 서로 어울려 보완하고 화합하는 작용을 일으킵니다.

개별 기업에서 부서 간 관계도 음양의 상호 보완 관계입니다. 모기업과 자회사들, 개별 회사와 하위 부서들은 의견 차이로 인한 대립 관계가 나타나는 일을 피하기 어렵습니다. 이것은 마치 태극도에서 대립 상태에 있는 음의 물고기와 양의 물고기 같지요. 하지만 전체의 이익이라는 대전제 아래 자회사나 부서는 서로 교감하고 협조하는 메커니즘을 통해 모순을 해소하고 상호 보완하는 통일 관계를 가져야 합니다. 이 역시 태극도에서 음의 물고기와 양의 물고기가 머리와 꼬리를 물고 있는 상호 보완 관계와 같습니다. 오행 개념의 상생 관계와 상극 관계도 전체론적 의식을 반영하고 있습니다. 기업의 부서마다 직능이 상호 의존하기도 하고 상호 제약하기도 하지만 서로 감싸주고 도와주면서 전체를 형성하고 있습니다.

집중 개념

::

여섯 효로 이루어진 『주역』의 괘에는 초, 이, 삼, 사, 오, 상의 여섯 자리가 있습니다. 그중 이는 하괘의 가운데 자리中位이고, 오는 상괘의 가운데 자리입니다. 이와 오라는 두 자리가 여섯 효 가운데 가장 이상적인 상태입니다. 효는 가운데 자리를 얻는 것을 소중하게 여깁니다. 가운데 효를 판단하는 말 속에 나오는 '길하다'라는 표현이 가운데 효의 효사를 판단하는 말보다 훨씬 많기 때문입니다. 이것은 8장 중도론 대목에서 더 분석하겠습니다. 여기서는 그저 '집중' 개념과 전체 사이의 관계에만 집중하겠습니다.

'집중'은 사람을 대하거나 일을 처리하는 태도를 나타냅니다. 한쪽으로 치우치지 않고 분수에 맞게 하며, 극단으로 치달리지 않고 좋은 자리에 딱 맞추며 한도를 지키는 것이지요. 집중에는 '정도가 적절함適中' '때에 맞음時中' '딱 맞음當中' '행동이 적절함行中' 등의 함의가 있습니다.

이런 태도를 갖기 위해서는 반드시 전체적인 국면을 통해 문제를 보고 행동을 결정해야만 합니다. 바꾸어 말하면 전체의 관점에서 사물을 보아야만 '양쪽 끄트머리兩端'와 '가운데'의 개념을 가지게 된다는 것이지요. 그래서 '중'을 강조하는 관점도 반드시 전체론의 입장을 동시에 갖추어야 둘 사이가 연관을 이루게 됩니다. 반대로 말해 전체론의 입장이 없다면 '양쪽 끄트머리'나 '가운데'의 행동은 상상도 하지 못하게 됩니다. 공자는 '양쪽 끄트머리는 빼고 가운데를 사용하라'는 중용론中庸觀을 제시했습니다. 전체론적 입장 없이는 치우치는 방향으로 가면서도 자각하지 못하는 경우가 생기기 쉽습니다. 결정을 내릴 때 전체론적 관점에서 들여다봐야 사물의 다른 상황 3가지를 자각적으로 고려하면서 '중'을 선택할 수 있고, 나아가 균형을 이룬 '중화中和' 상태에 도달하게 됩니다. 중화 상태는 '중'의 방식으로 가장 이상적인 균형 상태인 '화'에 도달한 것입니다. '중'이 알맹이라면 '화'는 껍데기이고, '중'이 원인이라면 '화'는 결과입니다. 따라서 전체론은 '중화' 사상에 쉽게 다다르기 위한 필수적 관점입니다.

사람은 자연을 본받는다는 개념

::

『주역』의 전체론은 사람이 자연을 본받는다는 사상에서 시작되었습니다. 자연에는 객관적인 자연법칙이 있습니다. 예를 들어 봄, 여름, 가을, 겨울의 사계절이 번갈아 바뀌거나 해가 지고 달이 뜨는 일처럼 밤낮이 번갈아 오는 현상 따위입니다. 사람도 객관적인 자연법칙에 따라 행동해야 합니다. 자연과 사람 사이에는 일치가 있고 이것이 분리할 수 없는 전체를 구성하기 때문입니다. 자연의 시스템이 바로 사람의 시스템인 것이지요. 건괘와 곤괘는 하늘과 땅을 이야기하고, 나머지 괘는 사람의 삶을 이야기합니다. 건괘와 곤괘는 효의 변화를 통해 다른 괘와 서로 통하기 때문에 자연계는 인류 사회와 결합되어 있습니다. 그래서 육십사괘 시스템은 자연계와 인류 사회의 유기적 결합의 모방입니다. 건괘와 곤괘, 진괘, 손괘, 감괘, 이괘, 간괘, 태괘, 곧 육십사괘를 구성하는 팔경괘는 자연계의 하늘, 땅, 우레, 바람, 물, 불, 산, 연못을 나타냅니다. 그리고 팔경괘의 조합을 통해 구성된 육십사괘는 자연계의 상호 대립과 상호 보완 현상을 나타내는 동시에 인류 행위의 지침으로 변합니다. 예를 들어 아래쪽의 건괘와 위쪽의 곤괘가 조합하면 태괘가 됩니다. 태괘는 양기가 위로 올라가고 음기가 아래로 내려와 음양이 서로 만나 크게 소통하는 일을 상징합니다. 반대로 비괘는 음양이 만나지 않고 위아래가 불화하므로 꽉 막힌 국면을 상징합니다. 태괘와 비괘는 자연계의 현상을 빌려 사람의 행위가 본받아야 하는 원칙을 제시합니다. 바로 "하늘에 순응하고 사람에 응한다順乎天而應乎人"라는 혁괘 「단전」의 말과 같은데, 이는 자연 발전의 객관적인 법칙에 순응하고 인류 발전의 추세에 적응한다는 말입니다.

조직에서 자연이나 자연현상은 인류 사회의 객관적인 행위 원칙으로 바뀝니다. 예를 들어 다음과 같습니다.

1. 진취성의 원칙進取之道   2. 신중함의 원칙謹愼之道
3. 교감의 원칙交感之道   4. 응집의 원칙凝聚之道

5. 의기투합의 원칙和同之道   6. 화합의 원칙和合之道

7. 분리와 통합의 원칙分合之道   8. 손익의 원칙損益之道

9. 흥망성쇠의 원칙興衰之道   10. 기다림의 원칙等待之道

11. 진퇴의 원칙進退之道   12. 계몽의 원칙啓蒙之道

13. 변혁의 원칙變革之道   14. 곤경에 처할 때의 원칙處困之道

15. 절제의 원칙節制之道

이외에도 다음과 같은 것들이 있습니다.

1. 끊임없이 노력한다自強不息

2. 너그러운 덕으로 만물을 싣는다厚德載物

3. 강유가 서로 돕는다剛柔相濟

4. 때와 추세를 세밀하게 살핀다審時度勢

5. 꾸준히 밀고 나간다持之以恒

6. 넘치지 않을 만큼만 채운다滿而不溢

7. 순리대로 천천히 나아간다循序漸進

8. 한결같이 신중하게 처리한다愼終如始

9. 사전에 철저히 준비한다未雨綢繆

10. 좋은 상태를 유지한다持盈保泰

11. 이익을 독식하지 않는다互惠互利

12. 닥칠 위험에 미리 대비한다居安思危

13. 옛것을 없애고 새것을 세운다革故鼎新

14. 됐다 싶을 때 멈춘다適可而止

15. 재주를 숨기고 때를 기다린다韜光養晦

16. 차이는 두고 공통점을 찾는다異中求同

17. 기다리면 좋은 세상이 온다否極泰來

위에서 열거한 인류 사회의 행위 원칙은 육십사괘가 묘사한 자연계의 현상에 근거하고 있습니다. 아울러 이미지와 논리를 기초로 추리해서 얻은 것들입니다. 자연과 사람의 행위를 일체로 합쳐서 사람이 자연을 본받는다는 전체론을 구성한 것이지요. 사람과 자연이 합일하면 사람의 행위는 자연법칙을 본받을 수 있게 됩니다. 사람이 자연을 본받는다는 가정에서 자연과 인류 사회를 단일 시스템으로 봅니다.

전체론의 의미

조직의 리더에게 전체론적 사고는 균형의 측면, 화합의 측면, 응집의 측면, 적극성 측면의 네 가지 의미가 있습니다. 조직의 구조와 발전 방향이 한쪽으로만 치우친다면 장기적으로 불안정한 국면을 형성하게 됩니다. 음이 스러지고 양이 자라거나 양이 스러지고 음이 자라는 변동 과정에는 틀림없이 조정으로 인한 흔들림 때문에 불안정을 초래하게 마련입니다.

하지만 다른 측면에서 보면 조직의 변경과 발전은 오히려 필연적이기에 제자리에만 머물러 있으면 안 됩니다. 변화는 『주역』의 기본 정신이자 원리입니다. 어떻게 변화할 것인지에 초점이 맞춰져 있기 때문에 전

전체론

체론적 의식을 가진 조직의 리더가 균형 원칙을 중요시하는 쪽으로 기우는 것은 자연스러운 일입니다. 균형 잡힌 조직은 조직 구성원의 화합을 이끌어낼 수 있고, 구성원 간의 화합을 통해 응집력이 생기기 때문입니다. 강한 응집력이 생기면 조직 구성원의 적극성도 발휘되겠지요. 균형, 화합, 응집, 적극성의 기초는 전체론 위에서 성립된 것입니다.

결국 전체론이 조직에 얼마나 중요한 의미를 지니는지는 주로 리더나 리더 그룹의 가치관에 의해 정해집니다. 만약 조직의 장기 효과가 단기 효율보다 더 중요하다고 생각한다면 전체론 개념을 저절로 중시하게 됩니다. 부서나 하위 시스템이 오랜 시간 높은 수준으로 조화와 협조를 유지하며 조직의 전체 목표를 위해 매진하는 것이 장기 효과입니다. 전체론적 심리 상태를 구성원 전체가 진심으로 자각한다면 전체의 이익을 위해 개체의 이익은 약간 희생할 수 있겠지요. 이런 상황에서 전체의 이익은 양이 되고 개체의 이익은 음이 됩니다. 음이 스러지고 양이 자라는 현상은 조직이 어려운 상황에 처했을 때 구성원들이 일정 기간 자신의 이익을 줄이더라도 자발적으로 전체의 이익을 지지하게 만듭니다. 전체가 존재하지 않으면 개체도 존재하지 못하기에 이는 음이 스러지고 양이 자라는 상황을 촉진하지요. 상반되는 상황이라면 조직은 전체 이익을 줄여서 개체의 이익을 증가시킵니다. 이는 조직에 대한 개체의 소속감과 충성심을 촉진시켜 개체가 바깥으로 유출되는 것을 막으려는 의도입니다. 조직은 유능한 인재를 흡수하기 위해 자신의 단기 이익이 줄어드는 것도 마다하지 않고 개체의 이익을 증가시킵니다. 장기적으로 이런 행동은 조직의 전체 이익을 끌어올립니다. 2가지 상황에서 단기적으로는 양이 스러지고 음이 자라겠지만 장기적으로는 여전히 조직의 전체 이익에 유리하게 됩니다.

자동차 업계에서 자동차의 안전 설비와 매연을 제거하기 위한 설비를 늘리고 공장에 환경오염을 방지하기 위한 설비를 증설하는 일은 표면적으로 기업의 이윤을 줄이는 것처럼 보이지만 오히려 사회 전체에 유익한 일입니다. 이것도 양이 스러지고 음이 자라는 전체론의 일종입니다.

손괘와 익괘의 괘의도 전체 이익과 개체 이익의 관계를 설명하는 데 응용할 수 있습니다. 이것은 14장 손익론 대목에서 다시 설명하겠습니다. 전체론을 강조한다고 해서 전체 이익이 꼭 개체 이익보다 항상 높아야 한다는 말은 아닙니다. 만약 그렇다면 비현실적이겠지요. 개체에는 조만간 구심력이 약해지고 원심력이 상승하는 현상이 나타나게 마련입니다. 사실 전체 이익과 개체 이익의 관계도 음양 관계와 같습니다. 둘 사이에 격차가 생겨 '맞서는' 상태가 생기는 때도 있지만, 맞서는 상태가 생기기 때문에 음이 스러지고 양이 자라거나 양이 스러지고 음이 자라는 조정을 일으키고 전체 이익과 개체 이익이 알맞게 균형을 이루게 합니다. 그래서 조직의 구심력과 화합력, 응집력을 유지할 수 있고, 조직의 전체성도 변하지 않는 상태를 유지할 수 있습니다. 이렇듯 태극의 관점에서 생겨난 전체론은 '일원의 다원화'라는 논점에 서 있지만 이원론이라고 볼 수는 없습니다.

제7장

건곤론

『주역』의 육십사괘 가운데 처음에 있는 두 괘는 건괘와 곤괘입니다. 건괘는 여섯 효가 모두 양효인 순양괘이고, 곤괘는 여섯 효가 모두 음효인 순음괘입니다. 나머지 육십이괘는 모두 음효와 양효가 서로 맞물려 있지요. 건괘와 곤괘의 괘의는 『주역』의 주요 정신을 반영하고 있기 때문에 조직의 리더가 가장 먼저 연구해야 합니다. 건괘와 곤괘는 마치 육십사괘의 '대문'과 같은 역할을 하기 때문에 대문을 통과해야 다른 곳도 막힘없이 지날 수 있게 됩니다.

건괘의 발전론

∷

『주역』의 건괘▆는 순양괘, 곧 육효가 모두 양효입니다. 건괘는 육십사괘의 첫머리이고 양강, 적극, 진취를 나타냅니다. 조직의 리더에게 수양과 행위의 지침을 제공하지요. 건괘의 정신은 건괘 「대상전」의 말처럼 하늘의 씩씩한 정신을 본받고자 합니다. "하늘의 운행은 씩씩하다. 군자는 그것을 근거로 끊임없이 노력한다." 대자연이 쉬지 않고 순환하며 지치지 않는 것처럼 조직의 리더에게도 적극적이고 진취적인 정신이 요구됩니다. 건괘의 양효 6개는 어떤 현상이나 시공간의 6가지 발전 단계를 나타냅니다. 단계마다 마주친 상황이 다르고, 환경은 계속 변동하고 있기 때문에 리더는 전략과 방법을 달리해서 적응력을 끌어올려야 합니다.

건괘의 6가지 발전 단계는 다음과 같습니다.

1. 잠룡潛龍 단계

초구 효사는 "잠룡은 쓰지 말라潛龍勿用"라고 합니다.

용은 물속에 깊숙이 숨어서 정기를 기르고 힘을 축적합니다. 그리고 적당한 기회를 기다렸다가 나타납니다.

2. 현룡見龍 단계

구이 효사는 "현룡이 밭에 있다. 대인을 만나기 이롭다見龍在田 利見大人"라고 합니다.

용은 이미 땅 위에 나타났고, 자신의 발전에 유리한 중요 인물을 사귑니다. 이것은 리더가 될 만한 인물이 이미 나타났고, 재간이 있는 사람이 자신을 지지하도록 쟁취해야 한다고 해석할 수도 있습니다.

3. 척룡惕龍 단계

구삼 효사는 "군자는 해가 지도록 굳세고 굳세다. 저녁에 두려운 듯 하면 위태롭지만 허물은 없다君子終日乾乾 夕惕若 厲 无咎"라고 합니다.

온종일 부지런히 일하고 이를 매일 반복하지만 긴장을 풀지 않으며 심지어 밤에도 늘 경계하기 때문에 위험이 있더라도 재난은 없습니다.

4. 약룡躍龍 단계

구사 효사는 "혹시나 해서 튀어오르더라도 연못 안이다. 허물이 없다 或躍在淵 无咎"라고 합니다.

힘차게 앞으로 뛰어나가거나 뛰어나가지 않아도 괜찮습니다. 어떤 선택이라도 나쁜 점이 없습니다.

5. 비룡飛龍 단계

구오 효사는 "비룡이 하늘에 있다. 대인을 만나기에 이롭다飛龍在天 利見大人"라고 합니다.

용이 이미 하늘에서 날아다니니 인재를 사귀어서 단결시켜야 합니다.

6. 항룡亢龍 단계

상구 효사는 "항룡은 후회가 생긴다亢龍有悔"라고 합니다.

용이 한계까지 날아가면 틀림없이 후회가 생깁니다.

용은 무엇일까요? 전하는 말에 따르면 용은 육지에서 걸어 다닐 수 있고, 물에서 헤엄칠 수 있으며, 하늘에서 날 수 있는 존재로 '어디서든

사는 짐승'이라고 합니다. 그래서 변화성과 은폐성, 진취성을 지니고 있습니다. 사람은 누구든지 위에서 말한 용의 특징을 가지고 있고 그렇기에 용이 될 수 있습니다. 조직의 관점에서 볼 때 조직 구성원 모두가 용일 수 있으므로 꼭 용이 조직의 최고 리더만을 가리키는 것은 아니며, 그러므로 건괘가 가리키는 용은 일반적으로 응용할 수 있습니다.

잠룡 단계

잠룡 단계는 사물이 발전하는 초기입니다. 건괘의 행동 지침은 일이 무르익기 전에 자신의 행동과 목표를 숨기며 성과를 내야 한다는 것입니다. 개인은 행동 초기에 일에 열심히 집중할 뿐 동기와 방향을 지나치게 일찍 드러내서는 안 됩니다. 그래야 남의 방해를 막을 수 있습니다. 조직 구성원으로 일을 할 때는 언제 능력을 드러내야만 하고 언제 감추어야 하는지 주의를 기울여야 합니다. 때가 왔을 때가 잠룡 단계라면 재능을 겉으로 드러내거나 자신을 두드러지게 보이도록 하는 일을 피해야 합니다. 지금 '숨기는' 것은 나중에 '드러낼' 바탕을 닦는 일이 됩니다.

기업의 리더는 이런 상황에서 확장 계획을 떠벌려서는 안 됩니다. 그래야 경쟁자의 주목을 불러일으키거나 공연히 겁먹게 해서 미리 방어하게 만들거나 리더가 행동 범위를 넓히고 충실하게 일을 추진할 때 예상되는 효과를 떨어뜨리는 일을 피할 수 있습니다.

마케팅 관점에서는 미처 개발이 끝나지도 않은 신제품을 선전해서는 안 됩니다. 경쟁자를 피하려는 이유 외에도 신제품을 상세히 점검하고 마케팅 계획도 거듭 검토해야만 하기 때문입니다. 그래야 어떤 결함이든 피해갈 수 있습니다. 만족스러운 단계에 미처 도달하지 못했을 경우에는 기밀과 은폐를 높은 수준으로 유지해야 합니다. 마치 물속이나 땅속에 숨은 용처럼 시치미를 떼야 합니다.

예를 들어 '자신을 낮추고 물러난다謙退' '다투지 않는다不爭' '물고기는 깊은 물을 떠나서는 안 되고, 나라의 보물은 남에게 보여주지 말아야 한다魚不可脫於淵 國之利器不可以示人' 등의 노자 사상에서도 잠룡의 생각을 찾을 수 있습니다. 한비자에게도 '숨긴다'는 생각이 있습니다. "도는 드러나서는 안 되고, 사용할 때 남이 알면 안 된다道在不可見 用在不可知." 『한비자』 「주도主道」 편에 나오는 말입니다. 리더는 자신의 의향이나 좋아하는 것을 숨겨서 아랫사람이 추측할 수 없게 해야만 스스로 공정성과 객관성을 유지할 수 있습니다. 손자는 병가의 관점에서 '숨긴다'는 개념이 없어서는 안 된다고 봅니다. "방어를 잘하는 사람은 깊은 땅 아래 숨는다善守者 藏於九地之下." 『손자』 「형편形篇」에 나오는 말입니다. 노자, 한비자, 손자의 '숨긴다'는 개념은 정태적인 것이라서 시간을 생각하지 않는 개념입니다. 그러나 건괘에서 잠룡의 행위는 발전의 초기 단계에만 한정되어 있고 이후 다섯 단계에는 '숨기는' 행동이 없습니다.

공자는 결코 '숨긴다'는 개념을 직접 말하지는 않았지만 '참는다'는 간접적인 개념을 이야기했습니다. "작은 일을 참지 못하면 큰일을 어지럽히게 된다小不忍則亂大謀." '숨긴다'는 건괘와 노자, 한비자, 손자의 개념은 비슷한 데가 있어서 '술수'처럼 활용할 수 있습니다. 공자의 '참는다'는 개념은 윤리와 도덕의 개념에서 본 것이지만 이 역시 당연히 술수처럼 응용할 수도 있습니다.

건괘는 순양괘이지만 초효의 '숨기는' 행동은 오히려 음의 성질을 가지고 있습니다. 양 안에 음이 있고, 음 안에 양이 있다는 이치 때문입니다.

현룡 단계

용은 이미 땅속에서 땅 위로 올라왔습니다. 건괘 구이효는 "대인을 만나기 이롭다利見大人"라고 합니다. 자신의 행동이나 사업 발전에 유리한 인물을 사귀어야만 하고, 이제 자신의 행동 계획을 숨길 필요가 없습니다. 발전의 두 번째 단계에서는 여러 측면의 관계를 맺어 사업 발전에 유리하게 만들어야만 합니다. '대인을 만나기 이롭다'의 두 번째 함의는 자신의 인품과 재능으로 상사에게 인정받고, 아랫사람의 지지를 받고, 동료의 호감을 얻는 일을 가리킵니다.

현룡 단계에서는 적극적이고 진취적인 행동을 취해서 자기 사업에 유리한 네트워크를 발전시켜야 합니다. 이것은 분명 잠룡이라는 음의 측면이 현룡이라는 양의 측면으로 바뀐 것입니다.

기업에서 관계를 세우는 행동에는 다음과 같은 것들이 있습니다.

○ 대중에게 회사의 신제품이나 계획을 알린다.
○ 소매상, 도매상, 은행, 경제 단체, 대중매체와 원만한 관계를 발전시킨다.
○ 광고나 신문 기사로 인지도를 높인다.

현룡 단계는 육효 가운데 구이라는 중위에 있습니다. 조치를 취할 때는 적극성도 있어야 하지만 너무 과장하지 말고 적절한 수준을 유지하

건곤론

며 중도中道의 요구에 부합할 필요가 있습니다.

척룡 단계

현룡 단계의 적극적인 노력 덕분에 명성이 약간 생겼습니다. 그러나 아직 성공의 길에는 도달하지 못했습니다. 만약 조심하지 않고 계산을 잘못하면 실패할 가능성이 있습니다. 그래서 늘 경계하고 혹여나 실수로 대세에 영향을 주는 일을 피해야만 합니다. 리더는 더 나아지려는 의지를 고수해야 하고 신중한 태도 역시 유지해야 합니다. 기업에는 훌륭한 감사 제도가 필요합니다. 업무상 타당하지 않은 점이 생기면 즉시 제어 지표를 변동시켜야만 정보를 얻을 수 있고 나아가 개선과 조정의 조치를 취해 운영의 위험을 줄일 수 있습니다.

구삼은 하괘의 가장 높은 자리에 있습니다. 양이 양위에 있기 때문에 강이 서로 겹치지요. 너무 씩씩한 나머지 무턱대고 돌진하다가 위험에 빠질 수 있습니다. 구삼은 "삼의 자리는 흉한 경우가 많다三多凶"라는 말이 있습니다. 그러므로 반드시 경계하고 신중하게 행동해야 합니다.

약룡 단계

척룡 단계에서 약룡 단계로 어떻게 진입할 것인지가 돌파의 핵심입니다. 왜냐하면 척룡 단계에 너무 오래 머물면 투지나 사기, 적극성을 잃어버릴 수 있기 때문이지요. 되도록 빨리 약진하는 단계에 진입하면 반대로 발전을 위한 튼튼한 기초를 다지게 됩니다. 하지만 약진하는 단계에 진입하려고 할 때 어려움과 저항이 전혀 없을 수는 없습니다. 본디 어느 정도 위험은 있는 법입니다. 이때 돌파를 해야 할지 잠시 행동을 보류해야 할지 결정을 내려야만 합니다. 2가지 행동을 모두 취할 수 있기 때문에 구사 효사는 '또는或'이라는 글자로 이때의 처지를 그리고 있습니다. '뛰어오르는' 것이 좋을 수도 있고 나쁠 수도 있습니다. 결정을 내려야 하는 국면을 마주하고 있는 것이지요. 이때는 이익과 폐단을 상세하게 분석해 뛰어오를 것인지 말 것인지 결정해야 합니다.

구사는 "사의 자리는 두려움이 많다四多懼"라는 말이 있습니다. 이는 결정을 내리기 전에 침착하게 고려할 필요가 있다는 점을 지적합니다. 건괘의 진취성을 보면 구사도 결코 보수 경향은 아니지만 맹목적으로 약진하지는 말라고 주문합니다. 침착한 약진은 건괘의 양강 정신에 부합합니다.

구사는 양효가 음위에 있기 때문에 '자리에 맞지 않는不當位' 불리한 면이 있습니다. 양은 전진을, 음은 후퇴를 주로 하는 상황에서 여러 위험이 생기는 것은 분명합니다. 하지만 다른 측면에서 보면 양이 음의 자리에 있는 것이 전진할 수도 있고 후퇴할 수도 있기 때문에 더 융통성 있고 음양이 조화를 이루는 효과도 확실하게 드러낼 것입니다.

비룡 단계

여섯 효의 발전 단계 전체에서 보면 비룡 단계는 전성기입니다. 글자 그대로 용이 이미 하늘로 날아오른 것은 발전이 절정에 도달했음을 상징합니다. 객관적인 조건이 극히 이상적이기 때문에 재간이 있는 사람은 날기만 하면 하늘을 찌르고 큰 뜻을 펼쳐 자신의 잠재력과 재능을 충분히 드러냅니다. 기업도 극도로 번성하는 상태에 도달하고 뜻과 목표가 같은 인재를 끌어모아 공동의 목표를 향해 매진합니다.

구오는 양효이고 상괘의 중위에 있습니다. 양효가 양위에 있으면 제자리正를 얻은 것입니다. 가운데의 제자리에 씩씩하게 있으니 높은 자리에 있는 것이고 가장 이상적인 경지에 도달한 것입니다.

항룡 단계

비룡 단계는 꼭대기이지만 절정에 도달한 것은 아닙니다. 용이 공중의 절정까지 날아올라 더 이상 날아오를 수 없게 되면 이제 아래쪽으로 미끄러져 내려오는 일만 남습니다. 물극필반이니 양이 극에 달하면 음이 나오는 것이지요. 높은 자리에 있는 사람은 높은 곳은 추위가 심하다고 느껴야 하고, 비현실적인 이상 추구를 좋아하지 말아야 합니다. 또한 극단으로 치닫지 말고 매사에 절제하며 자신이 앉아 있는 자리가 위태로울 때를 생각해야 합니다. 기업의 발전도 객관적인 환경에 주의를 기울여야만 합니다. 만약 경제 순환에서 번영이 정점에 도달했다면 미래의 발전을 신중하게 계획해야만 합니다. 이때 확장을 강행한다면 경제 순환이 번영의 정점에서 쇠퇴기로 접어들 때 위험에 직면하게 됩니다.

어떤 리더들은 성공한 다음 자신이 이룬 성취에 만족한 나머지 자기만 옳다고 생각하고 제멋대로 고집부리거나 교만하는 등 극단적으로 치닫거나 전진할 줄만 알지 물러날 줄 모릅니다. 달이 차면 이지러지는 자연법칙을 완전히 잊어버린 것이지요. 성공한 뒤에 더 이상 예전처럼 적극적이거나 부지런하지 않은 리더들도 있습니다. 그에 따라 기업의 효율은 예전만 못하게 되고 다이내믹한 환경에서 경쟁할 때 나날이 내리막길로 치닫는 위기가 닥치게 됩니다. 아래로 미끄러지는 일을 피하려면 전자에 속하는 리더들은 '물러남'이라는 도가 철학을 좀 익혀야 합니다. 양강의 기운을 거두어들이고 음유를 더해야 합니다. 음양의 조화를 통해 한 걸음 물러나서 절정에 도달한 뒤 아래로 미끄러지는 압력을 피해야 하는 것이지요. 후자에 속하는 리더들은 양강의 기운을 유지하고 음유를 압축해서 자신이 아래로 미끄러지는 일을 피합니다. 하지만 미끄러져 내리는 쪽으로 변한 환경에 대응할 준비 또한 갖춰야 합니다.

특수 상황: 용은 많지만 우두머리는 없는 단계

점술 대목에서 본 것처럼 만약 점을 쳐서 얻은 6개의 숫자가 모두 9라면 6가지 양효가 생기게 됩니다. 양이 극에 달하면 음이 나오고 음이 극에 달하면 양이 나오는 이치에 근거해서 9에서 얻은 양효는 음효로 바꾸어야 하지요. 반대로 점을 쳐서 얻은 6개의 숫자가 모두 6이라면 음효는 양효로 바꾸어야 합니다. 전자의 경우에 「문언전」에 있는 '용구用九'의 말을 취해서 해석하고, 후자는 '용륙用六'의 말을 취합니다. 용구는 이런 특수한 단계를 일컬어 "용은 많지만 우두머리는 없다"라고 합니다.

건괘의 육효를 6마리의 용으로 보면 용마다 똑같기 때문에 어느 놈이 용의 머리이고 어느 놈이 용의 꼬리인지 구분할 수 없습니다. 초효를 머리로, 상효를 꼬리로 보는 일반적인 방법에 따르지 않으면 용과 용 사이에는 차별이 없고 서로 평등해져서 용은 많지만 우두머리는 없는 상황으로 바뀝니다. 이런 상황의 함의는 무엇일까요?

용은 많지만 우두머리는 없는 단계에서 리더는 비록 양강의 기운으로 가득 차 있지만 부하 직원을 대할 때 음유의 수단을 취합니다. 아랫사람을 동료로 보고 부하 직원으로 여기지 않기 때문에 아랫사람이 자신에게 순종할 것을 요구하지도 않습니다. 부하 직원과 공존하는 관계이자 마음을 합쳐 서로 돕는 관계가 됩니다. 리더는 끊임없이 노력하는 적극적인 태도를 유지하지만 부하 직원에게 위세를 부리지 않습니다.

왜 순양의 건괘에도 음유의 요소가 있는 걸까요? 용구의 상황에서 6가지 양효는 모두 음효로 바뀔 필요가 있고, 그렇게 얻은 괘나 상황은 양괘가 음괘로 바뀐 것이기 때문입니다. 이것은 완전한 건양乾陽도 아니고 완전한 곤음坤陰도 아닙니다. 사실 건양과 곤음의 특징인 씩씩함과 부드러움을 겸하고 있습니다. 강유가 서로 돕는 방법을 리더가 취한다면 틀림없이 부하 직원들이 옹호할 것입니다.

시공간의 중요성

건괘의 단계론은 사실 시간과 공간 또는 자리에 대한 견해입니다. 『주역』에서는 어떤 변동이든 때와 자리에 관련되어 있습니다. 건괘의 6가지 발전 단계는 6가지 때를 나타내며, 때가 달라지면 전략도 달라져야 합니다.

기업의 행동이 성공할지 실패할지는 리더가 때와 자리를 장악할 수 있느냐 없느냐에 달려 있습니다. 리더가 적당한 때를 장악해도 시장 환경, 곧 자리가 불리하면 행동이 꼭 성공한다는 보장이 없고, 반대로 시장 환경이 유리하더라도, 곧 자리가 유리하다 하더라도 기회가 오지 않으면 성공할 수 없습니다. 기업의 성공은 오직 때와 자리가 동시에 유리할 때만 가능합니다.

곤괘의 수양론

::

건괘는 끊임없이 노력하는 양강 정신을 강조하지만, 곤괘☷는 포용적이고 유순한 수양을 중시합니다. 양강도 본래 기업의 리더가 갖추어야만 하는 자질이지만 포용적인 수양도 조직의 리더에게 없어서는 안 될 미덕입니다. 왜냐하면 음양이 서로 합쳐져야만 안정적인 발전의 원동력이 생기기 때문입니다.

포용성

건은 하늘이고, 곤은 땅입니다. 노자는 이렇게 말한 적이 있지요. "사람은 땅을 본받고 땅은 하늘을 본받으며, 하늘은 도를 본받고 도는 스스로 본받는다." 대지는 만물을 낳고 키우지만 아무 보답도 바라지 않고 만물에게 생명의 에너지를 제공합니다. 『주역』「상전」에는 이런 말이 있습니다. "땅의 기세가 곤이다. 군자는 너그러운 덕으로 만물을 싣는다 地勢坤 君子以厚德載物." 대지는 깊고 두텁습니다. 만물을 실을 만큼 두텁기 때문에 조직의 리더도 부하 직원의 업무 책임과 당면한 난제를 떠맡을 수 있어야 하고, 그들이 제시하는 의견도 넓은 아량으로 받아들이는 포용 정신이 있어야만 합니다. '재상 뱃속에는 배도 들어간다'는 속담도 있지요. 건양의 진취적인 정신만 있고 곤음의 포용 정신이 없다면 리더는 무모함에 치우칠 가능성이 있습니다. 만약 리더가 진취적이면서도 포용적이라면 건괘와 곤괘의 중요한 정신을 겸한 셈입니다. 그러면 중화 작용을 일으켜 안정적인 발전의 기초를 다질 것입니다.

오행의 방위인 금, 목, 수, 화, 토 가운데 중심이 되는 것은 토입니다.

토는 바로 대지이고 나머지 요소의 근원이 되지요. 오행의 관점에서 땅은 나머지 요소를 통합하는 포용성을 가지고 있습니다. 리더에게는 건괘의 씩씩한 정신이나 끊임없이 노력하는 정신만 필요한 것이 아니라 곤괘처럼 너그러운 덕으로 만물을 싣는 포용성도 요구됩니다.

신중함

곤괘와 건괘를 비교해보면 곤괘는 분명히 신중한 쪽입니다. 이것은 곤괘의 다양한 효사에서도 볼 수 있습니다.

초륙 효사: 서리를 밟으니 굳은 얼음이 이른다履霜 堅冰至.
서리를 밟으면 곧 겨울이 올 것을 알 수 있으므로 추위를 막기 위한 준비를 미리 해야 합니다. 기미를 보고 나중에 드러날 일을 안다는 이치가 바로 이것입니다.

육사 효사: 주머니 입을 묶었다. 허물도 없지만 칭찬도 없다括囊 无咎无譽.
주머니 입구를 조이듯 말과 행동을 조심한다면 잘못하는 일이 생기지 않을 것입니다. 비록 칭찬을 받지 못하더라도 재앙이 생기는 지경까지 가지는 않을 것입니다. 말과 행동이 신중하면 잘못을 피하게 됩니다.

곤괘의 초륙 효사와 육사 효사의 함의에서 기업의 리더는 높은 수준의 경각심과 신중함을 유지해야 한다는 점을 알 수 있습니다. 기업의 조직과 활동에 예사롭지 않은 현상이 일단 나타나면 깊이 조사해야만 합니다. 문제가 아직 확대되지 않았다면 얼른 제지해서 문제가 터지기

전에 틀어막아야 합니다. 분야별로 예를 들어보면 다음과 같습니다.

조직에서

○ 부서 사이에 협조가 잘 이루어지지 않는다.

○ 정책에 탄력성이 없다고 이야기하는 사람이 생긴다.

○ 조직의 권한이 지나치게 집중되었다고 생각하는 사람이 생긴다.

○ 직원의 이직률이 상승한다.

마케팅에서

○ 제품의 판매 성장률이 조금씩 하락하기 시작한다.

○ 애프터서비스에 대한 고객들의 불만이 조금씩 늘어난다.

○ 제품의 기능이 경쟁 제품보다 약간 떨어진다.

금융에서

○ 여러 경제지표를 통해 경기 확장이 가속화될 기미가 보이고 이자
율 상승의 압력이 발생할 것이라고 판단되면 이에 대처할 적당한
조치를 취해야 한다.

○ 자회사를 두고 있는 국가의 무역적자가 지속적으로 증가하는 현
상이 생기면 장기외환시장에서 환헤지 조치를 취해 현지의 환율
하락에 따르는 위험을 피해야 한다.

비즈니스 환경에서

○ 현재의 경기 순환이 확장 단계에 머문 지 이미 오래되었다면 경제

건곤론

지표를 보고 아직 집행하지 않은 확장 계획을 취소하고 지나친 투자를 피해야 한다.

○ 임금이 상승 추세에 있다면 자동화 설비의 증설 여부를 고려해야 한다.

리더는 마치 주머니를 조인 것처럼 말과 행동이 신중하고 침착해야 합니다. 리더의 말과 행동이 어느 정도 부하 직원에게 영향을 끼치기 때문입니다. 만약 리더가 부하 직원에게 아무 말이나 다 한다고 합시다. 말이 많으면 꼭 실수가 있게 마련이지요. 계획은 하고 있지만 아직 행동에 들어가지 않은 기업의 계획들이 무의식중에 새어나가 기밀유지가 되지 않을 것입니다. 반대로 부하 직원들과 대화도 잘 나누지 않고 거리를 둔다면 지나치게 냉정해 보여 위아래의 관계가 멀어지게 됩니다. 지나친 신중함은 부하 직원들로 하여금 상사가 음침하다고 여기게 만듭니다. 교류와 소통도 없고 따뜻함도 없으며 인정머리도 없다고 말이지요. 지나친 신중함은 또한 리더가 투자하고 확장할 기회를 놓치게 만들 수도 있습니다.

함축성

곤괘는 함축성을 기르는 방향으로 수양하라고 주장합니다. 육삼효에 이런 관점이 있습니다.

육삼 효사: 빛나는 것을 품으니 바르게 할 수 있다. 혹시 왕의 사업을 따르면 완성되지 않더라도 마치기는 한다含章可貞 或從王事 无成有終.

재능을 숨기고 드러내지 않으며 돕는 위치에 있을 때 공로를 남에게
돌리면 틀림없이 좋은 결과가 있을 것입니다.

리더는 뛰어난 재능이 있더라도 남김없이 드러내지 말아야 하며, 날
카로운 기운을 삼가야 하고, 성공하더라도 오만한 태도로 남을 업신여
기지 말아야 합니다. 이것은 "지어놓고도 의지하지 않고, 공을 완성하
고도 차지하지 않는다. 거기 사는 것도 아니기 때문에 떠나지도 않는다
爲而不恃 功成而弗居 夫唯弗居 是以不去"라는 노자의 말과도 같습니다.

아랫사람의 업무 태도가 바뀌기를 바란다면 리더는 상대방의 성격이
어떤 유형인지 먼저 파악해야 합니다. 만약 아랫사람의 성격이 부드러
운 유형이고 남의 의견을 쉽게 받아들인다면 직접적인 방식으로 권고
해도 상관없겠지요. 반대로 상대방이 양강의 강한 성격이고 남들과 자
주 부딪힌다면 간접적이고 함축적인 방식으로 전달해야 더 좋은 효과
를 얻을 수 있을 것입니다.

노자 철학에는 '텅 비우고 고요한 상태虛靜' '부드럽고 연약함柔弱' '다
투지 않는다不爭' '아래에 있다處下' '의지하지 않는다不恃' '자신을 낮추고
물러난다謙退' 등의 개념이 있습니다. 그리고 이런 개념은 모두 '함축적
으로' 작용합니다. '물고기는 연못을 벗어날 수 없다'는 말에서 노자는
'숨기기'가 중요하다고 지적합니다. '함축'은 숨기기 형식 가운데 한 가지
라고 할 수도 있습니다. 하지만 함축을 적절하게 활용하지 못하면 일종
의 꼼수라고 오해받을 가능성이 있습니다. 한비자는 리더가 아랫사람
에게 솔직하면 안 되고 아랫사람이 자기 의향을 알도록 놔두면 안 된다
고 생각했습니다. 결국 '함축'이 유화적인 방식의 리더십인지 꼼수인지

는 리더의 원래 동기를 보고 결정합니다.

반듯함

곤괘의 육이효는 리더가 반듯한 인품을 갖출 것을 요구합니다.

육이 효사: 곧고 반듯하며 크다. 익히지 않아도 불리하지 않다直方大
不習无不利.
정직함과 반듯함, 공정함은 리더가 갖추어야 하는 기본 소질입니다.
이런 소질을 가진다면 어떤 일을 하든 거침없을 것입니다.

리더의 인품에 대한 이런 요구는 유가의 요구이기도 합니다. 공자는
이렇게 말한 적이 있습니다. "정은 바름이다政者正也."(『논어』「안연」) "자
신이 바르면 명령하지 않아도 시행되고 자신이 바르지 않으면 명령을
내려도 따르지 않는다其身正 不令而行 其身不正 雖令不從."(『논어』「자로」) 리
더는 자기의 말과 행동에 주의해야 한다고 공자는 생각했습니다. 리더
는 부하 직원의 모범이기 때문입니다. 공자는 이렇게 말했습니다. "군자
의 덕은 바람이고, 소인의 덕은 풀이다. 풀 위에 바람이 불면 부는 대로
눕게 마련이다君子之德風 小人之德草 草上之風 必偃."(『논어』「안연」) 곤괘는
분명 리더의 내면적인 인품 수양을 중시합니다.

겸손함

육오 효사: 누런 치마다. 아주 길하다黃裳 元吉.
노란 치마를 입으면 틀림없이 길할 것입니다.

오행론에 따르면 물질을 구성하는 원소는 목, 화, 토, 금, 수입니다. 방위는 동쪽, 남쪽, 가운데, 서쪽, 북쪽이고, 빛깔은 파란색, 빨간색, 노란색, 흰색, 검은색입니다. 노란색과 토는 모두 가운데 자리에 있습니다. 노란색의 훌륭한 성질 가운데 이런 미덕이 있기 때문에 틀림없이 길하게 될 것입니다. 겸손함은 유가와 도가가 동시에 요구하는 덕목입니다.

전환

곤괘에는 건괘처럼 단계론이 아주 뚜렷하지는 않습니다. 곤괘는 리더의 훌륭한 성품과 수양을 주로 강조하기 때문이지요. 그저 상륙 효사에 음이 극에 달하면 양이 생기는 전환 현상만 있을 뿐입니다.

> 상륙 효사: 용이 들판에서 싸운다. 피가 검고 노랗다龍戰于野 其血玄黃.
> 용이 벌판에서 싸우면서 청황색의 피를 흘립니다.

여기서 '용'은 리더를 가리키겠지요. 리더가 높은 자리에 도달하면 음이 극에 달했을 때 양이 생기는 원리에 의해 원래 곤음의 원동력은 극점에 도달하게 됩니다. 이때 건양의 힘이 상대적으로 상승해서 음의 힘과 양의 힘이 부딪혀 뒤흔들리게 되지요. 이것은 리더가 극에 도달하고 리더십에 변화가 일어나자 예전과 달리 조직 내에 다른 의견을 가진 힘이 생겨서 리더와 견해를 달리하며 말다툼을 벌이는 상황을 보여줍니다.

두 번째 해석은 리더가 원래 정책을 유지해야 할지 또는 새로운 정책으로 바꾸어야 할지를 고려해야 하는 2가지 결정적 선택에 직면해 있다는 말입니다. 2가지 노선의 투쟁이 마치 용 2마리가 벌판에서 싸우는 상황과 같다고 말할 수도 있습니다.

점쳐서 얻은 효가 전부 음효라면 양효로 바꾸어야만 합니다. 그러면 곤괘 전체가 건괘로 바뀔 것이고, 이렇게 얻은 건괘는 곤괘에서 왔기 때문에 여전히 곤괘의 음유 성질이 있겠지요. 이것은 건괘의 양강 성질을 중화시키는 작용을 하지만 지나치게 고집부리거나 제멋대로 구는 지경까지 가지는 않습니다. 곤괘가 양괘로 변할 때 용륙 효사를 씁니다.

용륙 효사: 오래가고 바르기에 이롭다利永貞.
곤음의 부드러움이 건양의 씩씩함을 돕기 때문에 틀림없이 좋은 결과가 생깁니다.

강유는 서로 돕는다
::

건괘의 양강 유형과 곤괘의 음유 유형이 함께 어울릴 때 강유가 서로 돕는 작용이 생깁니다. 이것은 상사와 아랫사람의 협력이라는 의미가 있습니다. 상사와 아랫사람이 모두 양강 유형이거나 음유 유형의 인물일 수도 있습니다. 양강 유형의 성격은 더 적극적이고 주동적이며, 음유 유형은 신중하며 부드럽습니다.

상사의 성격은 양강 유형에 치우칠 수도 있고 음유 유형에 치우칠 수도 있습니다. 아랫사람도 마찬가지입니다. 양강과 음유를 구분의 기초로 삼으면 상사와 아랫사람의 조합은 다음 4가지 유형으로 나타납니다.

표 3. 양강 유형과 음유 유형의 조합

		상사	
		양강 유형	음유 유형
아랫 사람	양강 유형	1 강과 강이 적대적으로 대응하는 유형	2 유와 강이 상응하는 유형
	음유 유형	3 강과 유가 상응하는 유형	4 유와 유가 적대적으로 대응하는 유형

첫 번째 조합: 강과 강이 적대적으로 대응하는 유형

상사와 아랫사람이 모두 양강 유형일 경우에는 둘의 성격이 같아서 상호 보완성이 없기 때문에 충돌을 일으키기 쉽습니다. 여기에는 서로 잠재적인 '적대 관계'가 존재하고 있습니다. 하지만 좋은 측면도 있습니다. 둘의 의견이 일치할 때는 매우 적극적으로 일을 추진할 수 있습니다. 이 경우에는 무턱대고 돌진할 가능성이 있으며 이를 제어하기도 힘들다는 점에 유의해야 합니다.

두 번째 조합: 유와 강이 상응하는 유형

상사가 음유 유형이고 아랫사람이 양강 유형일 경우에 상사는 소수의 중요 항목에 관한 결정권만 틀어쥐고 권한은 대부분 아랫사람에게 맡깁니다. 높은 수준의 분권이 이루어지는 것이므로 아랫사람은 잠재력을 충분히 드러낼 기회가 생깁니다. 둘이 소통하거나 교류하는 쪽에서는 마찰이 쉽게 생기지 않습니다. 둘의 의견이 일치하지 않을 때 상사는 되도록 유화적인 방식으로 아랫사람을 설득하고 아랫사람의 말이 일리가 있다고 생각되면 양보하기도 합니다. 양쪽의 관계는 시끄럽거나 경색되지 않고 조화를 이룹니다. 유와 강이 상응하는 유형의 조합은 음

건곤론

양이 조화를 이루거나 강유가 서로 돕는 효과를 나타냅니다.

세 번째 조합: 강과 유가 상응하는 유형

상사가 양강 유형이고 아랫사람이 음유 유형인 상황에서도 강유가 서로 돕는 효과가 생길 수 있습니다. 상사는 씩씩하고 아랫사람은 유순하기 때문에 둘이 충돌을 일으킬 기회가 줄어듭니다. 아랫사람은 상사의 결정이 꼭 적절하지 않다고 생각하더라도 직접 들이박지는 않습니다. 그리고 노자의 "먼저 굽어야 바르게 편다曲而直"는 원칙을 취해서 에두르는 수법으로 상사가 결정을 고치도록 권유합니다. 부드러움으로 강함을 이기는 것이지요. 상사가 무턱대고 돌진할 때가 있을 수도 있지만 아랫사람이 매우 신중하다면 이를 어느 정도 제어할 수 있습니다. 만약 아랫사람이 상사에게 아첨만 하고 비위만 맞출 뿐 무엇이 이롭고 무엇이 해로운지 말하지 않는다면 이때는 강유가 서로 돕는 상호 보완 효과가 생기지 않습니다. 얻은 것이라면 그저 표면적이고 가식적인 '조화' 국면뿐이지요.

네 번째 조합: 유와 유가 적대적으로 대응하는 유형

만약 상사와 아랫사람이 모두 음유 유형이고 성격이 같다면 강과 강이 적대적으로 대응하는 유형과 마찬가지로 상호 보완성이 없어서 비록 충돌은 피했다 하더라도 조직에 꼭 유리하지는 않은 관계가 됩니다. 조직은 적극성과 진취성이 있는 양강의 원동력이 모자랄 테고 발전도 좀 느릴 것입니다. 상사와 아랫사람은 표면적인 조화는 이루었겠지만 서로 여전히 갈등이 남아 있을 것이고, 참된 소통과 교류가 없어서 둘 사이에는 숨어 있는 '적대 관계'가 존재합니다.

상사와 아랫사람의 강유가 서로 돕는 것은 사실 '어울리기和'와 '같아지기同'의 관계입니다. 강과 강이나 유와 유는 모두 분명하거나 은밀한 적대 관계를 형성할 것입니다. 이것이 바로 같은 성질을 가진 것들은 서로 배척한다는 이치입니다. 상사와 아랫사람이 같은 유형에 속하지 않아야만 강유가 서로 돕는 '어울리기' 효과를 얻을 수 있습니다.

건곤의 리더십

::

조직의 리더가 건괘와 곤괘의 정신을 파악할 수 있다면 『주역』의 리더인 건곤을 장악했다고 말할 수 있습니다. 나머지 62가지 괘의 뜻도 건곤 안에서 깊이 있고 광범위한 설명을 다루고 있습니다.

시공간의 관점에서 건괘는 때의 변화가 행동에 끼치는 영향을 중시하고, 곤괘는 공간이나 공간의 형세가 행동에 끼치는 영향을 더 중시합니다. 건괘는 '운동動'의 영향을 중시하고, 곤괘는 '정지靜'의 영향을 중시합니다. 건괘의 '끊임없이 노력하기' 정신과 곤괘의 '너그러운 덕으로 만물을 싣는다'는 정신은 『주역』 문화나 중국 전통문화의 기본 정신이며, 이는 조직의 리더에게 없어서는 안 되는 조건과 수양이기도 합니다.

제8장

중도론

『주역』에서 '중'의 의미

::

『주역』은 '중中'의 개념을 특히 중시합니다. 왜냐하면 음과 양으로 대립하는 2가지 힘이 동등한 균형을 이루게 되면 음양 통일체는 조화의 상태, 곧 '중화中和' 상태가 되기 때문입니다. 중화는 '태화太和'의 경지라고도 부르며 가장 높은 수준의 조화로운 경지를 가리킵니다. 이때 갖가지 모순 관계는 강유가 서로 돕는 일을 통해 조화를 이루어 하나로 합쳐지고 가장 높은 수준의 조화를 유지합니다. 어떤 조직이든지 '중화'나 '태화'는 이상적인 경지이며 조직이 노력하고 추구하는 목표입니다.

『주역』이 '중'의 개념을 중시하는 것은 효위에서 특히 두드러집니다. 하괘(내괘)와 상괘(외괘)의 두 번째 효와 다섯 번째 효가 중위이기 때문에 육십사괘 가운데 '이'와 '오'의 효위는 길하고 이로운 것이 많으며 불리한 일이나 허물은 없습니다. 그러나 준괘의 구오, 사괘의 육오, 동인괘의 육이, 박괘의 육이, 이괘頤卦의 육이, 절괘의 구이 등 6가지는 예외입니다. 이유는 다음 대목에서 풀이하겠습니다. 중위가 유리한 까닭은 치우치지 않았기 때문이고 치우치지 않으면 저절로 균형 상태로 향하게 되는데, 이것도 '조화'의 중요한 조건을 형성합니다.

만약 육효의 전체에서 보면 세 번째 효와 네 번째 효도 본래 '중'이라고 할 수 있습니다. 세 번째 효는 내괘의 마무리이고, 네 번째 효는 외괘의 시작입니다. 둘은 모두 내괘와 외괘의 가장자리이기 때문에『주역』에서 시공간의 가장자리이기도 합니다. 마무리와 시작은 모두 시간 개념이지만 내괘와 외괘의 안팎이나 위아래는 공간 개념입니다. 가장자리에는 시간과 공간 개념이 모두 있습니다.

『주역』에서 사람의 자리는 중심에 있습니다. 이것은 '삼재설'에서 알 수 있지요. 삼재는 하늘, 땅, 사람을 가리킵니다. 육효 가운데 위쪽 2개의 효는 하늘을 나타내고, 아래쪽 2개의 효는 땅, 가운데 2개의 효는 사람을 나타냅니다. 이것은 하늘의 길, 땅의 길, 사람의 길이기도 합니다. 하늘의 길과 땅의 길은 본디 객관적인 법칙을 나타내지만 사람의 행위는 객관적인 법칙만 참고하지 않고 자신의 주관적인 규칙도 가지고 있습니다. 한마디로 사람의 행위는 타율적인 객관성을 기초로 해서 자율적인 주관성을 다시 더한 것입니다. 객관적인 법칙을 보여주는 괘상에서 길하거나 흉한 것, 재앙이나 복을 짐작한 다음 주관적인 판단을 근거로 알맞은 행동을 취합니다. 길한 것을 좇고 흉한 것을 피해야 한다는 관점에서 보면 '중'의 행동이 가장 합당합니다. 삼재설은 시간, 공간, 사람을 통일시켜 하나의 연합체를 완성한 것입니다. 상황마다 특정한 시간적 한정과 위치, 인간의 관계가 있지요. 제때라는 '시중時中', 때를 얻었다는 '득시得時', 때를 놓쳤다는 '실시失時'는 사람의 결정 및 행동과 관계가 있습니다. 같은 상황에서 '당위'인지 '실위'인지의 여부도 사람의 결정이나 행동과 상관있습니다. 합당한 때와 자리를 선택할 때 중도 원칙이 바로 기본 지침이 됩니다.

시중과 위중
::

조직의 행동에서는 기회를 장악하는 것이 핵심 요소입니다. 기회를 장악하는 것은 '적절한 때'의 행동이고, 지나치게 빠르거나 늦게 행동을 취한다면 적절한 때의 행동이 아닙니다. 전자는 기회가 아직 무르익지 않았으며, 후자는 이미 때가 지났습니다. 2가지 상황은 모두 때를 놓친 것입니다. '중'의 개념은 자리뿐만 아니라 때에도 마찬가지로 중요합니다. 때가 적절한 모든 행동은 기회를 장악하고 합당하기 때문에 '시중'이 됩니다.

'시중時中'과 '위중位中' 어느 쪽이 더 중요할까요? 『주역』의 육이효와 구오효는 당위이기도 하고 중위이기도 합니다. 이치대로라면 '길해야' 옳겠지만 사실 다 그렇지는 않습니다. 준괘의 구오, 사괘의 육오, 동인괘의 육이, 박괘의 육이, 이괘의 육이, 절괘의 구이 등은 모두 '위중'이기는 하지만 '시중'은 아닙니다. 그래서 '위험하고 무서울凶險' 가능성이 있습니다.

준괘의 구오 효사는 "혜택을 베푼다. 작으면 바르게 해도 길하다. 크면 바르게 해도 흉하다屯其膏 小 貞吉 大 貞凶"라고 합니다. 어려움 속에서도 힘을 모을 때 리더는 아랫사람에게 베푸는 혜택을 절제해야 합니다. 절제 없이 지나치게 크게 베풀 경우 도리어 자기 밑천에 영향을 주게 되며, 위험하고 무서운 상황에 빠질 가능성이 있습니다. 사괘의 육오 효사는 "어른이 군대를 거느리는데 아우며 아들들이 제멋대로 굴면 바르게 해도 흉하다長子帥師 弟子輿尸 貞凶"라고 합니다. 외적이 침입할 때는 경험이 있는 사람을 임명해서 통솔하도록 해야만 합니다. 평범한 사람을 쓰면 수레에 시체를 가득 싣고 대패해서 돌아올 가능성이 있습니다. 유능한 인재를 쓰는 바른 길을 택해 위험하고 무서운 결과를 막아야 합니다. 동인괘의 육이 효사는 "피붙이끼리만 뭉친다. 인색하다同人于宗 吝"라고 합니다. 동인의 길은 본디 광범위하게 다양한 사람들과 화합해야 합니다. 만약 피를 나눈 친척들하고만 화합한다면 틀림없이 후회하게 될 것입니다. 박괘의 육이 효사는 "침대 다리를 깎다가 널빤지와 만나는 데까지 깎았다. 바르더라도 흉하다剝牀以辨 蔑 貞凶"라고 합니다. 침대 자체까지 훼손되고 깎일 때, 곧 음유가 양강을 갉아먹는 일이 더 심해지면 우호적인 사람의 협조를 쟁취하는 바른 길을 취해야만 합니다. 그렇지 않으면 위험하고 무서운 결과가 생깁니다. 이괘의 육이 효사는 "턱을 거꾸로 하는 것은 바른 것을 거스른 일이다. 언덕에서 먹으려 한다. 원정을 가더라도 흉하다顚頤 拂經 于丘頤 征凶"라고 합니다. 뒤집어서 아래쪽으로 먹고살 길을 찾는 것은 아래가 위를 먹여 살리는 상식적인 이치를 어겼기 때문에 틀림없이 위험하고 무서운 결과가 생깁니다. 절괘의 구이 효사는 "대문 안의 뜰에도 나가지 않는다. 흉하다不出門庭 凶"라고 합니다. 집을 나가지 않아도 성과가 있을 것입니다. 넓은 세상천지로 나가 재능을 펼치지만 기회를 놓쳤기 때문에 틀림없이 위험하고 무서운 것과 만나게 됩니다.

위의 괘들은 효위가 비록 '중'이지만 행동은 '시중'이 아닙니다. '때맞추어 중을 행할' 수 없었기 때문에 본래 있던 자리도 불리해집니다. 때와 자리를 비교하면 때의 중요성이 더 큽니다. 특히 때는 사업 프로젝트를 진행할 때 의미가 더욱 뚜렷합니다. 예를 들어보지요. 어떤 회사가 전망이 아주 좋고 시장에서 경쟁자보다 우세한 지위를 점하고 있다고 합시다. 이 회사는 먼저 새로운 시장에 진입해서 기선을 제압하기로 결정합니다. 그런데 기회가 아직 무르익지 않았고 시장의 수요도 프로젝트의 규모를 떠받치기에 모자라는 상황이라면 확장 프로젝트는 실패할 수밖에 없습니다. 반대 상황은 지나치게 신중한 회사입니다. 언제든 발생할 수 있는 시장의 위험을 우려하기 때문에 막 생기기 시작한 새로운 시장에 진입하려고 하지 않습니다. 시장이 어느 정도 안정적으로 발전할 기초가 다져진 뒤에 회사는 시장에 진입하기로 결정을 내리겠지요. 하지만 그때는 이미 시장에 경쟁자가 많을 터이므로 회사는 경쟁의 압력에 맞닥뜨리게 될 것입니다. '시중이 아니거나' '적절한 때가 아닌' 행동은 자리에 불리한 영향을 준다는 것이지요. 자리는 비록 '중'이지만 '시중'과 어울릴 필요가 있습니다. 그래야 비로소 긍정적인 작용을 합니다. 하지만 '시중'의 진정한 의미는 결코 시간이 흐르는 과정 속에 있어야 된다는 것이 아닙니다. '제때' '수시로' '때맞추어 시행한다'는 뜻이 있지요. 육효는 시간이 흐르는 과정입니다. 초효와 이효 사이에도 '중'이 있어야 하고, 이효와 삼효 사이, 삼효와 사효 사이, 사효와 오효 사이, 오효와 상효 사이에도 '중'이 있습니다. 그래서 '시중'은 '제때'를 가리키는 것이지요. 지나치게 빠르거나 지나치게 늦은 상황이 시중이 아니라고 지적한 까닭은 이르거나 더딘 행동이 필요한 조건과 어울리지 못하기 때문입니다. 반대로 필요한 조건을 이미 갖추었다면 이르거나 더딘 행동도 '제때'라는 정의에 부합합니다. '적절한 때'의 행동은 본래 '시중'이라고 할 수 있겠지요. 예를 들어 선발주자가 상대를 제압하거나 후발주자가 상대를 제압하는 행동은 '시중'의 정의에 부합하는 것입니다.

'시중'과 '시위'는 아래와 같이 몇 가지로 조합할 수 있습니다.

표 4. 시중과 시위의 조합

		때	
		때가 맞음(시중)	때가 맞지 않음
자리	자리가 맞음(위중)	극히 유리하다	불리하다
	자리가 맞지 않음	그럭저럭 유리하다	극히 불리하다

가장 좋은 배합은 본래 때가 맞는 '시중'이면서 자리가 맞는 '위중'입니다. 그다음 좋은 조합은 시중이지만 위중이 아닌 것과 시중이 아니지만 위중인 조합입니다. 준괘와 사괘, 동인괘, 박괘, 이괘, 절괘는 불리한 상황이 나타날 수도 있다는 점을 앞에서 이미 지적했습니다. 만약 시중도 아니고 위중도 아닌 상황이라면 극히 불리한 상황에 놓이게 될 것입니다.

조직의 외부 조건과 내부 조건은 모두 정지된 것이 아니라 변동하는 성질을 가지고 있습니다. 그래서 '중'의 정의가 어떤 시위에서 '중'의 요구에 부합하더라도 다른 시위에서 그렇지 않을 수도 있습니다. 만약 조직이 늘 '중'의 상태를 유지하려면 조직은 시위의 변동에 따라 적당하게 재정비해야만 합니다. 다이내믹한 '중', 곧 이동하고 있는 '중'은 대립하

중도론

는 쪽으로 급격히 변화하는 일을 막기 위한 방법입니다. 왜냐하면 양 끝을 향해서 이동하는 것은 틀림없이 반대 방향의 전환을 초래하게 마련인데, 이것이 바로 물극필반의 객관적 법칙이기 때문입니다. 조직의 리더는 편안할 때도 앞으로 닥칠 위험을 고려하는 태도를 가져야 합니다. 또한 '집중'은 대립하는 쪽으로 급격히 변화하는 일을 막아서 균형과 중화에 도달하게 하는 작용을 합니다.

강중과 유중
::

육효의 구이와 구오는 양효가 가운데 있기 때문에 '강중剛中'이라고 할 수 있습니다. 육이와 육오는 음효가 가운데 있기 때문에 '유중柔中'입니다. 조직의 경영에서 '강중'이나 '유중' 가운데 어느 쪽이 더 효과가 좋을까요? 만약 구이나 구오처럼 '강중'의 효사나 육이나 육오처럼 '유중'의 효사를 보면 앞에 열거한 여섯 괘를 제외하고는 대부분 길하거나 유리한 것에 속합니다. '강중'은 양강의 성질이 강한 중도의 경영 방식이고, '유중'은 음유의 성질을 가진 중도의 경영 방식입니다. 강중의 특징은 높은 수준의 적극성과 과감성이고, 유중의 특징은 포용성과 신중성입니다. 강중의 영향력은 공식적인 직위의 권력에서 오고, 유중은 비공식적인 권력을 더 강조합니다. 음양이 기능을 합친다는 관점에서 보면 구오와 육이의 조합이나 육오와 구이의 조합은 모두 강유가 서로 돕는 작용을 불러올 수 있습니다. 전자는 리더의 주동성과 적극성이 더 강하기 때문에 '강중' 스타일의 리더십을 취하겠지요. 그러나 신중한 음유의 육이와 어울립니다. 육오와 구이의 조합은 꼭 반대입니다. 리더인 육오가 '유중' 스타일의 리더십을 취해 권한을 부여하는 데 중점을 두고 '강중'인 구이의 협조를 받을 것입니다. '중'과 '길'을 분석하는 대목에서 『주역』이 육오의 '유중' 리더십 방침보다 구오의 '강중' 리더십 방침을 더 중시한다는 점을 보여드리겠습니다.

대과와 소과

::

'중'의 행동을 취할 때 적절한 정도의 '중'에 도달하는 것이 결코 쉬운 일은 아닙니다. 이것은 '정도度'의 문제입니다. 그래서 현실의 '중'은 정지 상태인 '점'의 개념으로 생각해서는 안 되며 약간 탄력적이고 다이내믹한 '정도'의 개념으로 생각해야 합니다. 다른 시간에는 적절한 정도로 다른 '중'이 있어야만 합니다. 만약 '중'을 행동으로 옮기면서 적절한 정도를 초과했다면 이것은 적당할까요? 대과괘☰와 소과괘☷는 이 문제에 대해 다음과 같은 견해를 제시합니다.

대과괘는 연못과 바람으로 이루어진 괘입니다. 바람은 나무를 가리키기도 하기 때문에 상괘를 연못, 하괘를 나무로 보고 연못에 나무가 잠긴 것을 상징합니다. 그래서 대과의 이미지가 있습니다. 괘사는 "기둥이 흔들린다. 갈 곳이 생기기에 유리하다. 형통하다棟橈 利有攸往亨"라고 합니다. 기둥이나 들보 중간이 지나치게 단단하기 때문에 양 끝이 감당하지 못해 휘어져버렸습니다. 기둥과 들보의 무게중심은 양 끝으로 받아야 합니다. 만약 양 끝이 지나치게 연약하면 기둥이나 들보가 휘어져 건물(조직) 전체가 무너질 가능성이 있습니다. 이때의 상황은 분명 적절한 정도의 '중'을 지나친 것입니다. 그러므로 조정할 필요가 있고, 그래야 위기에서 벗어날 수 있습니다. 이것이 괘사의 함의입니다.

육효의 구조에서 택괘와 손괘로 이루어진 괘는 양효 4개가 가운데 있고 음효 2개가 바깥에 있는 상황입니다. 중간이 지나치게 강하고 양끝이 연약한 현상을 반영하고 있습니다. 조직의 리더가 수양이 깊지 않고 사람 됨됨이가 지나치게 강해 제멋대로 고집을 부리며 외곬으로 간다면 늘 아랫사람들과 사이좋게 지내기가 힘듭니다. 이것은 양강이 너무 왕성해서 '대과'의 상황이 된 것입니다. 이때 양강의 성분을 줄이고 음유의 성분을 늘려서 부드러움으로 강함을 조절하고, 음양이 기능을 합쳐 강유가 상대적으로 균형을 이룬 상태에 도달해야만 위기에서 벗어날 수 있습니다.

'대과'는 양효가 넷, 음효가 둘이니 '양이 지나치게 많다'고 할 수 있고, '소과'는 음효가 넷, 양효가 둘이니 '음이 지나치게 많다'고 할 수 있습니다. 양이 크고 음이 작기 때문에 각각 대과와 소과라는 이름이 붙었습니다. '소과'는 조금 지나치다는 뜻이 있습니다. '중'은 '점'의 개념이면 안 되고 약간 탄력적인 개념이어야 합니다. 그래서 작은 일에 잘못이 조금 있더라도 적당하고 유리한 것입니다. 소과괘의 괘사는 "소과는 형통하다. 바르게 하기 이롭다. 작은 일은 괜찮지만 큰일은 안 된다小過 亨 利貞 可小事 不可大事"라고 합니다. 소과괘는 진괘와 간괘로 이루어진 괘입니다. 우레가 산 위에 있어서 산 위의 우렛소리가 평지의 우렛소리보다 약간 더 크다는 것입니다. 이것은 행동에 약간의 허물이 있는 상황을 상징하지만 결코 '정도를 넘지 않기' 때문에 그래도 유리합니다.

중과 극단

::

『주역』에 담긴 '중'의 개념을 현대적 기업 조직에서 적절하게 활용할 수 있을까요? 서양의 경제학이나 투자 이론, 경영학은 모두 최댓값과 최솟값의 개념을 중시합니다. 전자를 대표하는 것으로는 최대 이윤과 최대 투자수익률, 최대 판매량, 최대 시장점유율 등을 들 수 있습니다. 후자는 최소 지출과 최소 생산비에 반영됩니다. 서양의 개념은 계량화할 수 있고 겉으로 쉽게 볼 수 있는 객관적인 기준을 추구합니다. 그러나 『주역』이 부르짖는 '중'의 원리는 분명 '효율'의 원칙을 어기는 면이 있습니다. '중'을 행동으로 옮기면 극단적인 수치를 추구하지 않을 것이기 때문입니다. 그러면 '중을 행동으로 옮기는' 행위는 극단적인 수치를 추구하는 행위와 표면상 차이를 보일 것입니다.

　『주역』의 육효가 지닌 위치 중에서 다섯 번째 효가 높은 자리입니다. 구오도 물론 좋지만 육오도 좋습니다. 가장 높은 자리인 상효는 결코 좋은 자리가 아닙니다. 높은 자리를 이미 넘어섰고, 반대로 자리가 높아서 추세가 위태롭기 때문입니다. 높은 곳은 추위가 심하듯이 결국 물극필반의 길을 걷게 될 것입니다. 태괘와 비괘의 대립은 '태괘가 극에 달하면 비괘가 온다'는 추세를 지적합니다. 기제괘☲☵의 음효와 양효는 모두 '당위'이고 '응'이기 때문에 겉으로 보면 '가장 완벽한' 음양 구조이고 성공한 국면이어야 합니다. 이치대로라면 '크게 길한大吉' 상황이어야 맞습니다만 괘사는 오히려 "형통하다. 작은 것은 바르게 하기 이롭다. 처음은 길하고 끝은 어지러워진다亨 小利貞 初吉終亂"라고 합니다. 비록 형통하지만 그저 '처음에 길할 뿐' 크게 길하지는 않으며 '끝까지 길한' 것도 아닙니다. 또한 '끝은 어지러워진다'는 말은 성공이 결코 오랫동안 지속되지 않을 것임을 지적합니다. 이런 균형 상태는 결국 파괴될 것이고 물극필반은 끝내 도래할 것입니다.

상대적으로 미제괘☰는 음효와 양효가 오히려 당위가 아니지만 '응'은 됩니다. 괘사는 "형통하다. 여우 새끼가 물을 거의 다 건넜는데 꼬리를 적셨다. 이로운 것이 없다亨 小狐汔濟 濡其尾 无攸利"라고 합니다. 형통합니다. 여우 새끼가 강을 거의 다 건널 무렵에 꼬리를 물에 적시는 바람에 다 건너지 못했습니다. 이는 일이 아직 완성되지 못한 것을 상징하므로 발전과 변화는 끝나지 않았습니다. 기제괘는 표면적으로 가장 완벽한 상황이지만 그 반대로 미제괘는 완벽하지 않은 상황입니다. 그러나 실질적으로 '끊임없이 낳고 낳는다生生不息'라는 뜻이 있기 때문에 계속해서 시공간의 변화에 따라 자신을 개선합니다. 기제괘와 미제괘의 원리는 최댓값이나 '중'을 추구할 때 큰 힌트를 줍니다. 전자는 겉으로 완벽하지만 후자는 그렇지 않습니다. 사실 장기적인 관점에서 중을 행동으로 옮기는 것은 지속적인 균형 작용이 있고 숨어 있는 최댓값입니다. 표면적인 최댓값은 지속성이 없고 장기적인 균형과 장기적인 화합이 없습니다. 이것이 아마 『주역』 문화와 서양 문화의 중요한 차이겠지요.

『주역』의 정신을 갖춘 기업의 리더는 최댓값을 추구하는 데 혼신의 힘을 쏟지 않고 장기적인 '중화'의 상황에 치중할 것입니다. 이것이 '인본주의' 사상과 '표면적인 효율 중심' 사상의 근본적인 차이입니다. 『주역』이 강조하는 것은 단기적이고 표면적인 효율이 아니라 장기적인 효능입니다. 실무 쪽을 보면 인사 전략에서 뚜렷한 차이가 납니다. 만약 경제 쇠퇴기에 최댓값 원칙을 취한 기업은 규모 축소와 대규모 감원을 통해 경영 원가를 낮출 것입니다. 상대적으로 중을 행동으로 옮기는 기업은 꼭 감원 방침을 취하지 않고 감봉이나 작업량 절감 방침을 취해 난관을 함께 이깁니다. 경제 회복기나 상승기에 기업 운영에 익숙한 조직 구성원들을 유지하고 있으면 협조와 협력에 큰 효율을 발휘할 수 있습니다. 장기적인 관점에서 조직의 효능을 드러낼 수 있다는 말이지요. 곤경을 벗어나려면 지나치게 극단적인 수단을 피하는 쪽이 장기적인 균형 작용을 거둘 수 있습니다. 증권시장에서의 분산투자도 사실 '중'의 개념이 드러납니다. 어느 한 부분에 집중하는 것을 피하는 일은 균형의 '중화' 효과가 있습니다.

중과 도덕

••

공자의 '중용의 길'은 『주역』의 '중'을 뚜렷하게 도덕적인 것으로 만들었습니다. 중용의 길이 가진 함의는 사람들이 옳고 그름을 명백하게 구분하고 공정해서 개인적이지 않으며, 한쪽으로 치우치지 않도록 만들자는 것입니다. 이는 훌륭하게 수양한 결과에 따라 훌륭하게 행동하는 것이기도 하고 객관적인 정신을 가진 태도라고 할 수도 있습니다. 희로애락 같은 인간의 감정이 아직 일어나지 않을 때 마음은 평정을 유지해 어느 쪽으로도 치우치지 않습니다. 이것이 바로 '중'이지요. 감정이 일어났어도 적절한 정도를 유지하고 지나치지도 모자라지도 않은 채 딱 맞아떨어지는 것이 바로 '화'입니다. '중을 활용해서用中' 과녁에 적중할 수 있다면 '중화'의 상황에 도달한 것입니다. 『중용中庸』 제10장에는 "군자는 어울리기는 하지만 휩쓸리지 않는다君子和而不流" "가운데 서서 치우치지 않는다中立而不倚"라는 구절이 나옵니다. 이렇게 해야 '중화'의 경지에 도달할 수 있습니다. '중'의 태도를 유지하면 외부 형세 때문에 자기 원칙과 입장을 바꾸지 않습니다. 이런 태도야말로 절개를 지키는 것이고 훌륭한 행동입니다.

'중용'은 본래 '절충' '억지로 끼워 맞추기' '무원칙한 조정' '중간파' '기회주의자'를 나타내지 않습니다. 그래서 '중'이라는 상태에 진정으로 도달하기가 쉽지 않지요. '중용'이라는 원칙을 잘못 파악하면 위의 몇 가지 행위에 빠질 가능성이 극히 높습니다. 닥치는 일마다 두루뭉술하게 어물쩍 넘어가고, 적을 만들지 않으며, 상대방의 뜻에 따라 말하거나 행동하고, 물결치는 대로 흐름을 따라다니면 공자가 이야기한 '향원鄕愿'으로 변할 수밖에 없을 것입니다.

'중용'의 도덕 개념은 '사회성仁' '성실誠' '정의正'를 포함하고 있습니다. '사회성'은 남을 아끼고 관심을 가지는 것입니다. 이런 태도를 가진 사람은 본래 객관적인 태도로 남을 고무하고 격려하거나 비판해서 남이 올바른 길을 걸을 수 있게 해줍니다. 이것이 중을 활용하는 형식의 하나입니다. '성실'은 진실하거나 진정한 것입니다. 남을 대하고 사물을 접할 때 헛되거나 함부로 하지 않으며 말과 행동이 속에서 우러나오는 것입니다. '교묘한 말솜씨와 꾸민 낯빛巧言令色'을 짓지 않는다는 말이 중을 활용하는 방식을 가장 잘 표현하고 있습니다. 『중용』은 "정성스러운 것은 하늘의 길이고, 정성스러우려는 것은 사람의 길이다. 정성스러운 사람은 부지런을 떨지 않아도 딱 들어맞고 생각하지 않아도 얻으며, 침착하게 도에 들어맞는다誠者 天之道也 誠之者 人之道也 誠者不勉而中 不思而得 從容中道"라고 합니다. 『주역』은 길한 것을 따르고 흉한 것을 피하는 일에 대한 '성誠'의 의미를 일찌감치 설명했습니다. 중부괘는 도덕의 기준을 제시했습니다. 중부는 바로 마음에 담긴 성실함이라는 뜻으로 '성'은 『주역』에서 최고로 꼽는 인품입니다. 다른 괘사와 효사에서도 40여 번이나 다루기 때문에 '성'이 『주역』에서 중요한 위치에 있다는 사실을 알 수 있습니다. 내가 남에게 성실해야 남도 나에게 성실할 수 있습니다. 그래서 '성'은 '중'의 선결 조건이 됩니다.

'정의'와 '중'도 긍정적인 관계가 있습니다. 사람은 먼저 자신을 바로잡을 수 있어야만 '중'의 태도를 지니기 쉽습니다. 공자는 '정의'의 중요성을 제시한 적이 있습니다. 『논어』「자로」 편에는 "자신이 바르면 명령하지 않아도 시행되고, 자신이 바르지 않으면 명령을 내려도 따르지 않는다"라는 말이 있습니다. 이렇듯 리더에게 '정의'는 본보기로 작용하고 있습니다.

기업의 리더가 중을 활용하는 데 관심이 있는지 여부는 자신의 도덕적 수양과 깊은 관계가 있습니다. 만약 '사회성' '성실' '정의'라는 선결 조건을 갖추고 있다면 일을 처리하고 결정할 때 중을 활용할 가능성이 더 높습니다. 반대로 수양하지 않은 리더는 이렇듯 중요한 조건을 갖추지 못했기 때문에 결정을 내릴 때 치우칠 가능성이 큽니다. 그러므로 '중'은 방법이기도 하고 도덕이기도 합니다. 도덕적 의미를 가진 '중'이 중심이 되고 방법의 의미를 가진 '중'이 작용이 되기 때문에 같은 몸뚱이의 다른 측면이지요. 이런 상황에서 '중'의 도덕적 함의와 방법적 함의는 결합할 수 있습니다. '도덕적 중'과 '방법적 중'이 훌륭하게 결합할 수 있는

지의 여부는 둘 사이에 적당한 균형이나 '중'이 있느냐에 달렸습니다. 만약 도덕 쪽만 지나치게 강조하면 방법 쪽의 활용에 영향을 줄 가능성이 있고, 반대로 방법 쪽의 활용만 지나치게 강조해도 도덕 쪽의 요구에 소홀할 가능성이 있습니다.

『주역』의 괘사와 효사에는 '정貞'과 관련해 판단하는 말이 대단히 많습니다. '정貞'은 '정正'이라고 풀이할 수도 있습니다. '정正' 역시 『주역』의 중요한 개념이지요. '정正'과 '중'의 관계는 『주역』의 중부괘에도 암시되어 있습니다. 중부괘☲는 손괘와 태괘로 이루어져 있습니다. 음효와 양효의 구조는 '안으로 부드럽고 겉으로 강한內柔外剛' 이미지입니다. 육삼과 육사 음효가 괘 가운데 있기 때문에 '유중'이기도 하지만, 구이와 구오 양효가 중위에 있기 때문에 '강중'이라서 씩씩하기도 하고 '정正'을 나타낼 수도 있으며, '정'과 '중'의 관계를 암시하기도 합니다.

중과 길
::

『주역』에서 '중'의 중요성은 중효와 '길吉'이 있는 효사의 관계에서 알 수 있습니다. 『주역』의 효는 모두 384개입니다. 그중 중효는 구이, 육이, 구오, 육오의 4가지이고 모두 128개이지요. 효 전체에서 3분의 1보다 조금 더 많습니다. 중효에서 '길하다'거나 '형통하다亨'라는 효사는 모두 70개이며, 중효 전체의 54.7퍼센트를 차지합니다.

중효에서 '길'에 속하는 효사는 모두 70개입니다. 그중 '길'이 가장 많은 구오는 22개인데, '길'에 속하는 중효의 31.4퍼센트를 차지합니다. 전

표 5. 중효의 효사에서 '길'이 차지하는 비중

	길의 개수	퍼센트	전체 효에서 차지하는 비율
구오	22	31.4	5.7
구이	17	24.3	4.4
육오	16	22.9	4.2
육이	15	21.4	3.9
합계	70	100	18.2

체의 3분의 1에 가깝습니다. 이는 임금 자리인 구오가 중인 동시에 정이라서 중요하다는 것을 설명합니다. 그다음이 구이입니다. 모두 17개이며 24.3퍼센트를 차지합니다. 구오와 구이는 모두 '강중'이고, 모두 39개이며 55.7퍼센트를 차지합니다. 유중인 육오와 육이는 각각 16개와 15개인데, 22.9퍼센트와 21.4퍼센트를 차지하고 있습니다. 유중의 효는 모두 31개이고 44.3퍼센트를 차지합니다.

'길'에 속하는 '강중'과 '유중'의 대비에서 『주역』 사상이 양강의 성질을 가지고 있는 것이 증명되었습니다. '중'인 동시에 '정'인 구오에서 얻은 '길'은 유중인 육오보다 많기 때문에 육오는 유가 강의 자리에 있는 것이라고 말할 수 있습니다. 비록 '중'이지만 자리를 잃었기 때문에 구오보다 '길'이 적습니다. 하지만 중효 자리를 '정위'라고 생각할지 '실위'라고 생각할지의 여부가 '길'을 판단하는 데 영향을 끼친다는 말은 사실이 아닐 수도 있습니다. 구이와 육이를 가지고 보면 구이는 '실위'이지만 가운데 자리에 있기 때문에 '길'이라는 말이 모두 17개입니다. 그러나 '중'인 동시에 '정'이기도 한 육이는 구이보다 효가 2개 적은 15개입니다. 이것은 '강중'(구이)이 '정위'(육이)나 '실위'(구이)보다 더 중요하다는 것을 설명합니다.

위의 분석은 '중'이 아닌 것보다 '중'이 중요하지만, 중효에서는 '유중'보다 '강중'이 조금 더 중요함을 이야기합니다. 이는 『주역』의 주요 사상 가운데 하나입니다.

중을 판단하는 다른 말들

∷

중효는 모두 128개입니다. 그러나 '길'이라고 판단하는 말은 70개이고 중효의 54.7퍼센트를 차지합니다. 나머지 45.3퍼센트의 말은 '길'이 아닌 유형으로 '허물이 없다无咎' '후회가 없다无悔' '처음에는 후회하지만 점차 없어진다悔亡' '인색하다吝' '위태롭다厲' '흉하다凶' 등을 포함합니다. 그러므로 중을 행한다고 해서 꼭 '길'을 얻을 수 있는 것도 아니며 '길하지 않은' 상황이 나타날 수도 있습니다.

태괘▤의 구오 효사는 "깎는 일을 믿으면 위태로움이 있다孚于剝 有厲"라고 합니다. 아첨을 잘하고 올바르지 못한 소인을 믿으면 위험하고 무서운 일이 생깁니다. 조직의 리더가 비록 강중이라도, 곧 양강인 동시에 중정이라도 감언이설이나 알랑대기를 잘하는 소인에게 둘러싸일 가능성이 있습니다. 원래 씩씩하고 강하던 사람도 고집스럽게 변해 강직한 기개를 상실하기 때문에 위험하고 무서운 상황을 피할 수 없겠지요. 조직의 리더라는 지위는 주변에 있는 소인들로부터 아부를 받기 쉽습니다. 만약 틀어쥐지 못하면 재앙이 생기겠지요. 반대로 리더가 소인들의 조종을 받지 않을 수 있다면 저절로 길한 것을 따르고 흉한 것을 피할 수 있습니다. 그러므로 태괘 구오의 "길하지 않다"라는 판단은 가정하는 말로서 결코 확정적이지 않습니다. 행동의 결과가 길할지 불길할지는 어떤 행동을 취하느냐에 따라 결정됩니다.

중부괘와 쾌괘, 췌괘의 구오에서 판단하는 말은 "허물이 없다无咎"이고, 함괘의 구오에서 판단하는 말은 "후회가 없다无悔"입니다. 비록 '길'은 아니지만 '흉'도 아니기 때문에 중을 행동으로 옮긴다고 해서 꼭 '길한' 법은 없어도 '흉한' 일은 피할 수 있다는 것을 설명합니다. 준괘의 구오 효사는 "혜택을 베푼다. 작으면 바르게 해도 길하다. 크면 바르게 해도 흉하다"라고 합니다. 창립하느라 힘든 시절에는 남의 도움이 필요하므로 이때 조직 구성원에게 은혜를 베푼다면 인심을 얻어서 도움을 받을 수 있습니다. 작은 일의 경우 올바른 길만 지키면 은혜를 베풀지 않아도 길할 수 있습니다. 하지만 큰일이라면 올바른 길에 따라 일을 처리하더라도 은혜를 베풀지 않으면 위험해질 수 있습니다. 준괘의 구오에서 판단하는 말은 분명 가정하는 성질을 가지고 있습니다. 만약 이렇다면 '길할' 것이고, 만약 저렇다면 '흉할' 것입니다. 판단하는 말이 꼭 '길'이거나 '흉'이 아니라면 어떤 행동인지 보고 결정합니다. 이상의 상황이 '은혜를 베푸는' 상황일 때 말입니다. 이렇게 가정한 원칙은 구이, 육오, 육이에서 '길하지 않다'고 판단하는 말에도 응용할 수 있습니다. 사실 『주역』의 효에서 판단하는 말 전체는 가정하는 성질이 있습니다. 긍정적인 쪽이든 부정적인 쪽이든 다 해석할 수 있지요. 만약 이런 입장을 취한다면 『주역』의 효사는 '길'이든 '흉'이든 확정적이지 않은 성질을 가지고 있고, '길'이든 '흉'이든 행위의 성질을 보고 정합니다.

중도 개념의 응용

::

조직마다 다른 상황과 다른 문제에 부딪힐 수 있습니다만, 중도 개념은
모든 사회, 경제, 정치 분야에 적용할 수 있습니다. 예를 들어 아래의
상황들은 중도 개념을 행동의 지침으로 삼을 수 있습니다.

1. 조직에 위아래 부서가 지나치게 많으면 인간관계에 불화가 생기기
쉬워져 소통에 불리합니다. 한편 위아래 부서가 너무 적어도 구성원들
의 진급이 불리해지고, 리더는 이 같은 상황을 격려해주지 못하는 지경
에 이를 수 있습니다. 따라서 위아래 부서를 알맞게 구성해야 합니다.

2. 도를 넘은 권력 집중이 일어나면 각 분야가 적극성을 발휘하기 힘
들고 효율을 높이는 데도 걸림돌이 됩니다. 이와 반대로 권력 분산이
도를 넘으면 제각각 업무를 볼 가능성을 초래하며 전체 효율에도 영향
을 줍니다. 권력은 적당하게 분산되어야 합니다.

3. 책임이 지나치게 개인에게 집중되면 제어 메커니즘이 없이 주관적
인 결정을 초래하기 쉽습니다. 반면 집단의 결정에만 지나치게 의존해
도 개인의 책임을 가볍게 만듭니다. 개인의 책임과 집단의 책임 사이에
균형을 갖춘 책임 제도가 있어야만 합니다.

4. 조직 내부를 제어할 때 구성원의 어떤 단일 항목만 심사하는 기
준을 중시한다면 조직에 유리한 다른 행동을 할 때 직원이 가진 소질

을 개선하도록 만드는 일에 소홀해질 수 있습니다. 구성원의 다양한 행동을 지나치게 강조해도 구성원의 힘을 분산시킬 수 있고, 이로 인해 어떤 단일 항목의 심사 기준에서 만족스러운 성과를 얻을 수 없습니다. 적당하게 균형 잡힌 심사 제도가 있어야만 합니다.

5. 조직의 발전이 단일한 방향에만 집중된다면 편중으로 인한 폐단이 생기기 쉽습니다. 반대로 다원적인 발전 방향은 자원 분배가 흩어져서 특정한 발전 프로젝트에 불리할 수 있습니다. 집중과 다원 사이에 적당한 균형을 잡아야만 합니다.

6. 정부 정책이 어떤 사회 계층에만 유리하면 사회 화합에 불리해집니다. 역으로 모든 사회 계층에 유리한 정책도 방향을 잃거나 효율을 떨어뜨릴 가능성이 있습니다. 중도적인 정책이 있어야만 합니다.

제9장

강유론

『주역』의 핵심 사상은 음양이 기능을 합치거나 음양이 화합하는 것입니다. 음양이 없으면 『주역』도 없겠지요. 양의 성질은 양강, 음의 성질은 음유에 반영할 수 있습니다. 양강은 씩씩함과 진취성, 주도성을 나타내고, 음유는 유순함과 신중함, 돕기, 너그러움을 나타냅니다. 조직의 리더와 행정 직원은 강유가 서로 돕는 특유의 성질을 갖춰야지 양강이나 음유 한쪽에만 치우치면 안 됩니다. 강유의 상호 보완을 통해 강유나 음양의 균형 상태에 도달하는 것이 조직의 리더와 행정 직원에게 『주역』이 제시한 원리입니다. 그리고 이런 사상은 『주역』의 육십사괘에 흩어져 있고 괘의 꼴이나 구조, 괘사, 효사에서 힌트를 얻을 수 있습니다.

괘를 일일이 분석하면 육십사괘에서 강유가 서로 돕는다는 의미가 무엇인지 깊이 이해할 수 있습니다.

건괘乾卦☰ 씩씩함 속의 부드러움

겉으로 나타난 괘상만 보면 건괘는 순양괘이기 때문에 음유의 요소가 전혀 없는 듯하지만 사실은 그렇지 않습니다. "잠룡은 쓰지 말라", 곧 잠시 숨어서 작용하지 않는다는 초구 효사와 "저녁에 두려운 듯하면", 곧 저녁에도 늘 경계한다는 구삼 효사는 음유의 신중한 요소를 포함하고 있습니다. "항룡은 후회가 생긴다", 곧 극에 달하면 틀림없이 후회한다는 상구 효사는 양강이 지나치게 왕성한 것을 비판합니다. 그러나 점을 쳐서 얻은 육효가 모두 양효라도 음효로 바뀌어야 하는 용구 효사는 "용은 많지만 우두머리는 없는 것을 보았으니 길하다"라고 합니다. 이는 양이 극에 달하면 음이 나오기 때문입니다. 용이 모두 우두머리 자리를 차지할 수 없기 때문에 서로 존중할 수밖에 없고, 이때 음유가 작용을 일으켜 강유가 서로 돕는 일을 통해 조화로운 상황에 도달합니다.

곤괘坤卦☷ 부드러움 속의 씩씩함

곤괘는 순음괘이지만 양강 특유의 성질도 숨어 있습니다. 예를 들어 육이 효사의 "직방대", 곧 정직함, 반듯함, 관용은 양강의 특성을 가지고 있습니다. "용이 들판에서 싸운다"는 상륙 효사는 음이 극에 달하면 양이 생기는 현상을 반영하며 유순함이 극에 달하면 강한 것으로 급격히 변할 가능성이 있다는 말입니다. 점을 쳐서 얻은 육효가 모두 음효라도 양효로 바뀌어야 하는 용륙 효사는 "오래가고 바르기에 이롭다"라고 합니다. 음유가 양강으로 변하면, 곧 강유가 서로 돕는 작용이 생기면 부드러울 수도 있고 씩씩할 수도 있지요. 음유가 양강의 성질을 가지고 있기 때문에 본래 곤괘의 바른 길을 지키기에 유리합니다.

준괘屯卦 ䷂ 창업의 어려움
::

준괘는 사물이 처음 생긴 형편을 지적합니다. 준괘의 상괘는 물을 나타내는 감괘이고, 하괘는 우레를 나타내는 진괘입니다. 물의 성질은 부드럽고, 우레의 성질은 강하지요. 창업 초기에 강유라는 2가지 힘이 모였지만 어려움에 직면한 상황을 반영하고 있습니다. 「단전」은 "준은 강유가 처음 사귀고 낳기 어렵다屯 剛柔始交而難生"라고 합니다. 강유라는 2가지 힘이 창업의 맹아기에 잘 어울리지 않는다면 많은 어려움을 피하지 못하겠지만 이를 극복해야 합니다.

육사와 초구의 호응은 조직이 위아래로 어울리는 것과 강유가 서로 돕는 이치를 반영합니다. 육사는 상괘의 시작이고, 초구는 하괘의 시작입니다. 육사는 초구보다 자리가 좀 높기 때문에 위쪽에서 아래쪽을 찾고 강을 취해서 유를 도울 수 있습니다. 따라서 어려운 국면을 깨고 나가기에 유리합니다. 준괘의 높은 자리는 구오입니다. 강이 양위에 있어서 중위도 되고 정위도 되기 때문에 강행하는 방식의 경영이 자원을 동원하는 데 유리합니다. 아울러 육이와 호응하기 때문에 아랫사람의 지지도 받을 수 있습니다. 창업자가 유화적이거나 유순한 방식을 취해 유력 단체나 유력 인사들의 지지를 얻어서 사업의 발전에 도움이 되도록 만들어야 합니다. 신분이 낮은 선비도 예의를 다해 모시듯, 창업자는 재간이 있는 사람들을 가능한 한 많이 초빙하고 조직 구성원에게도 거리낌 없이 조언을 부탁해야만 합니다. 부드러움으로 씩씩함을 빨아들여야 창업 구성원의 힘이 강해집니다.

몽괘蒙卦 ䷃ 가르치기

몽괘는 준괘의 종괘입니다. 위쪽은 산, 아래쪽은 물인데, 샘물이 바위라는 장애물을 뚫고 산 아래로 흘러내리는 것입니다. 가르침을 받는 사람의 생각과 지혜가 이미 가르치는 사람에 의해 트였고, 스스로 배워야 한다고 느꼈음을 상징합니다. 조직 구성원이 환경과 업무에 그다지 익숙하지 않을 경우에는 가르칠 필요가 있습니다. 구성원들이 가르침을 받고 깨어나면 자신의 잠재력을 스스로 느끼고 드러낼 수 있게 됩니다. 그래서 조직은 가르치는 법을 정확하게 장악해야 합니다.

몽괘의 높은 자리는 육오입니다. 유가 강의 자리에 있는 것은 조직의 리더가 강유의 성격을 갖추어야만 한다는 것을 암시합니다. 가르치는 사람의 자리는 강의 자리이지만 구성원들을 일깨울 때 강렬한 방식만 취할 수는 없습니다. 차근차근 유도하는 유화적인 방식으로 구성원들의 생각을 일깨워줄 필요가 있습니다. 구이는 강이 유의 자리에 있는 것입니다. 가르침을 받는 사람은 향상하려는 적극성을 가지고 있습니다. 육오와 구이가 호응하면 강유가 서로 돕는 관계가 생깁니다. 만약

강유론

가르치는 사람이 구오라면 아마 구이와 화합하지 않는 관계가 나타날 것입니다. 상구와 육삼도 강유가 서로 돕는 관계입니다. 만약 가르침을 받는 사람에게 적극성이 없다면 가르치는 사람은 더 강한 방식을 취하는 쪽이 맞겠지요. 왜냐하면 부드러운 방식을 취할 경우 가르침을 받는 사람에게 존경받지 못하고 오히려 가르침의 효과에 영향을 주게 되기 때문입니다. 가르치는 사람이 어떤 방식으로 조직 구성원들을 지도해야 할지는 가르침을 받는 사람의 개성과 배경을 보고 결정해야 합니다.

수괘需卦䷄ 기회를 기다리기

수괘의 상괘는 물이고, 하괘는 하늘입니다. 물이 하늘에 있으니 아직 비로 내리지 않은 구름입니다. 이는 기회를 기다림을 상징합니다. 때가 아직 무르익지 않았을 때 그저 양강의 기운만 믿고 무턱대고 나아간다면 위험하고 무서운 상황이 없으리라고 장담하기 어렵습니다. 내괘인 건괘는 전진을 나타내지만 앞쪽에 험난함을 나타내는 감괘가 있습니다. 이제 음유 원칙을 취하고 끈기 있게 기회가 올 때를 기다리는 동시에 씩씩하게 행동하도록 준비해두어야 일단 때가 오면 바로 예상한 행동을 펼칠 수 있게 됩니다. 기회를 기다릴 때는 그저 토끼가 그루터기에 와서 부딪히는 요행만 바랄 것이 아니라 적극적으로 미래의 행동을 준비해서 강유가 서로 돕는 태도를 갖추어야 합니다.

조직의 리더 구오는 아랫사람인 초구, 구이, 구삼의 꼬드김을 받아 무턱대고 나아가는 행동을 취할 수도 있습니다. 이때 리더는 반드시 과

감해야 하고 자기 판단을 견지하며 아랫사람의 부추김을 받지 않아야 합니다. 구오와 구이 사이에 적대적 대응이 나타난 것은 이런 상황을 반영합니다.

송괘訟卦☰☵ 한결같이 신중하게 처리하기

송괘의 상괘는 하늘이고, 하괘는 물입니다. 하늘, 곧 태양과 물이 움직이는 방향은 상반됩니다. 해는 서쪽으로 돌지만 중국의 강은 동쪽으로 흐르지요. 이는 모순과 소송의 관계를 상징합니다. 『노자』 제64장에는 이런 명언이 있지요. "한결같이 신중하게 처리하면 그르치는 일이 없다慎終如始 則無敗事." 어떤 일을 할 때 시작부터 끝까지 결과를 신중하게 고려해야만 공연한 소송을 막을 수 있습니다. 초륙 효사는 "일을 오랫동안 끌지 않는다. 작으면 말은 생기지만 결국 길하다不永所事 小有言 終吉"라고 합니다. 옥신각신 다투는 일에 오랫동안 복잡하게 뒤엉켜 있지 말아야 합니다. 말다툼이 생겼다손 치더라도 결국 길한 셈입니다. 구이 효사는 "소송을 이기지 못한다. 돌아가 도망친다不克訟 歸而逋"라고 합니다. 소송에서 지면 그만두어야 합니다. 이상은 음유의 방법으로, 장기적인 소송이 빚은 손실을 줄이는 것입니다. 구사효의 「상전」은 "돌아와 명령에 따라 바꾸면 편안하고 바르게 된다. 잃지 않는다復卽命 渝 安貞 不失也"라고 합니다. 강이 유의 자리에 있는 구사는 본래 성질이 씩씩하고 다투기를 좋아합니다. 이치에 맞지 않으면 곧바로 입장을 바꿉니다. 원래의 태도나 방법을 바꾸고 잘못도 바르게 고치기 때문에 아무 손실도

강유론

생기지 않습니다. 이는 강에서 유로 바뀐 것이고 어울리게 만드는 작용을 합니다.

　리더 구오와 아랫사람 구이는 적대적 대응 관계이기 때문에 모순과 충돌이 발생할 수도 있습니다. 사실 송괘의 교호괘인 가인괘☲☴에는 이미 이 같은 의미가 암시되어 있습니다. 조직 구성원은 '가화만사성家和萬事成'의 태도를 가져야지만 피차 모순을 피할 수 있습니다.

사괘師卦 ☷☵ 통솔자를 신중하게 고르는 법

사괘의 괘사는 "군대는 바르다. 어른이면 길하고 허물이 없다師 貞 丈人 吉 无咎"라고 합니다. 군대는 바른 길을 견지해야 하며 경험이 많고 진중한 사람에게 통솔을 맡겨야 길해집니다. 구이 효사는 통솔하는 사람의 소질을 이렇게 제시하지요. "군대에 있는 일이 꼭 맞으면 길하다. 허물이 없다. 임금은 명령을 여러 차례 내린다在師 中吉 无咎 王三錫命." 군대를 통솔하려면 중도를 지켜야 길하고 해가 없으며, 그렇게 하면 임금에게 상을 여러 번 받는다는 뜻입니다. 통솔하는 사람에게 가장 중요한 소질은 중심을 잡고 한쪽으로 치우치지 않는 것입니다. 이것도 음양이나 강유의 균형이고 이렇게 해야 군대를 거느리고 대중을 설득할 수 있습니다. 육오의 리더는 '유중' 방식을 취해 대중을 거느리기 때문에 아랫사람인 양강의 구이와 강유가 서로 돕는 관계가 생깁니다. 부드러운 경영방침 덕분에 아랫사람은 더 많은 권한을 부여받고 창의성과 높은 적응력을 갖추게 되는 것이지요.

비괘比卦䷇䷇ 친밀한 관계

비괘의 괘의는 친밀함입니다. 조직의 윗사람과 아랫사람 사이에 친밀한 상호 의존 관계를 유지해야만 한다고 제시합니다. 상괘가 물이고, 하괘는 땅입니다. 물의 성질은 아래를 촉촉하게 하고 땅으로 스며듭니다. 윗자리에 있는 리더가 아랫사람과 절친한 관계를 유지해야 한다는 의미입니다. 구오는 양 하나에 음 다섯인 괘 전체에서 유일한 강효이고 높은 자리에 있습니다. 씩씩하고 바르며 이기적이지 않은 태도를 유지하고, 치우치지도 말고 편도 가르지 말아야 하며, 관용의 마음을 가져야만 합니다. 그러면 자발적으로 윗사람과 친밀해지고 싶어하는 아랫사람이 많아집니다. 구오와 육이는 바르게 대응하는正應 관계입니다. 위쪽이 강하고 아래쪽이 부드러운 친밀한 관계를 설명하지요. 이것도 양괘가 위쪽에 있고 음괘가 아래쪽에 있는 강유 관계에서 알아볼 수 있습니다.

소축괘小畜卦䷈䷈ 부드러움으로 씩씩함 이기기

소축괘는 비괘와 상반되게 음이 하나에 양이 다섯인 괘이지요. 조직의 리더를 돕는 행정 직원, 곧 육사효가 지도적인 의미를 가지고 있습니다. 이 자리에 있는 직원은 유순하거나 유화적인 수법을 취해서 상사와 아랫사람을 대해야 합니다. 상사와 아랫사람이 모두 양강적인 성격이기 때문이지요. 만약 강한 수법을 취하면 틀림없이 모순과 충돌을 초래할 것입니다. 이때 음유의 방법을 취해서 강성인 동료에 대처하는 것이 적합합니다. 그래야 강유가 서로 돕는 효과를 일으켜 조직이 조화롭고 통일된 국면을 유지할 수 있습니다. 육사와 구오는 유가 강을 받아들이는 관계이고, 육사와 초구는 또 강유가 바르게 대응하는 관계를 지니고 있습니다. 소축의 '소' 자는 유화적인 방침으로 힘을 모아 주위의 양강인 사람들에게 대처한다는 뜻을 포함하고 있습니다. 부드러움으로 씩씩함을 이기는 것은 조직 전체 활동에 유리합니다.

소축괘는 바람과 하늘로 구성된 괘입니다. 바람은 하늘에 있으며 유순함을 나타냅니다. 조직이 마침 부드러운 기운의 힘을 모아 양강의 기운에 대처하는 현상이라고 설명하기도 합니다.

이괘履卦☰ 위험 속의 신중함
::

이괘는 소축괘의 종괘입니다. 음이 하나이고, 양이 다섯인 괘이지요. 다만 유의 자리가 육삼에 있는 것뿐입니다. 육삼 효사는 "애꾸눈도 볼 수 있고 절름발이도 걸을 수 있다. 호랑이 꼬리를 밟았는데 사람을 무니 흉하다. 무인이 임금이 된다眇能視 跛能履 履虎尾 咥人 凶 武人爲于大君"라고 합니다. 애꾸눈이 똑똑히 볼 수 있다고 생각하거나 절름발이가 똑바로 걸을 수 있다고 생각하는 것은 호랑이 꼬리를 바짝 뒤따라 걷다가 물리는 것처럼 틀림없이 위험하고 무서운 일입니다. 마치 주인을 위해 일하는 일개 보디가드가 별 볼일 없는 재주를 가지고도 자기 능력을 헤아리지 못한 채 꿈만 커서 무턱대고 뽐낸다면 틀림없이 자업자득이 되는 일과 같습니다. 육삼은 유가 강의 자리에 있어서 안으로 부드럽고 겉으로 강하거나 안으로 약하고 겉으로 강하기 때문에 본래 위험하고 무섭습니다. 그러나 구사는 마침 상반되는데, 효사는 "호랑이 꼬리를 밟아도 조심하고 조심하면 결국 길하다"라고 합니다. 호랑이 꼬리를 밟았다손 치더라도 경계하고 신중할 수만 있다면 여전히 길할 수 있습니다. 구사는 강이 유의 자리에 있어서 안으로 강하고 겉으로 부드럽습니다. 호랑이 꼬리를 밟았지만 유순함과 신중함을 유지하면 무사할 수 있습니다. 강유가 '길한 것을 따르고 흉한 것을 피하는' 요점과 적당하게 어울릴 수 있는지는 '때' 혹은 '자리'와 상관이 있습니다. 강유가 시위와 합당하게 어울리면 강유가 서로 돕는 작용을 드러낼 수 있습니다.

태괘泰卦☷☰ 위아래 사귀기

태괘는 땅과 하늘로 구성된 괘입니다. 땅을 상징하는 곤괘가 위에 있고 하늘을 상징하는 건괘가 아래에 있어서, 음기가 내려오고 양기가 올라갑니다. 음기와 양기가 서로 교차해서 밝고 확실한 쪽으로 향하지요. 조직의 리더가 안으로 강하고 겉으로 부드러운 처세 방침을 유지할 수 있다면 모든 일이 잘될 것이고 길할 수 있습니다. 육오가 높은 자리에 있고 성질이 부드러운데, 효사는 "제을이 누이동생을 시집보낸다. 이로써 복이 되고 아주 길하다帝乙歸妹 以祉元吉"라고 합니다. 중국 은나라 주왕紂王의 아버지 제을이 자기 딸을 자신의 아랫사람인 서쪽의 제후 희창姬昌에게 시집보냈습니다. 이것은 높은 신분을 낮추어 아랫사람과

강유론

207

사귀는 행위입니다. 육오와 구이가 바르게 대응해서 음양이 어울려 대단히 좋아지고 강유가 서로 돕는 국면을 창조합니다.

조직의 리더는 아랫사람의 의견을 존중해야 하며, 아랫사람이 앞일을 내다보고 하는 제의를 받아들여야 합니다. 아울러 격려해준다면 위아래에서 사귀는 관계가 생기는데, 이는 강유가 대응해서 합치는 국면입니다. 이런 상황은 초구와 육사, 구이와 육오, 구삼과 상륙 등 강유가 서로 돕는 3가지 관계에서 일어납니다. "조직이 밝고 확실한 국면에 도달하려면 반드시 강유가 전체적으로 서로 돕는 관계를 기초로 삼아야 한다"고 태괘는 제시합니다. 조직이 밝고 확실한 상황에서 육오의 리더가 유가 강의 자리에 있는 것처럼 부드러운 경영 방침을 시행한다면 상층과 하층이 모두 훌륭한 소통, 연계, 상호 지원 관계를 유지할 수 있습니다.

비괘否卦 ☰☷ 꽉 막혀 통하지 않음

태괘의 종괘는 비괘입니다. 태괘를 거꾸로 뒤집은 것이 비괘이지요. 하늘은 위에 있고 땅은 아래에 있기 때문에 양기가 올라가고 음기가 내려가 서로 등지고 멀어져 만나지 못하므로 꽉 막히는 것을 상징합니다. 조직의 리더는 아랫사람과 왕래하거나 소통하는 일이 없기 때문에 틀림없이 틈이 벌어지게 되고, 심지어 불화를 초래하게 되며, 조직 전체의 효율에 영향을 주게 됩니다. 강유가 모일 수 없는 것이 조직 활동의 비효율을 초래하는 주요 원인의 하나입니다. 지나치게 양강한 탓에 견제할 만한 음유의 요소가 없어 무턱대고 나아가는 행동으로 기울거나 반대로 지나치게 음유한 탓에 균형을 이룰 만한 양강의 요소가 없어 보수적인 쪽으로 기울기 쉽습니다.

어떤 조직이든 양강의 구성원과 음유의 구성원이 있게 마련입니다. 만약 합당하게 어울릴 수 없으면 조직의 활동이 이상적이지 못하게 되고 꽉 막혀서 통하지 않을 가능성이 생깁니다.

육효의 구조를 본다면 강유가 서로 돕는 관계가 3가지나 있다는 것을 알 수 있습니다. 하지만 태괘의 육효 구조와 꼭 상반됩니다. 강효 3개가 위쪽에 있고 유효 3개가 아래쪽에 있는 상황은 이것이 절대적인 강성 조직이라는 점을 반영합니다. 상층과 하층은 겉으로 연계되어 있지만 표면적인 강유 상응 관계이고, 강제적인 강유 관계이기 때문에 겉으로는 협력하지만 속으로는 불화하고 있습니다. 실제의 강유 관계는 상괘와 하괘 사이의 관계에만 반영되어 있습니다. 상괘는 양괘이기 때문에 양기가 올라가고, 하괘는 음괘이기 때문에 음기가 내려와서 등지고 멀어지는 현상을 드러냅니다. 조직이 비괘의 상황에 처해 있다면 개혁을 통해 조직의 꽉 막힌 상황을 돌파해야 합니다.

조직 전체의 상부 구조에 강한 성질이 지나치게 강해지면 부드러운 경영을 적당히 증가시켜야만 합니다. 하부 구조에도 강한 성질을 상대적으로 증가시켜 조직의 개혁을 촉진하기 편하도록 해주어야만 합니다. 상구를 상륙으로 바꾸어 상층의 부드러운 성질을 증가시키고 초륙과 육삼을 초구와 구삼으로 바꾸어 하층의 강한 성질을 증가시킨다면 비괘는 혁괘☰로 바뀌게 됩니다. 개혁을 거친 뒤 조직의 상황은 달라집니다. 구오를 육오로 바꾸어 고위 경영진의 부드러운 성질을 증가시키고 동시에 육이와 육삼을 구이와 구삼으로 고쳐 강한 성질을 증가시키는 것도 한 가지 방법입니다. 비괘는 정괘▦로 바뀌고, 혁신의 이미지가 생겨 꽉 막힌 상황이 풀릴 수도 있습니다.

동인괘同人卦▦ 어울리기
∷

동인괘는 음이 하나이고, 양이 다섯인 괘입니다. 육이는 괘 전체에서 유일한 음효인데, 음효가 음의 자리에 있기 때문에 제자리를 얻었습니다. 유순함을 상징하고 씩씩한 구오와 상응하기 때문에 겉으로는 강유가 서로 돕는 작용이 일어납니다. 하지만 육이 효사는 오히려 "피붙이끼리만 뭉친다. 인색하다"라고 합니다. 자신과 취향이 같거나 이해관계가 있는 사람하고만 사귄다면 교제의 범위가 좁아지는 일을 피하지 못합니다. 윗자리에 있는 구오와 사귀는 것은 상사의 비위를 맞춘다는 의심을 사게 됩니다. 교제의 범위를 넓혀야만 강유가 서로 돕는 효과를 거둘 수 있습니다.

동인괘에서 육효의 구조는 강성 조직을 과시합니다. 일반적으로 강성 조직의 구성원들은 쉽게 어울리지 못하는데, 이것도 동인괘가 내포하고 있는 의미입니다. 강성 조직의 리더는 구성원들 사이에서 공통점을 찾으려 하지 말고 차이를 있는 그대로 받아들여야 합니다. 그러면 구성원들의 차이가 '음과 양이 번갈아 바뀌는 것이 도'라는 태극의 발전 원칙에 부합하게 됩니다. '같은 것'은 새로운 형국을 만드는 데 불리하지만 '다른 것'은 다른 것들의 조합을 통해 발전의 원동력으로 작용할 수 있습니다.

대유괘大有卦䷍ 넘치지 않을 만큼만 채우기
∷

대유괘는 불과 하늘로 구성된 괘입니다. 불이 하늘에 있기 때문에 크게 얻는 것을 상징합니다. 역시 음이 하나, 양이 다섯인 괘입니다. 육오는 음유이면서 높은 자리에 있고 아울러 하괘의 씩씩한 구이와 상응하기 때문에 강유가 서로 돕는 효과를 얻을 수 있습니다. 구이는 양효가 음의 자리에 있기 때문에 씩씩한 기질도 있고, 겸손하고 상냥하며 유순한 기질도 있습니다. 그래서 상사의 깊은 신임을 받게 됩니다. 상사인 육오는 부드러우면서도 씩씩한 사람이기 때문에 따뜻하고 정성스럽게 남을 대합니다. 씩씩하고 위엄 있는 기백으로 아랫사람인 구이도 진심으로 따르게 만들 수 있습니다. 조직 구성원들은 강유가 합당하게 어울릴 수 있기 때문에 저절로 큰 수확을 거두게 됩니다. 리더인 육오는 유가 강의 자리에 있고 공식적인 권력을 가지고 있지만 경영 태도는 오히려 부드러운 쪽으로 치우쳐 있습니다. 부드러우면서도 씩씩하기 때문에 '크게 소유하는大有' 국면을 유지하는 데 유리합니다.

대유괘의 교효괘나 복괘는 쾌괘䷪입니다. '크게 소유하면서' 넘치지 않을 만큼 채우는 상황을 유지하려면 리더가 떳떳하고 공정하며 과감하게 결정을 내려야만 위신을 세울 수 있습니다. 상륙의 음효가 아래쪽에 강효 5개를 마주하고 있는 것은 상층에서 정당하지 않은 결정을 내렸을 때 조직 내부의 정의로운 구성원이 반대하거나 저지할 것이라는 점을 암시하고 있습니다.

겸괘謙卦 ䷎ 부드러운 겸손

겸괘는 땅과 산으로 구성된 괘입니다. 땅이 높고 산이 낮지요. 산은 본디 땅 위에 솟아 있는데 지금은 오히려 땅보다 낮습니다. 이런 현상은 겸허함을 상징합니다. 육효에서 구삼만 강효이고 강이 양의 자리에 있기 때문에 정위를 얻었습니다. 아울러 상륙과 상응해 조직의 뼈대가 되는 인재입니다. 구삼은 양강 유형이지만 오히려 육오의 리더 위치에 있지 않고, 조직에 공로가 있지만 겸허한 태도를 유지하기 때문에 조직 구성원 전체가 아낍니다. 리더 육오는 음이 양의 자리에 있기 때문에 비록 당위는 아니지만 유중 정책을 취해서 조화로운 분위기를 만들고 조직 구성원들의 옹호를 받습니다. 조직 전체가 부드러운 구조로 기울었는데, 이것은 음이 다섯이고 양이 하나인 육효를 통해 알아차릴 수 있습니다.

경영 방식이 부드럽기 때문에 사람을 대하고 일을 처리하는 태도가 매우 겸허한 조직 구성원이 많습니다. 만약 마음에서 우러난 것이라면 저절로 조직에 유리할 것이고, 그렇지 않다면 지나친 겸손에 '가식적인' 요소가 끼어들어 오히려 조직에 불리할 것입니다. 따라서 '겸손'도 정도가 알맞아야 합니다. 겸손이 적거나 겸손이 많은 것은 모두 적합하지 않습니다.

만약 겸괘의 상황에서 조직이 갑자기 강한 세력을 가진 리더인 구오로 바뀐다면 건괘로 바뀐 셈이 되고, 직원들 사이의 모순과 충돌이 나날이 증가하게 됩니다. 왜냐하면 원래 사이가 좋던 조직 문화가 더 강한 성질의 다른 문화로 바뀌었기 때문에 조직 구성원들 사이에 마찰과 충돌이 발생하기 쉬워지고, 인사 문제에서 불화의 위험을 조직 내부로 가져오게 됩니다. 상사인 구오와 아랫사람이 모두 양강에 속하므로 충돌이 발생하고 어려움이 증가하기 쉽습니다.

예괘豫卦䷏ 온순함

예괘는 우레와 땅으로 구성된 괘입니다. 우레가 땅 위에 있습니다. 봄철의 우레는 만물에 생기를 불어넣고 대지를 깨어나게 만들기 때문에 기쁨과 즐거움을 상징합니다. 예괘는 겸괘처럼 음이 다섯이고 양이 하나인 괘이기 때문에 역시 부드러운 구조의 조직이고 구사 강효의 위치가 겸괘의 구삼과 다를 뿐입니다. 하지만 예괘의 구사는 겸괘의 구삼보다 더 유리합니다. 한쪽으로는 리더인 육오에 가깝기 때문에 자신의 의견을 펼치기가 수월하고 리더의 신임을 얻기도 쉽습니다. 다른 한쪽으로는 조직의 각 계층과 유화적인 관계를 이루어나가기가 더 쉽지요. 리더인 육오의 음은 양의 자리에 있습니다. 자리가 비록 높지만 성격이 유화적이기 때문에 '유중' 정책은 조직 전체의 조화로운 분위기를 형성하는 데 도움이 됩니다. 하지만 리더가 음유 유형에 속하고 아랫사람인 구사가 양강 유형에 속하기 때문에 좋은 쪽으로는 리더를 도와 적극성을 끌어올릴 수 있지만 나쁜 쪽으로는 직간접적으로 리더의 결정에 영향을 끼칠 가능성이 있고 리더를 앞지를 염려가 있습니다. 구사는 강이유의 자리에 있기 때문에 비록 실위이지만 여전히 강유가 중화하는 작용이 있어서 구사가 지나치게 강해 윗사람을 깔보는 지경에까지 이르지는 않습니다.

만약 구사를 끌어올려 육오를 대체하면 예괘는 비比괘☷☷로 변합니다. 새로운 구오의 강한 세력이 이끌기 때문에 조직 전체는 여전히 서로 친밀하고 조화로운 상황을 유지할 수 있습니다. 다른 사람이 육오를 대체하도록 하는 것도 한 가지 방법입니다. 양강의 성질이 더 강한 구오의 리더십을 바꾸면 한쪽으로는 구사를 따르게 할 수 있고 다른 한쪽으로는 아랫사람인 육이와도 상응할 수 있기 때문에 강유가 상호 보완하는 유리함을 얻게 됩니다. 이런 상황은 바로 예괘에서 췌괘☷☷로 변한 것이며, 조직 구성원들을 응집하게 만드는 작용을 강화시킵니다.

수괘隨卦☷☷ 적응하기
∷

수괘는 연못과 우레로 구성된 괘입니다. 상괘가 연못이고, 하괘가 우레입니다. 연못의 물속에 우레가 있기 때문에 우렛소리가 연못에서 울리고, 연못의 물은 우렛소리를 따라 울립니다. 그래서 따라다니며 순응하는 현상이 생깁니다. '따르는' 것에는 다른 시공간에 적응한다는 뜻이 있고 이는 창의성을 강조합니다. 어떤 조직의 활동이든 집단의 활동이기 때문에 사람들 사이에 서로 뒤따르는 행위가 생깁니다. 그러나 뒤따르는 행위에는 원칙이 있어야 합니다. 예를 들어 정당한 쪽을 뒤따르는 일 같은 것이지요. 뒤따르는 행위도 특수한 동기나 전략을 가지고 행해야 목적에 도달할 수 있을 것입니다.

초구 강효는 육이 유효 아래에 있습니다. 만약 초구가 육이의 지시에 순종할 수 있다면 둘 사이는 무사할 테지만, 반대로 초구가 육이에 순종하지 않는다면 틀림없이 충돌이 일어나 조직의 화합에 영향을 끼칠 것입니다. 구사와 구오는 양강이 서로 만났기 때문에 충돌이 일어나기 쉽습니다. 하지만 구사는 강이 유의 자리에 있기 때문에 만약 유의 자리가 가진 성질로 양강의 성질을 누르고 상사인 구오에 적응한다면 둘의 관계는 화합을 유지할 수 있습니다. 리더가 만약 구사에게 샘을 낸다면 둘의 관계에 영향을 줄 수 있습니다. 만약 구오가 부드러운 육사로 구사를 대체하려고 하면 수괘는 준괘☳가 됩니다. 하지만 이런 새로운 상황이 꼭 유리한 것도 아니지요. 왜냐하면 개척하려고 할 때 지장이 있기 때문입니다. 이런 상황에서는 여전히 구사를 유지하는 것이 가장 좋습니다. 구오와 육이는 강유가 서로 돕는 작용이 있기 때문에 리더와 아랫사람이 훌륭한 협력 관계를 통해 조직의 발전을 유리하게 이끌어갈 수 있습니다.

고괘蠱卦☶ 부패 척결

고괘는 산과 바람으로 구성된 괘입니다. 산 위에 올라가면 바람이 불지만 바람은 산 아래에 있습니다. 바람은 본디 공기를 막힘없이 흘러 통하게 하는 작용을 하지만 중간에 가로막혀 산기슭까지만 불기 때문에 음양이 조화를 잃고 산 위의 풀이며 나무에 곰팡이가 피고 썩어서 벌레가 생기게 됩니다. 이는 조직에 부패 현상이 생기는 일을 상징합니다. 상괘의 산은 겉으로 산처럼 견고한 조직을 상징하기도 하지만 바람처럼 유연한 하괘의 바람을 토대로 세웠기 때문에 토대가 썩어서 상부의 건물이 언제라도 무너질 수 있는 위험을 상징하기도 합니다. 조직의 리더 육오는 음이 양의 자리에 있으면서 유중의 방법을 시행하고 아랫사람 구이의 강중과 상응하기 때문에 아랫사람의 도움을 받아 부패를 없애고 기울어가는 사업을 구하기에 유리합니다. 하지만 리더의 부드러운 정책이 국면을 돌이킬 수 있는지 없는지가 문제의 핵심입니다. 만약 고심한 끝에 강성 정책을 취해야만 형세를 바꿀 수 있다는 결론을 얻었다면 강하게 나가야 합니다. 육오를 구오로 바꾸면 고괘는 바람 둘로 이루어진 손괘☴로 바뀝니다. 리더가 강중의 정책을 시행하면 바람이 맑고 새로운 기운을 가져오듯 새로운 태도나 경향은 부패의 바람을 없앨 수 있습니다.

임괘臨卦☷ 경영 방식

임괘는 땅과 연못으로 구성된 괘입니다. 상괘가 땅이고 하괘가 연못이기 때문에 연못 위에 땅이 있는 셈입니다. 땅이 높고 연못이 낮기 때문에 높은 데서 아래를 굽어보는 이미지가 있습니다. 이는 리더가 높은 곳에서 조직 전체를 경영하는 것을 상징합니다. 임괘는 음이 넷, 양이 둘인 괘입니다. 양강에는 올라가는 기세가 있습니다. 초구와 육사, 구이와 육오가 강유 상응의 관계를 가지고 있는 육효의 구조는 조직 내부에서 강유가 서로 돕는 훌륭한 형국을 이룰 수 있습니다. 리더인 육오는 유중의 정책을 취하는데, 오히려 양강을 가진 하층의 지지를 얻기 때문에 상층 직원인 육사도 아랫사람인 초구와 훌륭하게 협력합니다.

만약 조직에서 더 강한 세력을 띤 리더십 방식을 취한다면, 곧 육오를 구오로 바꾼다면 조직 내부의 상황은 임괘에서 절괘☲로 바뀝니다. 리더십이 강하면 조직 내부의 자발적인 협력 관계는 좀 약해지고 구오와 구이는 충돌을 일으킬 수도 있습니다. 육사와 초구라면 여전히 강유가 상호 보완하는 관계를 유지할 것입니다. 조직에 지나친 확장 현상이 나타날 때 강한 세력을 띤 리더십으로 이를 재정비하는 일이 필요합니다. 조직의 규모를 줄여서 지나친 지출을 막는 현상이 바로 절괘의 이미지입니다.

관괘觀卦☴ 상황 살펴보기
∷

임괘의 종괘는 관괘입니다. 위쪽이 바람이고 아래쪽이 땅이라서 바람이 땅 위에 붑니다. 관찰과 감찰을 상징합니다. 임괘는 음이 넷, 양이 둘인 괘이며, 양기가 올라가는 기세입니다. 관괘도 음이 넷이고 양이 둘인 괘이지만 강효 둘이 아래에 있지 않고 위에 있기 때문에 음효 넷이 올라가는 기세입니다. 리더인 구오는 늘 내부 조직을 살펴보아야 합니다. 만약 바르지 못한 태도(음기)가 널리 퍼지기 시작하는 것을 발견하면 즉시 제지해 조직 전체에 영향을 끼치지 못하도록 해야 합니다. 구오의 양은 양의 자리에 있는 동시에 상괘의 한가운데 있기 때문에 씩씩하고 굳세며 공정합니다. 사람을 대하고 일을 처리할 때 조직 구성원들의 모범이 되겠지요. 구오도 아랫사람인 육이의 도움을 얻어 상황을 살피기에 유리합니다. 상구와 육사의 상응은 상층 직원과 중층 직원 사이의 상호 협력도 나타냅니다.

만약 리더가 강중의 방식에서 유중의 방식으로 바꾼다면, 곧 구오를 육오로 바꾼다면 관괘는 박괘▦가 되기 때문에 조직 전체에 부드러운 성향이 강화되고, 살피는 일은 아마 좀 느슨해질 것입니다. 박괘는 관괘에서 위아래가 어울리는 상황처럼 그리 좋지는 못합니다.

서합괘噬嗑卦▦ 장애 없애기

서합괘는 불과 우레로 구성된 괘입니다. 상괘가 불이고 하괘가 우레이며, 천둥 번개가 교차하는 상황을 상징합니다. 괘상을 보면 상구 강효는 사람의 위턱과 같고, 초구 강효는 아래턱과 같습니다. 육이와 육삼, 육오는 이빨 같고, 구사는 입안에 머금은 음식 같습니다. 서噬는 '물다', 합嗑은 '다물다'라는 뜻이기 때문에 서합은 이로 꽉 깨무는 것입니다. 괘상이 벌린 입이기 때문에 입안에 있는 것을 이로 씹어 부순 뒤라야 턱을 다물 수 있습니다. 입안에 머금은 음식인 구사는 조직이 부딪힌 장애를 상징합니다. 반드시 상구와 초구의 강효처럼 강한 수단을 써야만 구사 같은 장애를 없앨 수 있습니다. 조직의 장애를 없애는 행동은 꼭 우레처럼 용맹해야 하고 번개처럼 밝아야만 강유가 서로 도와 효과적일 수 있습니다. 리더 육오는 유가 강의 자리에 있으면서 유중을 시행하기 때문에 안으로 부드럽고 겉으로 강하며 너그러움과 맹렬함이 서로 도와 장애를 없앱니다. 만약 리더십의 방식을 강한 쪽으로 바꾼다면, 곧 육오를 구오로 바꾸어서 강중을 시행한다면 서합괘는 무망괘▤로 바뀝니다. 강한 리더라면 조직 구성원들에게 엄격한 명문 규정을 적용할 것이기 때문에 구성원들이 조직에 피해를 주는 어떤 행위도 함부로 할 수 없게 됩니다.

비괘賁卦▤ 알맞게 꾸미기
::

서합괘의 종괘는 비괘입니다. 상괘가 산이고 하괘가 불이기 때문에 산 아래에 불이 있습니다. 산 아래에 있는 불빛은 산 위의 풀과 나무를 밝게 비추어 아름답게 꾸며줍니다. 비는 꾸민다는 뜻으로서 문식文飾, 장식裝飾, 수식修飾, 윤식潤飾 등을 포함합니다. 정부나 공공 기관, 기업, 교육 기관을 포함한 모든 기관은 대외적인 공공의 이미지를 중시하기 때문에 꾸미는 업무를 피할 수 없습니다. 만약 기관의 서비스 효율이 높거나 기업의 제품과 서비스 질이 우수하더라도 대중이나 소비자에게 알려지지 않으면 외부와 유효하게 소통할 수 없기 때문에 조직의 대외적인 이미지에 별다른 영향을 끼치지 못하게 됩니다. 어떤 조직이든 대외적인 이미지는 꾸밀 필요가 있습니다. 하지만 꾸미는 일에도 한계는 있게 마련이라서 지나치거나 겉만 번지르르하게 꾸민다면 오히려 잘해 보려다가 망치는 꼴이 됩니다. 비괘의 내괘는 이괘로서 조직이 밝게 변할 필요가 있음을 나타냅니다. 하지만 외괘인 간괘도 적당하면 멈춘다는 뜻을 포함하고 있기 때문에 꾸미는 작업도 알맞은 것이 좋습니다. 이괘는 유이고 간괘는 강인 데다가 육사와 초구도 상응하기 때문에 비괘는 강유가 서로 도와서 균형에 도달하는 내재적 성질을 가지고 있습니다. 알맞음은 강유가 균형을 이룬다는 함의가 있습니다.

박괘剝卦▤ 망가짐을 막고 터다지기
∷

박괘는 산과 땅으로 구성된 괘입니다. 위에 산이 있고 아래에 땅이 있기 때문에 산이 땅에 붙어 있습니다. 땅이 점점 높아져 높은 산을 깎아 내리는 이미지이지요. 박괘는 음이 다섯이고 양이 하나인 괘입니다. 음기가 점점 늘고 양기가 점점 줄어드는 이미지입니다. 음기는 조직 안의 바르지 않은 기운이 널리 퍼지는 추세를 나타냅니다. 바른 기운이 약해지는 상황에 처한 조직의 리더는 과감한 결정을 내려서 열악한 국면에 대처해야만 합니다. 현재는 부드러운 리더십을 발휘하기 때문에 조직 전체에 양강의 기운이 없는 것처럼 보입니다. 이것은 유가 음의 자리에 있는 육오에서 알아챌 수 있습니다.

만약 강한 리더십 방식이 된다면, 곧 육오를 구오로 바꾸어서 박괘가 관괘▤가 된다면 리더와 아랫사람의 관계는 강화됩니다. 이에 상사는 아랫사람의 상황을 이해하고 가르쳐서 조직의 규칙을 따르게 만듭니다. 아랫사람도 강한 세력의 리더십 덕분에 규정과 규율을 중시하게 됩니다. 만약 육삼을 구삼처럼 양강 유형의 아랫사람으로 바꾼다면 박괘는 점괘䷁로 바뀌게 됩니다. 그러면 조직 분위기에 영향을 주어서 조직 내 바르지 못한 분위기를 점점 개선할 수 있습니다. 만약 형세를 즉시 바꾸려고 한다면 조직의 전면에 추진력이 강한 경영진을 배치하고, 아랫사람도 초구와 구이, 구삼, 구사처럼 강한 인물로 바꾸어야 합니다. 그러면 박괘는 대유괘䷍로 바뀌지만 아마 양강이 지나치게 왕성해서 조직의 내부적 조화에 영향을 끼칠 것입니다.

복괘復卦䷗ 바른길로 되돌아가기

복괘는 땅과 우레로 구성된 괘입니다. 상괘가 땅이고 하괘가 우레이기 때문에 우레가 땅속에 있거나 대지에 숨어 있습니다. 양기는 마침 힘을 모으고 바른 기운을 기르며 힘을 축적해서 바른길로 돌아올 준비를 하고 있습니다. 여기서 이야기하는 '바른길'은 음이 극에 달하면 양이 나오고, 양이 극에 달하면 음이 나오는 순환 법칙처럼 사물이 발전하는 과정에 본디 내재되어 있는 자연법칙을 가리킵니다. 바른길은 사물이 발전하는 자연의 궤도를 말합니다. 복괘는 음이 다섯이고 양이 하나인 괘이지만 양효가 아래에 있기 때문에 위쪽으로 발전하는 추세를 나타냅니다. 음이 극에 달하면 양이 생기고 순환하면서 변동하는 자연스러운 추세입니다. 만약 인위적인 힘이 순환의 궤도를 멀리하고 '바르지 않은' 길을 걷는다면 저절로 불리해지게 마련입니다. 하지만 억지로 바르지 않은 길을 가는 인위적인 힘은 오랫동안 유지될 수 없으며, 사물의 발전은 조만간 바른길의 궤도로 돌아오게 됩니다.

강유론

조직의 리더는 자연의 순환이라는 이치를 이해해야만 잘못된 방향을 제때 조정하고 순환의 자연스러운 추세에 순응하며 바른길로 다시 돌아와 자원의 낭비를 피할 수 있습니다. 전문적인 제품을 생산하던 중소기업을 예로 들어보지요. 성공을 거둔 이 기업은 자신의 주력 상품이 아닌 다른 제품을 개발했지만 강력한 경쟁과 불리한 형세 때문에 경영을 계속할 수 없는 처지가 되었습니다. 결국 막대한 손실을 입게 되었지요. 만약 신제품을 제때 포기하고 성공을 거둔 기존의 제품을 개발하는 데 자원을 다시 집중했다면 바른길로 돌아올 수 있었을 것입니다. 조직의 발전은 신중해야만 합니다. 만약 잘못된 방향을 발견하면 제때 조정해서 발목이 잡히거나 나락으로 떨어지는 일을 피해야 합니다.

음효 5개는 조직이 직면하고 있는 좋지 않은 제도와 경영 방식을 나타낼 수도 있습니다. 초구는 개혁의 초보적인 단계를 나타내며 개혁 목표는 좋지 않은 제도를 없애는 데 있습니다. 개혁 작업은 차근차근 추진해야 하고 관련된 준비가 필요합니다. 초구와 육사가 상응하는 것은 초보적인 회복 단계의 내부 조직에서는 위아래가 협력하는 관계, 곧 강유가 서로 돕는 관계가 필요하며 그래야만 회복 작업에 유리하다는 점을 나타냅니다.

복괘는 준괘䷂와 비슷한 점이 있습니다. 복괘와 준괘는 모두 준비 작업이 중요하다는 점을 강조하지만 시공간이 좀 다릅니다. 복괘의 준비 작업은 자연스러운 순환의 초기 단계이지만 준괘가 이야기하는 준비 작업은 사물이 발전할 때 새로 시작하는 시간입니다. 2가지의 성질은 분명 다릅니다. 복괘의 높은 자리는 육오이고 유가 강의 자리에 있기 때문에 부드러운 경영 방식 쪽입니다. 만약 강한 경영 방식이 더 적합하다고 생각한다면 구오를 육오로 대체할 수 있고, 이때 경영 방식은 복괘에서 준괘로 바뀝니다. 구오와 육이는 강유가 서로 돕는 관계를 형성하기 때문에 준비 작업에 더 유리합니다.

무망괘无妄卦䷘ 바른 것을 지키고 어지럽히지 않기

무망괘는 하늘과 우레로 구성된 괘입니다. 위쪽이 건괘이고 아래쪽이 진괘입니다. 우렛소리는 천하에 울려퍼지는 강한 위력을 가지고 있습니다. 만물을 벌벌 떨게 만들고 함부로 행동하지 못하게 합니다. 무망은 함부로 행동하지 않고 닥치는 대로 받아들이거나 제멋대로 판단하지 않는다는 뜻입니다. 이밖에 무망에는 비현실적인 상상을 하지 않고 객관적인 사실에서 진리를 찾는다는 뜻도 있습니다. 수확과 농사일은 긍정적인 관계입니다. 노력한 만큼 대가를 받게 마련이지요. 불로소득은 허황된 생각이고 실제에 부합하지도 않습니다. 함부로 행동하지 않으면 유리하게 마련이라서 무망괘 괘사는 '원元' '형亨' '이利' '정貞'을 포함하고 있습니다. 건괘의 괘사와 마찬가지로 함부로 행동하지 않고 올바름을 지키는 일이 중요하다는 점을 알 수 있습니다.

하지만 함부로 행동하지 않는다고 해서 '재앙'이 없다고 할 수는 없습니다. 왜냐하면 예견할 수 없는 여러 요소가 함부로 행동하지 않아도 재앙을 가져올 수 있기 때문입니다. 이치대로라면 바른 도리에 따른 행동은 '위험과 무서움'이 없습니다. 하지만 때가 좋지 않고 공간이 잘못되면 함부로 행동하지 않아도 함부로 행동한 것처럼 바뀌게 될 것입니다.

강유론

무망괘의 높은 자리는 구오이고, 강한 경영 방식을 상징합니다. 아울러 아랫사람 육이와 상응하기 때문에 서로 협력하고, 강유가 서로 돕는 작용이 생깁니다. 이밖에 육삼과 상구도 상응하는데, 위아래가 적당히 어울리면 함부로 행동하지 않을 수 있음을 암시합니다.

대축괘大畜卦☲ 축적하기
∷

함부로 행동하지 않는다면 수확물이 생기고 힘을 축적하게 마련입니다. 그래서 무망괘☰의 종괘는 대축괘입니다. 하늘이 산속에 있다는 것은 거대한 힘을 축적했음을 상징합니다. 하괘가 건괘, 상괘가 간괘인데, 양강이 나아가려고 노력하는 데 급급해서 억압받는 현상을 나타냅니다. 힘을 축적하고 적당한 때를 기다려서 드러내야 무턱대고 돌진해서 생기는 위험을 피하기 좋다는 말입니다.

산과 하늘의 괘상은 강유가 서로 돕는 의미를 가리킵니다. 이밖에 "수레에서 굴대가 벗겨진다輿說輹"라는 구이 효사는 수레에서 굴대가 벗겨져 움직이지 못하고 정지하는 상황을 상징합니다. 이것도 양강(구)의 '전진'이 음유(이)의 '억제'를 받았기 때문에 중도의 작용이 생깁니다. 마찬가지로 "불깐 수퇘지의 어금니다. 길하다豶豕之牙 吉"라는 육오 효사의 함축적 의미는 수퇘지의 불알을 까는 음유의 방법(육)으로 강하고 날카로운(오) 어금니가 사람을 다치게 하는 일을 피한다는 것입니다. 여기서도 강유가 서로 돕는 중도의 작용이 생깁니다. 구이와 육오의 상응은 부드럽게 경영해서 강유가 서로 돕는 관계를 설명하는 것이기도 합니다.

　힘을 축적하는 것은 미래의 발전을 위해서입니다. 하지만 지나친 축적은 발전에 불리할 수도 있습니다. 왜냐하면 행동을 취해 발전할 수 있는 기회를 놓칠 수도 있기 때문입니다. 축적은 언제 축적해야 하고 언제 축적하지 말아야 하는지, 곧 나아갈 때를 알고 멈출 때를 안다는 2가지 뜻을 포함하고 있습니다.

　만약 리더가 음유 유형인 육오에서 양강 유형인 구오로 바뀐다면 조직의 구조는 대축괘에서 소축괘▤로 바뀌게 됩니다. 음이 다섯이고 양이 하나인 상황에서 조직의 강한 성질이 지나치게 강해지는 것을 피하기 위해서 구오를 보조하는 행정 직원인 구사는 여전히 부드러운 게 적합합니다.

이괘頤卦▤ 강한 것으로 부드러운 것 돕기
::

이괘의 괘상은 마치 벌린 입과 같습니다. 위아래의 양효 2개는 위턱과 아래턱을 상징하고, 가운데 있는 음효 4개는 마치 윗니와 아랫니 같습니다. 음식은 가운데로 들어오기 때문에 입은 '기른다'는 뜻을 가지고 있지요. 자신의 노력으로 음식을 얻어 자신을 먹여 살리기도 해야 하지만 자신이 잘 먹고 잘 살려면 음식을 절제할 줄도 알아야 합니다. 그렇지 못하면 남의 도움을 받아야 합니다. 상괘는 산이고 하괘는 우레인데, 산으로 우레의 진동을 제지합니다. 고요함으로 움직임을 멈추는 것이기 때문에 소중한 음식을 함부로 허비하지 말아야 합니다. 음식은 조직에서 자원을 가리킵니다. 강유가 서로 도와야 한다는 필요성이 괘상에 숨어 있습니다. 이괘는 양이 둘이고 음이 넷인 괘입니다. 가운데 있는 음효에는 조화롭게 만들고 지지하는 양강이 없습니다. 육이는 유가 음의 자리에 있지만 유가 양의 자리에 있는 육오와 상응하지 않기 때문에 강유가 서로 돕는 작용을 일으키지 못합니다. 육이와 육오는 실력이 없는, 곧 양강의 도움이 없는 상황이기 때문에 양강이 풍부한 적극적인 직원을 내부적으로 임용해서 조직을 발전시킬 추진력(하괘의 초구 강효)으로 삼아야만 합니다. 이와 동시에 외부의 유능한 조직이나 유력 인사의 지원도 쟁취할 필요가 있습니다. 그러면 조직은 생존하고 발전할 수 있습니다. 초구와 상구의 강효는 가운데 있는 음효 4개에 강한 것으로 부드러운 것을 돕는 작용을 합니다.

대과괘大過卦 ䷛ 강중이 지나치게 왕성하다

이괘를 뒤집은 괘가 바로 대과괘입니다. 음이 둘이고 양이 넷인 괘이며 가운데 양효 4개가 있는 구조는 강중이 지나치게 왕성함을 반영합니다. 양쪽 끄트머리에 있는 음효는 양효와 비교할 때 너무 유약합니다. 양은 큰 것을 나타내고 음은 작은 것을 나타냅니다. 양효가 지나치게 많으면 '큰 잘못'으로 변하게 마련입니다. 상괘는 연못이고, 하괘는 나무입니다. 손괘는 바람을 나타낼 수도 있고 나무를 나타낼 수도 있지요. 호수에 나무가 완전히 잠긴 것은 큰 잘못이 있는 현상을 상징하기도 합니다. 조직의 위아래 양쪽이 약하고 가운데 양강이 지나치게 왕성한 상황은 마치 건물의 마룻대와 들보 양쪽의 끄트머리가 부담을 이겨내지 못하고 무너질 걱정이 생기는 것과 같습니다. 만약 조직의 리더가 양강의 성질이 너무 강하면 지나치게 자신만만하게 되고, 성과에 조급해서 무턱대고 돌진하게 되며, 고집스럽게 자기만 옳다고 여겨서 독단적이게 되기 때문에 극단으로 흐르기 쉽습니다. 구오는 리더를 나타내는데, 양이 양의 자리에 있기 때문에 지나치게 양강해서 구이와 상응하지 못합니다. 음유의 도움이 없어서 음양이 조화를 이루지 못하는 일이 발생하고, 강유가 균형을 이루지 못하기 때문에 조직 발전에 안정성이 없습니다. 초륙과 구사, 상륙과 구삼은 비록 강유가 서로 돕는 작용을 하지만 아직도 힘이 없습니다. 이때 구오가 육오로 바뀌면 대과괘는 항괘☳☴로 바뀝니다. 리더 육오는 유중 방식을 시행하고 구이와 상응하기 때문에 조직의 안정성은 더 지속됩니다.

감괘坎卦☵☵ 강중이 굽히지 않는다
☵☵

감은 빠진다는 뜻이며 위험하고 무서운 것을 나타내기도 합니다. 감괘의 상괘는 감괘이고 하괘도 감괘입니다. 겹겹으로 싸인 함정을 상징합니다. 감괘는 물을 나타내는데 물도 위험을 나타냅니다. 노자는 "가장 좋은 것은 물과 같다上善若水"라는 말로 자연에 양분을 공급하는 물의 미덕을 찬미했지만, 물은 배를 띄울 수도 있고 뒤집을 수도 있습니다. 손자는 "물은 고정된 꼴이 없다水無常形"라고 했습니다. 물의 변화는 재난 피해를 끌어들일 수도 있습니다. 건괘와 곤괘처럼 감괘는 팔괘의 하나입니다. 괘효의 구조는 음양이 서로 합치거나 강유가 서로 돕는 상황이 없습니다. 만약 조직에 위아래가 상응하는 관계가 없다면 돕는 힘이 없고 위험 요소가 증가한다는 점을 암시합니다. 만약 구오와 육사를 서로 바꾼다면, 곧 구오를 육오로 바꾸고 육사를 구사로 바꾼다면 감괘는 해괘䷧가 됩니다. 강유가 서로 돕는 육오와 구이는 어려운 문제를 해결하는 데 도움이 됩니다. 만약 구이를 육이로 바꾼다면 비괘䷇가 됩니다. 구오가 육이의 도움과 협조를 얻고 꾀를 내서 위험한 지경에서 벗어납니다. 조직이 겹겹이 싸인 어려운 상황에 빠졌을 때 리더는 결코 굴하지 않는 용기와 어려움을 극복하려는 끈기를 유지하며 역경에 대처해야 합니다. 이때 변화에도 놀라지 않고 힘을 축적하며 확고한 입장을 가지고 때를 기다려 포위망을 뚫어야 합니다. 상괘의 구오와 하괘의 구이는 모두 강효입니다. 그리고 위험을 상징하는 음효 속에 있기 때문에 '강중'이 어려운 지경에 처해 있다는 것을 의미합니다.

이괘離卦䷝ 유중이 의존한다

∷

이괘는 감괘의 착괘입니다. 상괘와 하괘가 모두 이괘인데, 불이나 빛을 나타냅니다. 이괘가 거듭된 이괘는 하늘에 붙어 있는 해나 달처럼 '아주 밝은' 것을 상징합니다. 왜냐하면 불은 연소되는 물체에 붙어 있는 것이기 때문입니다. 그래서 이괘는 붙어 있다는 함의도 있습니다. 이괘는 양이 넷, 음이 둘인 괘입니다. 위아래와 가운데가 모두 강효이기 때문에 강이 많고 유가 적은 상황을 나타냅니다. 이괘의 육이와 육오는 모두 유효인데, 위쪽과 아래쪽은 모두 강효입니다. 이괘는 감괘가 강조한 '강중'과 상반되게 '유중'을 강조합니다. 조직의 리더는 사람 노릇이나 일처리에서 공명정대한 양강의 성품도 있어야 하지만 유순한 방식으로 도와서 지나치게 강하거나 극단적인 것을 피할 필요도 있습니다. 조직의 리더는 사람과 조직 사이의 상호 의존 관계를 중시하고 서로 보완하는 관계를 형성해야만 조직에 눈부신 발전을 가져올 수 있습니다.

함괘咸卦 ䷞ 상호감응

함괘는 연못과 산으로 구성된 괘입니다. 연못은 유화적이고 온순하다는 것을 나타내고 산은 양강을 나타내는데, 유가 위에 있고 강이 아래에 있는 이미지입니다. 양기는 올라가고 음기는 내려오기 때문에 강유가 서로 돕는 꼴을 형성합니다. 육이와 구오, 구삼과 상륙도 강유가 대응하는 관계를 가지고 있습니다. 교류 관계를 강조하는 것이 감괘의 중요한 뜻입니다. 교류 관계의 효과는 양쪽이 가지고 있는 태도와 방식에 따라 다르게 나타나지요. 만약 한쪽이 강하고 다른 쪽이 부드럽다면 교감이 생깁니다. 양쪽이 모두 강하다면 마찰하는 관계를 초래하기 쉽고 교감이 생기기 아주 어렵습니다. 양쪽이 모두 부드럽다면 표면적인 마찰은 피할 수 있어도 소통과 감응이 더 느리기 때문에 공감을 달성하려면 아마 많은 노력과 시간을 들여야 할 것입니다. 하지만 강유의 대응 관계가 있다손 치더라도 진정으로 교감할지의 여부는 양쪽이 성의를 가지고 있는지를 보고 결정해야만 합니다. 그래야만 표면적인 교감으로

강유론

흐르지 않게 됩니다.

항괘恒卦䷟ 지속하기
::

항괘의 상괘는 우레이고, 하괘는 바람입니다. 우레와 바람이 마구 뒤흔드는 것은 강유가 서로 돕는, 영원히 변치 않는 이치임을 상징합니다. 사물의 발전에는 영원한 순환 법칙이 있습니다. 이것은 마치 해와 달의 운행이나 계절의 변화와 같습니다. 운행 법칙이 영원히 변치 않는 것처럼 강유의 관계도 마찬가지입니다. 강함만 있고 부드러움이 없거나 부드러움만 있고 강함이 없다면 영원한 관계가 아닙니다. 한쪽으로만 기운다면 결국 다른 쪽으로 가버릴 가능성을 초래하게 마련이지요. 강유가 적당하게 어울려야만 영원한 균형 관계를 유지할 수 있습니다. 육오에서 음이 양의 자리에 있고 구이에서 양이 음의 자리에 있기 때문에 비록 제자리를 잃었지만 음양이 조화를 이루거나 강유가 서로 돕는 작용을 합니다. 육오와 구이의 상응은 강유가 서로 돕는 작용을 더욱 증가시켜야 합니다.

　오랫동안 변치 않는 마음恒心도 강유 관계처럼 적당한 어울림이 필요합니다. 어려움을 뚫고 나아갈 때 양강의 배짱과 용기가 필요하고, 발전하는 초기에도 음유의 끈기가 필요합니다. 강유는 다른 때, 다른 자리에서 다른 작용을 드러냅니다.

돈괘遯卦☰☶ 물러날 때 판단하기

돈괘는 하늘과 산으로 구성된 괘입니다. 위쪽이 건괘이고, 아래쪽이 간괘이지요. 산이 하늘 아래에 있어서 둘의 거리가 멉니다. 그래서 서로 붙지 않기 때문에 물러나 피하는 행동을 상징합니다. 조직의 리더 구오에게 '물러남'은 리더십의 지혜입니다. 형편이 불리할 때도 뽐내면서 전진한다면 위험하고 무서운 일에 부딪힐 가능성이 있습니다. 적당한 때에 후퇴해서 자기 실력을 보존하고 무리하게 대들지 않으며 기회를 보아 다시 전진해도 늦지 않습니다. 전진할 때를 알고 물러날 때를 아는 사람이 엘리트입니다. '물러남'은 가장 높은 경지에 오른 '부드러움의 예술柔術'이라고 할 수 있습니다.

리더는 구오이기 때문에 강이 강의 자리에 있고 양강의 성질이 강합니다. 적극적이고 진취적인 성질이 풍부하지만 시위를 잘못 판단할 가능성이나 무턱대고 전진하다가 위험을 만날 가능성이 있습니다. 그러나 아랫사람인 육이는 음유 유형이기 때문에 신중하고 깊은 꾀가 있고 미래를 내다보는 혜안이 있습니다. 구오에게 상반된 의견을 제시하지만 부드러움으로 강한 것을 돕는 억제 작용도 가지고 있습니다. 상괘인 건괘는 하늘이며 '전진'을 나타내고, 하괘인 간괘는 산이며 '멈춤'을 나타냅니다. 양강인 리더 구오는 급하게 전진한 탓에 범할지도 모르는 잘못을 신중한 아랫사람 육이와 어울림으로써 피할 수 있습니다.

대장괘大壯卦䷡䷡ 뽐내기를 자제하기

대장괘는 우레와 하늘로 구성된 괘이고, 돈괘의 종괘입니다. 우레가 하늘에 있는 것은 강성하고 강대한 것을 상징합니다. 괘 전체는 유가 둘이고, 강이 넷인 구조입니다. 강효는 발전 과정에서 분명 주도적인 위치에 있습니다. 초구와 구이, 구삼, 구사는 모두 강효인데, 강효는 위쪽으로 발전하며 양강의 성질이 점차 확대되는 추세입니다. 하지만 육오와 상륙의 두 음효는 오히려 부드러움으로 강함을 돕는 중화 작용을 합니다. 구이는 강이 유의 자리에 있는 것이고, 육오는 유가 강의 자리에 있는 것입니다. 구이와 육오는 이미 강유가 조화를 이루는 작용을 포함하고 있습니다. 게다가 구이와 육오의 상응은 강성한 상황일 때 강유가 서로 돕는 작용을 가지고 있어야만 뽐내면서 무턱대고 돌진할 때 맞닥뜨릴 위험을 피할 수 있다는 점을 더욱 강조합니다. 상륙과 구삼도 똑같이 강유가 서로 돕는 작용을 일으킵니다.

대장괘의 리더 육오는 부드러운 경영을 시행합니다. 또한 초구와 구이, 구삼, 구사 등 양강의 성질을 가진 아랫사람의 협력을 얻고, 특히 구이의 협조를 얻을 수 있기 때문에 강유가 서로 돕는 작용을 얻습니다.

진괘晉卦䷢䷢ 부드럽게 전진하기

진괘는 불과 땅으로 구성된 괘입니다. 위쪽이 불이고 아래쪽이 땅이며,

괘의 구조는 유가 넷이고 강이 둘이라서 유가 주도적입니다. 불은 광명을 나타내는데, 태양이 땅 위로 솟아오르는 것을 나타낸다고 말할 수도 있습니다. 높이 올라가면 갈수록 빛은 더욱 넓게 퍼지겠지요. 초륙과 육이, 육삼은 모두 유효이고 부드럽게 전진하는 상황을 나타냅니다. 부드러운 전진에도 빛나는 앞날이 있을 수 있습니다. 강한 성질이 부족한 것을 싫어하지만 육오는 유가 강의 자리에 있습니다. 만약 양강의 성질을 좀 강화한다면 전진하기에 유리해집니다.

만약 초륙을 초구로, 육이를 구이로 바꾼다면 진괘는 규괘☰☱로 바뀝니다. 육이는 강중인 아랫사람 구이의 협조를 얻어 적극적인 요소의 작용을 드러낼 수 있습니다. 리더가 '공통점을 찾지만 차이는 그대로 두는' 전략을 취하도록 격려해서 강유가 서로 보완하는 효과를 거둔다는 것이 규괘의 함의 가운데 하나입니다. 만약 육오를 구오로 바꾼다면 진괘가 비괘☰☷로 바뀌게 되어 도리어 조직의 발전에 불리하게 됩니다. 그래서 만약 변동이 필요하다면 육오와 구이를 어울리게 하는 쪽이 더 적합합니다.

명이괘明夷卦☷☲ 재능을 숨기고 밖으로 드러내지 않기

명이괘는 땅과 불로 구성된 괘입니다. '빛이 땅속으로 들어간' 것을 상징하고 상황의 어려움도 나타냅니다. 이때의 대책은 재능을 감추고 드러내지 않는 것이어야 하고, 미래의 행보를 숨기는 것이 적당합니다. 지금 행동하기에는 좀 적당하지 않은 구석이 있기 때문에 음유 위주의 수법을 취해서 자신을 지키는 동시에 현명함을 유지해야 합니다. 나아가 기회를 기다리면서 다시 전진할 일을 천천히 계획해야 하지요. 외괘인 곤괘도 유이고 내괘인 이괘도 유이기 때문에 안팎으로 불리하므로 부드러운 전략으로 어려운 때에 대처해야만 합니다. 본괘가 가진 양강의 성질이 약하기 때문에 초구, 구삼 강효가 비록 육사, 상륙과 상응하지만 높은 자리와 상응하지 않아서 일어나는 반응이 부족합니다. 하지만 높은 자리에 있는 육오는 유가 강의 자리에 있습니다. 조직의 리더가 부드러운 경영 방식을 취할 때 양강의 의지를 여전히 유지해야만 한다는 점을 표시하는 것이지요.

가인괘家人卦䷤ 살림살이
::

가인괘는 바람과 불로 구성된 괘입니다. 바람은 불에서 나왔다는 뜻이 있습니다. 불길의 열기가 올라가기 때문에 바람이 되는 것이지요. 내괘는 이괘이고, 외괘는 손괘입니다. 바람이 안에서 밖으로 부는 것은 내부에 기초가 생긴 뒤에야 외부로 발전할 수 있음을 암시합니다. 조직에 건전한 내부 제도와 구조가 형성된 다음에야 바깥으로 발전하기 적합하다는 말이기도 하지요. 내괘가 이괘이기 때문에 이치에 밝다는 뜻도 있습니다. 자신에게 합리적인 기초가 생긴 뒤에야 바깥으로 발전한다는 것을 이해하면 위험이 저절로 줄어든다는 말이지요. 옛사람이 말한 "집안을 가지런히 하고 나라를 다스리고 천하를 평정한다齊家 治國 平天下"라는 이치가 바로 이것입니다. 가족이나 조직 구성원들은 불처럼 친밀함과 조화로움을 유지해야만 하는데, 이괘의 유중은 이런 함의를 가지고 있습니다. 대외적으로도 유화적인 방법을 취하는 것은 마치 외괘의 따사로운 바람과 같습니다. 구오는 강이 강의 자리에 있습니다. 리더가 양강의 중정 원칙으로 조직을 관리해야 한다는 것을 표시하지요. 아울러 육이와 바르게 대응하는 것은 아랫사람과 강유가 서로 돕는 관계에 있다는 점을 반영합니다.

규괘睽卦☲ 공통점을 찾지만 차이는 그대로 두기
∷

규괘는 위쪽이 불이고, 아래쪽이 연못입니다. 불길이 위로 치솟고 연못이 아래로 흐르기 때문에 둘은 서로 어긋나게 됩니다. 상괘와 하괘가 모두 음괘이기 때문에 음양이 화합하고 강유가 서로 돕는 관계가 없습니다. 그래서 분리되고 차이가 나는 현상이 생기지요. 분리의 원인은 둘의 성질이 각각 달라서 초래된 것입니다. 조직의 리더는 조직 구성원들이 어긋나고 서로 맞서는 일을 피하기 위해 공통점을 찾아야 하지만 차이는 그대로 두어야 합니다. 대립이 생기면 곧 통일되게 마련입니다. 조직의 리더는 이런 변증법적 이치를 깨달아야 합니다. 사실 괘상은 '공통점을 찾지만 차이는 그대로 두는' 가능성을 이미 지적하고 있습니다. 구이와 육오의 상응은 강유가 서로 돕는 관계를 통해 분리를 합일로 바꾸는 목적을 달성한 것입니다. 상구와 육삼의 상응도 조직의 상층과 중층이 교류하고 소통하는 관계를 유지해야 조직의 내부 모순을 청산하기 유리하고, 분리를 합일로 바꾸는 작용을 한다는 것을 가리키고 있습니다.

건괘蹇卦 ䷦ 위험을 보고 멈추기
::

건괘는 물과 산으로 구성된 괘입니다. 상괘가 감괘이고, 하괘가 간괘이지요. 감괘는 위험이고, 하괘는 멈춤입니다. 위험에 부딪히면 멈춘다거나 위험이 앞에 있고 산이 뒤에 있기 때문에 진퇴양난의 어려운 상황이라는 것을 암시합니다. 전진을 잠시 늦추고 행동을 멈추며 고난을 끈질기게 견딘다는 함의도 가지고 있습니다. 만약 무턱대고 돌진한다면 틀림없이 곤경에 빠지게 됩니다.

괘의 구조는 어려움을 푸는 방법도 암시합니다. 괘 전체의 육효에서 초륙만 당위가 아닌 것을 제외하면 나머지 다섯 효는 모두 당위입니다. 원래 정해진 정확한 노선을 견지해야만 한다는 것을 지적하고 있습니다. 이밖에 구오와 육이, 상륙과 구삼도 바르게 대응하고 있습니다. 리더는 아랫사람을 단결시켜 한마음으로 힘을 합쳐 어려움을 극복해야 함을 나타냅니다. 건괘의 착괘는 규괘입니다. 조직에 어려움이 발생한 원인 중 하나가 조직 내부에 분리 현상이 나타났기 때문이라고 지적하는 것이지요. 리더는 먼저 내부 모순을 청산하고 '사이좋게 지내기는 하지만 무턱대고 어울리지 않는和而不同' 원칙과 '공통점을 찾지만 차이는 그대로 두는' 원칙을 바탕으로 힘을 합쳐 어려움을 함께 극복하는 조화로운 관계를 만들어야 합니다.

해괘解卦 ䷧ 위험 해소하기

건괘의 종괘가 바로 해괘입니다. 해괘는 우레와 물로 구성된 괘입니다. 위쪽이 우레이고, 아래쪽이 물인데, 우레와 비가 한꺼번에 일어났습니다. 봄의 우레와 비는 혹한을 해소하고 만물을 소생하게 만들어 어려움을 푸는 활력소가 됩니다. 육오는 유가 높은 자리에 있기 때문에 강이 가운데 자리에 있는 구이의 도움을 받아 인사와 사무의 어려움을 없애야 합니다. 리더가 가진 유중의 기능과 리더를 따르는 구이의 강중이 적당하게 어울려 어려움을 일으키는 근원을 도려내버립니다. 동시에 초륙과 구사도 상응합니다. 조직이 맞닥뜨린 문제를 해결하려면 나머지 상층과 하층 구성원들의 협력도 필요하다는 것을 가리킵니다.

손괘損卦 ䷨ 아래쪽에서 위쪽 돕기

손괘는 산과 연못으로 구성된 괘입니다. 위쪽이 산이고, 아래쪽이 연못이지요. 산 아래의 습지가 깊으면 깊을수록 산은 더 높아 보이게 마련입니다. 이는 아래쪽을 덜어 위쪽에 보태거나 아래쪽이 위쪽을 돕는 함의가 있습니다. 초구와 육사, 구이와 육오, 육삼과 상구의 세 쌍은 강유가 상응하는 육효의 구조입니다. 초구와 육사, 구이와 육오의 상응은 음유인 상사에게 양강인 아랫사람의 도움이 필요하고, 아래쪽이 위쪽을 도와서 강유가 서로 돕는 작용이 생기도록 해야 한다는 것을 반영하고 있습니다. 전체의 이익이라는 목표를 달성하기 위해 자회사의 이윤을 본사로 돌려서 전체적인 발전 계획을 유리하게 만드는 '자식에게 덜어 어미를 돕는' 상황이 생기게 됩니다.

익괘益卦䷩ 위쪽에서 아래쪽 돕기

손괘의 종괘가 바로 익괘입니다. 위쪽이 바람이고, 아래쪽이 우레이지요. 바람과 우레가 함께 일어나 서로 기세를 보태주기 때문에 더하고 늘리는 상황입니다. 한편 익괘는 손괘와 반대로 위쪽을 덜어 아래쪽을 보태거나 위쪽이 아래쪽을 돕는 관계로도 이해할 수 있습니다. 상사는 자신의 장점으로 아랫사람의 단점을 보완합니다. 육사인 음유가 마침 양강인 아랫사람 초구를 보완하고, 양강인 리더 구오도 아랫사람인 음유 육이를 보완합니다. 하지만 만약 상구가 절정의 자리에 있고 양강의 성질이 지나치게 강해서 아랫사람 육삼에게 자신을 무조건 따르라고 요구한다면 '위쪽이 아래쪽을 돕는' 원칙을 취하지 못해 위아래에 바람직하지 못한 관계가 생깁니다.

쾌괘夬卦䷪ 올바름으로 바르지 않은 것 없애기

쾌괘는 연못과 하늘로 구성된 괘입니다. 연못이 하늘 위에 있는 것은 연못의 물 기운이 하늘로 올라가서 구름을 만들고 비를 내리는 일을 초래함을 상징합니다. 과감하게 결정한다는 함의가 있습니다. 쾌괘는 양이 다섯이고, 음이 하나인 괘입니다. 전통적인 해석에서는 양강이 올라가서 음 하나를 없애려는 기세가 있다고 생각합니다. 양 다섯이 음 하나를 처결한다는 뜻이지요. 상륙은 소인이나 연약하고 덕망도 없는 사람이 높은 자리에 있는 것을 나타내기도 합니다. 이런 사람이 나타나면 양강이 결단해서 음유를 없애지요. 만약 이런 상황이라면 바로 '강이 유를 처결해서' 올바름으로 바르지 않은 것을 없앱니다.

하지만 같은 괘상이라도 다른 각도에서 볼 수 있습니다. 높은 자리에 앉은 리더가 '억지로 하는 것도 없이 관리하는無爲而治' 방식을 취하면 아랫사람은 모두 양강이기 때문에 개척하고 발전시키는 임무를 맡을 수 있을 것입니다. 이런 상황은 '유가 강을 돕는' 국면이 되기 때문에 강유가 서로 돕는 작용을 드러내게 됩니다. 만약 전통적인 해석을 취한다면 '강'과 '유'는 맞서는 관계일 뿐 상호 보완 관계가 아닙니다. 하지만 상호 보완 관계에서 본다면 이야기가 달라집니다. 양강의 성질이 엄청나게 강한 조직 구조에서 높은 자리에 있는 리더가 만약 음유 유형이라면 그야말로 중화의 균형 작용도 가진 것이지요. 괘 전체의 강효가 유효보다 훨씬 많은 것도 '유'의 소중함을 설명합니다.

구괘姤卦䷫ 서로 만나기

구괘는 쾌괘의 종괘입니다. 상괘가 건괘이고 하괘가 손괘인데, 하늘 아래 바람이 생긴 것입니다. 바람은 만물과 접촉할 수 있지만 하늘은 만물과 직접 접촉할 수 없습니다. 그래서 바람을 통해야만 겨우 만물과 만날 수 있지요. 바람은 다름 아니라 하늘이 만물과 접촉하는 매개체로 바뀝니다. 하늘은 씩씩함을 나타내고, 바람은 유순함을 나타냅니다. 씩씩한 리더가 유화적인 방법으로 조직의 하층 구성원들과 접촉해 어울리는 일을 암시합니다. 구괘는 음이 하나이고, 양이 다섯인 괘입니다. 바르지 못한 분위기인 음기가 일단 퍼지기 시작하면 리더는 강효 5개가 나타내는 올바른 기운인 양강을 견지하고 제때 억제해주어야만 작은 불똥이 벌판을 태우는 일을 피할 수 있음을 나타냅니다. 여기서는 강유 관계를 활용해서 바르지 못한 분위기로 발전하는 상황을 억제하는 것을 표시하고 있습니다.

췌괘萃卦 ䷬ 부드럽게 모으기
∷

췌괘의 뜻은 모으기입니다. 상괘는 태괘이고 하괘는 곤괘이며, 연못이 땅 위에 있는 것입니다. 물이 땅 위에 모여 연못이 된 것을 상징합니다. 구오가 강중이고 육이가 유중인 것은 리더가 강하고 바른 것을 강조해서 구성원을 자기 옆에 모으는 일을 원칙으로 삼는 것을 암시하고 있습니다. 모으기의 성질은 결코 강제적인 것이 아니라 자발적인 것입니다. 그래서 구성원들의 모임은 부드러운 성질의 모임이어야만 하고, 이는 강하지만 강제적인 모임보다 더 안정적입니다. 유가 넷이고 강이 둘인 육효의 구조는 이런 함의를 가지고 있습니다. 췌괘의 교호괘는 점괘 ䷠입니다. 모으는 과정이 강제적이거나 즉시 모으는 것이어서는 안 되고 차근차근 점진적인 방식이어야 한다는 것을 암시합니다.

승괘升卦 ䷭ 추세를 따라 부드럽게 오르기

췌괘의 종괘는 승괘입니다. 위쪽이 땅이고 아래쪽이 바람인 모양이거나 땅속에서 나무가 자라는 모양입니다. 나무의 싹이 땅속에 묻혀 있다가 올라올 만한 추세가 생겼습니다. 올라오는 성질은 순종적이며 부드럽습니다. 하괘인 손괘는 따르는 것을 나타내고, 상괘인 곤괘는 부드러움을 나타내기 때문에 추세를 따라 부드럽게 올라오는 이미지를 형성합니다. 육오는 유가 강의 자리에 있기 때문에 리더인 유중은 강이 유의 자리에 있어 강중인 구성원 구이의 협조를 얻어 강유가 서로 돕는 효과를 얻을 필요가 있습니다. 승괘의 교호괘는 귀매괘䷵입니다. 조직이 발전과 확장을 계획하는 일은 결혼과 같기 때문에 억지로 강요할 수 없고 그저 순리에 따라야 한다는 것을 암시합니다.

곤괘困卦 ䷮ 곤경에 처했을 때

곤괘의 상괘는 태괘이고, 하괘는 감괘입니다. 물이 연못 아래에 있거나 연못에 물이 없는 것을 상징하지요. 이것은 곤란한 국면의 이미지를 형성하게 마련입니다. 곤괘는 비괘와 관련이 있고, 비괘의 상구와 구이를 음효로 바꾸면 곤괘가 됩니다. 꽉 막혀서 통하지 않는 상황에 처했을 때 취한 행동이 성공하지 못해 진퇴양난에 빠진 것을 뜻합니다. 리더 구오는 양강 유형에 속하고 아랫사람 구이도 양강 유형이기 때문에 강유가 서로 돕는 작용이 생길 수 없습니다. 하지만 둘이 강중의 방법을

강유론

241

견지하기만 하면 곤경을 벗어나는 데 도움이 됩니다. 한편 구사가 당위가 아니기 때문에 힘이 없을 뿐이지 구사와 초륙은 음양이 조화를 이룬 관계에 있기 때문에 둘이 상호 보완 관계를 유지하기만 하면 곤경을 벗어나는 데 여전히 도움이 됩니다.

정괘井卦䷯ 가뭄에 단비

곤괘의 종괘는 정괘입니다. 위쪽이 물이고 아래쪽이 나무라고 보아도 좋고, 나무 위에 물이라고 보아도 좋습니다. 나무속의 물처럼 뿌리와 줄기를 따라 위쪽으로 흘러가서 나무에서 물이 배어나오도록 만듭니다. 이는 우물물이 사람을 살리는 것을 상징합니다. 곤괘에는 물이 없지만 정괘에는 물이 있습니다. 똑같은 물이지만 위치가 다르기 때문에 드러낼 수 있는 기능도 다릅니다. 습지에 물이 없으면 어려움을 겪게 마련이지요.

물이 땅속으로 흘러들어가 우물이 되면 사람들이 이를 사용할 수 있게 됩니다. 만약 '물'을 인재라고 한다면 곤괘는 인재가 없어서 어려움을 겪는 것이고, 정괘는 인재를 임용하는 이치와 인재가 조직에 보탬이 될 수 있음을 암시합니다. 구오와 구이는 모두 강중입니다. 둘이 상응하지 않는 것은 리더가 양강 유형이고 아랫사람 구이도 양강 유형이기 때문에 상사에게 쓸모가 없다는 것을 상징합니다. 하지만 구삼과 상륙은 상응하기 때문에 강유가 서로 돕는 작용을 합니다.

혁괘革卦䷰ 변혁

::

혁괘는 연못과 불로 구성된 괘입니다. 물과 불은 서로 용납하지 않기 때문에 결국 변고가 생기게 됩니다. 불이 물을 증발시키는 것은 변혁을 상징합니다. 강유가 적당하게 어울리는 것은 변혁의 의미가 있습니다. 변혁의 행동은 혁괘의 강효 4개가 나타내는 것처럼 확고한 신념과 의지가 필요합니다. 한편 변혁의 행동은 그저 양강의 방법만 취한다고 성공하는 것이 아니므로 유화적인 수법을 섞을 필요가 있습니다. 구오의 높은 자리에 있는 리더는 강중이므로 유중인 아랫사람 육이와 어울리기만 하면 성공하는 데 유리합니다. 상륙처럼 변혁의 성공 단계에는 강한 행동만 취해서는 안 되고 부드러운 행동으로 전환해야만 합니다. 상륙은 이런 상황을 나타냅니다. 구삼과 상응하는 것은 부드러운 정책에도 여전히 양강의 수단을 가지고 지지한다는 의미를 표시하고 있습니다.

정괘鼎卦䷱ 침착하기

::

정괘의 상괘는 이괘이고, 하괘는 손괘입니다. 나무 위에 불이 있으니 세발솥으로 요리하는 상황을 상징합니다. 세발솥은 침착함과 안정을 나타냅니다. 리더 육오는 유중이기 때문에 양강인 아랫사람 구이의 도움이 필요합니다. 구사도 비록 초륙과 상응해서 지지를 얻지만 초륙이 충분한 능력을 가지고 행동을 도울 수 있는지 여부에 주의를 기울여야만 합니다.

세발솥은 권력을 상징하기 때문에 조직의 리더가 자신의 권력을 튼튼하게 하려면 반드시 아랫사람의 옹호를 얻을 수 있어야 합니다. 아랫사람의 지지를 얻으려면 리더는 유중의 인품을 가지고 자신을 반듯하게 세워야 합니다. 아울러 재간 있는 양강의 아랫사람을 거느릴 수 있는 능력도 갖추어야 합니다.

진괘震卦䷲ 경계하며 신중하게 행동하기

진괘의 상괘와 하괘는 모두 진괘입니다. 우레가 거듭 겹쳤으니 우레와 번개가 교차하고 우렛소리가 끊임없이 뒤흔들어 놀랍고 무서운 상황을 만듭니다. 괘효의 구조는 겉으로 음양이 알맞거나 강유가 서로 돕는 관계가 없습니다. 이때 리더는 반드시 마음을 가라앉히고 태연자약한 자세로 대처해야 합니다. 마치 내포되어 있는 종괘인 간괘䷳의 산이 안정된 것처럼 위험한 상황이라 하더라도 제멋대로 행동하지 말아야 합니다. 리더는 유가 강의 자리에 있는 육오이기 때문에 음양이 조화를 이루는 작용도 있습니다. 유중을 시행하고 변고에 처해서도 놀라지 않으며 장중하고 공경스럽게 자신을 강하게 만들어 폭풍우가 지나가기를 기다렸다가 적당한 행동을 취합니다.

간괘艮卦☶☶ 자기 단속

::

간괘는 순괘입니다. 상괘와 하괘가 모두 간괘이기 때문에 산이 둘이 되었습니다. 간괘는 '멈춘다'는 뜻과 함께 산을 나타내기 때문에 침착하다는 뜻도 있습니다. 침착한 리더는 자신을 제어할 수 있으므로 가야 할 때는 가고 멈추어야 할 때는 멈춥니다. 어떤 시위에서 행동을 취할지 알고, 어떤 시위에서 행동을 멈추어야 하는지 알고 있습니다. 이것이 바로 "움직임과 멈춤은 때를 잃지 않는다動靜不失其時"는 「단전」의 말입니다. 간괘의 육효에는 상응이 없고 적대적 대응 관계입니다. 초륙과 육사, 육이와 육오, 구삼과 상구가 모두 상응하지 않는다는 말입니다. 결정을 내리거나 행동으로 옮길 때 다른 사람에게 의지할 수 없고 자신의 판단과 자신을 단속할 수 있는 능력에 의지할 필요가 있음을 암시하고 있습니다. 육오는 본디 유가 강의 자리에 있기 때문에 자리를 잃었습니다. 하지만 리더는 유중의 방법을 취할 수 있으므로 용감하게 전진하는 양강의 욕망을 억눌러서 위험과 무서움을 피합니다. 상구는 강이 유의 자리에 있기 때문에 양강의 과감함으로 위험스러운 행동을 억누릅니다. 간괘 육효의 구조에는 비록 음양이 상응하는 관계가 없지만 시위에는 여전히 강유가 조절하는 작용이 있습니다. 그래서 육오나 상구처럼 '자리를 잃은' 것이 불리한지의 여부는 상황을 보아서 정해야 하고, 자리를 잃었다 하더라도 가운데 자리에 있다면 여전히 '흉한 것을 피하고 길한 것을 따르는' 작용이 있습니다.

강유론

점괘漸卦 ䷴ 순서대로 점진하기
::

점괘는 바람과 산으로 구성된 괘입니다. 위쪽은 바람 또는 나무이고, 아래쪽은 산이지요. 산 위에 나무가 있는 것이라서 높은 산에 나무가 자라고 있습니다. 하지만 나무의 성장은 매우 느리고 점진적입니다. 리더는 제도를 여럿 고칠 필요가 있다는 점을 이해해야 합니다. 전통적인 방법이나 풍속, 관습으로는 결코 단기간에 목표를 달성할 수 없으며 시일이 좀 걸려야 효과를 볼 수 있습니다. 구오 강중인 리더는 유중의 아랫사람 육이와 어울려 순서대로 점차 나아가는 발전 과정이 생깁니다.

귀매괘歸妹卦 ䷵ 결합하기
::

귀매괘는 본디 소녀가 시집가는 일에 관해 논합니다. 조직의 관점에서는 다른 조직과 결합하는 상황으로 이해할 수 있습니다. 귀매괘는 우레와 연못으로 구성된 괘입니다. 위쪽이 진괘이고 아래쪽이 태괘이기 때문에 하나는 강하고 하나는 부드러워 조직의 결합에 꼭 필요한 이상적인 관계입니다. 육오는 유중을 취한 조직 A를 나타내고 구이는 강중의 조직 B를 나타냅니다. 두 조직 사이에 모순이 발생할 때 태도나 방법에서 한쪽은 강하고 한쪽은 부드럽기 때문에 충돌이 확대될 가능성을 피할 수 있습니다.

풍괘豐卦䷶䷶ 부드러움으로 왕성함 지키기

풍괘는 우레와 불로 구성된 괘입니다. 위쪽이 진괘이고 아래쪽이 이괘이기 때문에 우레와 번개가 도달해 기세등등한 상황을 상징합니다. 육오 리더는 유가 강의 자리에 있고 유중을 시행하기 때문에 재간 있는 인재를 임용하고 거리낌 없이 건의를 받아들여 지속적인 발전을 유지할 수 있습니다. 아랫사람 육이도 유가 유의 자리에 있는 유중 유형이기 때문에 육오와 상응해서 강유가 서로 돕는 효과가 생기지는 않지만, 정해진 규정에 꼭 맞게 자신의 직위에 따르는 본분을 다합니다. 조직 전체에 유리하기 때문에 육오의 관리에 간접적으로 협조하는 것과 같습니다. 조직에서 위아래가 모두 유중의 방법을 시행해서 무턱대고 돌진하는 것을 피하기 때문에 풍요로운 국면을 유지할 수 있습니다.

여괘旅卦䷷䷷ 타향살이

여괘의 상괘는 이괘이고, 하괘는 간괘입니다. 산 위에 불이 있기 때문에 고향을 멀리 떠나 타향에 사는 처세 방법을 상징합니다. 리더 육오는 유가 유의 자리에 있고 유중의 방법을 취하고 있습니다. 타향의 환경에 더 잘 적응하는 한편, 고요함으로 움직임을 제어하고 무턱대고 돌진하지 않으며 적당한 기회가 생겨야만 움직인다는 뜻도 포함하고 있습니다. 리더 육오는 유중을 시행하지만 아랫사람은 양강의 성질이 풍부한 구사와 구삼도 있고 음유의 성질을 가진 초륙도 있습니다. 구삼은 강효가 강의 자리에 있기 때문에 성격이 지나치게 강합니다. 적극적이고 도전적이라는 점은 장점이지만 무턱대고 돌진할 가능성이 있다는 점은 단점입니다. 조직에 위험을 초래할 가능성도 있습니다. 상사인 구사도 양강 유형이기 때문에 구삼이 급하게 전진하자는 건의를 따르기 쉽습니다. 다행히 유가 강의 자리에 있는 음유 유형의 초륙과 상응하기 때문에 어느 정도 균형을 맞추는 작용을 일으킵니다.

손괘巽卦☴ 강한 조직

손괘는 상괘와 하괘가 모두 손괘인 중괘重卦입니다. 육효의 구조는 음양이 조화를 이룬 상태가 없습니다. 육효의 구조는 강이 넷이고 음이 둘인데, 강효가 모두 유효 위에 있기 때문에 강한 조직임을 드러냅니다. 겉도 강하고 속도 강해서 적극성을 띤다는 것이 장점입니다. 그러나 강중인 리더 구오가 강중인 구이와 적대적 대응 관계가 되어 내부적으로 모순이 발생할 가능성이 있고 마찰이 생기기 쉽습니다. 또 다른 아랫사람 구사는 음유이지만 초륙과 상응하지 못합니다. 자신의 아랫사람이고 양강인 구삼도 유가 강을 올라타는 까닭에 불만이 생길 수 있습니다. 괘 전체의 구조를 강한 성질이 주도하고 유효 둘이 각각 상괘와 하괘의 강효 아래에 있는 것이 이런 상황을 설명합니다. 이런 강한 조직 구조에서는 원만한 인간관계가 형성되기 힘들겠지요.

이럴 때는 조직의 강한 성향을 좀 낮추고 부드러운 성향을 높이는 것이 대처하는 방법일 것입니다. 예를 들어 효변으로 손괘의 구이를 육이로 바꾼다면 점괘☰☲가 됩니다. 그러면 조직은 점진을 중시하는 부드러운 조직으로 바뀌겠지요. 또는 구이가 육이로 바뀌는 것 이외에 구삼을 육삼으로 바꾸면 관괘☷☴가 됩니다. 아랫사람이 리더에게 더 유순해지면 조직의 전진을 가로막는 힘이 좀 줄어들고 협조가 많아질 것입니다.

태괘兌卦☱☱ 사이좋게 지내기

∷

손괘의 종괘는 바로 태괘입니다. 상괘와 하괘가 모두 태괘이기 때문에 겉은 부드럽지만 속은 강한 조직입니다. 손괘처럼 태괘도 강이 넷이고 유가 셋인 괘이고, 상괘와 하괘는 모두 강효가 가운데 있습니다. 구이와 구오가 모두 '강중'인데 상괘와 하괘의 윗자리가 모두 유효이기 때문에 겉으로 부드럽다고 합니다. 태괘는 겉으로는 강한 조직처럼 보이기도 하지만 손괘와 차이가 있습니다. 태괘는 두 연못이 붙어 있어 서로를 촉촉하게 해주기 때문에 사이좋게 지내는 관계에 있습니다. 하지만 구오와 구이가 모두 강효이기 때문에 강유가 서로 돕는 작용은 없습니다. 만약 구이를 육이로 바꾼다면 수괘☱☲로 바뀝니다. 수괘는 인간관계에서 서로 따라야만 한 덩어리로 어울리는 관계가 이루어진다는 점을 강조합니다. 구오와 육이는 강유가 서로 돕는 작용이 있습니다.

환괘渙卦䷺ 흩어지지 않기

∷

환괘는 바람과 물로 구성된 괘입니다. 상괘는 손괘이고, 하괘는 감괘이지요. 바람이 물 위에 불면 물결이 흩어지기 때문에 흩어지는 이미지입니다. 리더 구오는 강중이고 아랫사람 구이도 강중이기 때문에 둘 사이에는 강유가 서로 돕는 관계가 없습니다. 구이는 비록 강이 유의 자리에 있지만 구이 자체는 강유가 서로 부합하는 작용을 가지고 있습니다. 그러나 구이와 상사인 구오 사이에는 서로 보완하는 관계가 없습니다. 만약 구이를 육이로 전환한다면 환괘가 관괘䷓로 바뀝니다. 구이와 육이는 강유가 상응하는 상호 보완 작용이 생기기 때문에 조직 운영의 협조가 강화됩니다. 만약 조직 구성원들이 구심력을 잃고 흩어지는 원인이 구오 리더가 지나치게 양강한 탓이라면 직원들이 불만을 일으키게 됩니다. 이런 불리한 추세를 돌이키기 위해 리더는 방식을 좀 유화적으로 바꾸거나 새로운 리더를 선출해야 합니다. 구오가 육오로 바뀌면 유중의 방식을 취할 테고 이때 환괘는 몽괘䷃로 바뀝니다. 유중의 리더가 다시 조직 구성원들의 구심력을 응집시켜 조직이 흩어지는 쪽에서 모이는 쪽으로 바뀌게 됩니다.

절괘節卦䷽ 적절한 절제

∷

환괘의 종괘는 절괘입니다. 위쪽이 물이고 아래쪽이 연못이기 때문에 연못의 크기에 따라 물을 받아들이는 양에 제한이 있는 것을 상징합니다. 물이 연못의 용량을 넘어서면 가득 차고 넘치게 마련이지요. 행동에 절제가 있어야만 정도가 지나쳐 생기는 손해를 피한다는 것이 절괘의 함의입니다. 반대로 지나친 절제는 행동에 불리하기 때문에 적절함과 중도를 지키는 태도를 유지해야 합니다. 하지만 절괘의 구조에서 강유가 상응하는 관계를 가진 효는 초구와 육사뿐입니다. 높은 자리에 있는 리더 구오와 아랫사람 구이는 상응 관계가 없습니다. 이는 분명 이런 상황을 돌파하게 만드는 핵심이지요. 취할 만한 방식이 2가지 있습니다. 첫째, 구이를 육이로 바꾸는 것입니다. 아랫사람을 '강중'에서 '유중'으로 바꾸는 것이지요. 둘째, 리더 구오가 '유중'을 취하는 육오로 바뀌는 것입니다.

만약 구이를 육이로 바꾸는 방식을 취한다면 절괘가 준괘☷로 바뀝니다. 그러나 준괘는 험난한 곤경을 나타내기 때문에 적당하지 않아 보입니다. 만약 구오를 육오로 바꾼다면 절괘가 임괘☷로 바뀝니다. 임괘는 리더의 예술적인 경영을 중시합니다. 유능한 인재를 뽑아 적당한 권한을 부여하고 아랫사람의 지혜와 재능을 이용하기 때문에 일일이 몸소 움직일 필요가 없습니다. 이것이 바로 '유중' 방식입니다. '유중'의 경영 방식에서 육오와 구이는 저절로 강유가 서로 돕는 관계를 형성합니다.

중부괘中孚卦☲ 정성스럽게 사람 대하기

중부괘는 바람과 연못으로 구성된 괘입니다. 위쪽이 손괘이고 아래쪽이 태괘이기 때문에 연못에 바람이 불어 연못의 습윤한 공기를 바람이 사방으로 흩어지게 합니다. 정성스러움의 이치를 천하에 퍼뜨리는 것을 상징합니다. 어떤 조직이든 정성은 중요한 기초입니다. 정성이 없다면 인간관계도 거짓이 되어버리고 정상적인 행동에도 영향을 줍니다. 중부 괘의 육효 구조는 '유가 안에 있고 강이 가운데' 있습니다. 유효 둘은 가운데, 강효는 둘씩 양쪽에 위치합니다. 유효는 내재적인 정성을 나타내고, 강효는 외재적인 강직함과 정직을 나타냅니다.

소과괘小過卦䷽䷽ 정도가 좀 지나침

소과괘는 중부괘의 착괘입니다. 위쪽이 우레이고 아래쪽이 산이기 때문에 산 위에 우레가 있습니다. 우렛소리가 평소보다 좀 지나치기 때문에 소과라고 합니다. 육효의 구조에서 음이 넷이고 양이 둘인 괘입니다. 강효 둘은 '유중' 둘 사이에 있습니다. 초륙과 상륙도 유효이지만 양 끝의 유효가 강효보다 조금 많습니다. 작은 것은 유를 나타내고, 큰 것은 강을 나타냅니다. 그래서 소과라고 하지요. 소과는 작은 일에서는 정도가 좀 지나쳐도 괜찮지만 큰일이라면 안 된다고 이해할 수도 있습니다. 대과괘의 조직 구조는 강이 유보다 많지만 소과괘는 유가 강보다 많습니다.

소과괘에서 강유가 상응하는 것은 초륙과 구사, 구삼과 상륙이 있습니다. 하지만 높은 자리의 육오가 당위인 육이와 상응하지 않는 것은 리더가 양강 유형인 아랫사람의 도움을 얻지 못할 경우 적극성과 주동성이 모자라 큰일을 치를 능력이 제한되게 마련이라는 것을 암시합니다. 소과괘의 교호괘는 대과괘☰입니다. 작은 일은 정도가 좀 지나쳐도 괜찮지만 행동할 때 큰 잘못이 숨어 있을 가능성이 있으니 반드시 경계해야 한다는 것을 암시합니다.

기제괘旣濟卦☲ 끝났어도 다시 시작하기

기제괘는 물과 불로 구성된 괘입니다. 위쪽이 물이고 아래쪽이 불이기 때문에 물이 불 위에 있어서 음식을 끓일 수 있습니다. 이는 일이 이미 완성되었음을 상징합니다. 『주역』의 육십사괘에서 기제괘의 강효 셋과 유효 셋은 모두 당위이고 바른 자리를 얻었습니다. 또한 초구와 육사, 육이와 구오, 구삼과 상륙은 모두 강유가 서로 돕는 관계를 나타내고 조직이 전체적으로 음양의 균형에 도달했기 때문에 큰 성공을 거두었다는 것을 상징합니다. 하지만 이런 국면에 도달하려면 물과 불의 적절함이 매우 중요합니다. 만약 물이 많고 불이 적으면 국을 끓일 수 없고, 반대로 물이 적고 불이 세면 물이 금세 졸아들어 국물이 없어집니다. 물과 불로 구성된 괘는 '중도'와 적절함의 의미를 암시합니다.

기제괘는 일이 이미 성사되었음을 표시합니다. 사물이 발전하는 순환 법칙에 따라 다음 발전 단계에서 물극필반과 성대함이 극에 달하면 틀림없이 스러지는 가능성에 맞닥뜨리게 됩니다. 조직은 큰 성공을 거두고 난 뒤 자만하기 시작할 가능성이 있습니다. 적극성과 도전성을 점차 잃어버리면 업무가 태만해지고 결국 조직은 쇠퇴의 길을 걷게 되겠지요. 이것이 바로 성공하는 것보다 성공을 유지하는 것이 더 어렵다는 이치입니다. 이런 상황을 피하려면 반드시 기제괘가 사물의 발전 과정에서 종점이 아니라는 점을 인식하고, 종점을 새로운 발전의 시작으로 보아야만 합니다. 이미 끝났다는 심리를 아직 끝나지 않았다는 심리로 바꾸어야 한다는 말입니다.

미제괘未濟卦䷿ꪌ 끊임없는 생성

기제괘의 종괘와 착괘는 모두 미제괘입니다. 물과 불로 구성된 괘입니다. 위쪽이 불이고 아래쪽이 물이기 때문에 불길이 올라가고 물이 아래로 흘러 등지고 떠나는 것을 상징합니다. 기제괘와 반대로 미제괘의 육효는 모두 당위가 아닙니다. 『주역』의 육십사괘에서도 유일한 현상이지요. 기제괘는 편안할 때도 닥쳐올 위험을 생각하라는 경고를 제시합니다. 그래서 기제괘는 결코 발전의 끝이 아니며 기제괘와 맞서는 미제괘가 사물이 발전하는 끝에서 새로 시작하는 것이어야만 합니다. 미제괘를 『주역』의 육십사괘에서 맨 끝에 둔 것도 이런 뜻입니다. 종점은 곧 시작이지요. 그리고 이 점이 바로 미제괘가 가지고 있는 이중성입니다. 미제괘가 새로운 기점이라면 미제괘는 건괘의 성질로 바뀌어서 끊임없이 노력하고 생성하는 정신을 적극적으로 유지하면서 미처 모르는 앞길로 성큼성큼 나아갑니다.

미제괘의 육효 구조는 당위가 아니지만 초륙과 육삼, 육오처럼 유가 강의 자리에 있고, 구이와 구사, 상구처럼 강이 유의 자리에 있기 때문에 강유가 서로 돕는 작용을 여전히 가지고 있습니다. 육효의 관계에서 상응 관계는 초륙과 구사, 구이와 육오, 육삼과 상구 세 쌍이 있습니다. 이것은 사물이 새롭게 발전해나가는 과정에서 강유가 서로 돕는 일의 중요성을 여전히 강조하고, 이 원칙을 움켜쥐어야만 미래의 발전과 성공에 유리하다는 것을 반영합니다.

결론

::

이상 『주역』의 육십사괘에서 강유가 서로 돕는 관계를 간단히 분석하면서 아래와 같은 의미를 설명했습니다.

1. 양강 유형인 리더와 음유 유형인 리더 가운데 과연 누가 조직에 적합한가 하는 문제에 관해서는 일반적인 판단을 내릴 수 없습니다. 이 것은 조직이 처한 외재적인 환경과 내재적인 상황을 보고 결정해야 합니다. 양강인 리더는 개척하는 성질의 업무에 적합하고, 음유인 리더는 지키는 성질의 업무에 적합하다는 생각이 전통적 견해입니다. 하지만 이런 관점이 꼭 정확한 것도 아닙니다. 음유 유형의 리더도 개척자가 될 수 있고, 양강 유형의 리더도 지키는 사람이 될 수 있습니다. 따라서 여기에서는 리더의 동료가 어떤 성격에 속하는지가 중요합니다. 『주역』의 관점은 분명 상반된 성격의 아랫사람과 어울리는 것이 가장 적합하다고 봅니다. 그래야 서로 의존하고 도와서 강유가 서로 돕는 효과를 거둘 수 있습니다.

2. 조직의 리더는 강한 리더십이나 부드러운 리더십을 취할 수 있습니다. 이것은 개인의 성격과 신념에 따르는 문제이지요. 똑같은 리더 자리라도 누가 맡느냐에 따라 리더십과 경영 태도가 달라집니다. 상구와 구오는 각각 상층의 강한 리더십을 상징하고, 상륙과 육오는 상층의 부드러운 리더십을 상징합니다. 구사와 육사는 각각 중층의 강한 리더십과 부드러운 리더십을 나타냅니다. 상괘의 세 효는 리더십의 태도를 상징하고, 하괘의 세 효는 아랫사람의 개성을 나타냅니다. 강유가 서로 도와 위아래가 협력하면 조직과 경영 효율을 끌어올리는 데 도움이 됩니다.

3. 리더의 성격도 사실 절대적인 양강 유형이나 음유 유형에 늘 매여 있는 것은 아닙니다. 마치 태극도의 음양 물고기에서 흰 물고기에게 검은 눈이 있고, 검은 물고기에게 흰 눈이 있는 것과 같습니다. 이것은 양에 음이 있고, 음에 양이 있는 상황을 설명합니다. 양강 유형의 리더에게도 음유의 측면이 있고 음유 유형의 리더에게도 양강의 측면이 있게 마련이듯 동료나 아랫사람 역시 마찬가지입니다. 리더가 동료나 아랫사람과 적당히 어울릴 수 있어야만 강유가 서로 돕는 작용을 얻을 수 있습니다. 육오에서 유가 강의 자리에 있고, 구이에서 강이 유의 자리에 있는 것은 비록 자리를 잃었어도 여전히 강유가 어울리는 작용이 있음을 나타냅니다.

4. 어떤 리더십 방식을 취하든지 위아래 관계가 적당한 강유 관계로 어울리면 조직 전체의 효율을 끌어올리는 데 도움이 됩니다. 태극도에

서 음양 물고기가 맞물린 모양이 이런 기본 함의를 설명합니다.

5. 조직의 리더십 방식도 장기적으로 고정되어 변치 않는 것이 아닙니다. 그렇지 않으면『주역』의 기본 정신을 어기게 됩니다. 시공간의 변화에 따라 조직의 리더십 방식도 새로운 환경과 형세에 적응하기 편하게 바꾸어야 합니다. 만약 조직의 강한 리더십과 경영이 더 이상 효율을 끌어올릴 수 없다면 리더십과 경영 방식을 바꾸어서 변화하고 있는 환경과 조건에 적응하는 일을 고려해보아야 합니다.

6. 조직의 리더가 조직 내부의 강유 관계를 분석할 때 효변 방식과 비슷한 방법을 이용해 다른 구조의 상황에 더 좋은 강유 관계가 있는지의 여부를 탐색하고 행동을 바꿀 때 참고해야 합니다.

제10장

화합론

'어울리기和'나 '화합和合'은 중국 문화의 중요한 개념입니다. 화합은 중국인의 사고와 가치, 태도, 행위, 결단에 영향을 끼쳤고, 특히 인간관계에서 더욱 의미가 깊습니다. '화'와 '합'은 같은 뜻인데 두 글자를 이어 쓰면 의미가 더 도드라집니다. '화', 곧 어울리기는 다른 요소의 결합을 가리키고, '합', 곧 합치기는 다른 요소를 결합시키는 일을 가리킵니다. 다른 요소가 함께 결합하려면 꼭 '어울리기'라는 선결조건이 있어야 하기 때문에 먼저 어울려야 나중에 합치게 됩니다. 이것이 바로 '화합'입니다. 만약 먼저 합치고 나중에 어울린다면 '합화'가 되어야겠지요. '화합'과 '합화'는 겉으로는 결과가 같지만 더 깊이 생각해보면 둘 사이에는 많은 차이가 있습니다. '화합'은 자연스러운 과정을 거치는 성질을 가지고 있습니다. 먼저 어울리면 합칠 조건은 저절로 형성됩니다. 만약 '합화'라고 한다면 아마 '자연스럽게 합치는 것'도 있겠지만 '억지로 합치는 일'이 생길 수도 있겠지요. 만약 억지로 합친 것이라면 이런 어울림은 자연스럽게 합쳐서 생긴 어울림과는 다릅니다. 여기서 이야기하는 것은 '화합'입니다.

『주역』「계사전」은 "음과 양이 번갈아 바뀌는 것이 도"라는 개념을 제시합니다. 음양은 서로 어울려서 화합을 낳는 2가지 힘을 나타냅니다. 이것이 발전의 '도'를 구성하지요. 음양이 기능을 합쳐야만 힘이 생길 수 있습니다. 음만 있으면 음이 생기지 않고, 양만 있으면 양이 자랄 수 없습니다. '음은 혼자서 낳을 수 없고, 양은 혼자서 자랄 수 없는' 이치입니다. 『주역』의 음양 개념은 '화합'의 작용을 설명하고 있습니다. "만물은 음을 지고 양을 껴안고 있다. 기운을 가득 채우고 조화를 이룬다萬物負陰而抱陽 沖氣以爲和." 노자도 비슷한 개념을 제시했습니다.

'화합'의 개념을 논의하기 전에 옛사람들이 '어울리기'와 '같아지기'를 어떻게 생각했는지 돌아봅시다. 중국 춘추시대 제나라의 안영은 '어울리기'와 '같아지기'를 명확하게 나누었습니다. 『춘추좌전』에는 안영과 제나라 경공의 대화가 다음과 같이 기록되어 있습니다. 제나라 경공이 안영에게 '어울리기'와 '같아지기'가 어떻게 다르냐고 물었지요. 안영은 이렇게 대답했습니다. "'어울리기'는 마치 국을 끓이는 일과 같습니다. 다른 재료를 가져다 조미료를 더해 조합하면 아주 맛있는 국을 끓일 수 있습니다. 그러나 '같아지기'는 물에 물을 더 타는 격이니 끓여내도 한결같이 물일 뿐입니다." 춘추시대에 주나라 태사太史를 지낸 사백史伯은 다음과 같은 견해를 제시했습니다. "조화는 만물을 낳는 것이다. 같으면 이어서 낳지 않는다和實生物 同則不繼." 새로운 사물은 다른 요소를 함께 뒤섞어야 생길 수 있습니다.

"군자는 어울리지만 같아지지는 않고, 소인은 같아지지만 어울리지 않는다君子和而不同 小人同而不和." 공자도 이런 견해를 제시했습니다. 인간관계에서는 다른 생각이 교류해야만 조화로움을 이룰 수 있습니다. 만약 같은 것만 이야기하면 조화로운 분위기가 나타날 수 없겠지요.

옛사람들의 의견은 분명 '달라야' '어울릴' 수 있고 '화합' 정신도 생길 수 있다는 것입니다. '화합'은 '같아지기'가 아니라 '공통점을 찾지만 차이는 그대로 두는' 것이어서 그저 '같기만' 해서는 안 되지요. 먼저 '달라지는' 과정을 거쳐야 '화합'의 경지에 도달할 수 있습니다.

『주역』에서 '화합'과 관련된 별괘는 함괘, 동인괘, 가인괘, 태괘입니다. 오행론과 '화합'의 관계는 이 장의 끝에서 설명할 것입니다.

함괘 ䷞ 상호감응

함괘는 간괘가 아래쪽이고, 태괘가 위쪽에 있는 괘입니다. 산 위에 연못이 있으면 연못의 물이 아래쪽 산을 적시게 마련이고, 산 아래의 물기운이 연못까지 올라와 산과 연못이 서로 감응하기 때문에 기운이 통합니다. 다른 사물과 교감한 뒤 감정이 더 깊어져서 사이좋게 지내는 상황을 상징합니다. 간괘는 양괘이기 때문에 양기가 올라오고, 태괘는 음괘이기 때문에 음기가 내려갑니다. 음양이 기능을 합쳐 조화로운 관계를 창조하지요.

태괘는 작은딸을 나타내고 간괘는 작은아들을 나타내는데, 작은아들이 작은딸 아래에 낮게 있기 때문에 부드러운 괘가 위에 있고 강한 괘가 아래에 있다고 볼 수도 있습니다. 양강이 겸손하게 자신을 낮추고 작은딸에게 청혼하기 때문에 작은딸은 기뻐하게 마련이고 양쪽의 관계가 좋아져서 서로 진실한 감정을 가지게 됩니다. 이런 상황은 '형통하고' '이롭고' '바르고' '길하게' 마련입니다.

공식적인 교류와 비공식적인 교류

조직은 위아래가 훌륭한 소통 제도를 가지고 관계를 개선하고자 노력해야 합니다. 다음과 같은 공식적인 방식을 취할 수 있습니다.

○ 정기적이거나 부정기적인 교류 모임, 좌담회, 소풍
○ 업무와 행사 통보
○ 조직이 중대한 정책을 실시하거나 바꿀 때 미리 토론회 개최하기

소통 방식은 비공식적인 방식을 취할 수도 있게 마련입니다. 예를 들어 공식적인 프로젝트를 정하기 전에 위아래든 주변이든 관련 분야의 종사자나 직원들에게 간접적으로 의견을 물어볼 수 있겠지요. 공식적인 경로로는 얻을 수 없는 의견을 비공식적인 경로로 얻을 수도 있습니다. 공식적인 자리에서보다 비공식적인 경우에는 오히려 거침없이 말할 수 있기 때문이지요. 비공식적인 소통 방식을 통해 얻은 '화합'의 효과는 공식적인 소통 방식에 비해 훨씬 더 뛰어납니다.

공식적이든 비공식적이든 상호감응 효과는 있지만, 공식적이면 강제

성을 띠는 경우가 많고 비공식적이면 자연스러운 경우가 많습니다. 사실 비공식적인 교류와 소통 방식이라고 해서 모두 '자연스러운' 것은 아닙니다. 만약 교류를 처음부터 양쪽의 관계를 만들기 위한 수단이라고 간주한다면, 비공식적인 교류 방식은 분명 동기가 생기기 때문에 마음에서 우러난 진실하고 자연스러운 감응이 아니라 전략의 성질을 띠게 됩니다. 그러나 동기가 있는 비공식적인 교류라 하더라도 적절한 방식을 취하고 지나치게 인위적인 요소만 배제한다면 긍정적인 교감 효과를 얻을 수도 있습니다. 모든 것은 교류 방식에 이를 다루는 기술이 있는지의 여부에 달렸습니다. 본디 동기가 있는 비공식적인 교류이지만 표현할 때 동기가 없는 것처럼 군다면, 곧 겉으로는 양이지만 속으로는 음이라면 행동의 목적을 달성할 수 있습니다.

하지만 동기가 있는 교류 행위를 취한 것이 함괘가 전통적으로 이야기하는 '진실하고' '정직한' 교류라는 성질을 '어기는' 것은 아닐까요? 사실은 그렇지 않습니다. 전통적인 해석은 도덕적 관점에서 문제를 봅니다. 만약 전략적인 관점에서 본다면 동기를 내포한 비공식적인 교류는 수단으로 변합니다. 교류와 소통은 드러난 행위라고 말할 수 있습니다. 드러나지 않고 숨어 있는 쪽은 자연스럽고 진실한 교류가 될 수 있지만 동기를 내포한 교류가 될 수도 있습니다. 비공식적인 2가지 교류 방식은 모두 교감 작용이 생길 수 있는데, 차이가 있다면 자연스럽고 진실한 교류는 지속성이 있지만 인위적인 성질을 내포한 교류는 지속성이 없을 수도 있다는 것입니다.

순서대로 점진하기

::

비공식적인 교류가 발전하는 과정에서 함괘는 순서대로 점진하는 방식을 취해야만 한다고 생각합니다. 함괘의 육효 효사에서 이미 지적했듯이 육효는 변동의 상황을 이렇게 이야기합니다.

초륙: '엄지발가락을 느낀다咸其拇.'
교류의 초기 단계는 '무拇', 곧 엄지발가락에서 시작하는 게 좋습니다. 양쪽이 교감하는 관계가 아직 초기라는 것을 표시합니다.

육이: '장딴지를 느낀다. 흉하다. 그냥 있는 쪽이 길하다咸其腓 凶 居吉.'
교감 과정이 '비腓', 곧 장딴지 부위까지 발전했습니다. 교류 수준이 이미 상승했습니다.

구삼: '넓적다리를 느낀다. 따르는 사람을 잡았다咸其股 執其隨.'
교감 과정이 '고股', 곧 넓적다리 부위까지 올라갔습니다.

구사: '바르면 길하다. 후회하다가 점점 없어진다. 자주자주 오가면 벗들이 네 생각을 좇는다貞吉 悔亡 憧憧往來 朋從爾思.'
구사의 효위는 구삼 위쪽, 곧 허리 위쪽입니다. 이미 몸의 상반부까지 왔지요. '자주자주 오간다'는 효사가 묘사하는 것은 영혼의 감응이지요. 이때 교류하는 부위는 그래서 심장이어야만 합니다.

구오: '등을 느낀다. 후회가 없다咸其脢 无悔.'

교류 과정이 이미 '매脢', 곧 등 부위까지 왔습니다.

상륙: '볼, 뺨, 혀를 느낀다咸其輔頰舌.'

교류 과정이 '협頰'과 '설舌', 곧 뺨과 혀 부위까지 발전했습니다.

함괘의 교류 원칙은 순서대로 점진하는 방식을 취하는 것입니다. 이 것은 『주역』에 일관된 신중함의 철학을 반영합니다. 교류가 발전하는 과정에서 양쪽의 감정을 점차 북돋우고 상대방을 점차 이해하면 서로 감정을 한층 더 끌어올리고 공고하게 만들 수 있습니다. 이것도 중국 전통문화의 특색 가운데 하나입니다. 양쪽의 정서는 단기간에 만들 수 있는 것이 아닙니다. "일을 빨리 하려고 하면 도리어 이루지 못한다欲速不達." 공자는 이렇게 말한 적이 있지요.

함괘가 강조한 위아래의 교감은 '조화로움'을 창조하기 위한 조건입니다. '조화로움'의 기초가 생겨야 조직 구성원의 협력에 유리해집니다.

동인괘☰ 공통점을 찾지만 차이는 그대로 두기
☷

동인괘는 하늘과 불로 구성된 괘입니다. 하늘과 불은 본디 매우 큰 차이가 있지만 둘은 같은 구석도 있습니다. 둘은 '위쪽'이라는 공통점을 가지고 있습니다. 이는 차이 속의 동일성입니다. 하늘과 불은 다르기도 하지만 같기도 합니다. 동인괘는 '공통점을 찾지만 차이는 그대로 두는 것이 어울리는 방법同人之道'이라고 지적합니다. 어떤 조직의 구성원이든 각자의 배경, 기능, 지향, 동기, 요구는 다릅니다. 하지만 모든 사람이 공동의 환경에서 일하는 바에야 동일한 업무 태도를 가지고 한마음 한뜻으로 조직의 공동 목표를 위해 성큼성큼 전진하는 것이 좋습니다. '한 배를 탔다'는 생각으로 조직의 목표를 완성하고자 한다면 개인적 요구 또한 달성될 수 있습니다. 그래서 개인의 이익과 조직의 이익이 서로 긴밀하게 묶여 있는 것이지요. 이것이 바로 '공통점을 찾지만 차이는 그대로 두는' 것입니다. 같은 것을 찾으면서 동시에 다른 것도 그대로 두지요. 다른 것을 그대로 두면 어울리는 사람들 사이에서 '조화로움'을 확산시켜나갈 수 있습니다. 어울리면 합치는 일이 쉬워집니다.

동인괘 괘사: '벌판에서 남들과 어울린다. 형통하다. 큰 냇물을 건너기 유리하다. 군자가 바르게 하기 유리하다同人于野 亨 利涉大川 利君子貞.'
조직은 '조화로움'을 추구하는 동시에 마치 가로막히지 않은 벌판처럼 대상의 범위도 넓혀야 합니다. 너른 마음을 가지고 다른 의견을 가진 구성원을 받아들여야만 마치 큰 강을 건널 때 만날 수 있는 거추장스러운 여러 장애물을 극복할 수 있습니다. 의기투합의 방식을 취하는 것도 바른길이어야만 합니다. 효사는 '공통점을 찾지만 차이는 그대로 두는' 여러 방법으로 '조화로움'에 도달하게 하는 지침도 제시하고 있습니다.

초구: '대문에서 남들과 어울린다. 허물이 없다同人于門 无咎.'
내 편과 네 편을 가리지 않고, 친한 사람과 어색한 사람을 나누지 않

고 사귀면 틀림없이 피해가 없습니다.

육이: '피붙이끼리만 뭉친다. 인색하다同人于宗 吝.'
마음이 맞는 사람하고만 소통하고 함께 엮이면 마음이 편협해지고 시야가 콩알만 하게 좁아지기 때문에 틀림없이 아쉬움을 초래하게 됩니다.

구삼: '병사를 수풀에 엎드리게 하고 높은 언덕에 올라간다. 3년을 일어나지 못한다伏戎于莽 升其高陵 三歲不興.'
남과 의기투합하는 일은 경솔하게 강요할 수 없는 일이어서 인내심을 가지고 순리대로 영합해야 합니다. 마치 군대를 풀밭에 매복시키고 높은 산에 올라가 망을 보지만 3년이 지나도 벌떡 일어나 싸우지 못하는 꼴과 같습니다.

구사: '담에 올라가지만 쳐서 공격하지 않는다. 길하다乘其墉 弗克攻 吉.'
남과 싸워도 멈추고 물러설 때를 알면 무력을 써서 억지로 같아지게 만들려고 하지 않아도 적을 친구로 삼을 수 있습니다. 한마음이 되는 길을 찾는다면 길하게 될 것입니다.

구오: '어울린 사람이 먼저 울부짖고 나중에 웃는다. 큰 군대가 치고 서로 만난다同人 先號咷而後笑 大師克相遇.'
남과 의기투합하려면 먼저 어려움을 극복해야 '어울리는' 목적을 달성할 수 있습니다. 고진감래인 셈이지요. 마치 장애를 극복한 뒤 동맹군과 만나는 상황과 같습니다. 마음도 한마음, 뜻도 한뜻이라면 남과의

의기투합을 가로막는 장애를 극복할 수 있습니다.

상구: '먼 벌판에서 남들과 어울린다. 후회가 없다同人于郊 无悔.'
의기투합의 대상이 '문' '종주'부터 '교외'까지 범위가 확대되었습니다.
하지만 '벌판'이라는 천하를 품에 넣는 큰 목표를 달성하지 못했기 때
문에 그저 후회는 없는 셈입니다.

결론적으로 인간관계의 '조화로움'에 도달하려면 순서대로 점진해야
하며, 자기와 뜻이 같은 조직 구성원만으로 대상을 제한하지 말고 의견
이 다른 구성원까지 범위를 확대해야만 합니다. 이것은 '어울리되 같아
지지는 않는和而不同' 일의 한 가지이기도 합니다.

동인괘의 교호괘 또는 복괘는 구괘▤입니다. 하늘 아래 바람이 있는
것이지요. 천하에 바람이 불면 만나지 않는 만물이 없기에 만나고 의기
투합한다는 뜻이 있습니다. 조직이 만약 '어울리는' 적당한 방식을 취하
면 조직의 관련 인사와 소통해서 교감 작용을 일으킬 수 있습니다. 겉
은 동인괘이지만 숨어 있는 것은 구괘입니다. 두 괘는 모두 소통해서
조화로움을 달성한다는 뜻을 지적합니다.

동인괘의 착괘는 사괘▤입니다. 동인괘는 의기투합의 방법을 가리키
지만 사괘는 '다툼'의 상징을 가지고 있습니다. 두 괘의 '어울림'과 '다툼'
은 맞서는 성질을 띠고 있지요. 이런 부분에 『주역』의 내재적인 논리가
분명히 존재하고 있습니다.

가인괘☲☲ 어울리기
::

만약 조직의 구성원이 의기투합의 방법을 지킬 수 있다면 조직 전체는 마치 가족과 같을 것입니다. 가인괘는 가족 구성원이 '자신을 수양하고 修身' '집안을 가지런히 해서齊家' 집안이 화목함을 지적합니다. 바람이 불 위에 있는데 바람은 불에서 나옵니다. 불은 열기, 따뜻함, 관심, 협조, 소통, 사이좋음, 조화를 나타내지요. 불은 모으는 힘과 응집시키는 힘을 가지고 있습니다. 불은 안에 있는데 불길이 활활 타올라 바람은 바깥으로 붑니다. 이는 가족 구성원이나 조직 구성원이 한마음으로 힘을 합쳐 바깥으로 사업을 발전시키는 일을 상징합니다. 바람은 풍속이나 언행의 규칙을 상징하기도 합니다. 집안사람들이 반듯한 행위 규범을 갖추고 각자 자신을 수양하며 도덕성을 기르는 일부터 시작할 것을 요구합니다. 그래서 '화합'은 개인의 수양이나 도덕과 관련되기도 합니다.

가족 구성원은 가정에서 각각 제 몫의 직책과 의무가 있습니다. 각자 '제자리'가 있다는 말이지요. 만약 구성원들이 '제자리'에 따라 일한다면 가족의 윤리 관계가 형성되고 '화합'의 기초도 다져지게 됩니다. 이 원리를 다른 조직에도 응용해서 사회의 윤리 관계를 구성할 수 있는데, 이 경우 응집시키는 힘을 발전시킬 수 있습니다.

태괘☱☱ 윤기가 나도록 돕기
::

태괘는 연못입니다. 내괘와 외괘가 모두 태괘이기 때문에 연못이 둘인

괘이지요. 태兌는 행복欣悅, 희열喜悅, 유쾌和悅의 뜻이 있습니다. 연못은 축이는 작용이 있어서 두 연못이 중복되지 않고 서로 이어져 있으면 서로 스며들어 축이는 이미지가 생깁니다. 친구나 동료, 상사와 부하 직원 사이, 비즈니스 파트너 사이에서 서로 사귀는 일을 간접적으로 가리킵니다. 서로 유쾌하게 지내고 마음을 터놓으며 말이나 행동이 진실하고 거짓이 없으면 '사람이 어울릴人和' 조건이 구성됩니다.

태괘의 내괘에서 구이효는 강효이고, 외괘에서 구오효도 강효입니다. 강효 둘은 모두 가운데 있고, 내괘와 외괘의 윗자리는 모두 육삼과 상륙 같은 유효입니다. 그래서 내괘와 외괘의 이미지는 '안은 강하지만 겉은 부드럽거나' '겉은 원만하지만 안은 반듯한' 것입니다. 이는 사람을 대하고 일을 처리하는 행위의 지침을 지적하기도 합니다. 속마음으로는 성실과 공정의 원칙을 가져야만 하고, 대외적으로 사람을 대하고 일을 처리할 때는 유화적이고 공손하며 평등한 태도를 가져야 합니다. 그래야 인간관계에서 '어울리는' 관계가 생기기 쉽고, 구심력과 응집력을 세우기도 유리하며, '합치는' 작용 또한 더 쉽게 생깁니다.

오행론
::

『주역』에서 관련된 별괘로 위와 같이 '화합'의 개념을 해석했습니다. 별괘의 구성 요소는 음기와 양기라는 2가지 원기元氣이고, 음효와 양효라는 2가지 부호로 나타냅니다. 발전의 다이내믹한 과정은 시간의 다이내믹한 과정을 반영하고 발전 과정을 중시하지요. 오행은 금, 목, 수, 화,

토의 5가지 부호로 그 과정을 해석합니다. 금은 튼튼함과 씩씩함을 나타내고 목은 성장과 발전을 나타내며, 수는 유동성과 변화를 나타내고 화는 따뜻함과 응집을 나타내며, 토는 근원과 포용을 나타냅니다. 『주역』의 팔괘에서 손괘는 바람을 나타내는 동시에 목도 나타내고, 감괘와 태괘는 수를 나타내며, 이괘와 진괘는 화를 나타내고, 곤괘와 간괘는 토를 나타냅니다. 팔괘 전체에 금의 개념은 없습니다. 하지만 금의 성질은 건괘와 가깝습니다. 그래서 오행론과 팔괘를 합쳐서 세상의 현상을 해석하면 음양과 팔괘의 해석력을 더 향상시키게 됩니다. 이는 음양이 기능을 합쳐 서로를 살리는 효과와 같습니다.

오행론의 개념에는 2가지 시스템이 있습니다.

1. 상생 시스템

금은 수를 낳고 수는 목을 낳으며, 목은 화를 낳고 화는 토를 낳으며, 토는 금을 낳습니다. 토를 그림의 중심에 놓은 것은 토가 가진 통합성과 포용성을 나타내기 위해서입니다.

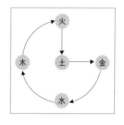

2. 상극 시스템

화는 금을 이기고 금은 목을 이기며, 목은 토를 이기고 토는 수를 이기며, 수는 화를 이깁니다.

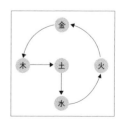

오행론은 원소나 사물 사이에 상생이나 상극의 2가지 시스템이 있음을 나타냅니다. 2가지 시스템의 작용을 통해 균형 상태에 도달할 수 있으며 동시에 조화나 화합을 이룬 경지에 도달할 수도 있습니다.

상생과 상극의 2가지 시스템이 이상적인 균형 상태에 도달할 수 있는가를 알아보려면 '지나치거나' '모자라는' 상황이 나타나는지 여부를 보아야 합니다. 만약 상생 시스템이 상극 시스템보다 무겁다면 불균형 현상을 일으킬 가능성이 있습니다. 2가지 시스템의 조화나 화합은 그 단계에 저절로 도달하기 어렵습니다. 만약 2가지 시스템에서 오행 사이의 관계로 범위를 줄인다면 균형 상황에 도달했는지 여부를 연구하고 논의할 수 있습니다. 이것은 적절성의 문제와 연관되지요. 상생 시스템에서 수의 양이 모자라면 목도 자랄 수 없을 테고, 화의 양이 모자라면 토가 생기지 않습니다. 반대로 상극 시스템에도 같은 상황이 발생합니다. 수의 양이 모자라면 화를 끄지 못하고, 화의 양이 모자라거나 금이 너무 커도 금을 녹이지 못합니다. 목이 지나치게 크면 금도 무뎌져서 목을 이길 수 없습니다. 토의 양이 충분하지 않아도 수를 이길 수 없습니다. 그래서 오행론이 균형을 이야기하고 조화를 이야기하는 것은 사실 『주역』이 강조하는 중도와 관련이 있습니다. 합당한 관계에서만 균형과 조화, 화합의 경지에 도달할 수 있습니다.

오행론은 기업 조직에도 응용할 수 있습니다. 기업의 각 분야 사이에 서로 지원하는 시스템을 세우고, 견제하는 시스템을 동시에 세우면 2가지의 정당한 지원을 얻을 수 있을 뿐만 아니라 어느 정도 견제도 받기 때문에 기업의 관련 분야가 발전할 수 있습니다. 지원과 제약이라는 2가지 시스템에서 기업은 전체적으로 합당한 균형을 얻을 수 있습니다.

음양과 팔괘는 개방형 발전 시스템이고, 오행은 폐쇄형 순환 시스템입니다. 따라서 둘을 합쳐 활용하면 기업 조직의 행위를 해석하는 능력을 자연스레 더 강화할 수 있습니다.

제11장

단결론

조직의 리더에게 구성원들을 단결시켜 방대한 구심력을 만드는 일은 중요한 능력 가운데 하나입니다. 『주역』은 이에 관해 여러 가지 유용한 관점을 제시해줍니다.

중부괘䷼ 정성스러움

조직의 응집력은 리더의 정성과 관련이 있습니다. 정성은 고귀한 인품이자 사람 구실과 세상살이의 근본입니다. 내가 정성으로 남을 대해야 남도 나를 정성으로 대합니다. 리더가 정성을 기울여야 조직 구성원들도 정성을 기울이게 되고, 이를 바탕으로 구심력이 생기면 응집력도 형성될 수 있습니다. 『주역』에서 중부괘는 오로지 정성에 대해서 이야기하는 괘입니다. 중부괘는 바람과 연못으로 구성된 괘☲입니다. 연못 위에 바람이 생겼고, 바람은 습윤한 공기를 머금고 호수의 사방으로 붑니다. 마치 정성을 곳곳에 널리 베푸는 것처럼 말입니다. 중부괘의 상괘는 손괘이기 때문에 바람도 되고 나무도 됩니다. 나무가 연못 위에 있는 것은 나무로 만든 배를 상징합니다. 괘의 꼴에서 괘의 초구, 구이, 구오, 상구는 모두 양효이고, 육삼과 육사는 음효입니다. 괘의 꼴은 겉으로 강하고 속으로 부드러운 괘입니다. 겉은 충실하지만 속은 텅 빈 형상이기도 하므로 배의 성질과 비슷합니다.

다른 각도에서 보면 정성은 '감동시키는' 힘을 가지고 있습니다. 건들 바람이 고요한 수면에 불 때 '느끼는感' 작용이 발생하고 물결이 일어나 '움직이게動' 됩니다. 이것은 조직의 리더가 조직의 구성원들을 정성스럽게 대할 때 '느끼는感' 작용이 생기고, 조직도 정성스러운 태도와 행위로 리더의 정성에 '부응한다應'고 말할 수 있습니다. 서로 교감하는 작용은 이렇게 생기지요. 구이 효사는 다음과 같습니다. "두루미가 그늘에서 울고 있고 새끼가 화답한다. 내게 좋은 술잔이 생겼으니 나는 너와 얽히겠다鳴鶴在陰 其子和之 我有好爵 吾與爾靡之." 두루미가 산 위의 응달에서 울고 있는 것은 정성이 멀리까지 전달된다는 것을 상징합니다. 두루미 무리도 호응한다는 것은 같은 유형의 사람들이 정성스럽게 상응하고 피차 교감이 생겼음을 상징합니다. 양쪽이 좋은 술을 함께 마시며 즐기는 것은 피차 정성으로 서로 호응하는 것을 상징합니다. 리더가 정성으로 아랫사람을 대하면 아랫사람도 정성으로 보답하지요. 서로 호응하는 상황에서 응집력은 바로 이런 상호 작용을 통해 형성됩니다.

만약 리더가 사람을 대할 때 정성스럽지 않다면 남에게 믿음을 주지 못하겠지요. 또한 적을 만들고 자기 마음도 어수선해져서 진퇴양난에 빠지게 됩니다. 이런 상황은 육삼 효사에 이렇게 반영되었습니다. "적을 얻었다. 북을 치기도 하고 멈추기도 하며 울기도 하고 노래를 부르기도 한다得敵 或鼓或罷 或泣或歌." 육삼은 음이 양의 자리에 있는 것입니다. 사람 됨됨이가 성실하지 않으면 관련된 분야에서 적을 만들게 됩니다. 어떤 때는 북을 치고 공격하다가도 어떤 때는 멈추고 전진하지 않습니다. 어떤 때는 슬퍼서 울다가도 어떤 때는 기뻐하며 노래합니다. 희로애락이 덧없어 어쩔 줄을 모릅니다. 이렇듯 리더에게 정성이 없으면 행동의 방향을 잃어버리게 됩니다.

구오 효사는 이렇게 말합니다. "믿음이 있는 것은 당기는 것과 같다. 허물이 없다有孚攣如 无咎." 리더가 정성으로 조직의 구성원들과 좋은 관계를 유지할 수 있다면 양쪽은 서로 믿음을 세울 수 있습니다. 마치 쌍둥이 형제처럼 손잡고 어깨동무하며 하나로 뭉치지만 잘못을 저지르지는 않습니다.

『중용』제19장에는 다음과 같은 말이 나옵니다. "정성스러운 것은 하늘의 길이고, 정성스러우려는 것은 사람의 길이다." 성실한 것은 선천적인 진리입니다. 성실함을 실천하는 것은 사람이 해야 하는 일의 진리입니다. 정성은 조직의 리더가 자신을 수양하고 남을 다스리는 데 근본이 되는 것이고 모든 활동의 원동력이기도 합니다. 그래서 응집력을 형성하는 구심점이 되기도 합니다.

중부괘 안에 있는 괘

∷

중부괘의 교호괘는 이괘☲입니다. 이괘의 형상은 마치 사람의 벌린 입과 같은데, 위아래의 이가 다 드러났습니다. 입은 밥을 먹는 데 필요하지요. 음식은 입을 통해 체내로 들어가고 생존에 필요한 양분을 제공합니다. 그래서 입은 '기르는' 기능을 가지고 있고, 이願는 '잘 먹고 건강을 관리한다'는 함의가 있습니다. 이괘는 중부괘에 몰래 숨어 있고 정성스러움을 기른다는 뜻을 가집니다. 리더는 조직 구성원들에게 정성스러운 생각을 길러주어야 합니다. 이괘의 이미지는 산 아래에 우레가 있는 것입니다. 리더가 말을 조심하는 것도 정성스러운 방법에 부합합니다. 이괘의 교호괘는 곤괘☷입니다. 이것은 리더가 대지처럼 포용하는 미덕이 있어야 한다는 것을 암시하기도 하는데, 다른 한편으로 '성실함'의 요소이기도 합니다.

리더는 정성을 유지하려다가 말과 행동에서 가끔 융통성을 잃어버릴 수도 있습니다. 그러면 남들에게 뻣뻣하다는 느낌을 주기도 합니다. 중부괘의 착괘는 소과괘☳입니다. 산 위에 울려퍼지는 우렛소리가 여느 때보다 좀 크기 때문에 여기서 '좀 잘못된' 현상이 생기는 것을 상징합니다. 이는 리더의 말과 행동이 엄격한 범위를 조금 벗어나는 것이 유리하다고 암시합니다. 지나치게 엄숙하고 신중하면 비록 정성을 기울이더라도 융통성을 잃어버리기 때문에 사람과 교제할 때나 일을 처리할 때 꼭 유리하지는 않습니다. 어느 정도 융통성 있는 정성의 원칙은 조직의 응집력을 기르기에 유리합니다.

중부괘의 종괘는 여전히 자신과 마찬가지인 중부괘☴입니다. 이것

단결론

279

𓏲𓏲𓏲𓏲

은 정성을 다해 옳은 방향으로 나아가는 것이 리더십의 진리가 된다는 점을 설명합니다.

췌괘䷬ 단결

췌괘의 췌萃 자는 무성한 풀이 한곳에 아주 많이 모여 있는 것을 나타냅니다. 한데 모으기의 뜻도 되고 한데 만나기의 뜻도 되지요. 괘 자체는 연못과 땅으로 구성된 괘䷬입니다. 물이 땅 위에 모여 연못이 되었기 때문에 한데 모으는 상징이 있습니다. 한편 물은 땅을 윤택하게 만들고 풀과 나무를 자라게 하지요. 이는 조직의 리더가 인재를 응집시키는 능력을 가지고 있어야 한다는 것을 상징합니다. 췌괘의 괘사는 이렇게 말합니다. "형통하다. 임금이 사당을 가지고 있다. 대인을 만나기 유리하다. 형통하다. 바르게 하기 유리하다. 큰 희생을 쓰는 것이 길하다. 갈 곳이 생기기 유리하다亨 王假有廟 利見大人 亨 利貞 用大牲吉 利有攸往." 옛날에는 나라에 큰일이 닥치면 임금과 제후가 종묘에 가서 조상에게 제사를 지내고 성의를 표시했습니다. 모일 때는 강력한 인물이 이끌어야만 함께 모인 사람들이 흩어지지 않습니다. 제사를 지낼 때 양 같은 가축 말고 소처럼 큰 제물을 써야만 제사를 지내는 사람의 성의를 표시할 수 있고 많은 사람을 단결시키는 데도 유리합니다. 리더의 정성이 조직 구성원들에게 미쳐서 생긴 상호 호응의 영향은 이미 중부괘에서 이야기했지요. 췌괘는 리더의 정성이 조직의 응집력에 끼치는 영향을 한층 깊게 지적합니다.

어떻게 해야 조직에 대한 조직 구성원들의 구심력과 응집력을 일으킬 수 있을까요? 이것은 조직의 리더가 꼭 갖추어야 할 능력 가운데 하나입니다. 상층의 행정 직원과 중층 및 하층의 실무 직원 같은 조직 구성원들은 각각 원하는 것이 다릅니다. 어떤 사람은 물질적인 보수를 중시하고, 어떤 사람은 직위를 중시하며, 어떤 사람은 도전할 만한 업무에 중점을 두지요. 어떻게 해야 각기 다른 요구를 하는 구성원들을 단결시키고 조직에 소속감을 갖게 만들어 업무 효율을 드러내게 할 수 있을까요? 이것은 분명 리더의 중요한 직책입니다. 조직의 응집력을 높이기 위해 취할 수 있는 방법은 높은 임금과 훌륭한 복지 제도, 정규직 채용 제도, 도전적인 업무, 조화로운 업무 환경, 조직 문화 등이 있습니다. 하지만 리더의 태도 또한 응집력에 영향을 줄 만한 요소라는 사실을 기억해야 합니다. 리더가 성실하게 사람을 대하고 정책이나 사무 처리가 공평하고 공정하며 솔직하고 성실하다면 조직 구성원을 저절로 감동시키게 마련입니다. 여기서 말하는 리더는 개인일 수도 있고 리더 그룹일 수도 있습니다. 따라서 정성의 원칙만 채택한다면 내부 응집력을 크게 키울 수 있을 것입니다.

하지만 조직 구성원들에 대한 리더의 정성은 연속적이고 장기적이어야지 우연히 한번 시행해서는 안 됩니다. 지속적이지 않다면 응집력이 안정성을 잃게 됩니다. 응집력은 리더에게 정성이 있을 경우에는 매우 높고, 정성이 없을 때는 상당히 낮습니다. 정성의 연속성과 응집력의 연속성 사이에는 정비례 관계가 있지요. 췌괘의 초효는 이런 현상을 지적하고 있습니다. 초륙의 효사는 이렇습니다. "믿음이 있지만 끝이 없다. 어지러워졌다 모였다 한다有孚不終 乃亂乃萃." 만약 신용을 한결같이 지키지 않으면 인심이 흩어져 응집력도 사라지게 됩니다.

　조직 구성원의 응집력은 리더 개인의 행실과도 관련이 있습니다. 리더의 인품과 몸가짐, 행위는 조직 구성원들의 본보기가 되는 경우가 잦습니다. 리더의 태도가 바르면 아랫사람도 바르지 않을 수 없기 때문에 리더의 행실은 모범이 되어야 합니다. 공자는 『논어』에서 이렇게 말했습니다. "군자의 덕은 바람이고, 소인의 덕은 풀이다. 풀 위에 바람이 불면 부는 대로 눕게 마련이다." 리더의 행실은 마치 바람과 같고, 아랫사람의 인품은 풀과 같습니다. 바람이 불면 풀은 바람을 따라 넘어지지요. 바람이 부는 쪽으로 풀은 넘어지게 마련입니다. 바람과 풀의 관계에서 바람은 독립변수이고, 풀은 종속변수입니다. 리더의 행실이 아랫사람에게 지극히 큰 영향력을 발휘한다는 점을 감안하면 리더가 자신을 먼저 바로잡아야 아랫사람들의 응집력을 높일 수 있다는 점을 알겠지요. 췌괘의 구오 효사에 이런 함의가 있습니다. "사람을 모을 때 자리가 있다. 허물은 없지만 믿지 않는다. 아주 오랫동안 바르면 처음에 후회해도 점점 없어진다萃有位 无咎 匪孚 元永貞 悔亡." 응집의 목적을 달성하려면 반드시 바른 행실과 몸가짐으로 많은 사람의 신임을 얻어야 하고, 덕으로 남을 복종시켜야以德服人 후회하지 않을 것입니다. 리더가 자신을 바로잡고 덕을 수양하는 일은 어떤 조직에서든 응집력을 높이는 필요조건입니다.

　조직 내부의 응집력은 조직 구성원들의 소속감과 단결 정신의 여부에 따라 결정됩니다. 조직 구성원들이 강한 소속감과 단결 정신을 가지고 있으면 내부 응집력도 강해집니다. 이것은 조직이 어려울 때 구성원들이 개인의 이익을 희생하면서 전체의 이익을 살리는 것을 원하는지의 여부로 판단할 수 있습니다. 만약 리더가 조직 구성원들을 단결시켜 공동 목표를 향해 성큼성큼 나아간다면 보이지 않는 단결 정신이 생기고 조직의 독특한 문화도 형성되기 때문에 내부의 응집력을 높이는 데 유리합니다.

조직 구성원들의 표면적인 응집력은 단결일 수도 있고 결탁일 수도 있습니다. 단결의 성질을 가진 응집은 조직에 대한 구성원들의 구심력을 가져오지만, 결탁의 성질을 가진 응집은 구성원들의 분열을 만들어 내 원심력을 생기게 합니다. 이상적인 응집은 단결의 성질을 가진 응집이지 결탁의 성질을 가진 응집이 아닙니다. 공자는 이런 문제에 대한 견해를 『논어』에 다음과 같이 남겼습니다. "군자는 사람을 두루 사귀지만 패거리를 짓지 않고, 소인은 패거리를 지을 뿐 두루 사귀지 않는다君子周而不比 小人比而不周." 군자는 집단의 이익을 위해 단결하지만 소인은 개인의 이익을 위해 결탁합니다. 공자는 『논어』에서 "무리를 짓지만 패거리를 만들지 않는다群而不黨"라는 말로 응집 원칙을 지적했습니다. 조직 구성원들이 잘 어울리고 개인적으로 패거리를 꾸리지 않으면 응집력이 효력을 드러낼 수 있습니다.

내부 응집력 외에 외부 응집력도 있습니다. 외부 응집력은 조직과 중요한 관계에 있는 외부 기관이나 인물을 가리킵니다. 예를 들어 기업 조직의 구매자, 소매상, 도매상과 긴밀한 관계를 맺고 이들에게 조직에 대한 호감이 생기도록 만드는 일도 보이지 않게 외부 응집력을 높이는 것입니다. 외부 응집력이 좋은 조직은 경쟁에서 상대보다 더 뛰어난 지위를 차지하게 마련입니다. 주요 관계자 가운데 가장 중요한 사람은 현재의 구매자와 잠재적 구매자입니다. 구매자가 조직의 상품이나 서비스를 장기적으로 좋아한다면 구매자의 응집력이 높아지게 됩니다. 이것은 소매상과 도매상의 응집력을 발전시키는 데 유리합니다. 외부 응집력을 발전시킬 때에도 신용이라는 기본 원칙을 벗어날 수 없습니다.

췌괘 안에 있는 괘

::

췌괘의 착괘는 대축괘☲입니다. 하늘이 산속에 있습니다. 하늘은 가장 너르고 큰 것인데 오히려 산에 싸여 있습니다. 산이 하늘을 감쌀 수 있다는 것은 '크게 쌓는' 현상을 상징합니다. 산은 무엇을 쌓고 있을까요? 바로 하늘과 같은 행실이나 객관적 자연 법칙입니다. 여기서는 리더가 지녀야 하는 몸가짐을 유지해서 조직의 응집력을 높이는 유리한 조건으로 삼아야 한다는 점을 지적합니다.

췌괘의 종괘는 승괘☲입니다. 승괘는 육십사괘의 순서에서 췌괘 뒤에 있습니다. 함의는 응집해서 추세를 따라 올라가야 한다는 것입니다. 손괘는 나무이고 땅속에서 나무가 올라옵니다. 나무가 땅속에서 자라나오는 것은 올라가는 일을 상징합니다. 조직의 응집력을 높이는 일은 나무처럼 어린싹에서 시작해서 땅을 뚫고 나와 추세를 따라 올라가야만 하지 인위적인 힘에 의지해서는 안 됩니다. 이것이 바로 리더가 이해해야 하는 중요한 경영 원칙일 것입니다.

췌괘의 교호괘는 점괘☲입니다. 손괘는 나무이고, 나무가 산 위에 있습니다. 나무는 이미 흙을 뚫고 나와 산 위에서 자라고 있습니다. 이는 점차 자라는 형식으로, 응집력의 형성도 결코 단기간에 달성되는 것

이 아니라 인내심을 가지고 순서대로, 점진적으로 자라기를 기다려야
한다는 의미입니다.

모이기聚·흩어지기離 / 합치기合·나누기分

⁚⁚

어떤 조직이든 발전 과정에는 모이고 흩어지고, 합치고 나누는 등의 과
정이 있습니다. 조직이 발전하는 초기에는 모이기에 편중하게 마련입니
다. 인력과 자금, 기술을 모아서 창업에 쓰는데, 이것은 합치는 행동이
기도 합니다. 그러나 조직이 성공적으로 발전한 뒤에는 분산하는 쪽으
로 행동이 기웁니다. 쌓아놓은 자원을 전략적으로 다원화시켜 발전하
지요. 이는 흩어지기 혹은 나누기입니다. 자원을 항목 하나에 집중시
키는 발전은 모이기나 합치기이고, 자원을 분산시키는 발전은 흩어지
기나 나누기입니다. 모이기와 흩어지기 또는 합치기와 나누기는 발전의
자연법칙입니다. 조직의 응집력에도 마찬가지 현상이 발생할 수 있습니
다. 응집력은 장기간 유지하지 못하면 흩어질 가능성을 피할 수 없기에
응집력에도 모이기와 흩어지기의 문제가 있습니다. 한편 조직 구성원이
원하는 것과 의견이 저마다 다르고 조직의 목표와 일치하지 않을 때가
있습니다. 이 경우 조직 구성원의 의견 차이가 지나치게 크면 조직 전체
의 단결과 효율에 영향을 끼치기 때문에 리더는 '흩어짐을 모이는 것으
로 바꾸는' 능력을 반드시 갖추고 있어야 합니다.

　모이기와 흩어지기 또는 합치기와 나누기는 사실 음양 개념이기도 합
니다. 둘이 서로 의존하는 것이지요. 『주역』은 위에서 이야기한 모이기나

합치기 개념을 가지고 있을 뿐만 아니라 서로 맞서는 흩어지기와 나누기 개념도 있습니다. 하지만 둘은 절대적인 대립이 아니라 상대적으로 대립하는 통일 개념입니다. 『주역』의 환괘와 규괘가 이 문제를 이야기합니다.

환괘 ䷺

환괘는 바람과 물로 구성된 괘입니다. 바람이 물 위에 불면 물결이 퍼지기 때문에 흩어지는 현상을 나타냅니다. 흩어지기가 꼭 나쁜 것은 아닙니다. 주로 헤어지는 목적이 무엇이며 영향이 좋은지 나쁜지를 보고 결정해야 합니다. 만약 흩어지기가 전체의 이익을 위해서라면 긍정적인 행동을 얻게 마련입니다. 예를 들어 위험을 분산시키는 다원적인 발전은 조직 전체의 이윤에 안정적인 작용을 합니다. 하지만 빠른 성장이라는 목적을 달성하기 위한 분산 행동은 장기적으로 볼 때 전체에 꼭 유리하지는 않습니다. 한편 조직이 반드시 장기적으로 강한 구심력이나 응집력을 유지할 필요는 없습니다. 환경이나 조직, 인사 변동 때문에 본디 가진 응집력이 줄어들 때도 있습니다. 조직의 리더는 응집력이 흩어지는 초기에 이를 제때 막아야만 흩어지기가 계속 확대되고 나중에 구하려고 해도 소용없는 국면을 피할 수 있습니다.

환괘의 초륙 효사는 "사람을 구조하려 하는데 말의 힘이 세다. 길하다用拯馬壯 吉"라고 합니다. 흩어지는 초기에 힘센 말을 빌려 구해야만 길함을 얻을 수 있습니다. 초륙은 음효이기 때문에 본질이 음유입니다. 응집력이 흩어지기 시작할 때 원래의 조직 문화에만 의지한다면 흩어지고 있는 인심을 틀어쥐기가 힘들 것입니다. 이때는 분명 양강하고 주동적이며 적극적인 수단이 필요할 것입니다. 예를 들어 임금을 높이는 일을 들 수 있습니다. 초륙은 구이에 가까운데 만약 구이의 도움을 얻는다면 서로 작용을 일으킬 수 있습니다. 구이는 여기서 양강하고 적극적인 조치를 상징합니다.

구이 효사는 "흩어져 책상으로 뛰어간다. 처음에 후회해도 점점 없어진다渙奔其机 悔亡"입니다. 흩어지거나 떠나는 국면이 이미 확대될 때 원래 방법에만 의지하면 응집력을 유지할 수 없습니다. 이때는 제때 적당한 방법을 취해서 구해야만 합니다. 응집력이 흩어지는 국면이 확대되는 까닭은 틀림없이 당장의 제도나 경영 방식에 불만이 있기 때문이지 그저 진급 제도나 작업 환경 같은 물질적인 보상이 이상적이지 않기 때문은 아닐 것입니다.

육삼 효사는 "자기 몸을 흩는다. 후회가 없다渙其躬 无悔"입니다. 리더는 자신의 개인적 이익을 버려야 흩어지는 국면을 구하려고 할 때 도움이 될 것입니다. 육삼과 상구의 상응은 이런 행동이 필요하다는 것을 암시합니다. 육사 효사는 "무리를 흩어버린다. 아주 길하다. 흩었는데 언덕이 있다. 평범하게 생각할 것이 아니다渙其群 元吉 渙有丘 匪夷所思"입니다. 흩어지는 원인이 조직 안의 여러 패거리가 일으킨 행동 때문일 가능성이 있습니다. 그래서 리더는 방법을 찾아 패거리와 패거리의 행동이 낳은 불리한 상황을 깨끗이 없애버리고 구성원을 다시 모아 우뚝 선 산처럼 완전하게 통일된 강력한 단체를 세워야만 합니다. 리더의 이런 행위는 결코 보통 사람이 생각할 수 없는 것입니다.

흩어지기를 구하고 응집력을 다시 세우는 과정에서 리더는 주저 없이 결단을 내리고 개혁 조치를 선포해야 합니다. 명령은 산처럼 흔들리지 않아야 하기 때문에 명령을 내리면 반드시 시행할 것이나 은혜와 위엄을 동시에 사용해야 한다는 점을 리더십의 명확한 핵심으로 삼아야 합니다. 이것은 구오 효사가 말한 바와 같습니다. "임금이 있다. 허물이 없다王居无咎."

음이 극에 달하면 양이 나오거나 양이 극에 달하면 음이 나오는 것처럼, 리더가 모으는 작업만 잘 해놓으면 모이기가 극에 달해서 흩어지기가 생기는 상황이나 흩어지기가 극에 달해서 모이기가 생기는 상황에 이를 수 있습니다. 흩어지기와 모이기 사이에는 서로 바뀌는 관계가 있기 때문입니다. 만약 흩어지기와 모이기를 절대적인 대립 관계로 간주하고 처리한다면 흩어지기가 시작된 뒤에 다시 모일 수 없습니다. 반대로 흩어지기와 모이기를 음양의 형태로 본다면 둘은 상대적으로 대립하는 통일 관계가 됩니다. 리더에게 이런 마음이 있다면 흩어지기가 발생했을 때 최대한 노력해서 응집 작업을 다시 강화시키는 방법을 찾아내 떠나는 과정을 막거나 응집 과정을 다시 시작할 수 있습니다. 만약 흩어지기와 모이기를 절대적인 대립 상황으로 보고 하나로 합치려는 개념이 없다면 다시 응집시키는 작업은 생각조차 할 수 없을 것입니다. 이렇게 하면 응집의 희망은 저절로 없어지고 흩어지기와 떠나기는 사실로 변합니다.

기업 조직의 발전 과정에서 흩어지기와 모이기, 나누기와 합치기는 발전 전체에서 보면 하위 단계입니다. 창업 단계에서는 합치기이던 것이 기초를 세운 뒤에는 나누기로 변하기 시작합니다. 예를 들어 제품 다원화, 시장 다원화, 업무 다원화는 나누기로 볼 수 있습니다. 나누는 과정에도 합치는 행동이 있습니다. 예를 들어 어떤 업무 분야에는 여러 분야의 전문가와 필요한 자원을 집중하지요. 이것이 '나누는 과정에서 합치는 것'이지만 전체적인 발전 과정에서는 오히려 '합치는 과정에서 나누기가 생기는 것'입니다.

위의 논의는 모이기와 흩어지기 또는 합치기와 나누기의 성질을 조직의 응집력이라는 관점에서 볼 수도 있고, 조직의 발전 과정에서도 볼 수 있다는 점을 설명하고 있습니다. 이처럼 『주역』은 2가지 측면 모두에 의미 있는 대안을 제시하고 있습니다.

규괘 ䷥

규괘는 불과 연못으로 구성된 괘입니다. 불꽃은 위로 올라가고, 연못의 물은 아래를 적십니다. 상반되고 떠나는 상황을 상징하지만 다시 모으는 방법, 곧 '공통점을 찾지만 차이는 그대로 두고' 마음을 합쳐 서로 돕는 목적을 달성하는 것을 뜻합니다. 「상전」은 이렇게 말합니다. "위가 불이고, 아래가 연못인 것이 규괘다. 군자는 그래서 같으면서 다르다上火下澤 睽 君子以同而異." 하괘인 태괘는 유쾌함을 나타내고, 상괘인 이괘는 밝게 붙어 있는 것을 나타냅니다. 하괘나 아랫자리는 조직의 구성원이 상괘나 윗자리에 있는 훌륭한 주인이나 조직 자체에 기쁘게 붙어 있는 것을 나타냅니다. 만약 이런 정도까지 할 수 있다면 원래 떠나려는 것을 모으기로 바꿀 수 있습니다. 어떤 조직의 구성원이든 모두 같은 의견을 갖는 것은 불가능합니다. 차이가 있는 것이 정상이고 차이가 없는 것이 오히려 비정상이지요. 흩어지기, 곧 대립이 있으면 합치기, 곧 통일이 있습니다. 대립의 통일 과정을 통해 조직은 더욱 끊임없이 생성하고 발전합니다.

'흩어지기를 모으기로 바꾸는' 전환 과정은 규괘의 효사에서 다음과 같이 모호하게 지적하고 있습니다.

초구: '말을 잃어버려도 좇지 말라. 저절로 돌아온다喪馬勿逐 自復.'
말을 잃어버렸지만 저절로 돌아옵니다. 흩어지기와 비슷한 현상이 발생할 때 곧바로 행동을 취할 필요는 없습니다. 왜냐하면 이런 현상은 우연이거나 개별적일 뿐이지 상황 전체를 나타내는 것은 아니기 때문입니다. 이때는 정지해서 제동을 걸어야 합니다.

구이: '주인을 고샅에서 만난다遇主于巷.'
골목에서 주인과 만나는 일은 좁은 길을 걷다가 서로 '합치는' 상황입니다. '합치는' 목적을 달성하기 위해 잘 쓰지 않은 방법을 취할 때도 있지만 도를 잃지는 않습니다.

육삼: '수레가 끌리는 것을 본다. 소가 버틴다見輿曳 其牛掣.'
수레가 뒤로 밀리지 않도록 해두었는데 움직이지 못하게 고삐를 쥐는 바람에 수레를 끄는 소도 앞으로 나아가지 못하는 상황입니다. 전진하는 힘과 후퇴하는 힘이 서로 맞서는 바람에 진퇴양난의 곤란한 국면이 생깁니다. 삼의 자리인데 '자리'에 맞지 않는 상황입니다. 하지만 앞으로 다시 모일 것이라는 생각을 품고 있어야만 합니다. 왜냐하면

이렇게 떠나고 '헤어지는' 현상은 잠시뿐이므로 차이는 그대로 두고 공통점을 찾아서 다시 합칠 수 있도록 해야 하기 때문입니다. 육삼과 상구의 상응은 이런 과정을 암시합니다.

구사: '뜻이 달라 혼자다. 착한 사람을 만나 서로 믿는다. 위태롭지만 허물이 없다睽孤 遇元夫 交孚 厲无咎.'
구사와 초구가 상응하지 않는 것처럼 떠나거나 도움도 없는 외로운 상황에서 '성실한' 태도를 유지해야 합니다. '착한 사람'은 공명정대한 대장부인데, 여기서는 '정성'이라고 풀 수 있습니다. '정성'을 차이는 그대로 두고 공통점을 찾는 도구로 삼으면 떠나는 상황을 없앨 수 있습니다.

육오: '피붙이가 살을 씹는다厥宗噬膚.'(「상전」)
'차이는 그대로 두고 공통점을 찾는' 일을 통해 헤어지기를 합치기로 바꾸려고 합니다. 유화적인 육오가 양강인 구이의 도움을 얻는다면 피붙이 같은 관계를 맺게 됩니다. 마치 연한 고기를 씹는 것처럼 쉽게 어려운 처지를 극복할 수 있습니다.

상구: '비를 만나면 길하다遇雨之吉.'(「상전」)
비는 음양이 화합하는 현상을 상징합니다.

규괘는 헤어지기와 합치기 또는 달라지기와 같아지기의 관계를 논합니다. 헤어진 지 오래되면 합치게 마련이므로 차이는 그대로 두고 공통

점을 찾습니다. 이는 조직의 리더가 소홀히 여겨서는 안 되는 경영 원칙

입니다.

제12장

진보론

6가지 진보론

∷

『주역』의 육십사괘 가운데 6개의 괘가 진보하는 행동에 대한 견해를 제시합니다. 여기에는 비슷한 점도 있지만 다른 점도 있습니다. 진보 정신의 강조는 『주역』의 주요 개념 가운데 하나입니다. 앞서 논의한 적이 있는 건괘乾卦가 그중 하나이고, 승괘升卦, 점괘漸卦, 진괘晉卦, 이괘履卦, 미제괘未濟卦도 상황은 다르지만 진보적 행동의 기본적인 특징을 제시합니다. 6가지 진보론의 공통점과 차이점을 열거하면 [표 6]과 같습니다.

이 장에서는 6가지 진보론의 특성을 전진의 특성과 응용에 치중해서 상세하게 논의하겠습니다.

표 6. 여섯 가지 진보론의 공통점과 차이점

	건괘	승괘	점괘	진괘	이괘	미제괘
전진의 특성	끊임없이 노력하는 전진	추세에 순응하는 전진	순서대로 점진하기	부드러운 전진	위험해도 전진하기	끊임없이 생성하는 전진
응용 분야	단계 전체	성장 단계	온건한 발전	집중적인 발전	뒤쫓아가는 발전	조직의 '도'
단계 관념	아주 뚜렷함	뚜렷하지 않음	아주 뚜렷함	뚜렷하지 않음	뚜렷하지 않음	암시하고 있음
진취성	아주 강함	강함	중간	중간	중간	강함
우환 의식	중간	중간	중간	중간	중간	중간
신중함 유지	필요	필요	필요	필요	필요	필요
양강 / 음유	양강 위주	음유 위주	음유 위주	음유 위주	음유 위주	양강 위주

건괘▤ 끊임없이 노력하는 전진

진보에 관한 6가지 괘에서 건괘의 적극성과 씩씩함이 가장 두드러집니다. 「대상전」의 첫마디는 "하늘의 운행은 씩씩하다. 군자는 그것을 근거로 끊임없이 노력한다"입니다. 이 말이 중국인의 근본 정신을 나타낸다고 하여 학자들이 이제껏 떠받들고 있지요. 현대 중국에서도 기업의 리더들은 이 말로 자신을 북돋워야 합니다. 기업의 발전을 이끌다 보면 순풍에 돛 단 것 같은 경우는 아주 적고 좌절이나 실패에 곧잘 부딪히게 마련입니다. 이때 강한 끈기와 꺾이지 않는 의지를 가지고 역경에 대처하는지, 고도의 적응력과 창의성으로 곤란한 상황을 극복하는지, 기업 전체가 적극적으로 힘찬 전진을 유지하는지 여부를 살펴봐야 합니다. 이것이 바로 건괘의 정신이고, 어떤 기업의 리더이든 갖추지 않으면 안 되는 조건입니다.

건괘의 전진은 무턱대고 나아가거나 무모하게 돌진하는 방식이 아닙니다. 육효의 내용과 본질에서 초구의 잠룡 단계에는 '숨기는' 행위가 있습니다. 음유의 행위라고도 할 수 있지요. 겉은 음인데 속은 양이거나 드러난 것은 유인데 숨은 것은 강인 행위입니다. 이밖에 구삼 척룡 단계에도 음유 행위의 성질이 있습니다. 그래서 건괘를 일반적으로 순양괘라고 생각하지만 이는 그저 여섯 양효의 껍데기만 본 것에 지나지 않습니다. 육효의 성질에서 보면 양강 성질에만 속하는 것이 아니라 음유의 행동도 있기 때문입니다. 이것이 '양 안에 음이 있는' 성질이며, 적극적으로 전진하는 행동에도 음유의 특성이 여전히 남아 있습니다.

승괘䷭ 추세에 순응하는 전진

승괘의 전진은 추세에 순응하는 전진입니다. 이것은 승괘의 괘상에서 볼 수 있습니다. 승괘의 상괘는 곤괘이고, 하괘는 손괘입니다. 손괘는 바람이나 나무를 나타내지요. 승괘는 땅과 바람으로 구성된 괘 또는 땅과 나무로 구성된 괘이기 때문에 땅속에서 나무가 자라는 꼴입니다. 나무는 땅속에서 자라서 점점 커집니다. '올라가는' 현상이기도 하고 '올라가고' '전진하는' 현상이기도 합니다. 작고 약한 묘목이 자랄 때 가장 어려운 고비가 땅을 뚫고 나오는 단계이지요. 일단 땅을 뚫고 나오면 필연적으로 햇빛과 빗물의 자양분을 받고 자연의 추세를 따라서 올라가는 일이 생기게 마련입니다.

승괘가 전진하는 원리는 기업이 창립하고 위를 향해 확장해가는 원리와 같습니다. 이때 가장 중요한 단계는 창립 단계에서 성장 국면으로 성공적으로 진입할 때입니다. 마치 여린 묘목이 땅을 뚫고 나올 수 있는지의 여부가 이후 생존과 발전에 핵심이 되는 단계인 것과 마찬가지입니다. 기업을 창립하기는 쉽지만 땅을 뚫고 나와 성장 단계로 진입하는 과정은 어렵고 험난합니다. 왜냐하면 일단 땅을 뚫고 나오기만 하면 기업의 업무가 발전하기 때문이지요. 동종 업계에 뿌리를 내리고 은행, 도매상, 소매상과 훌륭한 관계를 맺으면 땅을 뚫고 나온 뒤 올라가는 유리한 형세를 취할 수 있게 됩니다. 그리고 이런 유리한 형세를 잘 이용할 수만 있다면 추세에 순응하며 올라갈 수 있고 전진의 목표도 달성할 수 있습니다.

승괘의 세 번째 양효 효사에 근거하면 땅을 뚫고 추세에 순응하며 성장할 수 있는 핵심은 성공적으로 블루오션에 진입할 수 있는지 여부입니다. 구삼 효사는 "빈 도시에 오른다升虛邑"입니다. 올라갈 때 텅 빈 도시로 진입한다는 뜻입니다. 여기서 텅 빈 도시를 블루오션으로 볼 수 있습니다. 만약 남들이 그냥 지나친 경제 분야나 시장에 진입할 수 있다면 거침없이 올라가는 기세를 얻게 된다고 말할 수 있습니다.

승괘의 종괘는 췌괘䷬입니다. 연못이 대지 위에서 모으는 상징을 가지고 있기 때문에 췌괘라고 부릅니다. 기업에 대한 함의는 가능한 한 힘을 모으는 것입니다. 예를 들어 내부적으로 아랫사람의 능력과 지혜를 모으고, 외부적으로 도매상과 소매상, 은행, 상공회의소, 정부 관련 부서, 대중 매체 등과 협력해서 기업의 발전 프로젝트에 응용할 수 있습니다.

점괘☶ 순서대로 점진하기
∷

점괘의 전진은 순서대로 점진하는 성질입니다. 점괘는 바람과 산으로
구성된 괘입니다. 산 위에 나무가 있습니다. 나무는 점진적으로 성장할
뿐 급진적이지 않습니다. 점괘는 기러기가 날아가는 방식으로 순서대로
점진하는 것을 비유합니다. 본래 기러기 떼는 날아갈 때 가장 질서 있
습니다. 여기서는 기러기가 강가로 날아든 뒤 너럭바위까지 옮겨갔다가
결국 하늘로 다시 날아오르는 과정을 이야기합니다. 모두 6단계가 있는
데, 육효의 주요 효사는 아래와 같습니다.

첫 번째 단계: 초륙입니다. '기러기가 점점 물가로 날아간다鴻漸于干.'
기러기가 차츰차츰 강가로 날아갑니다.

두 번째 단계: 육이입니다. '기러기가 점점 너럭바위로 날아간다鴻漸于磐.'
기러기가 차츰 강기슭의 너럭바위로 날아갑니다.

세 번째 단계: 구삼입니다. '기러기가 점점 뭍으로 날아간다鴻漸于陸.'
기러기가 차츰 강기슭의 동산으로 날아갑니다.

네 번째 단계: 육사입니다. '기러기가 점점 나무로 날아간다鴻漸于木.'

기러기가 차츰 동산 위의 나무로 날아갑니다.

다섯 번째 단계: 구오입니다. '기러기가 점점 언덕으로 날아간다_{鴻漸于陵}.'
기러기가 차츰 산봉우리로 날아갑니다.

여섯 번째 단계: 상구입니다. '기러기가 점점 하늘로 날아간다_{鴻漸于逵}.'
기러기가 구름만큼 높은 하늘까지 날아올라 자유로워집니다.

점괘의 육효 효사는 사물의 발전이 '순서대로 점진하는' 이치를 설명
하려는 뜻이 있습니다. 마치 기러기가 날아가는 길처럼 가까운 데서 먼
데로, 낮은 데서 높은 데로 날아가는 현상입니다. 점진은 길하고, 무모
한 돌진은 흉합니다.

'순서대로 점진한다'는 개념은 기업의 리더에게 극히 중요합니다. 특히
눈앞의 성과나 이익에 급급하거나 목표를 너무 높게 잡는 리더들을 경
계하는 작용을 합니다. 급진적이라고 해서 더 활기차게 발전하는 것은
아닙니다. 급진은 동시에 필연적으로 많은 위험과 살기_{殺氣}를 숨기고 있
기 때문입니다. 그러나 순서대로 점진하면 위험은 더 낮아집니다. 반대
로 보면 순서대로 점진하기는 당연히 보수적인 성향으로 기운다고 말할
수 있습니다. 하지만 보수의 긍정적인 함의는 '믿음직하다'라고도 할 수
있습니다. 순서대로 점진하기에 대한 견해는 차이가 있게 마련입니다.
어떤 상황일 때 순서대로 점진하는 방식을 취하는 쪽이 나은지를 아는
것이 중요합니다. 고려해야 할 조건들은 다음과 같습니다.

진보론

1. 제품에 대한 시장의 인식이 모자랄 경우

2. 기업의 자원이 유한할 경우

3. 경영 환경의 전망이 밝지 못한 경우

4. 인력 공급이 끊어지는 현상이 생긴 경우

5. 비즈니스 순환이 이미 꼭짓점에 가까워진 경우

6. 이자율 순환이 이미 상승 단계에 진입한 징조가 생겼을 경우

순서대로 점진하는 이치는 노자와 손자의 이론에도 언급되고 있습니다. "굽은 것이 바른 것枉爲直"이라는 『노자』 제22장의 말이나 "돌아가는 길이 지름길以迂爲直"이라는 『손자』 「군쟁軍爭」의 생각이 이와 비슷합니다. 시간과 공간의 측면에서 볼 때 순서대로 점진하기는 목적을 달성하는 데 급급한 방식이 결코 아닙니다. "일을 너무 서두르면 오히려 목적을 이루지 못한다欲速不達"라는 『논어』의 말처럼 지나치게 급진적이면 근심을 불러오게 됩니다.

진괘䷲ 부드러운 전진

진괘의 전진은 한결같이 발전에 주의해야 한다는 의미 있는 지침을 제시합니다. 구사 효사는 "나아가는 것은 바위다람쥐와 같다. 바르더라도 위태롭다晉如鼫鼠 貞厲"입니다. 바위다람쥐는 날고 기고 헤엄치고 파고 달리는 5가지 전문 기능이 없다는 전설 속의 쥐입니다. 5가지 기능이 없기 때문에 바위다람쥐가 맞닥뜨린 위험도 더 큽니다. 위험을 작게

만들려면 전문화가 필요합니다. 기업의 발전에 대해 이 효사는 지나치게 일찍 다원화하지 말라고 경종을 울립니다. 특히 중소기업인 경우 자원과 능력이 모자랄 때 다원화하게 되면 틀림없이 수확이 있으리라는 보장도 없고, 자체 능력을 초과할 정도로 일을 지나치게 크게 벌이면 오히려 위험을 초래하게 됩니다. 전문화는 이런 상황에서 더 큰 안정성을 제공합니다.

　다원화와 전문화 가운데 어느 것이 적합한지는 상황에 따라 다릅니다. 전문화는 전문적인 지위를 이용하는 전략이지요. 기업이 발전할 때 전문적인 고객에게 집중해 그에 걸맞은 전문적인 서비스를 제공하면 고객을 만족시키고 안정적인 발전을 얻기가 더 쉽습니다. 전문화에 성공한 기업은 종종 다원화를 생각하지만 꼭 성공한다는 보장은 없습니다. 기업의 위세와 일반적 명성이라는 목적은 전문화보다 다원화를 통해 이루기 쉽습니다. 하지만 오히려 서비스 수준이 전문화된 기업만 못할 가능성도 있습니다. 진괘가 제시한 '발전하면서 전문화하고, 전문화하면서 발전한다'는 개념은 기업의 리더가 주의를 기울여야 할 사항입니다.

　진괘의 상괘는 이괘이고 하괘는 곤괘이기 때문에 불과 땅으로 구성된 괘입니다. 「상전」에서는 "빛이 땅 위로 나온다明出地上"라고 합니다. 태양이 지평선에서 천천히 떠오르는 것은 부드러운 전진을 상징합니다. 태양이 떠오르면서 더 밝아지기 때문에 부드러운 전진은 빛나는 진망을 갖게 됩니다. 전진해야 빛이 생기므로 기왕 전진하려고 했다면 반드시 경쟁이 필요하게 마련이며, 경쟁하면 전진하는 힘이 생깁니다. 부드러운 전진은 전문화된 전진을 암시하기도 합니다. 그러나 전진 전체가

진보론

모두 부드럽고 전문화된 전진 방식을 취할까요? 상구 효사를 보면 그렇지도 않습니다. 상구는 이렇게 경고합니다. "뿔까지 나아가는 것은 이로써 고을을 친다는 것이다. 위태롭지만 길하다. 허물이 없다. 바르지만 인색하다晉其角 維用伐邑 厲吉 无咎 貞吝." 쇠뿔의 뾰족한 끝처럼 끝까지 승진했다면 이미 극한에 도달한 것이 분명합니다. 가로막는 힘에 부딪힐 수 있기 때문에 꼭 새로운 발전 대상을 따로 찾아야만 위험에서 벗어나 피해를 입지 않을 수 있습니다. 기업은 전문화의 정점에 도달하면 더 이상 전문화에서 이익을 얻지 못합니다. 이때 업무를 조절하고 새로운 방향으로 발전해야 합니다. 새로운 지위가 있어야 이익의 잠재력을 끌어올릴 수 있다는 말입니다.

다음 단계로 진괘에 숨어 있는 착괘, 종괘, 교호괘의 관점, 곧 괘 안에 있는 괘가 주는 경고와 지침에서 부드럽게 전진하는 행동을 볼 수 있지요. 진괘의 착괘는 수괘☰☵입니다. 물이 하늘 위에 있으면 구름이고, 하늘 아래에 있으면 비입니다. 그래서 구름이 하늘에 있는 것은 비로 바뀔 기회를 기다리고 있음을 표시합니다. 부드러운 발전 과정에서는 어려움과 위험을 맞닥뜨리게 마련입니다. 맹목적인 전진에서는 반드시 잃어버리는 것이 생기게 마련이기 때문에 인내하면서 기다려야 좋은 기회를 잡아 제때 파고들 수 있습니다. 진괘의 교호괘는 건괘☶☵입니다. 높은 산에 고인 물은 험난함을 상징합니다. 기업이 어려움을 극복하려면 위아래가 한마음으로 협력할 필요가 있습니다. 진괘의 종괘는 명이괘☷☲입니다. 태양이 땅속에 있기 때문에 빛이 가린 것을 상징합니다. 부드러운 전진의 발전 과정에서 밝지 못한 상황에 맞닥뜨렸을 때 겉으로는 부드럽고 안으로 강하거나 겉으로는 모르는 체 숨기지만 속으로

주역의
힘

지혜로운 수법을 취해야 합니다. 추진하고 싶은 프로젝트는 사전에 누설해서 경쟁자가 경계하고 대비하게 만들면 안 되므로 비밀에 부쳐야 합니다. 괘 안에 있는 괘를 분석하는 이러한 과정을 통해 리더는 부드러운 전진의 행동을 취할 때 관련된 문제에 더 주의를 기울이게 됩니다. 괘 안에 있는 괘를 분석하는 일은 리더가 사고할 영역을 넓혀준다고 할 수 있습니다.

이괘☰ 위험해도 전진하기

이괘의 상괘는 건괘이고, 하괘는 태괘입니다. 하늘과 연못으로 구성된 이괘에서 하늘은 강한 것을 나타내고, 연못은 부드러운 것을 나타냅니다. 하늘은 높은 자리이고 연못은 낮은 자리이기 때문에 하늘은 앞장서는 사람의 지위이고 연못은 뒤따르는 사람의 성질입니다. 뒤따르는 사람이 자신의 위치를 달게 받아들이고 낮은 자세로 앞장서는 사람 뒤에 바짝 붙어 간다면 편안하니 무사할 테고 앞장서는 사람에 의해 다칠 일도 없을 것입니다. 이괘의 괘사에는 이런 함의가 있습니다. "호랑이 꼬리를 밟아도 사람을 물지 않는다. 형통하다履虎尾 不咥人 亨." 호랑이 꼬리의 뒤쪽을 따르는 일은 아주 위험합니다. 그러나 조심하고 신중하게 걸으면서 호랑이의 주의를 끌지 않거나 호랑이를 성내게 하지 않는다면 호랑이도 사람을 물지 않을 테고 뒤쫓아가는 사람도 안전합니다. 기업이 이괘의 상황에서 발전하는 것은 위험해도 전진하는 성질에 있습니다.

업종마다 시장의 리더가 있는 경우가 많습니다. 나머지 경쟁자들은 아마 시장의 리더를 행동에 참고할 목표로 삼겠지요. 자원과 시장 영향력이 시장의 리더보다 못한 상황에서 경쟁자는 시장의 리더를 따르는 것을 원칙으로 삼고 도전적인 행동을 하지 않습니다. 가격을 예로 들어봅시다. 시장의 리더보다 늘 가격을 낮게 정하지만 가격 차이가 그리 크지 않다면 리더에게 반격을 당할 수 있습니다. 또한 경쟁자가 주제넘게 시장의 리더에게 도전해서 시장점유율을 높이려고 한다면 이 역시 반격을 당할 가능성이 있습니다. 이괘의 세 번째 효는 이런 경우를 경계하는 말을 제시합니다. "소경도 볼 수 있고, 앉은뱅이도 걸을 수 있다. 호랑이 꼬리를 밟았는데 사람을 무니 흉하다. 무인이 임금이 된다." 소경은 자신이 볼 수 있는 줄 알고, 앉은뱅이는 자신이 걸을 수 있는 줄 알지만, 호랑이 꼬리 뒤쪽으로 걸어가면 무사하기 어렵습니다. 무력만 믿고 수양이 없는 사람, 곧 용기는 있지만 꾀가 없는 사람이 위대한 리더가 되고 싶어합니다. 이것은 기업의 리더가 사세社勢를 확장하는 과정에서 종종 실패하게 되는 주요 원인 가운데 하나입니다. 큰 공을 세우는 것만 좋아하고 지나치게 낙관적이며 자기 주제도 헤아릴 줄 모르면서 시장의 리더와 육탄전을 벌인다면 결국 시장의 리더에게 포스아웃force out을 당하고 맙니다. 시장에서 경쟁할 때 기업의 리더는 "남을 아는 사람은 지혜롭고, 자기를 아는 사람은 분명하다知人者智 自知者明"라는 『노자』 제33장의 지혜를 깨우칠 필요가 있습니다. '남을 아는' 지혜를 가지는 것만도 쉽지 않은데 '자기를 아는' 지혜까지 갖추기는 정말 어렵습니다.

만약 시장에서 뒤쫓는 기업이 되겠다면 시장의 리더가 움직이는 방향에 따라 행동하면서 뒤를 바짝 쫓아야 합니다. 시장의 리더가 흥미를 느끼지 않거나 소홀히 넘겨버린 블루오션에 낮은 가격으로 들어간다면 반격을 당하지 않을 수 있을까요? 그렇지 않습니다. 시장의 리더가 블루오션을 내버려둔 채 경영하지 않는 이유는 결코 재미가 없다거나 소홀히 넘긴 탓이 아니라 현재 단계에서 많은 자원을 투입하면서까지 개척하고 싶은 생각이 없기 때문입니다. 나중에 시장에서 뒤쫓아오던 기업들이 이를 발전시켜 블루오션을 개척하고 기초를 마련하면 시장의 리더는 몸을 돌려 새로운 시장에 전면적으로 진입할 것입니다. 시장의 리더가 지닌 실력과 영향력으로 인해 새로운 시장을 시장의 리더에게 빼앗길 가능성은 큽니다. 뒤쫓는 기업은 여전히 위험이 따르지만 그래도 전진하는 방식을 택해야 합니다. 호랑이 꼬리의 뒤쪽을 따라가는 일은 마치 살얼음판을 밟는 것과 같습니다. "호랑이 꼬리를 밟는다履虎尾"는 이괘의 괘사는 깊이 새겨볼 만합니다.

이괘의 착괘는 겸괘䷎입니다. 산이 땅속에 있기 때문에 겸손한 태도를 상징하고 시장의 리더에 도전하지 않습니다. 이괘의 종괘는 소축괘䷈입니다. 바람이 하늘에서 돌아다니지만 이때는 '비는 뿌리지 않는 먹구름'입니다. 바람과 먹구름이 있어도 아직 비가 내리지 않는 것은 분명 음양이 조화로운 단계에 도달하지 못했고, 힘을 쌓고 기회를 기다리며 신중하게 일을 처리하는 중이라는 뜻입니다. 이괘는 소축괘처럼 무턱대고 돌진하지 않는 특성을 가지고 있기 때문에 이는 신중하게 행동하여 위험을 방지하는 이괘의 원칙에 부합합니다.

미제괘☲☵ 끊임없이 생성하는 전진
∷

미제괘는『주역』의 육십사괘 가운데 마지막 괘입니다.『주역』의 정신으로 살펴보면 미제괘는 사실 '마친다'는 함의를 가지고 있지 않습니다. 첫 번째 괘인 건괘는 우주의 끊임없는 생성 과정을 강조하고 사물의 발전은 끝이 없다고 합니다. 발전 과정에 표면적으로 끝나는 마디가 있지만 그저 끝없는 발전 전체에서 중간에 잠깐 멈춘 것에 지나지 않습니다. 지나간 발전 과정의 종점은 진짜 종점이 아니라 그저 새로운 발전 과정의 시작이지요. 이것이 노자가 이야기한 "한결같이 신중하다愼終如始"입니다. 미제괘의 괘명은 이런 원리를 설명하고 있습니다. 표면적인 '마침'은 '시작'이기도 합니다. 끝나지만 다시 시작하는 것은 끊임없이 펼쳐지는 생성의 발전 과정입니다. 미제괘는 기업의 리더에게 깊은 함의를 던져줍니다. 기업의 발전은 끝없는 과정입니다. 발전 과정이 일단 멈추게 되면 경쟁 상황에서 도태될 우려가 있기 때문입니다.

미제괘는 불과 물로 구성된 괘입니다. 불이 물 위에 있기 때문에 불과 물은 서로 등지고 있습니다. 사업이 아직 완성되지 않았다는 것을 뜻하지요. 그러나『주역』의 예순세 번째 괘인 기제괘☵☲는 물과 불로 구성된 괘입니다. 물이 불 위에 있기 때문에 물과 불은 서로 합쳐져 있습니다. 사업이 이미 성공적으로 완성되었다는 것을 뜻하지요. '일이 이미 성사되었다'는 기제와 '일이 아직 성사되지 못했다'는 미제가 서로 맞서는 상황에 대해 판단하는 말이 재미있습니다. '일이 성사되었다'는 '조금 형통하다小亨'라고 평가하고, '일이 아직 성사되지 못했다'는 '형통하다亨'라고 평가합니다. 미제가 기제보다 낫다는 말인데, 이는 당연히 끊임없는 생성의 관점에서 보았기 때문일 것입니다. 사업에 성공하면 종종 자만심에 빠져 뽐내기를 일삼고 진취적이지 않게 되기 때문에 결국 경쟁자에게 따라잡혀 한 단계의 성공이 오히려 다른 단계의 실패로 이어지는 경우가 있습니다. 창업은 쉽지만 지키기는 어려운 것도 마찬가지 이치입니다. 미제는 끊임없이 진취적인 정신을 기르고 시시각각 경계심을 유지해서 강유가 서로 돕고 음양이 결합하면서 전진하는 것입니다. 기업에서의 발전은 끝없는 과정이고 미제괘는 새로운 사물의 발전을 격려한다는 함의가 있습니다. 이는 건괘의 정신을 반영한 것이기도 합니다. 그래서 '시작'과 '끝'은 음양이라는 같은 몸뚱이의 다른 측면입니다.

발전 과정에서 '시작'은 양기의 시작이고, '끝'은 양기의 마침이자 음기의 시작입니다. 다른 발전 과정으로 넘어간 것이지요. 음기가 모조리 없어지면, 곧 이런 발전 과정이 '끝나면' 양기가 올라오기 시작하면서 새로운 발전 과정이 '시작됩니다.' 기제괘와 미제괘의 관계는 실제로 음양 관계입니다. 기업의 발전은 미제괘의 진취적인 정신이 있어야 하므로 기업의 '도'로 삼을 만합니다.

6가지 괘의 나머지 특성

::

단계 개념은 건괘의 '6마리 용'과 점괘의 '기러기 날아가기'에 가장 분명하고 나머지 네 괘는 분명하지 않습니다. 육효는 6가지의 각자 다른 상황을 나타낼 뿐입니다. 진취성은 건괘가 가장 강렬하고, 미제괘와 승괘가 그다음이며, 나머지 세 괘는 중간 정도입니다. 6가지 괘에 모두 우환

의식이 있기 때문에 신중한 태도와 행위를 유지해야 한다는 것도 요구합니다. 이 역시『주역』의 보편적인 특성입니다. 강유에서 양강성이 가장 강한 것은 건괘이고, 미제괘가 그다음이며, 나머지 네 괘는 유화적인 것에 치우쳐 있습니다. 6가지 괘의 주요 특성은 전진이고, 나머지 특성은 이런 주요 특성을 둘러싸고 드러납니다.

제13장

후퇴론

기업의 리더는 적극적이고 창조적이며, 개척 정신과 주도성을 가져야만 하고 후퇴와 같은 행위를 하면 안 된다는 것이 많은 사람이 리더에 대해 생각하는 일반적인 견해입니다. 후퇴는 소극성이나 나약함의 표현이고 리더가 가져야 하는 특성이 아니라고 생각합니다. 『주역』의 겸괘와 유가, 도가는 겸손하게 사양하는 것을 강조합니다. 이는 리더가 갖추어야 하는 특성이라고 할 수 있고, 겸손한 사양은 결코 후퇴가 아닙니다. 겸손한 사양은 마음에서 우러나는 진실한 행위입니다. 후퇴는 자발적인 행위이겠지만 전략적으로 꾸민 행위일 가능성도 있습니다. 『주역』은 이미 이런 차이를 고려해 겸손의 미덕이 가진 이치를 겸괘를 통해 자세히 설명하고 돈괘로 후퇴의 의미를 설명합니다.

돈괘䷠䷙ 물러나기
::

『주역』의 괘에 담겨 있는 이치가 결코 리더가 갖추어야 하는 행실의 원칙만 이야기하는 것은 아닙니다. 이와 더불어 어떻게 다른 상황에 대처해야 하는지에 관한 방법 또한 이야기한다고 볼 수 있습니다. 예를 들어 단체의 응집력을 세우는 방법을 가르쳐주는 췌괘, 전진하는 방법을 가르쳐주는 건괘, 득실을 대하는 방법을 가르쳐주는 손괘와 익괘도 있지만, 반대로 궁지나 곤경, 위험한 지경, 역경에 대처하는 방법을 가르쳐주는 돈괘도 있습니다.

돈괘는 하늘과 산으로 구성된 괘입니다. 하늘이 산 위에 있거나 산이 하늘 아래 있습니다. 산은 하늘처럼 높은 데까지 도달하지 못하기 때문에 둘 사이에는 분명 거리를 유지하고 있습니다. 건괘 하늘은 위로 나아가는 것을 나타내고, 간괘 산은 멈추어서 나아가지 않는다는 뜻이 있습니다. 하늘은 전진하고 산은 전진하지 않기 때문에 둘의 거리는 가면 갈수록 멀어지고 함께 만나지 않습니다. 하늘이 산을 멀리하는 것은 '숨는다'거나 '물러난다'는 뜻을 포함하고 있습니다. 돈괘의 괘사는 "돈은 형통하다. 작다면 바르게 하기 유리하다遯 亨 小利貞"입니다. 사물이 발전하다 장애를 만나거나 좌절하면 추세를 잘 살펴야 합니다. 만약 억지로 시행해도 목적을 달성하지 못할 것이라고 파악되면 잠시 물러나 기회를 기다려야 형통하게 됩니다. 돈괘는 분명히 노자의 원리를 포함하고 있습니다.

노자의 자연自然과 무위無爲 개념에는 부드러움과 다투지 않기, 자신을 낮추기, 겸손하게 물러나기 같은 주장이 있습니다. 세상일을 처리하는 것도 전략적 행위로 볼 수 있습니다. 자신이 유리한 형세에 있을 때도 약한 것을 억지로 누르거나 기세등등하지 말아야 하고 빛을 거두어 들여야 합니다. 불리한 형세에 있을 때는 더욱이 억지로 다투지 말아야 하고, 나아갈 때와 물러날 때를 알아야 때를 알고 힘쓰는 뛰어난 사람이라 할 수 있습니다. 후퇴는 결코 약하게 보이는 것이 아니라 전략적 행위일 뿐입니다. 전략이나 전술을 바꾸기 위해 적당한 기회를 기다려야 자신에게 유리한 행동을 취할 수 있게 됩니다. 이것은 시쳇말로 '지는 게 이기는 것'입니다. 후퇴는 수단이고 전진은 목적입니다. 전진만 알고 후퇴를 모른다면 한낱 용감한 사람에 지나지 않습니다. 설사 내가 강하고 남이 약한 상황이라 하더라도 상대방을 억지로 굴복시키면 상대방이 겉으로만 굴복할 뿐 진심으로 복종하지 않을 것이기 때문에 화기애애함을 잃습니다. 어쩌면 자신이 좀 양보해서 상대방이 겉으로 이익을 얻게 하고 둘 다 이로운 국면을 구성해 양쪽이 좋은 관계를 오랫동안 유지하는 쪽이 낫습니다.

돈괘의 후퇴는 소인이나 아첨하는 사람을 피해야 한다는 함의도 가지고 있습니다. 이것은 리더에게 특히 중요합니다. 만약 인품도 형편없고 재간도 없는 소인이 리더를 에워싸고 있다면 전략적 측면에서 실수할 가능성이 높습니다. 소인의 영향을 받는 것을 피하고 결정이 치우치지 않는다면 공정성을 더욱 높일 수 있습니다. 아첨하는 사람에게 좌지우지당하지 않기는 쉬운 일이 아닙니다. 리더가 요점을 파악한다면 경영의 바른길로 들어서기가 어렵지 않습니다.

종괘의 함의
∵

돈괘의 종괘는 대장괘䷡입니다. 우레가 하늘에 있는데, 우레가 하늘에서 울리면 위력이 강성한 기세를 형성합니다. 이것은 후퇴하는 행동이 결코 약하게 보이지 않는다는 것을 설명합니다. 후퇴는 전략적인 행동일 수도 있지만 진심에서 우러나오는 자연스러운 행동일 수도 있습니다. 전자는 동기를 가진 행위이고, 후자는 자발적인 행위입니다. 어떤 행위에 속하든 후퇴하는 행위가 꼭 약한 성질을 가지고 있는 것은 아닙니다. 반대로 강한 힘이 숨어 있습니다. 바꾸어 말하면 후퇴는 사실 강하다는 표현이기도 합니다. 강함도 전진의 요소를 포함하고 있습니다. 그래서 후퇴를 전략으로 쓰면 '전진을 위한 일보 후퇴'의 성질을 가지지요. 후퇴와 전진은 같은 몸뚱이의 다른 측면인 음양 개념입니다. '겉으로 후퇴하지만' '속으로 전진하는' 것이거나 '먼저 후퇴하지만' '나중에 전진하는' 것일 수 있습니다.

후퇴에 관한 다른 괘들의 함의
∵

후퇴 개념이 사실 돈괘에만 있는 것은 아닙니다. 다른 괘에도 후퇴의 관점이 있습니다. 건괘의 상구 효사인 "항룡은 후회가 생긴다"는 무턱대고 뽐내며 나아가기만 하고 물러나서 지키는 것을 모르면 안 된다는 경계의 말입니다. 건괘 「문언전」에서는 "나아감과 물러남, 보존과 멸망을 알고도 올바름을 잃지 않는 사람은 오직 성인뿐이겠지! 知進退存亡 而

不失其正者 其唯聖人乎"라고 합니다. 사물이 전진하고 후퇴하거나 존재하고 쇠망하는 이치를 알고 바른길을 잃지 않는 사람은 성인뿐일 것입니다. 이 말을 통해 '후퇴를 알기'가 쉬운 일이 아니라는 점을 알 수 있습니다.

곤괘의 육삼 효사는 "빛나는 것을 품으니 바르게 할 수 있다. 혹시 왕의 사업을 따르면 완성되지 않더라도 마치기는 한다"입니다. 재능이 있지만 겉으로 드러내지 않고, 돕는 위치에 있을 때 성공하더라도 차지하지 않습니다. 그래서 대단한 공로 때문에 주인을 놀라게 하는 일을 피하지요. 여기에 노자의 '물러나 지키기'의 개념이 있습니다.

송괘 초륙 효사는 "일을 오랫동안 끌지 않는다. 작으면 말은 생기지만 결국 길하다"입니다. 오랫동안 다툼에 휘말리는 일은 좋지 않으므로 다툼이 생긴 초기에 후퇴하는 것이 현명한 결정입니다.

사괘의 육사 효사는 "군대가 왼쪽으로 물러난다. 허물이 없다師左次无咎"입니다. 형세가 불리할 때는 물러나 지켜보아야 합니다. 육사효의 위치는 가운데 자리가 아니기 때문에 싸우는 도중에 승기를 잡는 일도 없지만, 다행히 음이 음의 자리에 있어서 올바름을 얻었기 때문에 신중하고 후퇴하면 틀림없이 잘못을 저지르지는 않습니다.

동인괘의 구사 효사는 "담에 올라가지만 쳐서 공격하지 못한다. 길하다"입니다. 성벽에 오른 의도는 무력으로 해결하려는 것이지만 따져보니 사람이 할 짓이 못된다고 느꼈습니다. 공격을 강행하면 곤경에 빠질 수도 있기 때문에 후퇴해서 공격하지 않고 '어울리기'의 방법을 유지해서 길함을 얻는 것이 낫습니다.

고괘의 상구 효사는 "임금을 섬기지 않아도 자기 일을 높이 받든다不事王侯 高尚其事"입니다. 큰 공을 이루었을 때 권세를 부리는 직위에 붙으려고 하지 않고 의젓하게 명예와 이익의 다툼에서 물러나는 것은 고상한 행위입니다.

명이괘의 「상전」은 "빛이 땅속으로 들어가는 것이 명이다. 군자는 이로써 무리를 마주하고 어둠을 써서 밝힌다明入地中 明夷 君子以莅衆 用晦而明"입니다. 태양이 땅속으로 떨어진 것은 빛이 떨어져 다친 것을 상징합니다. 리더는 사람을 관리할 때 자신의 지혜를 드러나지 않게 감추어야 합니다. 이렇게 하면 오히려 자신의 지혜를 드러낼 수 있습니다.

결론적으로 후퇴는 『주역』의 중요한 개념 가운데 하나입니다. 후퇴는 결코 소극적인 행동이 아니라 인위적인 전략적 행위이기도 하고 자발적인 행위가 될 수도 있습니다. 하지만 여러 괘의 관련 괘사와 효사를 보면 인위적인 전략 행위 요소가 자발적인 것보다 더 많습니다.

물러나기의 지침
‥

돈괘 초륙 효사: '숨기의 꼬리다. 위태롭다. 갈 곳이 생겨도 가지 말라遯尾 厲 勿用有攸往.'

만약 제때 후퇴하지 못하고 마지막에 가서 행동을 취한다면 처지가 위험해질 것입니다. 여기서 리더에게 유용한 것을 제시합니다. 후퇴의 결정을 내려야 할 때는 기회를 장악해야 합니다. 우유부단하거나 우물쭈물하는 것은 절대 금물입니다. 이것은 기업의 리더가 전략적인 철수를 결정할 때 특히 중요합니다. 일찌감치 바꾸어야 할 기회를 놓치면 나중에 철수하려고 할 때 큰 밑천이 들게 됩니다.

후퇴론

육이 효사: '그것을 잡는 데 황소 가죽을 쓴다. 벗어나려는 것을 이기지 못한다執之用黃牛之革 莫之勝說.'
후퇴할 의지가 아주 확고하다는 것을 뜻합니다. 마치 소가죽으로 묶어놓아 풀 수 없는 것과 같습니다.

구삼 효사: '매였어도 숨는다. 병이 있어 위태롭다. 남자 종과 여자 종을 두는 일은 길하다係遯 有疾厲 畜臣妾 吉.'
후퇴해야 할 때 마음에 걸리는 것 때문에 후퇴하지 못해 위험이 발생하려고 합니다. 가정생활을 누릴 수 있고, 뽐내며 나아가지만 않으면 길합니다.

구사 효사: '좋아도 숨는다. 군자는 길하지만 소인은 길하지 않다好遯 君子吉 小人否.'
자기가 아끼는 것을 억누르고 끄떡없이 후퇴합니다. 이것은 도덕을 잘 수양한 사람만 할 수 있습니다. 도덕적 수양이 모자라는 사람은 하기 힘듭니다.

구오 효사: '아름답게 숨는다. 바르면 길하다嘉遯 貞吉.'
후퇴의 행동을 알맞게 제때 처리할 수 있다면 저절로 유리하게 마련입니다.

상구 효사: '잘 살아도 숨는다. 불리한 것이 없다肥遯 无不利.'
멀리멀리 피하면 불리한 점이 없습니다.

돈괘의 여섯 효사는 후퇴 행동에 대해 여러 가지 지침을 제시합니다. 예를 들어 기회가 왔을 때 곧바로 결단을 내리기, 결정한 것은 지키고 다시 얽매이지 말기, 좋아하는 것을 억누르고 알맞게 처리하기, 침착하게 후퇴하기 등입니다. 후퇴는 리더에게 없으면 안 되는 소질입니다. 전략적 행동을 선택하거나 사람을 대하고 일을 처리할 때를 막론하고 그 의미가 풍부합니다.

시기적절한 후퇴
::

후퇴는 직위에서 물러나거나 퇴직하거나 은퇴하는 것과 관련된 행동이라고 해석할 수도 있습니다. 권력을 가진 고위직에서 주도적으로 물러나는 일을 결정하기란 리더에게 정말 어려운 일입니다. 전략적 후퇴를 결정하는 일보다 훨씬 더 어렵습니다. 왜냐하면 고위직에 있고 권력을 가진 리더는 대부분 자기 자리와 명예에 미련을 버리지 못하기 때문입니다. 하지만 어떤 수단을 써서라도 자기 지위를 다지려고 하면 결과적으로 내부 모순을 조성하게 됩니다. 『노자』제9장에서는 "사업을 완성하고 자신은 물러나는 것이 하늘의 길功成身退 天之道"이라고 제시합니다. '세차게 흐르는 물에서 용감하게 물러나' 자연법칙에 순응하는 길을 걸을 수 있는 사람은 몇 명이나 될까요? 적당한 시간을 파악하고 고위직에서 끄떡없이 물러나기란 어려운 일입니다.

기업의 리더는 손익에 대한 관점을 지니고 있어야 합니다. 손익은 득실에 대한 견해라고 할 수도 있습니다. 『주역』은 손괘☶☱와 익괘☴☳로 손익에 대한 관점을 설명합니다. 손괘는 간괘가 상괘이고 태괘가 하괘인 산과 연못으로 구성된 괘이고, 익괘는 손괘가 상괘이고 진괘가 하괘인 바람과 우레로 구성된 괘입니다. 여기서는 「상전」으로 해석하겠습니다.

손괘☶☱
아래쪽에서 위쪽 돕기·남을 덜어 자기에게 보태기
☷

손괘의 이미지는 '산 아래에 연못이 있는' 것입니다. 연못이 있으면 산 아래의 흙이 줄어들기 때문에 '덜어내기'가 됩니다. 연못의 흙을 산 위로 옮기면 산은 높이가 높아지지요. 그래서 산에는 '보태기'가 됩니다. 이것을 '아래쪽을 덜어서 위쪽을 늘리는' 상황이라고 이해할 수도 있고, '남을 덜어서 자기에게 보태는' 견해로 볼 수도 있습니다. 「상전」은 "군자는 이로써 화내는 일을 꾸짖고 욕망을 막는다君子以懲忿窒欲"고 권합니다. 수양을 쌓은 사람은 자기 욕망을 억제해 남에게 손해를 끼치는 일을 하지 말아야 합니다. 기업 활동에서는 다음과 같이 해석할 수 있습니다.

1. 기업이 자체 이익을 위해 아랫사람의 이익을 희생시키는 것. 예를 들어 기업의 이윤만 중시하고 직원의 복지를 소홀히 하는 것은 아래쪽을 덜어 위쪽을 보태는 것입니다.

2. 기업의 구성원이 자신의 개인적 이익만 고려하고 기업의 전체적 이익을 희생시키는 것. 예를 들어 공금을 낭비하고 회사의 비품을 낭비하며 공무를 가장해 사욕을 채우는 활동은 공공성에 손해를 끼치고 개인에게만 이익이 되는 행위입니다.

3. 기업의 각 분야에서 자기 분야의 이익을 더 얻기 위해 다른 분야의 이익을 빼앗아오는 것은 남을 덜어 자기에게 보태는 일입니다.

4. 기업의 생산 활동이 환경을 오염시키는 것. 예를 들어 매연 배출 같은 일은 공공성에 손해를 끼치고 개인에게만 이익이 되는 일입니다.

손익론

'아래쪽에서 위쪽을 돕거나' '남을 덜어 자기에게 보태는' 행위가 꼭 부정적인 성질만 가지고 있는 것은 아닙니다. 예를 들어 다음과 같은 경우도 있습니다.

1. 다국적기업의 본사가 자회사가 있는 나라의 시장점유율을 쟁취하기 위해 저가 정책을 취한다고 합시다. 해당 자회사의 이윤 '실현'은 다른 지역 자회사의 이윤 실현보다 낮아집니다. 아래쪽에서 위쪽을 돕게 되면 해당 지역 자회사의 사기가 떨어질 수도 있습니다. 하지만 회사 전체의 이익에는 긍정적인 영향을 미칩니다.

2. 회사가 투자를 갱신하기 위해 주식 배당금을 낮추기로 결정한다고 합시다. 단기적으로 보면 주주에게 불리하게 마련이기 때문에 남을 덜어 자기에게 보태는 것이지만 장기적인 관점에서 보면 이런 행동은 아마 유리할 것입니다.

위와 같은 상황은 국부적인 이익을 덜어서 전체의 이익으로 바꾸는 것이기 때문에 보태기가 됩니다.

익괘䷩
위쪽에서 아래쪽 돕기·자기를 덜어 남에게 보태기

만약 손괘䷨를 180도 회전시켜 거꾸로 바꿔보면 익괘䷩가 됩니다. 손괘가 상괘이고 진괘가 하괘인 바람과 우레로 구성된 괘로 변합니다. 이 것은 손익 개념이 꼭 상반됨을 설명합니다. 손괘가 '아래쪽에서 위쪽을 돕거나' '남을 덜어 자기에게 보태기'라면 익괘는 '위쪽에서 아래쪽을 돕 거나' '자기를 덜어 남에게 보태기'가 됩니다.

익괘의 이미지는 우레 위에 바람이 있는 것입니다. 우레가 위력을 발 휘하려면 반드시 바람의 도움이 필요합니다. 손괘는 바람이지만 나무를 상징할 수도 있습니다. 우레도 불을 상징할 수 있기 때문에 나무가 불 위에 있는 것이 됩니다. 불이 타면 '나무를 덜어 불에 보태기'가 됩니다.

기업 활동의 예로는 다음과 같은 것들이 있습니다.

1. 회사가 기꺼이 이윤을 낮추더라도 직원의 복지를 향상시키면 위쪽 에서 아래쪽을 돕는 것이 되기 때문에 안정적이고 조화로운 업무 공동 체가 됩니다.

2. 본사 소재지의 경제성장률이 낮고 해외 자회사의 경제성장률이 높으면 본사는 자체 확장 계획을 축소하고 해외 자회사의 확장 계획을 확대합니다. 결국 본사의 업적이 해외 자회사의 업적보다 못하게 되기 때문에 어미를 덜어 새끼를 돕는 셈이지만 기업집단 전체에는 여전히 유리합니다.

3. A 지역 회사의 이득세 세율이 B 지역 회사의 이득세 세율보다 높 으면 기업집단은 저가로 A 지역 자회사의 제품을 B 지역 자회사로 수 출해서 A 지역 자회사의 이득세 지출을 회피하는 동시에 인위적으로

B 지역 자회사의 이윤을 높입니다. B 지역 자회사의 이득세 세율이 낮기 때문에 이득세 지출을 절약할 수 있습니다. 이때 A 지역 자회사의 이윤은 저절로 낮아지지만 B 지역 자회사의 이윤은 상승하기 때문에 A를 덜어 B에 보태는 것이 되지만 그룹 전체에는 여전히 유리합니다.

위의 상황은 겉으로 보면 위쪽에서 아래쪽을 돕는 것이지만 달리 보면 아래쪽도 돕고 위쪽도 돕거나 새끼도 돕고 어미도 돕는 식으로 둘다 이익을 보는 국면입니다.

손익의 음양 관계
::

『주역』의 관점에서 손익을 고립적으로 봐서는 안 됩니다. 왜냐하면 둘의 관계는 음양이 대립하면서 통일된 관계이기 때문입니다. 손해를 입은 쪽이 있으면 이익을 얻은 쪽도 생깁니다. 반대로 이익을 얻은 쪽이 있으면 손해를 입은 쪽도 생깁니다. 전체를 보면 손익의 변동은 결국 첫째, 손익 제로섬 국면, 둘째, 이익이 손해보다 큰 순이익 국면, 셋째, 손해가 이익보다 큰 순손실 국면의 3가지 가능성이 있습니다.

첫째인 손익 제로섬 국면이 나타날 기회는 그리 많지 않고 둘째와 셋째 국면이 나타날 가능성이 더 많습니다. 순이익 국면이 아니면 순손실 국면이지요. 기업이 기꺼이 단기 이윤을 낮추고 직원의 복지 지출을 늘리려고 하는 이유는 기업 내부에 조화로운 환경을 만들고 소속감과 응집력을 높이려는 것입니다. 장기적으로 기업의 생산력이 증가한다면 단기적인 손해를 감수하며 장기적인 이익과 바꿉니다. 반대로 기업이 이윤만 추구하고 직원의 복지를 살피지 않으면 효율적으로 일하는 능력 있는 직원들은 대부분 떠나게 됩니다. 결국 단기 이익이 오히려 장기적인 손해를 보게 만듭니다.

손익은 음양 관계입니다. 당장의 이익을 늘리는 데 힘쓰는 것은 양기를 늘리는 것과 마찬가지입니다. 양기가 절정에 오르면 다시 떨어지게 마련입니다. 양이 극에 달하면 음이 나오기 때문에 음기가 올라가면 시간이 흐르면서 손해 작용이 점차 상승하다가 결국 이익이 되는 작용을 넘어서 순손실 국면을 형성합니다. 반대로 기업이 직원을 우대하는 행동은 손해인 듯하지만 사실 단기적인 손해일 뿐입니다. 직원의 소속감과 응집력이 강할 때는 효율이 올라가는 상황이 더 오랫동안 지속되어 음이 극에 달하면 양이 생겨 이익 작용이 손해 작용을 점차 넘어서고 순이익 국면을 형성합니다.

손익의 음양 관계는 마치 태극도에서 검은 물고기와 흰 물고기가 서로 껴안고 있는 상황과 같습니다. 검은 물고기의 꼬리와 하얀 물고기의 머리가 서로 이어지는 것은 '음이 양을 껴안은' 것입니다. 흰 물고기의 꼬리가 검은 물고기의 머리와 서로 이어지는 것은 '양이 음을 껴안은' 것입니다. 검은 물고기와 흰 물고기는 서로 마주보는 대립적인 지위에 있습니다. 검은 물고기의 꼬리부터 머리까지 면적이 점차 확대되고 있는 것은 음기가 올라감을 나타냅니다. 검은 물고기의 꼬리와 마주 보고 있는 흰 물고기의 머리 면적은 이때 가장 크고, 검은 물고기의 꼬리에서 머리 쪽으로 점차 이동하면 흰 물고기도 동시에 머리에서 꼬리 쪽으로 이동하고 흰색이 차지하는 면적은 점차 줄어듭니다. 이것은 양이 극에 달하면 음이 나오고, 음기가 올라가면 양기가 내려오는 상황을 나타냅니다. 검은 물고기와 흰 물고기는 태극도를 구성합니다. 손익 관계는 사실 음양 관계이기 때문에 저쪽이 스러지면 이쪽이 자라는 식으로 음양이 서로 맞서 반대를 이루면서 완성되는 공동체의 통일적 관계입니다. 손익의 성질이 서로 바뀔 수 있는 것은 마치 음의 물고기와 양의 물고기가 바뀌는 것과 같습니다. 오늘의 손실은 내일의 이익이 될 수도 있고, 오늘의 이익이 내일의 손실을 가져올 수도 있습니다. "재난이여, 복이 기대는 것이구나. 복이여, 재난이 엎드린 것이구나禍兮福之所倚 福兮禍之所伏"라는 『노자』 제58장의 말은 손익이 바뀌는 것에 대한 견해입니다.

"세 사람이 가면 한 사람을 덜고, 혼자 가면 벗을 얻는다三人行 則損一人 一人行 則得其友"라는 손괘의 육삼 효사에서 음양이 한 덩어리를 이룬 대립의 통일 관계를 설명할 수 있습니다. 세 사람이 함께 가면 의심이 생기기 쉽습니다. 자신을 제외한 나머지 두 사람이 함께 공모해서 자신을 해치지 않을까 하는 의심이 들 수 있기 때문입니다. 따라서 한 사람을 줄이는 것이 더 좋습니다. 두 사람이 함께 가는 것은 혼자 가는 것보다 좋습니다. 둘이 서로 도울 수 있기 때문에 비록 맞서더라도 조화로운 관계를 이루게 됩니다.

쓸데없는 것은 줄이고 모자라는 것은 늘리는 것이 천지, 곧 세상의 원칙입니다. 천지는 둘이며 음양을 나타냅니다. 만약 셋이라면 분명 하나가 많아졌기 때문에 없애버려야 합니다. 만약 하나라면 하나가 적어졌기 때문에 늘려야 합니다. 그래서 둘은 음양이 맞서면서 통일된 관계를 가장 잘 나타냅니다.

태괘▤는 음양이 서로 사귀고 크게 소통하는 상황을 나타냅니다.

상괘인 곤괘의 음기가 내려오고 건괘의 양기가 올라가서 음양이 사귀고 어울려 크게 소통하게 되기 때문입니다. 하지만 크게 소통하는 상황을 유지하려면 손해를 감수해야 하지요. 손괘는 이런 이치를 설명합니다. 태괘의 하괘인 건괘의 구삼 양효를 위로 옮겨, 곧 덜어내서 상륙 위치에 두고, 동시에 상괘인 곤괘의 상륙 음효를 아래로 옮겨, 곧 덜어내서 구삼 위치에 놓습니다. 조정을 거치면 상괘는 곤괘에서 간괘☶로 변하고 하괘는 건괘에서 태괘☱로 바뀌는데 새로 나온 별괘가 손괘☶입니다. 초구와 육사, 구이와 육오, 육삼과 상구가 모두 상응하는 것은 음양이 서로 합치는 조화로운 관계를 나타냅니다.

손익론과 전체론

::

손익의 음양 관계도 전체론의 일종입니다. 손익 문제는 그저 한쪽에서만 보면 안 되고 전체에서 보아야 합니다. 손해를 입은 쪽과 이익을 얻은 쪽을 합쳐야 전체론이 됩니다. 예를 들어 이익을 얻은 쪽이 기업이면 손해를 입은 쪽은 직원이나 주주일 수도 있고 또는 이와 반대일 수도 있겠지요. 기업과 직원, 기업과 주주를 전체로 보면 한쪽의 손해가 다른 쪽의 이익이 되겠지요. 만약 한쪽의 손해가 다른 쪽에 이익이 될 뿐 아니라 전체가 이익을 보게 된다면, 곧 국부적인 손해를 전체 이익과 바꿀 수 있다면 전체가 순이익을 얻는 국면이 만들어집니다. 한쪽의 손해가 꼭 전체의 이익을 가져오는 것은 당연히 아닙니다. 손익 제로섬의 국면일 수도 있고 순손실 국면일 수도 있습니다.

손익론

기업과 외부의 대중 관계에도 같은 사고를 응용할 수 있습니다. 기업의 이익이 고객과 도매상, 소매상, 생태 환경 등 대중의 이익이 되고, 상대방에게 손해를 입히거나 기업 자체에 이익이 되는 방법을 쓰지 않는 것이 가장 이상적인 상황이지요. 기업이 손해와 이익을 놓고 결정할 때 이런 행동이 결국 순이익 국면과 손익 제로섬 국면, 순손실 국면 가운데 어떤 결과에 해당할 것인지 먼저 헤아려보아야 합니다.

정부의 리더에게도 손괘와 익괘의 전체론은 특별한 의미가 있습니다. 정부가 경제 정책이나 조치를 취할 때, 경제 성장과 물가 안정처럼 2가지 전체적인 목표를 동시에 돌보지 못하는 경우가 종종 있습니다. 만약 정부의 주요 목적이 물가 안정이라면 이자율을 끌어올려 기업의 투자와 소비 지출을 냉각시키고 저축을 장려해야 합니다. 이때 경제 성장이 아주 빠르면 정부가 끌어올린 이자율은 일석이조의 효과를 거둘 수 있습니다. 반대로 통화가 크게 팽창하고 경제 성장이 낮다면 높은 이자율은 통화 팽창을 억제하는 데는 이익이지만 경제 성장에는 손해입니다. '바늘이 양쪽 다 뾰족하지는 않은 법이지요'. 정부는 이런 상황에서 어느 쪽을 먼저 목표로 삼아야 하는지, 바꾸어 말하면 누가 이익을 보아야 하고 누가 손해를 보아야 하는지를 결정해야 합니다. 만약 통화 팽창을 억제하는 것이 가장 중요한 목표라면 단기적으로는 경제 성장에 불리할 테지만 통화 팽창이 더 낮아지면 장기적으로 안정적인 성장을 하는 데 그나마 유리해집니다. 여기서 통화 팽창은 이익을 얻는 목표이고, 경제 성장은 손해를 입는 목표입니다. 그래서 이자율을 높이는 정책은 단기적으로는 경제 성장에 손해가 되지만 장기적인 경제 성장에는 이익이 됩니다. 손익 개념은 시간의 흐름에 따라 바뀐다는 것이 바로 이것입니다. 어떤 때는 손해이지만 다른 때는 이익으로 바뀝니다. 시공간은 손익 개념에 어느 정도 영향을 끼칩니다.

이자율을 '고정 환율로 안정시키는' 일이 다른 경제 목표에 끼치는 영향은 정부가 펼치는 손익 정책의 다른 사례입니다. 만약 '고정 환율로 안정시키는' 일을 정부의 우선 목표로 삼는다면 나머지 사회적, 경제적 목표는 부차적인 것으로 바뀔 수밖에 없습니다. 정부가 '고정 환율로 안정시키려는' 목표를 이자율 정책으로 정하면 통화 관리 기구는 정부의 공식적이거나 비공식적인 하급 기관이기 때문에 주로 이 목표를 겨냥해서 통화를 변동시키게 됩니다. 그러면 나머지 경제 목표가 발생시키는 작용을 소홀히 하게 되지요. 예를 들어 고정 환율이 절하 압력을 받을 때 통화 관리 기구는 현지 화폐의 이자율을 끌어올려 환율을 안정시키려 합니다. 하지만 높아진 이자율은 주식시장과 부동산, 기업 투자, 경제 성장에 불리하게 작용하고, 이런 상황에서 통화에 대한 높은 이자율 정책은 고정 환율제의 '환율 안정'이라는 목표에는 유리해 이익이 되지만 경제 성장이라는 목표에는 불리해 손해가 됩니다. 하지만 현지 정부가 '환율 안정'이 사회 전체에 안정적인 작용을 하고 나머지 경제 목표보다 더 중요하다고 생각할 때 높은 이자율 정책을 취하는 것은 본래 크게 비난받을 일이 아닙니다. 정부는 전체의 관점에서 문제를 보지만 높은 이자율 정책의 영향을 받은 기구나 단체, 개인은 아마 다른 견해를 가지고 있을 것입니다. 이것이 바로 역전이 말하는 "어진 사람은 어진 것을 보고, 지혜로운 사람은 지혜를 본다見仁見智"는 것입니다.

결론

::

1. 손익은 절대적인 개념이 아닙니다. 시공간이 다르기 때문에 손익은 서로 바뀔 수 있습니다. 손익 관계는 맞서면서 통일된 음양 관계이기 때문입니다. 손익 관계는 득실 관계이기도 합니다. 오늘의 손해가 잠시 잃은 것일 뿐이고 내일 얻을 가능성으로 바뀔 수도 있습니다. 반대로 오늘 얻은 것이 내일 잃을 것이 될 가능성도 있겠지요.

2. 『주역』의 도덕론은 '개인이 손해를 보고 공동체가 이익을 본다'입니다. 기업 경영에서 국부적인 이익을 희생해서 전체 이익을 온전하게 만든다는 개념입니다. 하지만 이렇게 '부분이 손해를 보고 전체가 이익을 보는' 행동이 개별적인 부서의 사기와 적극성에 손상을 입히는지 여부는 자세히 고려할 필요가 있습니다.

3. 어떤 손익 행동이라도 순이익이 나고 '양쪽이 이익을 보는' 국면이 가장 이상적인 목표입니다.

제15장

혁신론

'혁革'이라는 글자는 『주역』에 나오는 혁괘의 괘명에서 유래했습니다. 변혁變革이나 낡은 것을 버리고 새로운 것을 세운다는 생각이 고대 중국 사회에서 발전하고 있었음을 알 수 있습니다. 변화를 뜻하기도 하는 '혁'은 조직에 없으면 안 되는 행위입니다. 그리고 '정鼎'은 새로운 것을 취해 새로운 사물을 세우고 새로운 국면을 창조하는 것입니다. 『주역』에서 '혁괘' 다음은 '정괘'이고 대응하는 뜻을 가지고 있습니다. 낡은 것을 없애고 새로운 것을 펼치거나 묵은 것을 없애고 새로운 것을 세우는 것입니다.

혁괘☲ 묵은 것 버리기
::

혁괘는 연못과 불로 구성된 괘입니다. 위에 연못이 있고, 아래에 불이 있습니다. 연못의 물은 아래로 흐르고, 불길은 위로 올라가지요. 물은 불을 끌 수 있지만 불도 물을 증발시킬 수 있기 때문에 물과 불은 용납하지 않고 '변혁'의 추세를 형성합니다. 물이 불을 끌 수 있는 동시에 불도 물을 말릴 수 있기 때문에 물과 불은 서로 바꾸는 관계, 곧 변혁의 이미지가 있습니다.

어떤 조직이든 영원히 변하지 않을 수는 없습니다. 시공간의 변동에 따라 외부 환경과 내부 조건이 변화하면 보통 조직이 제정한 목표와 발전 계획, 구조, 인원 등에 상응해서 변동하고 새로운 시공간 조건에 적응하도록 만듭니다. 그리고 혁괘는 특별히 기회를 장악하는 데 치중합니다. 만약 준비할 시간이 모자라고, 함께하는 사람들이 심리적으로 준비가 안 되어 있으며, 교류와 협조 작업이 충분하지 않으면 변혁하기에 분명 이릅니다. 이때 무턱대고 행동을 취한다면 저항에 부딪히게 될 것입니다. 반대로 지나치게 신중하면 여러 측면의 준비 작업이 완전히 끝나기를 기다려 행동할 것입니다. 시간의 지연은 아마도 환경 변화의 요구에 어울리지 못하고 불만스러운 정서가 생겨나 전체의 협력에 영향을 끼치겠지요.

적당한 기회를 잡는 것이 변혁을 성공으로 이끄는 주요한 조건 가운데 하나입니다. 혁괘 괘사는 "기일이라야 믿는다. 아주 형통하고 바르게 하기 유리하다. 처음에 후회하다가 점점 없어진다己日乃孚 元亨利貞 悔亡"입니다. 고대에는 갑甲, 을乙, 병丙, 정丁, 무戊, 기己, 경庚, 신辛, 임壬,

계癸라는 천간天干 10가지로 날의 순서를 나타냈습니다. '기일'은 열흘 가운데 중간에서 약간 뒤인 여섯 번째 위치입니다. 때의 관점에서 기일은 가운데에 가깝고 자리로 보아도 가운데에 가깝습니다. 그래서 변혁 작업을 진행하려면 때의 요소, 곧 기회가 적당한지의 여부에 주의해야 합니다. 혁괘 괘사는 분명 '집중執中'의 관점으로 문제를 보기 때문에 앞도 뒤도 아니고, 짧지도 길지도 않은 것이 좋습니다. 만약 변혁 작업을 너무 빨리 진행한다면 필요한 작업에 대한 준비가 부족할 것입니다. 예를 들어 조직의 구성원으로 하여금 새롭고 중대한 개혁을 받아들이게 해야 할 때 이를 즉시 진행할 수 없는 것과 같습니다. 왜냐하면 조직의 구성원이 개혁의 내용을 제대로 이해하지 못하기 때문입니다. 만약 일방적으로 결정한 뒤에 행동한다면 조직 구성원이 불만을 일으키게 마련입니다. 양쪽의 소통과 상호감응이 없는 상태에서 경영진과 조직 구성원 사이에 틈이 생기고 불화가 생기면 조직의 효율에 영향을 주지요. 반대로 변혁 작업을 지나치게 늦추면 조직의 효율에도 불리한 영향을 줍니다. 변혁 작업은 오직 '적당한' 기회에 진행해야 양쪽의 소통과 교류 과정을 거쳐 조직 구성원의 이해와 믿음을 얻고 개혁에 대한 저항을 줄일 수 있습니다. 이것이 바로 '기일이라야 믿는다'의 뜻입니다.

혁괘 효사는 변혁의 진행에 관한 지침도 제시했습니다.

초구: '가죽 테에 황소 가죽을 쓴다鞏用黃牛之革.'
변혁을 진행할 때에는 쇠가죽처럼 질긴 정신을 가지고 목표와 대책 등으로 변혁의 기초를 단단히 다져야 합니다. 쇠가죽은 굳세고 강한 것을 나타내고, 노란색은 '가운데'를 나타냅니다. 개혁에 대한 입장을 견

지하지만 그 방식은 온화하고 적절해야 한다고 이해할 수 있습니다.

육이: '기일이라야 그것을 바꾼다己日乃革之.'
'기일'은 개혁의 기회가 왔고 기회를 잡아 변혁의 행동을 진행해야 한다는 것을 가리킵니다. 기일은 갑, 을, 병, 정, 무, 기, 경, 신, 임, 계의 천간 가운데 여섯 번째 자리를 가리킵니다. 가운데 자리이고, 적당한 기회의 뜻이 있습니다.

구삼: '멀리 가면 흉하다. 바르더라도 위태롭다. 간다고 여러 번 말을 바꾸더라도 믿음이 있다征凶 貞厲 革言三就 有孚.'
변혁에 급급하면 위험하므로 성공을 추구하는 데 급급하지 말고 바른길이나 방법을 취해 신중하게 살피고 온건하게 전진해야 합니다. 변혁의 길은 구불구불하기 때문에 여러 번 시험해보아야 성공할 수 있습니다.

구사: '믿음이 있으면 명령을 고친다有孚改命.'
믿음을 가지고 새로운 국면이나 추세에 적응하지 못하는 제도와 법령을 과감히 없애버립니다.

구오: '대인은 범처럼 바뀐다大人虎變.'
조직의 리더는 개혁을 진행할 때 행동이 공개적이고 공정해야 합니다. 마치 호랑이의 얼룩무늬처럼 분명히 드러나야 합니다. 리더는 조직의 '호랑이' 같기 때문에 '호랑이의 변화'는 리더의 변혁을 가리킵니다.

혁신론

상륙: '군자는 표범처럼 바뀐다. 소인은 낯만 바꾼다君子豹變 小人革面.'
조직에서 판단력이 뛰어난 사람이 리더가 진행하는 개혁 작업에 협조
하는 것입니다. 마치 표범의 꽃무늬처럼 아름답게 다듬는 작용을 합니
다. 표범은 호랑이보다 작기 때문에 '표범의 변화'는 재간이 있는 사람이
리더를 도와 변혁시키는 것을 가리킵니다. 소인, 곧 조직에 원래 있던
보수적인 사람들도 쉴 새 없이 입장을 바꾸어 물결에 순응합니다.

조직은 변혁을 진행할 때 기회를 파악하고 준비 작업을 튼튼히 하며
신중하게 행사해서 낡은 것을 없애고 새로운 것을 세워야 합니다. 투명
하고 공정한 조치를 취하면 변혁이 '호랑이의 변화'(리더가 리더십을 발휘
해 개혁을 이끌며 변혁에 주력하는 것)로부터 '표범의 변화'(조직 안의 재간
있는 사람들이 리더에게 협조해서 변혁하는 것)까지 이어져 개혁의 위대한
사업을 완성하게 됩니다.

정괘䷱ 새로운 것 세우기
::

세발솥은 고대의 요리 기구입니다. 먹여 살리는 기능을 가지고 있고,
권력이나 리더십을 상징하기도 합니다. '세발솥을 묻다'라는 말은 리더
의 지위를 빼앗으려고 사전에 모의한다는 뜻입니다. 정괘는 혁괘의 종
괘입니다. 혁괘는 변동하고 불안정한 현상을 나타내기 때문에 정괘는
안정의 이미지를 상징하게 마련입니다.
　　정괘는 불과 나무로 구성된 괘입니다. 나무 위에 불이 있기 때문에

세발솥으로 요리하는 일을 상징합니다. 조직의 리더에게는 널리 인재를 불러 모으고 그들을 기른다는 뜻이 있습니다. 조직에 좋은 인재가 있는지의 여부는 경영 효율과 발전의 잠재력이 있는가에 핵심이 되는 요소입니다. 조직의 리더는 인력을 발전시키는 것이 주요한 직무 능력의 하나입니다. 조직에 인재가 있고 리더도 그들을 알아보고 적재적소에 쓴다면 여러 유형의 인재가 리더의 유력한 조수로 바뀌게 됩니다. 마치 리더의 눈과 귀가 되어 리더의 제어 능력과 경영 능력을 강화시킵니다. 그래서 「단전」에는 "공손하고 눈과 귀가 밝다巽而耳目聰明"라는 말이 있습니다. 재능 있는 아랫사람이 리더를 존경하고 순종하면 리더는 저절로 눈과 귀가 밝아지게 됩니다.

리더는 자신의 직위가 가진 성질과 사명이 어디에 있는지 꼭 이해하고 있어야 합니다. 「상전」은 이런 요점을 "군자는 바른 자리로 명령에 부합한다君子以正位凝命"라는 말로 제시합니다. 리더는 자기가 있는 자리를 단단히 지켜야 합니다. 세발솥이 기울면 자신의 세력이 위험에 처하게 되므로 세발솥의 자리는 바른 곳이어야 합니다. 리더가 조직 발전의 새로운 사명을 짊어질 만한 박력이 있어야 묵은 것을 버리고 새로운 것을 세울 수 있습니다.

정괘의 효사는 리더가 경계해야 할 점도 제시합니다.

초록: '세발솥이 발을 뒤집는다鼎顚趾.'
세발솥을 거꾸로 뒤집어 세발솥 안의 묵은 것을 쏟아버립니다. 리더가 오래된 것을 제거하고 새로운 것을 펼칠 결심과 행동이 있어야 함을 상징합니다.

혁신론

구이: '세발솥에 먹을 것이 있다鼎有實.'

리더가 오래된 것을 제거하고 새로운 것을 펼칠 때 개혁 계획이 충실하고 공허하지 않아야 혁신에 유리합니다. 신중하게 혁신 작업을 처리해야 한다는 말입니다.

구삼: '세발솥의 귀를 바꾼다鼎耳革.'

리더가 만약 눈과 귀를 잃으면 주위 상황을 이해할 수 없게 되고 정보가 정통하지 않게 되어 지휘하고 행동할 때 불리합니다. 이것은 세발솥이 솥귀를 잃어버려서 솥을 옮길 때 불편해지는 것과 같습니다.

구사: '세발솥의 다리가 부러진다鼎折足.'

세발솥이 무게를 이기지 못하고 다리가 부러지고 말았습니다. 혁신이 지나치면 반대로 작업의 진행이 불리해지는 것을 상징합니다. 예를 들어 행동하는 시간이 지나치게 이르고, 범위가 지나치게 크며, 연계가 지나치게 넓은 것 따위입니다. 주요한 간부를 잃으면 혁신 작업이 억제되는 상황이 나타나는 것도 암시합니다.

육오: '세발솥의 누런 솥귀鼎黃耳.'

솥귀를 잡아야 세발솥을 움직일 수 있습니다. 노란색 솥귀는 오래된 것을 제거하고 새로운 것을 펼칠 때 중도 원칙을 취하는 편이 좋다는 것을 상징합니다. 노란색은 오방색 가운데 중앙의 빛깔입니다.

상구: '세발솥의 옥으로 만든 지렛대鼎玉鉉.'

옥은 부드러움을 나타내고, 지렛대는 솥 지렛대로서 세발솥을 들 때 쓰는 도구입니다. 옥으로 만든 지렛대는 새로운 정책이 온화해야 사업이 번창하는 데 유리하다는 것을 상징합니다. 또한 조수를 상징할 수도 있고, 리더의 아랫사람이 옥처럼 깨끗해야 한다는 것을 나타낼 수도 있습니다. 청렴하며 공무에 충실해야 새로운 사업을 추진하는 데 유리합니다.

괘 안에 있는 괘

::

혁괘와 정괘의 교호괘는 묵은 것을 버리고 새로운 것을 세울 때 주의해야 하는 행동 지침을 암시합니다. 혁괘의 교호괘는 구괘▤입니다. 음이 하나이고 양이 다섯 또는 음유가 하나이고 양강이 다섯인 상황이지요. 개혁 작업이 완강한 방해를 받을 수 있기 때문에 유화적인 수법을 취해 소통하고 협조해야지 강행해서 요구하면 안 된다는 것을 상징합니다. 정괘의 교호괘는 쾌괘▤입니다. 양 다섯이 음 하나와 맞서 양강의 세력이 왕성하기 때문에 혁신하려는 사람은 과감히 묵은 것을 버리고 새로운 것을 세워야 한다는 사명을 명심하고 집행해야 한다는 점을 암시합니다. 구괘의 종괘는 쾌괘이고, 쾌괘의 종괘는 구괘입니다. 이 역시 혁신 작업에서 강유가 서로 돕는 수법을 취해야 한다는 것을 암시합니다.

고괘 ䷑

⚏

조직이 늙어가는 쪽으로 기울었는데 새롭게 고치려는 행동이 없으면 부패 현상이 생기기 쉽습니다. 고괘는 산과 바람으로 구성된 괘입니다. 상괘가 산이고, 하괘가 바람이지요. 산은 온건함을 나타내기도 하지만 보수, 완고함, 외고집을 나타내기도 합니다. 바람은 유순함을 나타냅니다. 조직의 상층이 고집스럽게 자기만 옳다고 여기면서 하층에게 자기가 해야 할 일을 맡겨버리면 조직 전체가 부패로 기울기 쉽습니다. 고蠱는 독을 가진 벌레蠱蟲, 썩어 문드러짐蠱亂, 매력에 홀려 넋이 나감蠱惑, 독 때문에 입은 해蠱害 등의 함의가 있고, 부패하거나 바르지 못한 분위기를 상징합니다. 산에는 멈춘다는 함의도 있습니다. 그래서 산과 바람으로 구성된 괘를 '바르지 못한 분위기는 억제해야 한다'라고 해석할 수도 있습니다. 산과 바람으로 구성된 괘는 산 아래에 큰 바람이 불어 지금 있는 마른 가지와 썩은 잎을 싹 쓸어간다는 세 번째 해석도 가능합니다. 새로운 태도와 새로운 분위기가 오래된 부패 현상을 쓸어버리고, 오래된 것을 부수고 새로운 것을 세우는 일을 상징합니다.

부패를 응징하는 지침은 다음과 같이 여러 가지 원칙이 있습니다.

1. 오래된 것을 부순다는 원칙

조직에 새로운 리더가 취임하고 현재 조직의 폐단을 평가했다면 과감하게 분위기를 바로잡는 행동을 취해야 합니다. 전임자의 체면을 세워주려고 고치지 않은 채 현 상태에 만족하며 묵은 방식에 스스로를 가둬서는 안 됩니다. 그렇다면 낡은 것을 버리고 새로운 것을 도모할 수 없습니다. 초륙 효사는 "아버지 일을 한다. 아들이 있으면 죽은 아버지에게 허물이 없다. 위태롭지만 결국 길하다幹父之蠱 有子 考无咎 厲終吉"입니다. 선배가 남긴 폐단을 후배가 바로잡을 때 위험과 두려움이 따르겠지만 결국 길함을 얻습니다.

2. 적절함의 원칙

전임자가 남긴 조직의 폐단을 바로잡을 때 지나치게 서둘러서는 안 됩니다. 지나치게 서두르면 조직 구성원의 저항을 받아 오히려 개혁이 가로막히거나 지연됩니다. 한편 두루두루 봐주려고 해서도 안 됩니다. 이 경우에는 강유가 조화를 이룬 적절한 방식을 취하는 것이 가장 합당합니다. 구이효 「상전」은 "어머니 일을 하면 중도를 얻는다幹母之蠱 得中道也"입니다. 어머니뻘인 선배의 폐단을 바로잡을 때 중도 원칙을 취해야 합니다. 구이는 양이 음의 자리에 있기 때문에 강유가 조화를 이루는 작용이 있습니다. 리더인 육오는 구이의 도움을 받아 위아래의 강유가 서로 돕는 협조 관계를 형성하고 조직을 재정비해서 성공하는 데 유리해집니다. 그리고 칭찬을 받게 됩니다. 육오 효사는 "아버지 일을 하면 칭찬을 듣는다幹父之蠱 用譽"라고 추측했습니다.

3. 올곧음의 원칙

조직을 재정비할 때 올곧고 아부하지 않는 원칙을 견지하며 바른길을 따라 일을 시행해야 합니다. 일부 조직 구성원에게 불리한 영향을 줄 수도 있지만 조직 전체의 미래에는 오히려 유리합니다. 비록 응징당한 쪽에서는 유감이겠지만 행동 전체는 옳습니다. 이것은 구삼 효사가 이야기하는 "아버지 일을 한다. 작으면 후회가 생기지만 큰 허물은 없다 幹父之蠱 小有悔 无大咎"의 함의이기도 합니다. 구삼은 양이 강의 자리에 있기 때문에 양강의 기운이 바른 자리에 있을 때 드러낼 수 있습니다.

만약 정리하는 과정에서 지나간 사람의 이해관계와 인정을 돌보기 위해 당장은 탈이 없는 임시방편을 취한다면 나중에 틀림없이 후회할 일이 생기게 됩니다. 구사 효사에는 다음과 같이 경계하는 말이 있습니다. "아버지 일을 느슨하게 한다. 가면 인색함을 본다裕父之蠱 往見吝."

4. 담백함의 원칙

조직의 폐단을 깨끗이 개혁하는 행동은 고상한 일일 뿐 개인의 사리사욕을 위한 일이 아닙니다. 따라서 정리해야 하는 무거운 책임을 지게 되었을 때 명성과 이익에 담백한 마음을 가져야만 올곧게 임무를 수행할 수 있습니다. 상구 효사의 "임금을 섬기지 않아도 자기 일을 높이 받든다"라는 말은 이런 원칙을 제시합니다.

제16장

위기 탈출론

육십사괘 가운데 감괘, 건괘, 준괘, 곤괘의 4가지 괘는 위기에 처했을 때 대처하는 방법을 이야기합니다. 비록 4가지 괘가 처한 위기 상황은 각각 다르지만 저마다 위기에서 벗어날 수 있게 하는 지침이 있습니다. 하지만 그중에도 같은 점이 있지요. 위급하고 곤란한 위기에서 '변화에 휩쓸리게 되어도 놀라지 말고 엄숙하고 공손하게 스스로 강해지는' 태도를 유지해야 한다는 점입니다.

감괘☵ 끊임없는 꿋꿋함

조직이 어려운 위기에 빠졌을 때는 마치 감괘와 같습니다. 하괘의 초륙과 육삼은 음효이고, 구이는 양효입니다. 같은 상황에서 상괘의 육사와 상륙은 음효이고, 구오는 양효입니다. 두 괘를 보면 구이와 구오 양효는 모두 음효에 둘러싸여 양기가 음기 속에 빠지고 말았습니다. 이는 조직이 위기에 직면한 상황을 상징합니다. 감坎은 '빠진다'는 뜻이 있습니다. 감괘의 상괘와 하괘는 모두 감괘이기 때문에 감이 두 겹입니다. 설상가상으로 엎친 데 덮친 격을 상징하고 겹겹으로 위기에 둘러싸였다는 뜻입니다.

조직이 위기에 빠졌을 때 리더는 마음속으로 어려움을 극복할 수 있다는 굳센 의지를 다지며 꿋꿋하게 무릎 꿇지 않는 자세를 지녀야 합니다. 이런 위기에 대처하기 위해 리더가 가져야 할 태도는 감괘의 육효 구조가 암시하고 있습니다. 구이와 구오 강효는 겉으로는 위아래가 모두 유효에 둘러싸여 있지만 뼛속 깊이 무릎 꿇지 않을 수 있는 꿋꿋한 힘을 갖추고 있습니다. 위기에 맞닥뜨려도 흐트러지지 않는 자세, 곧 '태산이 눈앞에서 무너져도 낯빛을 바꾸지 않는' 패기가 있습니다. 조직의 리더는 어렵고 괴로운 역경 속에서도 심리적 균형을 유지하고, 자포자기하지 않으며, 구이나 구오처럼 강중의 정신으로 위기를 벗어날 길을 찾고, 험한 곳도 평지처럼 지나가며, 위험이 없는 것처럼 침착하고 느긋하게 여기는 마음이 있으면 위기를 벗어날 수 있는 지혜를 얻을 수 있습니다. 감괘 괘사는 "감괘가 거듭된 것은 믿음이 있다. 마음이 형통한 것이다. 가면 받드는 일이 있다習坎 有孚 維心亨 行有尙"입니다. 위험으로 겹겹이 둘러싸여 있어도 성실함만 잃지 않으면 형통할 것입니다. 여기서 성실함은 강중의 덕을 가리킵니다.

감괘 효사에 따르면 위기 탈출의 방법으로 다음과 같은 지침이 있습니다.

1. 작더라도 먼저 얻으려고 하기

위기에서 조금이라도 벗어날 기회가 생기면 포기하지 말고 쟁취해야 합니다. 모든 힘을 축적해서 단단히 딛고 서려고 노력하고, 기회를 엿보아 위기에서 벗어날 길을 찾아야 합니다. 이것이 구이 효사가 이야기하는 "구덩이에 위험이 있다. 구하더라도 조금 얻는다坎有險 求小得"입니다.

2. 경거망동하지 않기

위기에 처했어도 이를 벗어나려고 허둥지둥하거나 경거망동하지 말고 실력을 유지하며 조용히 변화를 기다려야만 합니다. 육삼효의 「상전」은 "그것을 오게 만드는 일이 어렵고, 어렵다는 것은 결국 공이 없다는 말이다來之坎坎 終无功也"입니다. 자신이 아주 커다란 위험에 처했어도 안심하고 기회를 기다려야지 그렇지 않으면 결국 어떤 행동도 성공하기 어렵습니다.

3. 강유를 잇는 관계 세우기

리더는 소박한 방법을 취해서 아랫사람과 조화로운 관계를 이룰 수 있습니다. 육사와 구오의 관계는 유가 강을 잇기 때문에 상사와 아랫사람의 관계는 강유를 잇는 효과를 얻을 수 있습니다. 육사의 「상전」은 "동이에 담긴 술과 대나무 그릇 둘은 강유가 만난다는 말이다樽酒簋貳 剛柔際也"입니다. 술 한 잔과 밥 두 사발이 강유를 잇는 선물입니다. 리더가 아랫사람과 조화로운 관계를 이루고 싶을 때 이 같은 간소한 방식을 쓰면 됩니다.

4. 강중을 굳게 지키기

리더가 치우치지도 않고 왜곡하지도 않는 중정 원칙으로 일을 시행하는 태도를 견지합니다. 이것이 구오 효사가 이야기하는 "구덩이가 차지 않았다. 그저 이미 평평하다. 허물이 없다 坎不盈 祇既平 无咎"입니다. 물은 쉼 없이 흐르지만 넘치지 않고 수평의 상황, 곧 중의 상황을 유지할 수 있습니다. 감괘는 어려움을 나타내는 괘이지만 사람이 위기 속에서 흔들리거나 굽히지 않는 정신을 지니고 노력해야 한다고 격려합니다. 이는 어떤 조직의 리더에게든 의미가 있을 것입니다.

건괘䷦ 멈추기로 위기 극복하기

건괘의 상괘는 물이고, 하괘는 산입니다. 괘상은 산 위에 물이 있는 것입니다. 앞으로 가면 위험이 있으므로 멈추어야 합니다. 산에는 멈춘다는 함의가 있습니다. 감괘는 위기나 곤경에 이미 빠져 있는 것을 가리키고, 건괘는 아직 위기에 빠지지는 않았지만 곧 위험에 빠질 가능성이 있음을 가리킨다는 점이 감괘의 위험과 건괘의 위험이 지닌 차이점입니다. 그래서 무턱대고 돌진하는 일은 좋지 않으므로 제때 멈추어야 합니다. 예를 들어 경제 순환이 이미 절정에 도달했고 장차 미끄러질 가능성이 있다는 것을 발견하는 일처럼 조직은 발전 과정에서 전망이 불리할 수도 있는 상황을 종종 발견하게 됩니다. 리더는 이때 과감하게 결정을 내려 프로젝트를 멈추든지 규모를 줄여야 위기를 피할 수 있습니다. 건괘 괘사는 "서남쪽이 이롭고 동북쪽이 불리하다. 대인을 보기 이로우니 바르면 길하다利西南 不利東北 利見大人 貞吉"입니다. 서남쪽 방위는 곤괘이고 평지를 나타냅니다. 동북쪽 방위는 간괘이고 산을 나타냅니다. 괘사는 '어려움을 피하고 가벼움을 취하는' 뜻이 있습니다. 또는 동북쪽이 양의 자리를 나타내고 서남쪽이 음의 자리를 나타내는데, 양은 전진을, 음은 후퇴나 전진하지 않음을 나타내기 때문에 위험이 앞에 있으면 전진을 멈추어야 한다고 합니다.

조직이 건괘의 상황에 처할 때 『주역』은 다음과 같은 지침을 제시합니다.

1. 전진할 때와 후퇴할 때를 알기

초륙 효사는 "가면 어렵다. 오면 칭찬을 받는다往蹇 來譽"입니다. 앞으로 가면 틀림없이 어려움이 있고, 후퇴해서 멈추면 자신을 보호하고 명예를 잃지 않을 수 있습니다. 전진과 후퇴를 알고 당장 무엇이 필요한지 아는 사람이 엘리트입니다.

2. 같은 배를 타고 물을 건너기

육이 효사는 "임금과 신하가 어렵고 어렵다. 내 탓은 아니다王臣蹇蹇 匪躬之故"입니다. 신하가 근심을 물리치고 어려움을 풀기 위해 최선을 다해 뛰어다니는 것은 개인을 위해서가 아닙니다. 끓는 물에 뛰어들고 화톳불을 밟더라도 마다하지 않는 것은 왕실을 구하기 위해서입니다. 만약 아랫사람들을 한마음으로 모아 어려운 국면을 함께 풀어나갈 수 있게 한다면 위기를 벗어나는 데 도움이 됩니다.

3. 씩씩하게 위기를 벗어나기

리더가 위기를 해결해 안정을 찾아야 하는 큰 임무를 짊어지고 동료의 추대를 받는다면 사람들이 리더 휘하로 모여들어 잇달아 단결하게 됩니다. 이것이 바로 구오 효사가 이야기하는 "크게 어렵다. 벗이 온다 大蹇 朋來"입니다. 어려울 때 올곧은 태도를 견지하면 사람들이 마음을 돌이켜 진심으로 협력하며 위기를 벗어날 수 있게 도와줍니다. 조직을 위기에서 벗어나게 하려면 리더는 고상한 품격과 굳센 절개도 갖추어야 합니다. 동료와 비바람 속에서 같은 배를 타는 마음으로 난관을 함께 극복해간다면 '도에 들어맞으면 도움을 많이 얻는다'는 말처럼 위기를 벗어나는 힘이 세집니다.

준괘䷂ 창업의 어려움
::

건괘蹇卦䷦의 하괘인 간괘☶를 거꾸로 돌리면 진괘☳가 됩니다. 그러면 건괘는 준괘로 바뀝니다. 간괘의 '멈추는' 정태적인 성질에 맞서 진괘는 분명 '움직이는' 이미지이고, 조직의 전진이 아주 절실하다는 것을 반영합니다. 그러나 맞닥뜨린 어려운 형세로 인해 앞으로 나아갈 수가 없으므로 이때는 힘을 축적하면서 기회를 기다렸다가 움직여야 합니다. 이런 상황은 사물이 발전해가는 초기에 많이 발생합니다. 조직이 혁신하고 창업하는 초기의 어려움은 마치 풀이나 나무가 싹을 틔우는 것과 같습니다. 막 태어나서 자라고 있기 때문에 어려움이 가득합니다. 준괘의 상괘는 감괘인데, 물은 구름으로 보아도 좋습니다. 왜냐하면 높은 곳에서 비가 되기를 기다리는 구름이기 때문이지요. 그리고 우레는 구름 아래에서 아직 올라가지 못하고 있는데, 이것이 바로 '준屯'의 유래입니다. 조직이 준괘의 어려운 창업 시기에 처해 있기 때문에 『주역』은 다음과 같은 여러 항목의 행동 지침을 제시합니다.

1. 근본을 기르고 단단히 하기

어려움이 많은 창업 초기에는 먼저 근본을 기르고 단단히 다져야 합니다. 마치 "군자는 이로써 천하를 다스린다君子以經綸"라는 준괘 「상전」의 말처럼 경영에 모든 노력을 기울여야 합니다.

2. 관계 정립하기

괘사와 초구 효사에 모두 "제후를 세우기 유리하다利建侯"라는 말이 있습니다. 후侯는 고대의 제후를 말합니다. 제후 제도를 세우는 것은 임금이 나라를 통치하는 데 기초가 되는 일입니다. 같은 상황에서 창업도 관계 네트워크로 장래의 발전을 지지할 필요가 있습니다. 그러나 한편으로 '제후를 세우기 유리하다'를 창업에 필요한 인사 부서로 해석할 수도 있습니다.

3. 인내심을 가지고 기다리기

"갈 곳이 생겨도 가지 말라勿用有攸往"는 괘사의 말은 경솔하게 함부로 행동하면 안 된다는 뜻입니다. "사슴과 마주쳤는데 몰이꾼이 없다卽鹿无虞"는 육삼 효사의 말도 산림을 관리하는 사람의 안내가 없이 사슴을 사냥하는 것은 맹목적인 행동이고, 결국 틀림없이 유감이 있을 것이라고 지적합니다. 어려움이 많은 창업 시기에는 무턱대고 전진하면 안 됩니다. 일단 잘못되면 소중한 자원을 잃어버리기 때문에 인내심을 가지고 적당한 기회를 기다렸다가 출격해야 합니다. 그래서 여자는 10년이 지나고 시집가라는 말이 육이 효사에 있습니다. "여자가 바르지만 시집가지 못했다. 10년 만에 시집갔다女子貞不字 十年乃字." 이처럼 인내심을 가지고 조건이 무르익기를 기다렸다가 행동을 취해야 합니다.

4. 능력 있는 사람을 찾아 도움받기

창업은 반드시 재간 있는 사람의 도움이 있어야 초기의 위기를 쉽게 벗어날 수 있습니다. 육사 효사는 "말을 탄 사람이 줄을 섰다. 혼인을 청한다乘馬班如 求婚媾"입니다. 말을 타고 잇달아 오는 구혼자들은 창업자가 능력 있는 사람을 찾아 도움을 받고 강유가 서로 도와야 위기를 벗어날 수 있다는 것을 상징합니다.

5. 널리 은혜 베풀기

창업의 어려운 때에 여러 곳의 협력을 쟁취하기 위해서는 널리 은혜를 베풀어야 하고, 양쪽 모두 이로운 관계를 통해 지지를 얻어야 합니다. 구오 효사의 "혜택을 베푼다"에 이런 함의가 있습니다.

곤괘䷮ 천천히 돌파를 도모하기

곤괘의 상괘는 연못이고, 하괘는 물입니다. 물이 연못 아래 갇혀 있는 원인은 물이 아래로 스며들기 때문이고, 그렇게 되면 연못에는 물이 마르게 됩니다. 이치에 따르면 물은 연못 위에 있어야 합니다. 물이 연못 위에 없고 연못 아래에 있는 것은 분명 '자리'를 얻지 못한 것이고 곤란한 국면이 생겼음을 의미합니다. 조직도 종종 인재, 자원, 고객을 잃기 때문에 곤란한 국면에 빠지게 됩니다. 이런 국면을 돌파하려면 인재를 다시 빨아들이고 자원과 고객을 증가시켜야 하는 것처럼 반드시 증세에 따라 약을 써야 합니다. 하지만 가장 중요한 점은 리더가 반드시 양강의 적극성을 유지해야 한다는 것입니다. 위기에 빠졌어도 여전히 안정된 자세로 지휘하면서 침착하게 위기에서 벗어날 대책을 강구해야 합니다. 마음이 들떠 조급해서도 안 되고 방침이 혼란스러워도 안 됩니다.

위기를 벗어나는 일에 관한 『주역』의 지침은 다음과 같습니다.

1. 참고 견디며 기회를 기다리기

어려운 위기에 처했을 때 리더는 굽히지 않는 정신을 가지고 기회를 기다렸다가 돌파해야 합니다. 그리고 반드시 끈기를 가지고 바른길을 굳게 지켜야 내부의 동료와 외부의 우호적인 지지를 받아 길함을 얻고 재난을 피할 수 있습니다. "형통하고 바르다. 대인은 길하다. 허물이 없다亨 貞 大人吉 无咎"라는 괘사에 이런 함의가 있습니다. 초륙 효사는 "궁둥이가 나무 그루터기에 끼였다. 깊은 골짜기에 들어가 여러 해가 지나도 보이지 않는다臀困于株木 入于幽谷 三歲不覿"입니다. 마른 나뭇등걸에 엉덩이를 걸치고 앉아도 안정되지 않습니다. 이때는 깊은 골짜기로 들어가 3년 동안 모습을 드러내지 말아야 합니다. 위기일 경우에는 참고 견디며 깊이 숨었다가 기회를 기다려 천천히 돌파를 도모해야 합니다.

2. 중도를 굳게 지키기

위기일 때 리더는 중도를 굳게 지키고 치우치지 않으며 조직의 내부에 균형과 조화가 유지되도록 해야만 합니다. 구이의 「상전」은 "술이며 밥에 어려움을 겪는다는 것은 꼭 맞으니 경사가 생긴다困于酒食 中有慶也"라고 합니다. 비록 술과 밥이 없지만 리더는 여전히 강중으로 자신을 지키며 무턱대고 전진하는 활동을 하지 않습니다. 굳센 의지로 위기를 벗어날 꾀를 도모합니다.

3. 협력해서 위기 넘기기

곤괘는 구이, 구사, 구오 등 강효가 3개 있습니다. 구이는 음효인 초륙과 육삼 때문에 곤란하고, 구사와 구오는 음효 육삼과 상륙에 둘러싸여 있습니다. 위기를 돌파하려면 양강의 힘에 의지해야 합니다. 조직에서 양강의 힘을 모아주어야만 더 강한 작용이 생깁니다. 그러나 지나치게 조급해하지 말고 힘을 헤아려 시행해야 합니다.

제17장

군사론

『주역』의 지혜와 원리는 평화로울 때 쓸 수 있을 뿐만 아니라 동시에 군사와 용병술에도 쓸 수 있습니다. 『손자병법』은 『주역』의 음양 원리와 변증법적 사고로 가득 차 있습니다. 임시방편과 원칙奇正, 참과 거짓虛實, 돌아가기와 바로가기迂直, 편안함과 수고로움逸勞, 움직임과 멈춤動靜 등의 개념은 음양 개념을 달리 표현한 것입니다. 손자의 많은 명언도 『주역』의 '변화'라는 사고와 비슷한 구석이 있다는 점을 보여줍니다. 그 예로 「세편勢篇」의 "임시방편과 원칙의 변화는 막힐 수가 없다奇正之變不可勝窮"나 「허실편虛實篇」의 "충실한 데를 피하고 허술한 데를 공격하다避實而擊虛" "적에 따라 변화해서 승리를 거둔다因敵變化而取勝" 등을 들 수 있습니다. 『손자병법』은 군사와 병법에 관한 전문 이론이기 때문에 겉으로 보면 『주역』보다 병법의 관점이 많고 깊이 있어 보이게 마련입니다. 하지만 원리의 관점에서 보면 『주역』이 제시한 여러 가지 원칙적인 개념을 군사에 응용한 것입니다. 육십사괘 중 송괘와 사괘가 군사와 관련되어 있습니다. 좁은 뜻의 군사는 용병술을 직접 이야기하는 사괘만 포함하지만 넓은 뜻의 군사는 송괘의 소송 행위도 포함할 수 있습니다. 직접적인 군사 행동이 발생하기 전에 양쪽은 분쟁에서 시작하는 경우가 많습니다. 만약 해결할 수 없다면 군사 행동을 취하게 되겠지요. 그래서 『주역』의 용병술 원리를 논할 때는 송괘에서 시작해야 합니다. 송괘는 육십사괘 가운데 여섯 번째이며, 사괘는 일곱 번째입니다. 송괘를 통해 소송 문제를 먼저 고려해야 하며, 만약 해결할 수 있다면 꼭 무력을 쓸 필요가 없어진다는 것을 알 수 있습니다.

송괘䷅ 소송하기

송괘의 상괘는 하늘이고, 하괘는 물입니다. 해와 달, 별 등을 포함하는 하늘은 동쪽에서 서쪽으로 움직입니다. 그리고 황허 강黃河와 창장 강長江 같은 중국의 강은 주로 서쪽에서 동쪽으로 흐릅니다. 하늘과 물이 움직이는 방향이 반대인 것은 충돌과 모순 현상을 상징합니다. 이밖에 괘의 구조를 보면 구오와 구이는 '적대적 대응' 관계를 나타내고 다툼의 성질을 가지고 있습니다.

충돌과 모순이 있다고 해서 꼭 소송의 길을 가야 할까요? 송괘의 괘사는 "믿음이 있지만 막혀서 두렵다. 꼭 맞으면 길하지만 결국 흉하다. 대인을 만나기 유리하다. 큰 냇물을 건너기에 불리하다有孚窒 惕 中吉 終凶 利見大人 不利涉大川"입니다. 만약 당사자가 자기 의견을 견지하지 않고 사실을 존중하며 소송의 행동을 좀 경계하고 소송의 실마리를 가볍게 일으키지 않으며 적당한 선에서 멈추면 위험하고 무서운 상황을 피할 수 있고 길함을 얻습니다. 소송할 때 중정의 인품을 가진 사람을 청해서 옳고 그름을 판결하게 해야 합니다. 만약 소송이라는 방식으로 분쟁을 해결하면 불리하고 깊은 수렁에 빠질 가능성이 있습니다.

소송에 대한 『주역』의 기본 태도는 부정적이며 나아가 '조화로운 것을 소중하게 여겨야' 한다는 것입니다. 왜냐하면 양쪽의 소송 결과는 아마 '둘 다 해를 입거나' '둘 다 지는' 결과일 테니 말입니다. 한쪽이 이겼다 하더라도 비참하게 이긴 국면일 테니 겉으로 이겼어도 실제로는 진 것이나 다름없지요. 이것은 조직의 리더에게 중대한 의미가 있습니다. 최후의 결정적 순간까지는 소송하지 않는다! 공자도 『논어』에서 "소송을 처리할 때 나는 남과 같다. 꼭 하고 싶은 것은 소송을 없애는 것이겠지聽訟 吾猶人也 必也使無訟乎"라고 했습니다. 소송을 심리하는 것은 나도 남과 차이가 없지만 사람들이 소송을 싫어하게 만드는 것이 가장 좋고 근본적인 방법이라는 뜻입니다.

옥신각신 다투고 있다면, 가능하면 단기간 안에 상대방과 협조해서 분쟁을 끝내는 것이 양쪽에 유리합니다. 초륙 효사는 "일을 오랫동안 끌지 않는다. 작으면 말은 생기지만 결국 길하다"라고 합니다. 분쟁에 오랫동안 휘말리지 말고 옳고 그름을 말로써 확실하게 가리며 자기 의견을 분명히 표현하면 결국 길하게 될 것입니다.

만약 소송하는 중이라도 따져보고 확실한 승산이 없을 것 같으면 제때 분쟁에서 물러나야 합니다. 구이 효사는 "소송을 이기지 못한다. 돌아가 도망친다"입니다. 스스로 생각해보아도 이유가 없다면 제때 몸을 빼고 물러나야 합니다. 전진과 후퇴를 아는 것은 현명합니다. 구사 효사도 "돌아와 명령에 따라 바꾸면 편안하고 바르게 된다. 잃지 않는다"라고 합니다. 소송 중이라 하더라도 소송에 관한 승산을 놓고 고민하는 쪽보다 조금이라도 일찍 태도를 바꾸어 옳은 길을 편안하게 지키는 쪽이 낫습니다. 원래 태도를 바꾸고 물러나 스스로를 지키는 쪽이 다시 생길 손실을 막을 수 있어 길하게 됩니다. 멈추어야 할 때를 알고 멈추면 남과 겨루어 이기기를 좋아하는 마음을 버릴 수 있습니다. 대장부는 굽힐 줄도 알고 펼 줄도 알아야 합니다. 한 걸음 물러서면 얽매이지 않고 끝없이 넓어질 수 있기 때문에 여전히 유리합니다.

소송에서 양쪽의 승패는 주로 결단을 내리는 사람의 공정함과 옳고 그름에 대한 명확한 판단력에 따라 결정됩니다. 구오효 「상전」은 "소송이 아주 길하다는 것은 꼭 맞고 바르기 때문이다訟 元吉 以中正也"입니다. 그러나 한쪽으로 치우치지 않으면서 절대적으로 공정하기란 쉬운 일이 아닙니다. 배심원 제도에서 법관의 판결은 배심원들의 결정에 따라 정해집니다. 그리고 배심원들도 양쪽 변호사의 언변에 영향을 받을 테지요. 그래서 『주역』이 여기서 제시한 공정이라는 낱말에는 법관과 배심원들이 객관적인 태도를 유지할 수 있는지 여부도 포함되어야만 합니다.

만약 소송의 승리가 권력과 재력 때문이라면 이겼어도 뽐내지 못하고 남의 존경을 받지 못하므로 오래가지 못합니다. 상구 효사가 이런 함의를 가지고 있습니다. "어쩌다 그에게 허리띠를 하사하더라도 아침이 가기도 전에 여러 번 그것을 빼앗는다或錫之鞶帶 終朝三褫之." 강한 것만 믿고 벌인 소송에서 얻은 허리띠는 하루에도 여러 번 박탈당할 수 있습니다. 여기서 허리띠는 높은 관직과 후한 봉급을 상징합니다.

분쟁이 생겼을 때 조직의 리더에게 조화로운 수단으로 다툼의 실마리를 가라앉히고 양쪽 모두 해를 입는 국면을 피해야 한다고 권고함으로써 유리한 국면을 쟁취하게 하는 것이 송괘의 원리입니다. 리더는 인내의 수양을 갖추고 전쟁의 실마리를 쉽게 열지 말아야 합니다. 만약 어쩔 수 없이 소송을 하게 되더라도 제때 몸을 빼내고 물러나 원기를 유지해야 합니다.

사괘 ䷆ 용병술

사괘의 상괘는 곤괘이고 하괘는 감괘이기 때문에 물은 땅속에 있습니다. 물은 위험을 나타내므로 군사에 흉하며 위태로움이 있습니다. 땅은 순종을 나타내므로 많은 병사가 지지하며 일치단결해서 따를 수 있습니다. 순종은 위험을 극복하는 중요한 조건이 됩니다. 조직의 리더에게 경쟁 행동은 군사 행동의 일종입니다. 반드시 모든 사람이 한마음이 되어야 전체가 전투력을 가질 수 있습니다. 이것이 용병술의 가장 기본적인 원칙입니다. 사괘의 나머지 용병 원칙은 다음과 같이 간단히 포괄할 수 있습니다.

1. 올곧은 사람을 장군으로 삼기

사괘의 괘사는 능력 있는 사람을 장군으로 삼으라고 주문합니다. "군대는 바르다. 어른이면 길하고 허물이 없다師貞 丈人吉 无咎." 여기서 장인丈人은 노련하고 진중하며 덕망이 높은 어르신을 가리키기도 하고, 올곧고 능력 있는 사람을 가리키기도 합니다. 사괘는 양이 하나이고, 음이 다섯인 괘입니다. '괘를 완성시키는 주인' 또는 중심이 되는 효는 구이입니다. 조직의 리더는 육오이고, 구이는 육오의 장군입니다. 구이는 양이 음의 자리에 있기 때문에 자리가 맞지는 않지만 강중이기 때문에 강유가 조화를 이루는 작용이 생깁니다. 한편 육오와 상응하기도 하므로 강유가 서로 돕는 효과를 거둡니다. 만약 육오가 평범한 사람을 장군으로 삼는다면 위험하고 무서운 상황이 발생합니다. 육오 효사는 다음과 같이 경계하는 말을 제시합니다. "어른이 군대를 거느리는데 아우며 아들들이 제멋대로 군다." 노련하고 올곧은 사람을 장군으로 삼으면 강유가 알맞은 정도에 있는 행동을 취할 수 있습니다. 만약 평범한 사람에게 주관하도록 하면 패배를 피하기 어렵습니다.

2. 원칙대로 일을 처리하기

군사 활동이나 경쟁 행동에 관련된 조직은 엄격한 규율과 규칙으로 제약해야만 합니다. 그렇지 않으면 불리하게 되지요. 초륙 효사는 이렇게 제시하고 있습니다. "군대가 나설 때는 법률을 근거로 한다. 그렇지 않으면 착해도 흉하다師出以律 否臧凶."

3. 뜻만 크고 재능은 부족한 경우 무턱대고 전진하지 말기

육삼 효사는 "군대에서 혹여 제멋대로 굴면 흉하다師或與尸 凶"입니다. 공을 탐내 무턱대고 전진하면 꼭 실패하게 마련입니다. 이것은 하괘인 감괘의 꼭대기에 육삼효가 있는 것을 가리킵니다. 아래쪽에 양효가 있기 때문에 유가 강을 올라탄 꼴이고, 위쪽에는 상응하는 양효가 없습니다. 육삼이 주관하면 위아래의 연계가 없어집니다. 육삼 자신도 뜻만 클 뿐 재능은 별로라서 객관적인 조건이 없기 때문에 공을 탐내 서둘러 전진하면 틀림없이 위험해질 것입니다.

4. 전진할 때와 후퇴할 때를 알고 실력을 보존하기

용병술에서 전진만 알 뿐 후퇴를 모르면 틀림없이 지게 마련입니다. 육사 효사는 "군대가 왼쪽으로 물러난다. 허물이 없다"라고 합니다. 당시 추세를 잘 살피고 형세가 불리할 때는 제때 물러나 지키며 실력을 보존하고 기회를 보아 수비를 공격으로 바꾸면 틀림없이 재난이 없습니다.

5. 소인배를 중용하지 말기

공을 따져 상을 줄 때 공이 있는 소인배, 곧 재주는 있지만 인품이 형편없는 사람에게는 물질적인 상만 주는 것이 좋습니다. 그렇지 않고 중요한 임무를 맡겨 실권을 쥐게 하면 틀림없이 조직 전체를 위협하게 됩니다. 조직 내부의 조화에 영향을 끼쳐 조직을 불안정하게 만들 것이기 때문입니다. 상륙「상전」은 "임금이 명령을 내린다는 것은 공을 바로잡는 것이다. 소인을 쓰지 말라는 것은 틀림없이 나라를 어지럽히기 때문이다大君有命 以正功也 小人勿用 必亂邦也"라고 합니다. 사람을 쓰는『주역』의 원칙은 분명 인품과 재능을 모두 갖추어야 한다는 조건을 중시합니다. 하지만 인품과 재능을 모두 갖춘 사람이 없을 때는 재능보다는 차라리 인품을 갖춘 사람을 쓰는 것이 좋습니다.

다른 괘와 효의 용병술 원리

∷

건괘乾卦에서 용의 행위 원리도 군사에 쓸 수 있습니다. 아직 공격할 때가 되지 않았을 때 준비 작업을 하고 행동을 숨기는 일은 건괘의 잠룡과 같습니다. 풀을 두드려 뱀을 놀라게 하지 않는 것이지요. 정면으로 공격할 때는 건괘의 현룡과 같습니다. 먼저 여러 측면의 우호적인 지지 관계를 세워야 합니다. 이런 관계는 가장 성공적인 단계일 때도 마찬가지로 중요합니다. 마치 건괘의 비룡과 같지요. 하지만 승리를 탐내 무턱대고 공격해서는 안 됩니다. 머리를 맑게 유지해야 하고, 외곬으로 자기 의견만 주장하면 안 됩니다. 그래야 왕성함이 극에 달해서 스러지는 건괘 항룡의 길을 걷지 않을 수 있습니다. 곤괘坤卦의 "너그러운 덕으로 만물을 싣는다"는 다른 인재나 의견을 포용하고 신중한 태도를 유지해서 건괘와 강유가 서로 돕는 작용을 일으킬 수 있습니다. 건괘와 곤괘의 원리는 용병술의 기본적인 방법입니다.

동인괘는 조직이 군사 활동을 취할 때 '한마음 한뜻'의 중요성을 지적합니다. 한마음 한뜻이 있어야 '한마음으로 협력하고' '함께 적개심을 가지며' '한마음으로 난관을 헤치고' '괴로울 때나 즐거울 때나 함께 지내는' 단결력이 생기게 됩니다. 이것은 군사 활동이 요구하는 전체의식입니다.

기회를 장악하는 일도 용병술에서 승리를 거머쥐는 중요한 원칙입니다. 수괘☵는 이런 쪽에서 '기다림'의 원리를 제시합니다. 기회가 아직 오지 않았다면 경거망동을 삼가야 합니다. 한편 기회는 이미 왔지만 위험이 함께 올 때도 있고, 제때 잡지 못하면 기회가 다시 오지 않을지도 모른다는 걱정이 들 때도 있습니다. 이때 행동을 취하면 이괘履卦 괘사가 말하는 '호랑이 꼬리를 밟은' 상황입니다. 신중하기만 하면 호랑이 꼬리를 바짝 뒤따라 걷더라도 위험하기는 하지만 물리는 일은 피할 수 있습니다. 마치 "호랑이 꼬리를 밟아도 사람을 물지 않는다. 형통하다"라는 이괘 괘사나 "호랑이 꼬리를 밟는다. 조심하고 또 조심하면 결국 길하다"라는 구사 효사처럼 말입니다. 호랑이 꼬리의 뒤쪽을 따라갈 때 경계를 유지하며 신중을 기해 조심하기만 하면 결국 길하게 될 것입니다. 행동의 보답과 행동의 위험은 정비례 관계를 나타냅니다. 더 높은 보답을 얻고 싶으면 더 높은 수준의 위험을 받아들여야 합니다. 반대로 낮은 수준의 위험은 낮은 보답을 얻을 수밖에 없습니다. 『주역』의 정신은 결코 소극적이거나 보수적이지 않고 진취적일 것을 주장합니다. '호랑이 꼬리를 밟는' 일도 적극적이고 진취적인 태도를 가지고 있습니다. 그러나 동시에 신중해야만 하고, 위험이 갑자기 닥쳤을 때 임기응변으로 조치를 취해 위기를 넘겨야 합니다. 그러면 위험하더라도 해는 없습니다. 위험해도 전진하려는 상황에서 요행의 심리를 품지 말고 위험에 대비한 준비 작업을 사전에 단단히 해두어야 합니다.

군사 행동을 진행할 때 조직의 리더는 과감하고 주저 없이 결단을 내리는 소질이 필요합니다. 만약 우유부단하고 망설이며 결단을 내리지 못하면 기회를 놓칠 뿐만 아니라 군대의 사기도 오르지 않습니다. 이것은 군사 행동에서 크게 꺼리는 일입니다. 쾌괘☰는 '과감'의 의미가 있습니다. 쾌괘는 연못과 하늘로 구성된 괘이고, 양이 다섯에 음이 하나인 괘입니다. 5개의 양은 막 올라가고 있는 양강의 기운에서 긍정적인 요소, 곧 과감하게 결심하는 것을 나타냅니다. 그러나 1개의 음은 대립하는 쪽이나 반대쪽의 부정적인 요소를 나타냅니다. 쾌쾌의 꼴은 양이 음을 이겨서, 곧 긍정적인 요소가 부정적인 요소를 극복하고 결단을 내리는 것을 상징합니다.

손괘와 익괘도 군사 행동에서 득실의 문제를 제시합니다. 손괘䷨는 산과 연못의 꼴입니다. 산 아래에 습지가 깊으면 깊을수록 산은 더 높아 보이는 법입니다. 아래쪽을 덜어 위쪽을 보태는 성질을 가지고 있지요. 기업 조직이 대항하는 행동에서 회사 전체의 힘을 강화하기 위해 일부 자회사의 자원을 삭감하는 때가 있습니다. 자회사는 여전히 발전의 잠재력을 가지고 있습니다. 이는 아래쪽을 덜어 위쪽을 보태는 행동입니다. 반대로 익괘䷩는 바람과 우레의 꼴입니다. 이는 오히려 위쪽을 덜어 아래쪽을 보태는 성질이고, 강렬한 바람이 우레의 기세를 강화시킵니다. 본사의 자원을 줄여 잠재력이 있는 자회사에 보탬으로써 적수에게 대항할 수 있는 힘을 강화시키는 것을 뜻합니다. 대상과 시간이 다르면 군사 행동에서 득실의 정의는 달라집니다.

군사 행동은 임기응변의 능력을 가지고 환경의 변천에 적응하기를 강조합니다. 이것은 『손자병법』 「구지九地」 편에서 주장하는 "목수가 먹줄을 튕기고 그에 따르듯 적을 따른다踐墨隨敵"이기도 합니다. 기업 조직도 꼭 이 원칙을 장악하고 있어야 합니다. 쵀괘의 '합치기'와 환괘의 '나누기'는 조직의 나누기 전략과 합치기 전략의 원리에 관한 기초를 구성합니다. 자원은 나누기와 합치기의 적당한 배치를 통해 조직의 경쟁력을 끌어올립니다.

『손자병법』과 『주역』

::

『손자병법』의 5가지 중요한 일인 '도道' '하늘天' '땅地' '장군將' '법法'은 『주역』의 원리와 공통점을 가지고 있습니다. 『손자병법』이 이야기하는 '도'는 조직의 위아래 구성원들이 공동의 믿음을 가지고 괴로울 때나 즐거울 때나 함께하며 한마음으로 업무에 온 힘을 쏟아붓는 것을 가리킵니다. 이것은 『주역』의 전체론, 화합론, 단결론의 정신과 같습니다. 다만 『주역』이 이러한 측면을 더 전면적이고 깊이 있게 드러낸 것에 지나지 않습니다.

『손자병법』의 '하늘'은 때와 음양의 전환을 가리키는데, 『주역』은 이를 더욱 깊이 있게 드러냈습니다. 음이 극에 달하면 양이 나오거나 양이 극에 달하면 음이 나온다는 음양의 전환, 육십사괘가 나타내는 '때', 육효의 단계가 발전하는 '때'의 전환 등이 그것입니다. 조직의 리더가 기회를 제때 장악하는 것은 승리를 거두는 주요 요소 가운데 하나입니다.

『손자병법』의 '땅'은 조직이 처한 '공간'이나 '자리'를 가리킵니다. 예를 들어 정치 환경, 경제 환경, 시장 환경, 경쟁 환경, 기술 환경, 법률 환경 등 조직이 처한 환경입니다. 시공간을 나눌 수 없다는 가정에서 『주역』의 시공간 개념은 일치해야만 합니다. 시간이 있으면 꼭 공간이 있어야 하고, 공간이 있으면 시간이 있어야 합니다. 육십사괘는 64가지 시공간의 장소를 나타냅니다. 『주역』이 고려하는 '공간'이나 '자리'라는 요소는 『손자병법』보다 더 깊이가 있는 듯합니다. 조직의 리더는 자신이 어떤 환경에 처해 있는지 평가해야 할 뿐만 아니라 어떤 환경 속에 처한 '자리'가 유리한 자리인지 불리한 자리인지 이해해야만 합니다. 그래야만 용병술의 전략에 차이가 생깁니다.

『손자병법』의 '장군'은 『주역』이 제시한 '군자'에 가깝습니다. 군자는 재능도 있고 인품도 있는 사람을 가리킵니다. 손자가 정한 '장군'의 조건은 '지혜智' '믿음信' '사회성仁' '용맹勇' '엄격嚴'입니다. 이 개념은 『주역』에서 개별적인 항목으로 제시하지 않았을 뿐, 광범위하고 깊이 있게 해설했습니다. 5가지 중요한 일 가운데 '법' 개념은 『주역』의 서합괘에서 이미 제시했습니다.

『삼십육계』와『주역』

::

『손자병법』 말고 비공식적으로 가장 유행한 병법은 『삼십육계』입니다. 『삼십육계』는 다음과 같습니다.

1. 하늘을 가리고 바다를 건너다瞞天過海.
2. 위나라를 포위해서 조나라를 구하다圍魏救趙.
3. 남의 칼을 빌려 남을 죽이다借刀殺人.
4. 쉬면서 힘을 비축했다가 지친 적을 맞아 싸우다以逸待勞.
5. 불난 틈을 타서 크게 노략질하다趁火打劫.
6. 동쪽을 소란스럽게 만들고 서쪽을 치다聲東擊西.
7. 무에서 유를 창조하다無中生有.
8. 유방이 몰래 진창을 건너 항우를 제압하다暗渡陳倉.
9. 강 건너 불 보듯 하다隔岸觀火.

10. 웃음 속에 칼을 숨기다笑裏藏刀.

11. 자두나무가 복사나무 대신 말라 죽다李代桃僵.

12. 집히는 대로 슬쩍 양을 끌고 가다順手牽羊.

13. 풀을 두드려 뱀을 놀라게 하다打草驚蛇.

14. 남의 주검을 빌려 다른 사람의 넋을 살리다借屍還魂.

15. 범을 산에서 꾀어내다調虎離山.

16. 큰 것을 얻기 위해 작은 것을 일부러 풀어주다欲擒故縱.

17. 벽돌을 던져 보석을 얻다抛磚引玉.

18. 도적을 잡으려면 우두머리부터 잡는다擒賊擒王.

19. 가마솥 밑에서 타고 있는 장작을 꺼내다釜底抽薪.

20. 물을 흐리게 만들어 고기를 잡다混水摸魚.

21. 매미가 허물을 벗듯 몸을 빼 도망치다金蟬脫殼.

22. 문을 닫아걸고 도적을 잡다關門捉賊.

23. 먼 나라와 외교를 맺고 가까운 나라를 공격하다遠交近攻.

24. 길을 빌린다는 핑계로 괵나라를 멸망시키다假道滅虢.

25. 대들보를 훔쳐내고 기둥으로 바꾸어 넣다偸樑換柱.

26. 뽕나무를 가리키며 홰나무를 욕하다指桑罵槐.

27. 어리석은 척하되 미친 척하지 말라假痴不癲.

28. 지붕으로 올려보내고 사다리를 치우다上屋抽梯.

29. 나무에 꽃을 피우다樹上開花.

30. 손님을 주인으로 뒤바꾸다反客爲主.

31. 미녀를 바쳐 유혹하다美人計.

32. 빈 성으로 유인해 미궁에 빠뜨리다空城計.

33. 적의 첩자를 역이용하다反間計.

34. 자기 몸을 자해해서 적을 안심시키다苦肉計.

35. 간첩을 보내 혼란스럽게 만든 틈에 승리를 얻는다連環計.

36. 줄행랑이 상책이다走爲上.

『삼십육계』는 분명 『주역』의 음양 개념의 영향을 받았습니다. 예를 들면 다음과 같은 것이 그렇습니다.

1. 첫 번째 '하늘을 가리고 바다를 건너다'에서 하늘을 가리는 것은 음이고, 바다를 건너는 것은 양입니다.

2. 두 번째 '위나라를 포위해서 조나라를 구하다'에서 위나라를 포위하는 것은 양이고, 조나라를 구하는 것은 음입니다.

3. 여섯 번째 '동쪽을 소란스럽게 만들고 서쪽을 치다'에서 동쪽을 소란스럽게 만드는 것은 양이고, 서쪽을 치는 것은 음입니다.

4. 일곱 번째 '무에서 유를 창조하다'에서 무는 음이고, 유는 양입니다.

5. 열여섯 번째 '큰 것을 얻기 위해 작은 것을 일부러 풀어주다'에서 얻는 것은 음이고, 풀어주는 것은 양입니다.

6. 열일곱 번째 '벽돌을 던져 보석을 얻다'에서 벽돌을 던지는 것은 양이고, 보석을 얻는 것은 음입니다.

7. 스물세 번째 '먼 나라와 외교를 맺고 가까운 나라를 공격하다'에서 먼 나라와 외교를 맺는 것은 양이고, 가까운 나라를 공격하는 것은 음입니다.

8. 스물여섯 번째 '뽕나무를 가리키며 홰나무를 욕하다'에서 뽕나무를 가리키는 것은 양이고, 홰나무를 욕하는 것은 음입니다.

9. 스물일곱 번째 '어리석은 척하되 미친 척하지 말라'에서 어리석은 척하는 것은 양이고, 미친 척하지 말라는 것은 음입니다.

10. 서른 번째 '손님을 주인으로 뒤바꾸다'에서 손님은 양이고, 주인은 음입니다.

위의 내용은 『주역』에 담긴 음양의 이치라는 관점에서 『삼십육계』를 본 것입니다. 만약 술수의 관점에서 보면 괘의 상수로 행동이나 책략을 미루어 짐작하는 것입니다. 이것이 바로 『주역』으로 병법을 풀거나' '괘로 병법을 푸는' 것입니다. 『삼십육계』는 하나하나가 모두 책략과 관련된 특성을 분명하게 풀이합니다. 36가지 가운데 29가지의 풀이말은 『주역』의 괘사와 효사, 「단전」 「상전」에서 왔습니다. 나머지 7가지, 곧 첫 번째, 두 번째, 일곱 번째, 열 번째, 열한 번째, 열두 번째, 열세 번째의 풀이말은 음양, 양의, 사상의 개념을 활용한 것입니다.

첫 번째 유형의 풀이말에 관한 사례는 "쉬면서 힘을 비축했다가 지친 적을 맞아 싸우다"입니다. 풀이말은 "적의 기세를 피곤하게 만들고 싸우지 않는다. 강한 것을 덜어 부드러운 것을 보탠다困敵之勢 不以戰 損剛益柔"입니다. 적을 곤란한 국면에 빠지게 하기 위해 꼭 직접 공격하는 방식을 취해야만 하는 것은 아닙니다. 강한 적을 기진맥진하게 만들면, 곧 강한 것을 덜어내면 자기편은 열세에서 우세로 바뀔 수 있는, 곧 부드러운 것을 보탤 수 있습니다. 풀이말의 "강한 것을 덜어 부드러운 것을 보탠다"는 「단전」에서 왔습니다. 장샤오메이張小梅는 그의 책 『삼십육계』에서 괘상을 취해 "쉬면서 힘을 비축했다가 지친 적을 맞아 싸우다"를 해설했습니다. 손괘의 상괘는 산을 나타내는 간괘이고, 하괘는 연못을 나타내는 태괘입니다. 간괘는 양괘이고 산은 강함을 나타냅니다. 태괘는 음괘이고 연못은 부드러움을 나타냅니다. 부드러운 연못은 자기편을 나타내고, 씩씩한 산은 적을 나타냅니다. 부드러운 연못이 씩씩한 산을 이기려면 가짜로 겸손하게 자신을 낮출 수밖에 없습니다. 자신을 보잘것없게 만들어 산이 높고 크다는 점을 드러내는 것은 씩씩한 산을 마비시키려는 뜻입니다. 적이 교만하게 변하면 자기편을 눈에 차지 않게 여길 정도로 건방진 태도를 보이기 때문에 점차 양강의 기운이 약화되지요. 이때를 기다렸다가 기회로 삼아 적의 약점을 칠 수 있습니다.

두 번째 유형의 풀이말은 "위나라를 포위해서 조나라를 구하다"를 예로 들 수 있습니다. "위나라를 포위해서 조나라를 구하다"의 풀이말은 "적을 분산시키는 것이 적이 함께 있는 것보다 낫고, 적이 드러나지 않는 것이 적이 드러나는 것보다 낫다共敵不如分敵 敵陽不如敵陰"입니다. 적의 뒤쪽으로 에둘러 가서 공격해 병력을 분산시키게 하는 쪽이 정면으로 강한 적을 맞아 싸우는 것보다 낫습니다. 괘상을 보면 양은 건괘☰를 가리키고, 음은 곤괘☷를 가리킵니다. 괘의 꼴은 적의 군사력이 분포되어 있는 상황을 나타냅니다. 적은 강대한 주력☰을 바깥, 곧 외괘에 두고 우리 근거지를 공격합니다. 그래서 근거지를 지키려고 둔 병력이 약하게☷ 변합니다. 비괘否卦는 적의 병력 분포를 나타내는데 '겉은 강하지만 속은 약한' 추세입니다.

우리 쪽이 힘을 집중해서 병력이 더 약한 적의 근거지를 치면 적은 틀림없이 중무장 병력을 뽑아서 자기 부대로 돌아와 지키게 될 것입니

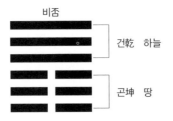

비좀

건乾 하늘

곤坤 땅

다. 우리 쪽은 적의 중무장 병력에 에워싸인 근거지의 포위를 풀고 구할 수 있게 됩니다.

『주역』의 괘사와 효사 등으로『삼십육계』의 행동을 설명하면 국부적인 책략의 원래 의미를 표현할 수 있습니다. 괘상으로만 책략을 설명하면 견강부회나 억지로 뒤집어씌우는 결점을 피하기 어렵습니다. 따라서 음양이 변화하는 이치로『삼십육계』를 해석하는 쪽이 여전히 더 좋은 방법입니다.

제18장

물극필반론

조직의 리더는 물극필반이나 궁극필반窮極必反의 이치를 꼭 이해해야 합니다. 사물의 발전이 최고 단계의 끝까지 도달하면 반대로 급격히 변화하는 물극필반의 객관적인 법칙이 생깁니다. 노자는 "만물은 한창때 늙기 시작하는 법物壯必老"(『노자』제30장)이라고 했습니다. 이때 "되돌아가는 것이 도의 운동反者 道之動"(『노자』제40장)이라는 법칙이 생기고, 사물은 상반되는 방향으로 운동하고 발전합니다. 노자가 말한 '도'가 객관적인 법칙이라면 노자가 역전에 영향을 준 것일까요? 아니면 역전이 노자에게 영향을 준 것일까요? 이는 철학자들이 논쟁해야 할 문제입니다. 기업 조직에서 물극필반이라는 생각은 중대한 의미가 있습니다. 왜냐하면 사물은 순환하면서 발전한다는 개념이 있어야 미래의 상황을 예측하는 데 도움이 되고, '편안할 때 닥쳐올 위험을 생각해야 한다', '사전에 철저히 준비한다', '길한 것을 따르고 흉한 것을 피한다'는 말처럼 예방하는 작용을 하기 때문입니다. 물극필반은 음양이 급격하게 변화한다는 개념에서 왔습니다.

음이 극에 달하면 양이 나오거나
양이 극에 달하면 음이 나온다
::

음이 극에 달하면 양이 나오거나 양이 극에 달하면 음이 나온다는 것은 건괘와 곤괘의 6가지 단계를 발전시켜 얻은 『주역』의 개념입니다. 건괘 상구의 "항룡은 후회가 있다"는 말은 양이 극에 달하면 음이 나오는 현상을 지적한 것이고, 곤괘 상륙의 "용이 들판에서 싸운다"는 말은 음이 극에 달하면 양이 나온다는 관점입니다. 나머지 괘들의 상구나 상륙도 음이 스러지고 양이 자라거나 양이 스러지고 음이 자라는 법칙을 가지고 있는데, 다만 생성 과정에서의 영향이 다를 뿐입니다.

육십사괘에서 12가지 괘의 괘상은 양이 극에 달하면 음이 나오거나 음이 극에 달하면 양이 나온다는 개념을 반영하고 있습니다.

12가지 괘는 십이소식괘十二消息卦나 십이벽괘十二辟卦라고도 합니다. 한 해 동안 음양이 자라고 스러지는 상황을 표시하는데, 한나라 사람 맹희孟喜가 제시한 것입니다. 건괘☰는 4월을 나타내고, 구괘☰는 5월을 나타냅니다. 순서대로 3월의 쾌괘☰까지 유추하지요. 십이벽괘는 한 해 동안의 사계절 변화만을 가리키는 것이 아니라 모든 사물의 발전으로까지 확대된 개념입니다. 사물의 발전 법칙도 자연계에 객관적 발전 법칙이 존재하는 것과 같습니다. 이것이 '사람은 하늘을 본받는다天人合

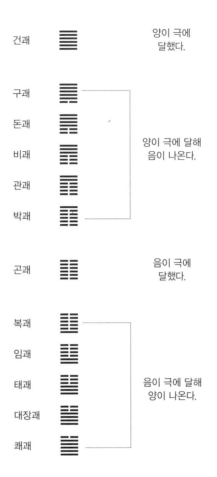

건괘	䷀	양이 극에 달했다.
구괘	䷫	
돈괘	䷠	
비괘	䷋	양이 극에 달해 음이 나온다.
관괘	䷓	
박괘	䷖	
곤괘	䷁	음이 극에 달했다.
복괘	䷗	
임괘	䷒	
태괘	䷊	음이 극에 달해 양이 나온다.
대장괘	䷡	
쾌괘	䷪	

―'는 생각입니다. 그래서 어떤 조직이든 발전할 때 지속적으로 증가하는 생명력을 유지하려면 꼭 객관적인 법칙을 이해하고 사전에 예방 조치를 해야 합니다. 사물의 발전이 단선적이고 오르내림이 없는 발전이라고 생각하는 것은 현실에 맞지 않고 오르내림이 있는 음양 순환의 발전이라고 생각하는 것이 객관적인 법칙입니다.

순환 개념의 응용

::

기업 조직에서 음양이 급격하게 변화한다는 순환 개념은 대단히 쓸모가 있습니다. 그 실용성은 다음과 같습니다.

1. 거시적인 외부 환경: 경제 순환

조직의 리더는 당장의 거시적인 외부 환경이 대체 경제 순환의 어느 단계에 처해 있는지 이해해야만 합니다. 만약 경제 전체가 이미 흥청거린 지 오래되었다면 경계심을 높여야 합니다. 물극필반 원리에 근거하면 경제 순환은 번영 단계에서 하향 단계로 추세가 전환하게 마련인 탓입니다. 반대로 경제는 일정 기간 바닥을 다지다보면 틀림없이 반등하게 마련입니다.

2. 거시적인 외부 환경: 금융시장의 추세 전환

주식, 채권, 외환, 이자율 등 금융시장에도 물극필반 현상이 있습니다. 끝도 없이 상승하거나 하락하는 주가, 채권 가격, 환율, 이자율은 없고 추세 전환은 다만 시간문제일 뿐입니다. 당연히 단기적인 추세 전환과 장기적인 추세 전환을 구별해야겠지요. 단기적인 추세 전환은 그저 장기 추세의 조정이고, 조정된 다음에는 여전히 조정되기 전의 방향으로 발전합니다. 그러나 장기적인 추세 전환은 장기적인 발전 방향의 전체를 아우르는 변화이고, 이는 기업의 계획과 투자자에게 중대한 의미가 있습니다.

3. 시장 환경: 제품의 생명 주기

기업은 자사 제품의 생명 주기에 대해 정기적으로 평가해야 합니다. 이미 성숙했거나 포화된 때에 도달했다면 정책을 제때 세워 시장 수요의 추세 전환을 막아야 합니다. 첫째, 제품을 새로 설계하거나 새 기능을 추가해서 성숙기를 연장하는 조치와 행동, 둘째, 블루오션의 잠재적 구매자를 겨냥한 새 시장을 개척하는 일처럼 시장에서 새로 위치를 정하기, 셋째, 새로운 해외 시장 개척 등을 예로 들 수 있습니다.

상구효와 상륙효의 분류

`주역』에서 상구효와 상륙효는 육효의 발전 모델 가운데 최고 단계입니다. 최고 단계를 넘어선 다음에 괘상은 다른 상황, 곧 다른 괘상으로 바뀝니다. 그래서 상구와 상륙의 단계는 중대한 의미가 있습니다. 상구 효사와 상륙 효사는 지금 단계의 상황과 취해야만 하는 행동에 대해서도 주문합니다.

육십사괘에서 상구 효사와 상륙 효사를 판단하는 말은 4가지 유형으로 나눌 수 있습니다.

1. '길한' 유형

효사에 길하다고 판단하는 말을 가진 괘는 사괘, 이괘履卦, 비괘否卦, 대유괘, 겸괘, 고괘, 임괘, 대축괘, 이괘頤卦, 돈괘, 가인괘, 규괘, 건괘蹇卦, 해괘, 손괘損卦, 정괘井卦, 정괘鼎卦, 간괘, 점괘 등 19가지입니다.

2. '중성적' 유형

효사의 함의가 '길하지'도 않고 '흉하지'도 않습니다. 예를 들어 '후회가 없다无悔', '허물이 없다无咎', '이로운 것이 없다无攸利' 따위입니다. 또는 본디 '불리할' 가능성이 있더라도 주문한 행동을 취한다면 피할 수도 있기 때문에 '중성적으로' 평가하는 말이라고 할 수 있습니다. 이런 유형은 몽괘, 수괘, 소축괘, 동인괘, 예괘, 관괘, 비괘賁卦, 이괘離卦, 구괘, 췌괘, 혁괘, 진괘震卦, 환괘, 미제괘 등 14가지가 있습니다.

3. '불리한' 유형

효사에 '불리하다'는 함의를 가지고 있는 것은 건괘乾卦, 곤괘坤卦, 준괘, 송괘, 태괘, 수괘隨卦, 박괘, 무망괘, 함괘, 대장괘, 진괘晉卦, 명이괘, 승괘, 곤괘困卦, 귀매괘, 태괘兌卦, 기제괘 등 17가지가 있습니다.

4. '흉한' 유형

효사에 '흉하다'는 함의를 가지고 있는 것은 비괘比卦, 서합괘, 복괘, 대과괘, 감괘, 항괘, 익괘, 쾌괘, 풍괘, 여괘, 손괘巽卦, 절괘, 중부괘, 소과괘 등 14가지가 있습니다.

표 7. 상효 효사의 길흉 비례

효사의 성질	출현 횟수	퍼센트
길	19	30
중성	14	22
불리	17	26
흉	14	22
합계	64	100

물극
필반론

육십사괘 상효의 판단하는 말 가운데 '길한' 유형은 19가지 괘이고 전체 상효 숫자 가운데 30퍼센트를 차지합니다. '흉한' 유형은 14가지 괘이고 22퍼센트를 차지합니다. '불리한' 유형은 17가지 괘이고 26퍼센트를 차지합니다. 만약 '불리한' 것과 '흉한' 것을 합치면 전체 숫자의 거의 절반에 가까운 31가지 괘이고 48퍼센트를 차지합니다. '중성적'인 것은 14가지 괘이고 22퍼센트를 차지합니다. 결국 『주역』 상효의 판단하는 말 가운데 절반 정도가 '불리하거나' '흉한' 성질입니다. 이는 새로운 상황으로 변화할 때 절반의 상황이 아마 '불리하거나' '흉할' 것이라고 설명하는 것입니다. 이것은 확정되지 않은 미래 상황과 관련 있게 마련이지요. 변화하려면 불확정성과 맞닥뜨리게 되고, 불확정성은 더 큰 위험과 맞닥뜨리게 마련입니다. 따라서 리더는 준비를 철저히 하고 적당한 행동을 취해 나타날지도 모르는 위험을 피해야 합니다.

상효 효사 가운데 '길하고' '불리하고' '흉한' 3가지 유형만 분석하고 '중성적인' 유형은 생략했습니다. 물극필반 단계에서 조직의 리더는 대응 행동을 갖추고 있어야 합니다.

'길한' 유형의 상효
::

'길한' 유형의 상효에는 19가지 괘가 있습니다. 발전 단계가 끝까지 도달했지만 상효 효사의 주문대로 일을 시행한다면 여전히 '길한' 상황을 얻을 수 있습니다. 괘의 상효 효사마다 다음과 같이 제시하고 있습니다.

겸괘는 육십사괘 가운데 유일하게 '길하다'거나 '불리한 것이 없다'는 말을 육효에 모두 가지고 있는 괘입니다. '겸손'의 미덕이 『주역』에서 얼마나 중요한지 알 수 있습니다. 상륙 효사는 "울면서 겸손하다. 군대를 보내 도시와 나라를 치는 데 쓰기 유리하다鳴謙 利用行師 征邑國"입니다. 겸손한 미덕의 명성이 이미 사방으로 퍼진 상황에서 군대를 일으켜 다른 도시와 국가를 정복할 수 있습니다. 노자도 이와 비슷한 말을 했습니다. "큰 나라는 작은 나라에 자신을 낮추어 작은 나라를 가진다. 작은 나라는 큰 나라에 자신을 낮추어 큰 나라를 가진다大國以下小國 則取小國 小國以下大國 則取大國." 큰 나라가 스스로 강하다고 하지 않고 겸손하게 자기를 낮추어 작은 나라를 대한다면 작은 나라의 마음을 얻어 작은 나라가 스스로 복종하게 되고 이로써 작은 나라를 복속시키게 됩니다. 반대로 작은 나라가 스스로 약하다는 것을 알고 유순하게 큰 나라를 섬기려고 하면 큰 나라의 마음을 얻어 이를 큰 나라가 수용하게 되고 이로써 나라를 지킬 수 있습니다. 이밖에 상륙과 구삼이 상응하는 것도 '조화로운' 작용을 가지고 있습니다.

만약 조직의 리더가 자만하거나 뽐내지 않고, 강하다고 약한 쪽을 깔보지 않으며, 크다고 작은 쪽을 괴롭히지 않으면 조직 구성원과 조직 바깥에 있는 관련 기관의 지지를 얻을 수 있습니다. 불리한 상황으로 변하더라도 '여러 사람의 화합人和'과 '길한 것을 따르고 흉한 것을 피하는' 작용을 가지고 있습니다.

여기서 이야기하는 '겸손'은 2가지 해석이 있을 수 있습니다. 첫째는 마음에서 우러난 진실한 겸손이고, 둘째는 책략적이고 인위적인 겸손입니다. 단기적 효과는 차이가 크지 않지만 장기적으로 볼 때는 진실한 겸손이 강대하고 긍정적인 작용을 합니다.

사괘의 상륙 효사는 "임금이 명령을 내린다. 나라를 열고 집안을 잇는다. 소인은 쓰지 말라大君有命 開國承家 小人勿用"입니다. 전쟁이 끝나자 임금이 군대를 돌려 조정으로 돌아와 공신에게 상을 내리라는 명령을 내립니다. 공이 큰 사람은 제후로 봉하고 공이 작은 사람은 대부로 봉하지만 소인배는 공이 있어도 쓸 수 없습니다. 조직의 리더는 공의 크기를 의논해서 알맞은 상을 줄 때 반드시 공평한 원칙을 취해야 사람들을 복종시킬 수 있습니다.

대축괘의 괘의는 쌓기를 강조합니다. 상구 효사는 "무슨 하늘의 교차로인가. 형통하다何天之衢 亨"입니다. 높은 지위에 있는 사람이 쌓는 방식을 취할 수 있는 것은 마치 하늘 위의 큰길이 이리저리 사방으로 통하는 것과 같기 때문에 틀림없이 형통하고 막힘이 없습니다. 쌓기에 대한 『주역』의 전통적인 해석은 주로 덕을 쌓는 일을 가리키고 도덕의 관점에서 이를 바라봅니다. 기업 조직에서 리더는 덕을 쌓는 것 말고도 자원을 쌓는 행동을 보여야 합니다. 그래야 조직 발전의 수요에 적응할 수 있습니다. 조직이 고려하는 자원은 주로 인력, 자본, 기술의 3가지를 포괄합니다.

만약 조직의 리더가 인력 자원, 자본 자원, 기술 자원을 늘 중시한다면 어려운 처지에 처하더라도 어려움을 극복하고 막힘없이 길을 헤쳐나갈 능력이 생깁니다.

가인괘의 상구 효사는 "믿음이 있고 위엄이 있다. 결국 길하다有孚威如 終吉"입니다. 위엄을 가지고 집안을 다스리면 길함을 얻습니다. 여기서 위엄은 규율의 성분을 포괄합니다. 조직의 리더는 모범을 세우고 엄격하게 자신을 규율하며 몸소 규칙을 지키고 위세와 명망을 세워야만 조직의 구성원들이 진심으로 따르게 됩니다. "자기를 바로잡는다正己"라는 공자의 주장이 이런 작용을 가지고 있습니다.

정괘의 상구 효사는 "세발솥의 옥으로 만든 지렛대다. 크게 길하다. 불리한 것이 없다鼎玉鉉 大吉 无不利"입니다. 세발솥은 씩씩함을 상징하기 때문에 오래된 것을 제거하고 새로운 것을 펼칠 굳센 의지가 있습니다. 그리고 옥으로 만든 지렛대는 세발솥 지렛대에 아름다운 옥을 붙여 꾸민 것을 가리킵니다. 옥은 부드러운 특성이 있기 때문에 세발솥과 옥은 강유가 서로 돕는 것을 상징합니다. 조직의 리더는 새것을 세울 의지를 가지고 행동해야 하며, 부드러운 관리 방식을 함께 적용해 강직하더라도 따뜻함을 잃지 말아야 합니다.

규괘의 상구효「상전」은 "비를 만나 길하다. 무리의 의심이 없어진다遇雨之吉 群疑亡也"입니다. 비를 만나면 길함을 얻고 갖가지 의심을 없앨 수 있습니다. '비를 만난다'는 것은 음기와 양기가 친밀하고 화목한 것, 곧 상구효와 육삼효의 상응을 표시합니다. 양강과 음유가 결합하면 길하고 이롭게 마련이지요. 본디 규괘는 나뉘는 상황을 상징하지만 리더가 만약 강유가 서로 돕는 이치를 파악해서 위아래를 소통시키고 나누기를 합치기로 바꾸면, 조직 내부의 분리된 분야와 직무 수행 능력을 협조·보완시키는 작용이 생겨 분리되어 있는 불리한 상황을 유리한 상황으로 바꿀 수 있습니다. 분리되어 있는 시간이 지나치게 길어지면 시공간의 전환 때문에 처음 분산시킨 장점이 존재하지 않을 수도 있습니다. 이때 조직의 효율을 다시 높이려면 관련 분야를 합치거나 분산시킨 인력을 다시 합쳐서 '합치기' 작용을 거둘 일을 고려해야만 합니다.

건괘蹇卦의 상륙효「상전」은 "가면 어렵고 오면 크다는 것은 뜻이 안에 있다는 말이다. 대인을 만나기 유리하다는 것은 신분이 높은 사람을 좇는다는 말이다往蹇來碩 志在內也 利見大人 以從貴也"입니다. 건괘☰의 괘상은 산 위에 물이 있는 것이고 앞에 위험이 있음을 가리킵니다. 상륙 효의 「상전」은 위험한 환경에서 남을 생각하지 않고 혼자 결정하면 안 되고, 내부가 화합해 단결된 힘을 세워야 한다고 지적합니다. 상륙과 구삼의 상응은 이런 의미를 가지고 있습니다. 이밖에도 내부적으로 지혜와 능력을 가진 어른(구오)에게 가르침을 구해야 어려움을 해결하는 데 유리합니다. '대인을 만나기 유리하다는 것은 신분이 높은 사람을 좇는다는 말'은 이런 뜻입니다. 상륙은 이미 건괘의 꼭대기에 도달했기 때문에 전환이 생길 것입니다. 건괘의 종괘는 해괘☵인데 어려움을 풀 기회가 생겼음을 지적합니다.

해괘의 상륙 효사는 "임금이 높은 담 위로 활을 쏘아 새매를 잡았다. 불리한 것이 없다公用射隼于高墉之上 獲之 无不利"입니다. 높은 담 위에 앉은 나쁜 새를 임금이 활로 쏘아 붙잡았기 때문에 불리한 것이 없습니다. 조직의 리더는 조직 내부의 편안한 국면을 유지하기 위해 상층 조직에 숨어 있는 소인배를 쓸어버려도 불리한 점은 없습니다.

대유괘의 상륙 효사는 "하늘로부터 돕는다. 길하고 불리한 것이 없다自天祐之 吉无不利"입니다. 절정의 자리에 도달했을 때 객관적인 법칙인 '하늘'에 따라 일을 시행할 수만 있다면 저절로 유리해집니다. 조직의 리더가 한결같이 신중하게 하늘을 따르고 하늘을 거스르지 않는 행동을 취할 수 있으면 틀림없이 하늘의 도움을 받을 수 있습니다.

비괘의 상구 효사는 "막힌 것을 기울인다. 처음에는 막혔지만 나중에 기쁘다傾否 先否後喜"입니다. 꽉 막힌 국면이 끝까지 도달할 때 저절로 뒤집히게 마련입니다. 이것이 처음에는 막혔지만 나중에 기쁜 고진감래의 이미지입니다. 하지만 꽉 막힌 국면이 뒤집히는 것이 결코 저절로 변화하는 과정은 아니므로 주동적으로 막힌 것을 푸는 행동도 필요합니다. 상구는 양효이고 적극적인 조치를 취할 필요가 있음을 이미 암시하고 있습니다.

이괘의 상구 효사는 "턱을 근거로 한다. 위태롭지만 길하다. 큰 냇물을 건너는 데 유리하다由頤 厲吉 利涉大川"입니다. 상구는 기르기 때문에 꼭 위험을 알고 막아야 길함을 얻을 수 있습니다. 이것은 마치 큰 강을 건너고 위험한 장애를 넘는 것처럼 유리합니다. 조직의 리더가 조직 전체를 발전시키고 생존하게 하며 보살피고 기르는 책임을 지지만 다른 고위층 인사의 질투와 방해를 받을 가능성이 있습니다. 다만 경계를 유지하고 적당히 푼다면 무사할 것입니다.

돈괘의 상구 효사는 "잘 살아도 숨는다. 불리한 것이 없다"입니다. 높이 날아 멀리 물러나면 불리한 것이 없습니다. 조직의 리더가 현재의 추세를 잘 파악해서 조직의 어떤 활동이 절정에 도달할 때 물러나는 행동을 알맞게 처리하면 길한 것을 따르고 흉한 것을 피할 수 있습니다. 꼭대기에서 물러나기도 '일보후퇴 이보전진'의 책략적인 꾀이며, 조직 전체의 장기적이고 안정적인 발전에 유리합니다.

고괘의 상구 효사는 "임금을 섬기지 않아도 자기 일을 높이 받든다"입니다. 큰 공을 이루고 난 뒤 스스로 물러나는 일은 고상한 행위입니다. 이것은 돈괘 상구 효사의 의미와 가깝습니다. 조직의 리더는 물러날 때를 아는 원칙을 파악해야만 합니다.

손괘의 상구 효사는 "그것을 덜지 않고 보태준다. 허물이 없다. 바르면 길하다. 갈 곳이 생기기 유리하다. 남자 종을 얻었어도 집이 없다弗損益之 无咎 貞吉 利有攸往 得臣无家"입니다. 아래쪽에 손해를 입히지 않고 오히려 이익을 줄 수 있으면 재난이 없습니다. 올바름을 지키면 길하게 되고, 앞으로 나아가면 틀림없이 유리해지며, 신하들이 진심으로 추대해 줍니다. 조직의 리더가 아랫사람의 이익을 희생시키지 않으면 자신에게 유리하고, 오히려 아랫사람의 이익을 증가시키고 은혜를 베풀면 저절로 아랫사람의 추대를 받게 마련입니다. 사실 양쪽 모두에게 이로운 행동입니다.

임괘의 상륙 효사는 "두텁게 마주한다. 길하다. 허물이 없다敦臨 吉 无咎"입니다. 위에 있는 사람이 아래를 감독하고 소통할 때나 임금이 천하를 다스릴 때 인정스럽고 관용적이며 활달한 태도를 가져야 합니다. 조직의 리더는 높은 자리에서 아래를 대하면서도 인정스럽게 다스릴 수 있다면 아랫사람을 복종시키는 작용이 생깁니다.

간괘의 상구 효사는 "두텁게 멈춘다. 길하다敦艮 吉"입니다. 간괘는 산을 나타내고 침착함과 인정스러움을 상징합니다. 상구효는 이런 특성을 강조하는데, 임괘의 상륙 효사와 비슷합니다. 조직의 리더는 침착한 성질을 가져야 환경 변화를 극복하는 데 도움이 됩니다.

정괘의 상륙 효사는 "우물은 거두고 덮지는 않았다. 믿음이 있다. 아주 길하다井收 勿幕 有孚 元吉"입니다. 우물에서 물을 길었지만 덮개를 덮지 않고 남들이 계속 물을 마실 수 있도록 해주었기 때문에 가장 길하게 마련입니다. 조직의 리더가 사회 대중에게 유리한 활동을 취하면 어려움을 극복하는 작용이 생깁니다.

점괘의 상구 효사는 "기러기가 점점 하늘로 날아간다"입니다. 순서대로 점진한다는 뜻을 포함하고 있습니다. 앞의 진보론을 보십시오. 조직의 리더가 점진하는 방식을 취하며 무턱대고 돌진하지 않으면 조직의 굳건한 기초를 세우는 데 도움이 됩니다. 따라서 역경을 극복하는 데도 큰 도움을 받을 수 있습니다.

이괘의 상구 효사는 "밟은 것을 보고 상세하게 비교한다. 두루 한다면 아주 길하다視履考詳 其旋元吉"입니다. 이괘 전체의 효에 나타난 현상을 되돌아보고 과거에 실천했던 경험을 검토하고 총결해서 예정된 목표와 직책을 시행했는지 살피고, 실수가 있으면 반성하고 바로잡아야 합니다. 조직의 리더가 반성하는 태도를 가지고 있으면 조직의 발전이 안정되는 경향을 보이고, 역경이 닥칠 때 대처하는 능력도 생깁니다.

사물의 발전이 정점에 도달해도 꼭 모자라는 쪽으로 바뀌는 것도 아니며, '훌륭한 건물이라도 높은 곳에는 추위가 심하다'라는 말이 꼭 옳은 것도 아닙니다. 이상 19가지 별괘의 상효는 이런 점을 설명합니다. 만약 조직의 리더가 아래에서 언급하는 상효와 관련된 18가지 원칙을 파악할 수 있다면 '길한 것을 따르고 흉한 것을 피할' 가능성을 끌어올릴 수 있습니다.

1. 겸손과 화합 원칙: 겸괘

2. 공평 원칙: 사괘

3. 쌓기 원칙: 대축괘

4. 규율 원칙: 가인괘

5. 창의성 원칙: 정괘

6. 알맞게 합치기 원칙: 규괘

7. 단결 원칙: 건괘

8. 쓸어버리기 원칙: 해괘

9. 객관 원칙: 대유괘

10. 주동 원칙: 비괘

11. 기르기 원칙: 이괘

12. 후퇴 원칙: 돈괘와 고괘

13. 양쪽 모두 이롭게 하기 원칙: 손괘

14. 인정스럽게 대하기 원칙: 임괘

15. 침착함 원칙: 간괘

16. 이타 원칙: 정괘

17. 점진 원칙: 점괘

18. 반성 원칙: 이괘

'불리한' 유형의 상효
::

건괘의 상구 효사는 "항룡은 후회가 있다"입니다. 전진만 알고 후퇴를 모른다고 경계하고 있습니다. 만약 조직의 리더가 외곬이고, 자기 의견만 주장하면서 잘난 체하고, 무턱대고 돌진하며, '가득 차면 손해를 부르고 가득 차면 이지러지는' 왕성함이 극에 달할 때 스러지는 도리를 모르면 결국 위험과 위기에 맞닥뜨리게 됩니다. 예방의 길은 편안할 때 닥쳐올 위험을 생각하며 나아가야 할 때 나아가고 멈추어야 할 때 멈추는 것입니다. 전진과 후퇴를 알아야 불리한 상황을 피할 수 있겠지요.

조직의 리더는 꼭 알맞은 원칙을 파악해야 하고, 언제 전진하고 언제 후퇴할지를 이해해야 합니다.

곤괘의 상륙 효사는 "용이 들판에서 싸운다. 피가 검고 노랗다"입니다. 음이 극에 달하면 양이 생기는 일을 상징합니다. 양기는 이미 나타났지만 곤괘의 유순함에 반대하는 본성 때문에 건괘와 겨루려고 합니다. 여기서 용은 음과 양의 용을 나타냅니다. 두 마리의 용이 만나서 싸우는 것은 음의 힘과 양의 힘이 싸우는 일을 나타냅니다. 나쁜 상황은 양쪽이 모두 다치는 것이고, 좋은 상황은 음양이 기능을 합쳐 새로운 사물을 창조하는 데 유리하다고 해석할 수 있습니다. 조직의 리더가 2가지 힘을 잘 조화시켜 모순이 확대되는 일을 방지하고 투쟁을 피한다면 불리한 상황을 전환시킬 수 있습니다. 조직의 리더는 꼭 알맞은 원칙을 파악하고 극단으로 치닫는 일을 피해야 합니다.

준괘☵의 상륙 효사는 "말 탄 사람이 줄을 잇는다. 피눈물이 주르륵 흐른다乘馬班如 泣血漣如"입니다. 말을 타고 빙빙 돌면서 앞으로 가지 않습니다. 출구가 어디 있는지 모르기 때문에 그저 마음 아파하면서 끝없이 눈물만 흘립니다. 상륙과 육삼 사이에 바르게 대응하는 관계가 없고 고립무원의 상황입니다. 조직의 리더는 이런 곤경에 처해 있을 때 가볍게 전진해서는 안 되고 적당한 자리에 있는 원칙에 따라 새로운 변화가 나타나기를 기다려야 합니다. 왜냐하면 상륙의 「상전」이 "피눈물이 주르륵 흐르니 어찌 오래가겠는가泣血漣如 何可長也"라고 제시하고 있기 때문입니다. 당장의 곤경이 오랫동안 존재할 수 없고 한결같이 변화를 일으킬 것입니다.

송괘의 상구 효사는 "어쩌다 그에게 허리띠를 하사하더라도 아침이

가기도 전에 여러 번 그것을 **빼앗는다**"입니다. 상으로 허리띠를 받았다 하더라도 하루에도 여러 번 박탈당할 수 있습니다. 강한 것만 믿고 소송해서 이기더라도 가치가 없다는 것이 효사의 함의입니다. 이는 시간과 돈을 쓰더라도 꼭 수지가 맞는 일이 아닐 수 있고 양쪽 모두 해로운 국면일 수도 있다는 뜻입니다. 오히려 방법을 찾아 화해하고 다툼을 피해 화합하는 쪽이 낫습니다. 이때는 반대로 양쪽 모두 이로운 국면을 얻기 때문에 더 유리합니다. 조직의 리더는 상황에 알맞은 원칙을 파악해야 합니다.

태괘의 상륙 효사는 "성벽이 바닥으로 돌아오다. 군대를 쓰지 말라. 도시에서 명령을 알린다. 바르더라도 인색하다城復于隍 勿用師 自邑告命 貞吝"입니다. 성벽이 성을 보호하는 해자로 인해 무너진 것은 어지러운 상황을 상징합니다. 이때 난동을 부리면 안 되고 스스로 잘못을 인정하고 자책하며 올바른 도를 굳게 지킨다는 것을 널리 알려야 합니다. 태괘가 극에 달하면 비괘가 오기 때문에 사전에 조짐을 찾을 수 있습니다. 위기가 발생할 곳을 찾아 사전에 방법을 강구하고 보완해야 비괘가 오는 불리한 영향을 피하거나 감소시킬 수 있습니다. 조직의 리더는 때에 맞는 원칙을 파악해서 제때 행동을 취해야 합니다.

수괘의 상륙 효사는 "그를 구속해서 매어두었다. 이어서 그를 묶는다. 임금이 서산에서 잔치를 베푼다拘係之 乃從維之 王用亨于西山"입니다. 임금을 모시고 일을 시행하다 절정에 도달했을 때 밧줄에 묶여 옴짝달싹하지 못하는 꼴이 됩니다. 이는 섬김의 도가 궁극적인 처지에 이르렀을 때 도를 거슬러 시행한다면 감옥에 갇힐 근심이 생기지만, 억지로 귀순시키는 일이 성공하면 임금이 서쪽 산에서 잔치를 베푸는 것을 상징합니다. 리더가 조직의 정책을 따르다가 절정에 도달하면 여러 가지를 고치려는 뜻을 품게 되지만 이는 위험합니다. 모시느냐 모시지 않느냐를 결정할 때는 완벽하게 고려해야 합니다. 조직의 리더는 알맞은 자리의 원칙을 파악해야 합니다.

박괘의 상구 효사는 "큰 열매를 먹지 않는다. 군자는 수레를 얻고, 소인은 집이 헌다碩果不食 君子得輿 小人剝廬"입니다. 박괘의 상구효는 괘 전체에서 유일한 양효입니다. 음효 5개에 아직 먹히지 않은 큰 열매는 겨우 남은 양효를 상징합니다. 만약 군자가 제자리에 있으면 수레를 탄 것처럼 빨리 발전하지만, 소인이 제자리에 있으면 살고 있는 집마저도 박탈당하고 맙니다. 양효가 음효에 의해 박탈당하는 것은 마치 산이 땅에 의해 벗겨지는 일과 같습니다. 이것은 불리한 상황입니다. 불리한 국면이 계속 발전하는 일을 피하려면 군자의 올바른 길을 취해 맞닥뜨린 상황에 대처해야지 소인의 정당하지 않은 수단을 취하면 안 됩니다. 조직의 리더는 적당한 방향, 곧 알맞은 자리의 원칙을 취해 맞닥뜨린 역경에 대처해야 합니다.

무망괘의 상구 효사는 "함부로 굴지 않는다. 행하면 재앙이 있다. 이로울 것이 없다无妄 行有眚 无攸利"입니다. 함부로 행동하지 않지만 만약 행동한다면 여전히 재난이 있을 것이고 이익은 없습니다. 조직의 리더가 제멋대로 행동하지 않는 것은 본디 좋은 일입니다. 그러나 제멋대로 행동하지 않는다는 원칙도 지나치게 견지하면 괜찮은 기회를 잃을 수도 있기 때문에 결코 조직에 유리하지 않습니다. 어떤 일이든 극단적이면 안 됩니다. 일단 극단적이게 되면 반대쪽으로 급격히 변화하는 현상이 생기게 됩니다. 따라서 조직의 리더는 임기응변의 방법을 이해하고 알맞은 원칙을 파악해야 합니다.

함괘의 상구 효사는 "볼, 뺨, 혀를 느낀다"입니다. 교감이 입에 머물고 있습니다. 조직의 리더가 그저 허튼소리나 듣기 좋은 말로 구성원들의 환심을 사려고 한다면 교감의 효과에 도달하지 못하게 되고, 구성원들은 리더가 '진실하지 않다'고 느끼게 됩니다. 허황되고 부실하면 구성원들이 진심으로 추대하지 않습니다. 조직의 리더는 알맞은 자리의 원칙을 파악해야 합니다.

대장괘의 상륙 효사는 "숫양이 울타리를 들이받고 물러나지도 못하고 나아가지도 못한다. 이로운 것이 없다. 어려우면 길하다羝羊觸藩 不能退 不能遂 无攸利 艱則吉"입니다. 씩씩한 숫양이 울타리를 들이받고 뿔이 얽혀 전진도 하지 못하고 후퇴도 하지 못하는 진퇴양난의 상황에 빠졌습니다. 행동의 목적을 달성하지 못하기 때문에 크게 불리합니다. 만약 사전에 맞닥뜨릴 가능성이 있는 어려운 상황을 고려하고 적당히 준비했다면 길할 수 있습니다. 조직의 리더는 조직이 강할 때 강한 것만 믿고 무턱대고 돌진하며 결과를 헤아리지 않으면 안 됩니다. 나타날 가능성이 있는 곤경에 대처하고 안전하게 물러날 방안을 사전에 잘 준비해서 진퇴양난의 국면을 피해야 합니다. 조직의 리더는 알맞은 때와 알맞은 자리의 원칙을 취해야 합니다.

진괘의 상구 효사는 "뿔까지 나아가는 것은 이로써 고을을 친다는 것이다. 위태롭지만 길하다. 허물이 없다. 바르지만 인색하다"입니다. 일의 진행이 절정에 도달한 것이 마치 짐승의 뿔에 도달한 것과 같아 전진할 만한 곳도 더 이상 없습니다. 이때 성급하게 전진하면 틀림없이 위험합니다. 하지만 자신을 마치 자신의 도시를 다스리듯 제어하면 재난은 없습니다. 조직의 리더는 알맞은 자리의 원칙을 취해야 합니다.

명이괘의 상륙 효사는 "밝지 않고 어둡다. 처음에는 하늘에 오르고, 나중에는 땅에 들어간다不明晦 初登于天 後入于地"입니다. 빛이 존재하지 않는 어둠의 국면을 만들면 그저 한때만 나타날 수 있고 결국 실패하게 마련입니다. 이것은 마치 해가 땅으로 지는 것과 같습니다. 조직의 리더가 '훌륭한 임금'이 되려면 공명정대하게 일을 처리하고 어둠의 방식을 취하면 안 됩니다. 알맞은 자리의 원칙을 취해야 합니다.

승괘의 상륙 효사는 "어둡게 오른다. 쉬지 않고 바르게 하는 데 유리하다冥升 利于不息之貞"입니다. 「상전」은 "어둡게 오르는 것은 위에 있다. 스러져 풍부하지 않다冥升在上 消不富也"입니다. 조직의 활동이 확대되고 번성할 때 조직의 리더는 절대로 승리 때문에 의기양양해서 머리가 흐려져서는 안 됩니다. 자신을 점점 낮추고 자만하지 말며 시시각각 올바름을 지켜야 불리한 상황이 나타나는 것을 피할 수 있습니다. 조직의 리더는 알맞은 때와 알맞은 자리의 원칙을 파악해야 합니다.

곤괘의 상륙효 「상전」은 "칡덩굴 때문에 갇혔다는 것은 자리가 맞지 않는다는 말이다. 움직이면 후회하는데, 후회가 생긴다는 것은 행하기에 길하다는 말이다困于葛藟 未當也 動悔有悔 吉行也"입니다. 친친 감는 덩굴 때문에 곤란한 이유는 있는 자리가 적당하지 않은 탓입니다. 여기서 지난날의 행동을 검토해서 교훈을 얻고 조급하게 움직이지 말아야 합니다. 그저 반성을 통해서만 자기 행동에서 맞지 않은 점을 깨닫고 어려움에서 벗어나는 길을 다시 정해야 합니다. 조직의 리더는 알맞은 자리의 원칙을 취해야 합니다.

귀매괘의 상륙 효사는 "여자가 광주리를 이는데 든 게 없다. 사내가 양을 잡았는데 피가 나지 않는다. 이로운 것이 없다女承筐 无實 士刲羊 无血 无攸利"입니다. 소녀가 손에 들고 있는 것은 텅 빈 광주리이고 남자가 잡은 양은 피가 보이지 않으니 유리한 일이 아무것도 없습니다. 조직의 리더가 제시한 행동 계획은 실질적인 명분을 가져야 하지 표면적인 움직임이면 안 됩니다. 그러므로 알맞은 자리의 원칙을 취해야 합니다.

태괘의 상륙 「상전」은 "이끌어 기쁘다는 것은 빛나지 않는다는 말이다引兌 未光也"입니다. 남을 기쁘게 하여 꾀는 일은 공명정대한 수단이 아닙니다. 조직의 리더는 남이 아첨하고 떠받드는 일을 방지해야만 잘못해서 침착함을 잃거나 정당하지 않은 결정을 내리지 않을 수 있습니다. 한편 조직의 리더 자신도 정당하지 않은 수단을 취해 구성원을 꾀거나 그들과 유쾌하게 지내는 일을 삼가야만 자신의 목표를 실현할 수 있습니다. 조직의 리더는 알맞은 자리의 원칙을 취해야 합니다.

기제괘의 상륙 효사는 "꼬리를 적신다. 위태롭다"입니다. 일이 완성 단계에 도달했을 때 무턱대고 맹목적으로 행동하는 것은 마치 여우가 강을 건널 때 머리를 일부 적시는 일처럼 위험합니다. 조직의 리더는 일이 완성될 무렵에 의기양양해 하는 일을 피해야 합니다. 맹목적인 행동을 취해 위험에 빠질 수 있기 때문입니다. 조직의 리더는 알맞은 원칙을 취해야 합니다.

'흉한' 유형의 상효

::

비괘의 상륙 효사는 "나란해서 우두머리가 없다. 흉하다比之无首 凶"입니다. 서로 친밀하고 화목한 협력 관계를 제때 세우지 못하면 흉하고 위험해집니다. 조직의 리더는 필요할 때만 친밀하게 지내는 행동을 취하면 안 되고 일찌감치 동료들과 진실한 협력 관계, 곧 수동적이지 않고 주동적인 피차의 협력 관계를 세워야 합니다. 조직의 리더는 알맞은 때의 원칙을 파악해야 합니다.

서합괘의 상구 효사는 "형틀에 매어 귀를 자르다. 흉하다何校滅耳 凶" 입니다. 형벌을 가하는 기구가 귀를 가렸기 때문에 위험하고 무섭습니다. 죄가 좀 가벼운 죄인은 발에만 형벌을 가하는 기구를 끼우지만 죄가 무거운 죄인은 귀까지 덮는 형구를 어깨에 지고 있습니다. 이것은 죄를 벌하는 극한이기 때문에 흉합니다. 조직의 리더가 조직 내부의 처벌 조례를 정할 때 지나치게 엄해서는 안 됩니다. 조직 구성원들의 적극성을 억누르는 일을 피해야 하는데, 반대라면 조직의 발전에 불리합니다. 조직의 리더는 알맞은 원칙을 파악해야 합니다.

복괘의 상륙효 「상전」은 "아득히 돌아가면 흉하다는 것은 임금의 도와 반대라는 말이다迷復之凶 反君道也"입니다. 돌아오는 길을 잃으면 위험하고 무섭습니다. 양강의 바른길을 어긴 것이지요. 조직의 발전 방향이 잘못되었을 때 방향을 바로잡아 바른길로 되돌아가야 하는데 가면 갈수록 멀어져 완전히 방향을 잃어버린다면 위험하고 무서워지게 마련입니다. 조직의 리더는 발전의 추세가 어디 있는지 파악해서 추세를 거스르는 일을 피해야 합니다. 잘못된 방향을 발견하면 제때 바로잡아 정확한 방향으로 되돌아와야지 자기 고집만 부리면 안 되며, 고개를 돌려 방향을 바꿀 줄 몰라도 안 됩니다. 조직의 리더는 알맞은 자리의 원칙을 파악해야 합니다.

대과괘의 상륙 효사는 "물을 건너다가 이마가 없어질 지경이다. 흉하다. 허물이 없다過涉滅頂 凶 无咎"입니다. 강을 건너면 정수리가 까지는 재난이 생기기 때문에 위험하고 무섭습니다. 하지만 행동을 실수나 잘못이라고 볼 수는 없습니다. 객관적인 형세는 양강이 지나치게 왕성한 국면과 맞설 수 없습니다. 대과괘 상륙 음효는 아래쪽의 구이, 구삼, 구사, 구오 등 양효 4개가 바싹 죄는 형세입니다. 힘이 모자라기 때문에 결국 재난을 피할 수 없습니다. 하지만 하면 안 된다는 것을 분명히 알면서도 그렇게 결정한 리더의 행동은 잘못이라고 할 수 없습니다. 조직의 리더는 알맞은 자리의 원칙을 파악해야 합니다.

감괘의 상륙효 「상전」은 "상륙이 도를 잃어서 여러 해 흉하다上六失道 凶三歲也"입니다. 감괘가 이미 위험한 처지를 나타내는데, 상륙은 위험한 가운데 가장 위험한 자리에 있기 때문에 위험하고 무서운 일이 생기게 마련이고 오랫동안 벗어날 수 없습니다. 조직의 리더는 위험한 처지에 처했을 때 냉정함과 침착함을 유지해 적당한 출구가 어디에 있는지 생각해야 합니다. 조직의 리더는 알맞은 자리의 원칙을 파악해야 합니다.

항괘의 상륙 효사는 "꾸준함을 떨친다. 흉하다振恒 凶"입니다. 영원히 유지되는 도에 대해 불안해하면 위험하고 무서워집니다. 상륙이 영원한 도의 절정에 있는 것은 영원한 도가 장차 스러질 것을 상징하기 때문에 흉합니다. 조직의 발전은 반드시 영원히 유지되는 도를 중시해야 합니다. 예를 들어 조직의 장기적인 발전 목표는 너무 서두르면 목적을 달성하지 못하기 때문에 이리저리 흔들리지 말고 오랫동안 꾸준히 견지해야 위험하고 무서운 일을 피할 수 있습니다. 조직의 리더는 알맞은 원칙을 파악해야 합니다.

익괘의 상구 효사는 "더하지 말라. 어떤 사람이 친다. 마음을 세워도 꾸준하지 못해서 흉하다莫益之 或擊之 立心勿恒 凶"입니다. 남이 도와주지 않고 오히려 남으로부터 공격을 받습니다. 지나간 날에 취한 '자기를 덜어 남에게 보태기' 원칙을 견지하지 못했기 때문에 위험하고 무서운 일이 생긴 것입니다. 상구효가 익괘의 꼭대기에 있기 때문에 익괘가 극에 달하면 손괘가 생깁니다. 조직의 정책이 원래 구성원에게 유익해도 차라리 위쪽에서 아래쪽을 보태는 쪽이 낫습니다. 결국 조직 구성원의 지지를 받아 아래쪽도 보태고 자기도 보태는 작용이 생깁니다. 하지만 나중 단계에 와서 상반되는 정책, 곧 남을 덜어 자기에게 보태기를 취하게 되면 조직 구성원들의 불만을 사게 마련입니다. 조직의 리더는 알맞은 자리의 원칙을 파악해야 합니다.

쾌괘의 상륙 효사는 "부르짖을 데가 없다. 결국 흉하다无號 終有凶"입니다. 크게 울부짖으며 통곡할 필요가 없습니다. 위험하고 무서운 일은 깨끗이 없어질 것입니다. 위험하고 무서운 일은 양효 5개 위에 높이 자리 잡고 있는 상륙 음효를 가리킵니다. 양효 5개는 올바른 기운이 풍부한 씩씩함이 위를 향해 자라기 때문에 높은 곳에 있는 소인은 결국 제거되고 말리라는 것을 나타냅니다. 전통적인 해석은 상륙 음효를 사악한 소인으로 봅니다. 그래서 올바름으로 올바르지 못한 것을 제거한다는 견해가 생겼지요. 조직의 리더가 만약 정당하지 못한 경영 수법을 취한다면 조직 내 올바른 사람들의 반대에 부딪혀 제거될 것입니다.

풍괘의 상륙 효사는 "집을 크게 하고 집을 덮는다. 문으로 들여다보니 조용해서 사람이 없는 것 같다. 여러 해 동안 보이지 않는다. 흉하다

豊其屋 蔀其家 闚其戶 閴其无人 三歲不覿 凶"입니다. 집이 이미 극도로 확대되었습니다. 하지만 자기가 있는 방을 가렸기 때문에 문에서 안을 들여다보면 사람이 없는 것처럼 조용합니다. 오랫동안 나서지 않고 깊이 숨어 고립되었기 때문에 위험하고 무섭게 마련입니다. 조직이 아주 크게 성공적으로 발전하면 리더는 머뭇거리면서 자만하게 되고 점차 조직 구성원들과 멀어지며 자기를 고립시킵니다. 조직의 리더가 자신의 목표를 달성할 생각만 하고 사회의 수요를 돌아보지 않기 때문에 조직과 사회는 분명 소통이 없어질 것이라고 해석하기도 합니다. 조직의 발전이 사회를 벗어나면 고립에 빠진 것이나 다름없기 때문에 위험하고 무섭게 마련입니다. 조직의 리더는 알맞은 자리의 원칙을 파악해야 합니다.

여괘의 상구 효사는 "새가 둥지를 태운다. 나그네는 먼저 웃고 나중에 울부짖는다. 역 땅에서 소를 잃었다. 흉하다鳥焚其巢 旅人先笑後號咷 喪牛于易 凶"입니다. 여행할 때 지나치게 뽐내면 위험하고 무서운 일이 생깁니다. 이것은 마치 새가 편히 쉬는 둥지가 불에 타버려도 자신은 모르기 때문에 우선 즐거워도 나중에 슬퍼지는 것과 같습니다. 또한 역 땅의 거친 벌판에서 소를 잃어버린 것처럼 위험하고 무서운 일이 생깁니다. 타향에서 활동할 때는 뽐내거나 자만하지 말고 겸손하게 자신을 낮추고 부드럽게 굴어야 합니다. 로마에 가면 로마법을 따르는 것처럼 현지의 환경 조건에 적응해야 위험하고 무서운 일을 줄일 수 있습니다. 조직의 리더는 알맞은 자리의 원칙을 파악해야 합니다.

손괘의 상구 효사는 "겸손은 침대 아래 있다. 재물과 도끼를 잃어버렸다. 바르더라도 흉하다巽在牀下 喪失資斧 貞凶"입니다. 겸손함이 지극하면 마치 침대 아래에 구부리고 있는 것과 같습니다. 지나친 겸손은 자신을 낮추게 되고 자기 인격과 자존심을 잃어버리게 합니다. 재물과 도끼를 잃는다는 말이 바로 이것입니다. 자신을 낮추고 지켜야 할 예절도 왜곡해서 남에게 지배받는 상황은 결국 불리한 점이 있습니다. 지나치게 겸손하면 남에게 연약하다는 느낌을 주지 않을 수 없기 때문에 씩씩하고 올바른 태도를 유지하는 것이 좋습니다. 조직의 리더는 알맞은 원칙을 파악해야 합니다.

절괘의 상륙 효사는 "쓰디쓴 절제다. 바르더라도 흉하다. 처음에 후회해도 점점 없어진다苦節 貞凶 悔亡"입니다. 지나친 절제는 고통을 가져오기 때문에 올바른 길을 취해 위험하고 무서운 일을 막아야 합니다. 법칙에 맞는 절제는 본디 조직의 발전에 유리하지만 지나친 절제는 조직의 발전을 가로막을 수 있습니다. 조직의 리더는 알맞은 원칙을 파악해야 합니다.

중부괘의 상구 효사는 "날갯짓 소리가 하늘까지 오른다. 바르더라도 흉하다翰音登于天 貞凶"입니다. 중부라는 말의 함의는 정성스럽다는 것인데, 정성스러움이 절정이거나 지나친 정성일 때 거짓 성분이 생깁니다. 마치 공중에 나는 새가 소리를 내는데, 소리는 위로 올라가지만 실체는 밑에 있는 것처럼 이름과 실재가 맞지 않습니다. 정성도 어느 정도여야지 지나치면 안 됩니다. 지나친 정성에서 정성스럽지 않은 성분이 생깁니다. 조직의 리더는 알맞은 원칙을 파악해야 합니다.

소과괘의 상륙 효사는 "그를 만나지 못하고 지나친다. 나는 새가 거기를 떠난다. 흉하다. 이것을 재앙이라 한다弗遇過之 飛鳥離之 凶 是謂災眚"입니다. 상륙 음효가 꼭대기 자리에 처해 있거나 연약한 음유가 높은 자리에 처해 있지만 만나지 못하고 지나치는 것처럼 양강의 협조를 받지 못하면 마치 나는 새가 화살에 맞아 죽는 것처럼 위험하고 무서운 일이 생깁니다. 조직의 리더가 조직의 능력을 넘어서 발전하려고 하면서 관련된 쪽의 협조도 사전에 받지 않고 억지로 넘으려고 한다면 실패를 부르게 됩니다. 조직의 리더는 알맞은 자리의 원칙을 장악해야 합니다.

결론

::

『주역』의 상효는 사물의 발전이 절정에 도달하면 물극필반 현상이 생기고, 물극필반 상황은 '길한' 유형과 '중성적' 유형, '불리한' 유형, '흉한' 유형의 4가지라고 지적합니다. 조직 리더는 자신의 입장에서 어떤 적당한 예방 행동을 취해야 불리하고 흉한 상황에 대처할 수 있는지 파악해야 합니다. 물극필반의 불리하고 흉한 상황은 결코 피할 수 없는 것이 아닙니다. 주로 적당한 행동을 취했는지의 여부에 따라 달라집니다. 적당한 행동을 취하면 '길한 것을 따르고 흉한 것을 피하는' 작용이 생깁니다. 적당한 행동은 때에 맞추기, 자리에 맞추기, 알맞게 하기 등의 원칙이 있습니다.

물극필반에서 '길한' 상황도 조직의 리더가 겸손과 화합, 공평, 쌓기, 규율, 창의성, 알맞게 합치기, 단결, 쓸어버리기, 객관, 주동, 기르기, 후퇴, 양쪽 모두 이롭게 하기, 인정스럽게 대하기, 침착함, 이타, 점진, 반성이라는 18가지 큰 원칙을 파악해야 한다고 제시합니다.

제19장

사고론

이상 『주역』의 관점에서 출발해 『주역』과 조직의 리더 간의 관계를 논했습니다. 여기까지 읽은 독자들은 『주역』의 사고방식을 어느 정도 인식하게 되었을 것입니다. 이 장에서는 『주역』의 사고방식을 간단히 설명하고 『주역』의 사고가 조직의 리더에게 어떤 의미가 있는지 논하겠습니다.

전체론적 사고

::

『주역』의 전체론적 사고는 조직의 리더에게 균형, 화합, 응집, 적극이라는 4가지 의미를 지닌다고 전체론에서 이미 제시했습니다. 전체론적 사고를 가진 리더는 문제를 분석하고 결정할 때 '전체 관계'라는 요소를 고려하게 마련입니다. 이것은 마치 별괘에서 효 하나의 변동이 나머지지 괘의 변동과 연대해서 영향을 주는 것과 같습니다. 예를 들어 A라는 별괘에서 효 하나의 변동은 간단히 B라는 별괘에만 영향을 주는 것이 아닙니다. A 별괘에 원래 숨어 있는 관련된 괘들, 곧 종괘, 착괘, 교호괘, 교역괘 등에도 영향을 주지요. 아주 작은 변동이 일으키는 연쇄 반응은 매우 깊고 큰 경우가 있습니다. 조직의 리더는 관계 변동이라는 연쇄 반응의 영향에 주의하지 않을 수 없습니다.

서양의 조직은 개별 부서의 외부적인 활약에만 치중하고 종종 그 부서에 '공헌한' 관련 부서를 무시하는 경우가 있습니다. 어떤 부서의 효율이 올라가는 경우 관련 부서가 직접적으로나 간접적으로 '공헌한' 경우가 있기 마련입니다. 만약 조직의 리더가 정책을 제정할 때 개체들의 상호 관계를 전체 속에서 고려할 수 있다면 그는 전체론적인 사고 의식을 가지고 있다고 할 수 있습니다.

『주역』의 전체론적 사고에서 전체가 없으면 개체도 없습니다. 개체가 전체에서 적당한 자기 위치를 확정하기 어렵다면 전체에 대한 '공헌' 작용도 드러내기 어렵습니다. 전체의 자리를 먼저 정해야 개체가 의미 있는 자리를 정할 수 있습니다. 만약 기업의 조직이 미래에 발전해나갈 방향이 명확하지 않거나 확정적이지 않다면 개별 부서의 운영 방향과 효율에 영향을 주게 마련입니다.

앞에서 이야기한 건괘와 곤괘의 리더십 철학은 사실 전체론적 사고의 리더십 관점입니다. 건괘의 적극적이고 주동적이며 진취적인 정신만 강조하고 곤괘의 포용과 신중을 아우르지 않는다면 '양 혼자는 자라지 못하는' 걱정이 생깁니다. 반대로 곤괘만 중시하고 건괘의 정신을 무시한다면 '음 혼자는 낳지 못하는' 상황에 맞닥뜨리기 쉽습니다. 건괘와 곤괘의 정신을 동시에 취하면 음양이 상호 보완하는 태극의 전체론적 작용을 드러낼 수 있습니다. 강유론과 중도론, 화합론, 단결론, 손익론, 혁신론, 물극필반론은 모두 전체론적 사고의 표현입니다.

『주역』의 전체론적 사고는 '합일의 사고'입니다. 전체를 나타내는 것은 '하나'이고, 하나는 다시 '둘'로 나누어지다가 '여럿'이 되기도 합니다. 여럿은 다시 합쳐 하나로 돌아올 수 있습니다. 그래서 『주역』의 전체론적 사고는 '하나의 다면적 사고'입니다. "도는 하나를 낳고, 하나는 둘을 낳으며, 둘은 셋을 낳고, 셋은 만물을 낳는다道生一 一生二 二生三 三生萬物"라는 노자의 사고는 태극의 사고와 같은 구석이 있습니다. 청중잉成中英은 『C 이론』에서 『주역』의 사고가 합일의 사고 4가지를 가지고 있다고 설명합니다. '하나이면서 여럿이고, 여럿이면서 하나一而多 多而一'가 첫 번째 합일이고, '정지이면서 운동이고, 운동이면서 정지靜而動 動而靜'가 두 번째 합일이며, '바깥이면서 안이고, 안이면서 바깥外而內 內而外'이 세 번째 합일이고, '아는 것이 행하는 것이고, 행하는 것이 아는 것知而行 行而知'이 네 번째 합일입니다. '하나이면서 여럿이고, 여럿이면서 하나'라는 사고는 사물의 발전을 한결같이 전체의 발전 과정이라고 보기 때문에 여럿은 하나를 떠나지 않습니다. '정지이면서 운동이고, 운동이면서 정지'라는 사고는 운동 과정에서 정지 상태를 파악하는 동시에 정지 상태에서 운동 과정을 파악합니다. '바깥이면서 안이고, 안이면서 바깥'이라는 사고는 인간의 인식이 발전하는 수준을 가리킵니다. 외부 사물의 인식에서 나아가 내재적 사고와 가치의 인정을 이끌어내는 동시에 내면의 사고에서 외부 현상의 인식까지 바깥으로 펼쳐 새롭게 해석합니다. '아는 것이 행하는 것이고, 행하는 것이 아는 것'이라는 사고는 변화를 아는 데서 변화에 참여하는 과정입니다.

 '하나와 여럿의 합일' '운동과 정지의 합일' '안팎의 합일' '앎과 행함의 합일'이 『주역』에서 말하는 '합일의 사고'이고, 이는 리더에게 전체론적 사고 공간을 제공합니다. 조직의 리더는 합일의 사고를 가지고 있어야 '나눌' 수도 있지만 '합칠' 수도 있고, '풀어놓을' 수도 있지만 '거두어들일' 수도 있으며, '올라갈' 수도 있지만 '내려올' 수도 있고, '왼쪽으로 틀' 수도 있지만 '오른쪽으로 틀' 수도 있으며, '전진할' 수도 있지만 '후퇴할' 수도 있고, '안이 될' 수도 있지만 '바깥이 될' 수도 있으며, '말할' 수도 있지만 '행할' 수도 있습니다. 조직의 리더가 합일의 사고를 가지고 있으면 조직이 가지런히 들어맞아 하나로 녹아드는 이치를 알게 됩니다.

다이내믹한 사고
⠿

『주역』에 담긴 사고의 다른 특징은 다이내믹한 사고입니다. '역易'은 '변화'라는 함의를 가지고 있기 때문에 서양에서는 '변화의 책'이라고 합니다. 변화는 다이내믹한 성질을 가지고 있지요. 건괘乾卦와 이괘履卦, 진괘晉卦, 승괘, 점괘 등은 모두 '전진'이라는 다이내믹한 성질을 가지고 있고 특히 두드러집니다. 사실 다른 괘도 그렇습니다. 예를 들어 돈괘의 후퇴, 규괘의 나누기, 송괘의 소송하기, 사괘의 다툼, 복괘의 되돌아가기, 간괘의 멈추기, 관괘의 살펴보기, 임괘의 관리하기, 혁괘의 변혁, 췌괘의 모으기, 환괘의 흩어지기, 절괘의 절제, 미제괘의 끊임없는 생성 등도 모두 다이내믹한 성질을 가지고 있다고 볼 수 있습니다.

사고론

한편 별괘의 육효는 초효에서 상효 쪽으로 변동합니다. 이것은 시공간의 변동도 반영하고 있습니다. 예를 들어 상응하거나 적대적으로 대응하는 것처럼 강유가 서로 미는 데서도 변화가 생깁니다. 음의 힘과 양의 힘은 서로 교감하는 관계도 있지만 서로 밀어내는 대립 관계도 있습니다. 만약 강유가 서로 밀고 움직이지 않는다면 사물은 정지 상태로 변해서 변화가 없어지게 될 테고 사물이 발전해나가는 본질에 부합하지 않겠지요. 사물이 상효 단계까지 발전하면 물극필반에 맞닥뜨리게 되고, 양이 극에 달하면 음이 나오고 음이 극에 달하면 양이 나오며 이것이 스러지면 저것이 자라는 상황에 부딪히게 됩니다. 물극필반의 과정도 다이내믹한 사고의 성질을 가집니다.

태극 개념이 바로 다이내믹한 사고입니다. 태극은 모든 사물이 발전하는 원동력의 출발점이고 음의 힘과 양의 힘이라는 2가지 원동력이 이어지기 때문에 사물은 계속 변동하는 과정에 있습니다. 겉으로 정지된 것처럼 보이는 식물도 사실 변동하고 있습니다. 태극도에서 음의 물고기와 양의 물고기는 머리와 꼬리가 맞물려 있기 때문에 운동의 느낌을 가지고 있습니다. 운동은 사물이 변동하는 일반적인 상태를 나타내고, 정지는 변동하는 과정에서 변화하지 않는 단계입니다. 운동과 정지가 서로 번갈아가면서 바뀌는 것은 영원히 끝나지 않는 사물의 변동 과정을 형성합니다. 『주역』의 육십사괘 가운데 가장 끝에 있는 미제괘는 사물이 영원히 발전하고 있는 자연법칙을 지적합니다.

기업 조직의 상황도 마찬가지라서 영원히 변하지 않을 수는 없습니다. 안팎의 환경이 급격하게 변화하기 때문에 조직의 발전 목표, 계획, 전략, 제도, 구조, 인사 등은 모두 변동에 상응해서 적응해야 합니다.

이것이 바로 「계사하전」이 이야기하는 "한계에 부딪히면 변하고, 변하면 통용하고, 통용하면 오래 지속된다"라는 이치입니다. 조직의 리더는 꼭 다이내믹한 사고를 가져야 하고, 고집을 부리지 말아야 합니다. 사실 시공간의 조건이 다른데 성공적인 지난날의 경험을 부여잡고 과거에 성공한 행동이 지금이나 장래에도 똑같이 성공할 것이라는 타성에 젖은 사고는 다이내믹하게 발전하는 사회에 부합하지 않습니다.

변증법적 사고

∷

변증법적 사고는 변화의 관점에서 사물을 인식하는 사고방식입니다. 『주역』이 취한 갖가지 사고방식 가운데 변증법적 사고가 가장 두드러집니다. 전체론적 사고는 사람과 자연계를 포함한 세계를 유기적인 전체로 보고, 유기적인 전체를 구성하는 부분들 사이에 서로 연계시키고 서로 제약하는 관계가 있다고 봅니다. 앞쪽과 관련된 곳은 3장 '태극, 음양, 오행', 6장 '전체론', 바로 앞의 '전체론적 사고'와 '다이내믹한 사고'입니다. 모두 변증법적 사고의 또 다른 방식입니다. 결국 변증법적 사고는 다음과 같은 몇 가지 특징을 포함하고 있습니다.

1. 변화의 사고

'변화'는 『주역』의 사고에서 볼 수 있는 첫 번째 특징입니다. 천인합일을 가정할 때 자연계의 만물이 모두 변화하고 있는 상황에 비추어보면 사람 일도 그렇게 마련입니다. 『주역』에서 변화의 사고는 다음 상황에 반영되어 있습니다.

○ 괘상과 효상의 변화.

○ 음양이 옮겨다니는 변화. 음이 극에 달하면 양이 나오거나 양이 극에 달하면 음이 나오는 물극필반의 현상을 말합니다.

○ 음양의 변화는 추측하기 힘듭니다. 왜냐하면 사물의 변화에는 필연성도 있고 우연성도 있으며, 확정성도 있고 불확정성도 있기 때문입니다. 「계사상전」이 이야기하는 '음양을 예측할 수 없는 것이 신陰陽不測之謂神'이 바로 이것입니다.

2. 상호 완성의 사고

상호 완성의 사고는 대립하는 어떤 사물이나 어떤 측면도 절대적으로 독립했다거나 고립된 존재가 아니라고 보는 것입니다. 어떤 사물이나 측면이 다른 사물이나 측면과 대립하는 상태를 나타내더라도 대립하는 사물이나 대립하는 측면은 오히려 자신이 존재하는 조건이나 전제가 됩니다. 만약 대립하는 사물이나 대립하는 측면이 없다면 자신도 고립된 채 존재할 수 없습니다. 대립하는 양쪽은 통일된 전체를 구성하기 때문에 같은 몸뚱이의 다른 측면 같은 상황입니다. 대립하는 양쪽은 연계되고 의지하며 서로 보완하는 통일의 관계입니다.

음효--와 양효—는 서로 대립하지만 둘은 독립한 채 존재할 수 없습니다. 이것이 음도 혼자서만 낳을 수 없고 양도 혼자서만 자랄 수 없다는 이치, 곧 '음과 양이 번갈아 바뀌는 것이 도'라는 이치입니다. 세상에 그저 양만 있고 음이 없다고 가정해봅시다. 그저 순양괘인 건괘▦만 있고 순음괘인 곤괘☷가 맞서서 어울리지 않는다면 다른 괘도 생기지 않습니다. 반대로 양이 없고 음만 있다고 해도 결과는 마찬가지입니다.

3. 전체론적 사고

앞에서 전체론적 사고를 여러 측면에서 해설했기 때문에 여기서는 생략하기로 하겠습니다.

조직의 리더가 변증법적 사고를 가지면 다음과 같은 장점이 있습니다.

1. 전체 관계의 고려

문제를 처리할 때 한쪽으로 치우치지 않습니다. 개별적인 행동의 변동은 연쇄적인 상호 관계를 통해 조직 전체의 나머지 분야에 영향을 끼치기 때문입니다. 당연히 연쇄적인 변동의 관계는 긍정적일 수 있지만 부정적일 수도 있습니다. 이는 손익이나 득실에서 리더의 판단을 살펴볼 필요가 있습니다.

2. 임기응변의 고려

조직이 극한까지 발전했을 때 적당한 임기응변으로 대처해 당장의 곤경을 뚫고 나가 새로운 환경의 요구에 적응하려고 해야 합니다. "한계에 부딪히면 변하고, 변하면 통용하고, 통용하면 오래 지속된다"가 이런 이치입니다. 세상에 영원히 변하지 않는 사물은 없습니다. 불교의 '무상無常'도 『주역』의 '변화變易'의 이치입니다. 『주역』의 '변화하지 않음不易'은 자연계의 법칙이 변하지 않는다는 것을 가리킵니다. 자연법칙은 사물의 변화에 영향을 주지만 자신의 변동에는 오히려 정상적인 길이 있습니다. 이런 정상적인 길이 '변화하지 않는' 것입니다.

3. 음양 전환의 고려

육효의 발전이 상효 단계에 이르면 물극필반의 상황에 맞닥뜨리게 됩니다. 조직의 리더는 '편안할 때 닥쳐올 위험을 생각해야 한다'는 의식을 가지고 맹목적으로 무턱대고 돌진하는 행동을 하지 말아야 하며 사전에 철저히 준비해야 합니다. 반대로 역경의 상황에서도 의기소침하지 않고 미래로의 전환을 잘 준비해야 합니다. 태괘가 극에 달하면 비괘가 오고 비괘가 극에 달하면 태괘가 오는 것은 음양이 급격하게 변화하는 이치입니다. 태괘와 비괘 말고 손괘와 익괘, 기제괘와 미제괘도 맞서고 전환합니다. 편안함과 위기, 손해와 이익, 득과 실, 왕성함과 스러짐, 강함과 약함, 전진과 후퇴, 강함과 부드러움, 이익과 손해, 빛과 어둠 등 음양 전환의 원리를 말합니다. 조직의 리더가 음양 전환의 변증법적 원리를 파악할 수 있으면 조직을 이끌고 발전의 길을 평온하게 갈 수 있습니다.

4. 균형의 고려

조직의 구성원은 특정 유형에만 속해서는 안 되고 다양한 속성을 지니고 있어야 합니다. 앞에서 이야기한 금, 목, 수, 화, 토의 5가지 유형처럼 서로 보완하는 효과를 거두어 차이가 발전의 원동력을 생산할 수 있습니다. 조직 구성원의 의견이 갈린다고 절대적인 대립은 아닙니다. 적당히 협조하기만 하면 대립을 통일로 바꾸어 조화로운 상황을 얻을 수 있습니다. 리더는 '어진 사람은 어진 것을 보고, 지혜로운 사람은 지혜를 본다見仁見智'는 태도로 다른 의견을 가지고 있는 부서를 대해야 합니다.

조직의 리더에게 『주역』의 변증법적 사고는 핵심적이고 주도적인 작용을 일으키며, 다른 사고는 이것을 돕는 성질을 가지고 있습니다.

직관적 사고

베이징대학 철학과 주보쿤朱伯崑 교수는 『역학 기초 과정』의 제5장과 『역학만보』의 제4장에서 역학의 사고에는 직관적 사고와 이미지적 사고, 상수적 사고, 논리적 사고, 변증법적 사고가 포함되어 있다고 이야기하고 있습니다. 직관적 사고와 이미지적 사고는 기초적인 사고 형식에 속하며 감성적인 인식 단계에 활용합니다. 상수적 사고는 기초 형식에서 고급 방식으로 넘어가는 사고방식이고, 논리적 사고와 변증법적 사고는 이성적인 인식 단계인 고급 사고방식에 활용합니다. 5가지 사고방식이 『주역』의 시스템에 한데 뒤엉켜 있기 때문에 나누기 어렵습니다. 직관적 사고를 이야기할 때도 사실 이미지적 사고의 성분을 동시에 가지고 있고, 이미지적 사고를 이야기할 때도 상수적 사고의 성분을 동시에 가지고 있으며, 논리적 사고를 이야기할 때도 변증법적 사고의 성분을 동시에 가지고 있습니다. 거꾸로 뒤집은 관계도 마찬가지입니다. 5가지 사고방식을 함께 사용하는 것은 『주역』의 전체론적 사고나 합일의 사고에 드러난 점을 반영하고 있습니다.

변증법적 사고에서 전체론적 사고와 다이내믹한 사고는 앞에서 이미 논했기 때문에 이제 직관적 사고에 대해 이야기하겠습니다. 직관적 사고나 직각적 사고는 과거에 인류가 감각기관으로 직접 느끼거나 경험한 것을 근거로 사물이 장래에 발전할 추세를 몸소 체득하거나 판단하는 것입니다. 『주역』의 효사는 대부분 예전 사람이 남긴 경험의 기록일 뿐 이성적인 추리와 판단에 근거해서 얻은 원칙이 아닙니다. 예를 들어 동인괘의 육이 효사는 "피붙이끼리만 뭉친다. 인색하다"입니다. 같은 집안끼리만 교류에 열중하고 다른 집안사람과의 연계를 소홀히 하면 사람의 마음이 좁아지고 얄팍해지게 마련이기 때문에 사람을 대하고 일을 처리할 때 어떻게 폐단이 없을 수 있겠습니까? 육이 효사의 말은 분명 지난날의 경험을 바탕으로 해서 얻은 것이기 때문에 피붙이끼리만 뭉치는 행위는 폐단을 몰고 오게 될 것입니다. 점을 쳐서 동인괘의 육이 효를 얻었다면 사물이 발전해나갈 전망에 관한 판정은 좋지 않을 것입니다.

건괘 「상전」의 "하늘의 운행은 씩씩하다"와 곤괘 「상전」의 "너그러운 덕으로 만물을 싣는다"도 직관에서 몸소 체득한 것이고 천지를 관찰해서 얻은 특성을 인류 사회에 응용한 것입니다. 자연의 특성을 사람에게 옮긴 것은 사람의 행위가 하늘의 행위를 본받아야 한다는 가정이 있기 때문입니다. 가정은 직관이나 직각의 결과에서 나왔고, 직관적 사고는 감성의 성분이 생기는 일을 피할 수 없습니다. 천지의 특성에서 천지자연의 행실을 몸소 체득했기 때문에 사람의 행위에서 몸소 실현해야 합니다. 하늘의 덕은 인간의 덕의 화신이기 때문에 둘은 같은 몸뚱이의 다른 측면입니다. 인간의 도덕적 실천은 하늘의 미덕을 체험하는 것입니다.

직관적인 사고는 조직의 리더에게 매우 중요한 가치가 있습니다. 곧, 지금 관찰하고 있는 경험을 나중에 행동을 판단해야 할 때 기초로 삼는 것입니다. 과거의 경험은 가치가 있습니다. 어떤 행동이든 이성적인 추리와 판단만 믿고 가볍게 행동하면 안 됩니다. 역사의 경험을 참고하면 득실의 원인을 이해할 수 있습니다. 사람은 자신의 행위를 되풀이하는 경향이 있습니다. 예를 들어 금융시장의 투자나 투기 행위에서 사람들이 과거에 범한 잘못을 아주 쉽게 잊어버리고 다시 똑같은 잘못을 범하는 일을 들 수 있습니다. 역사는 되풀이됩니다. 만약 조직의 리더가 직관에서 상황을 확인할 수 있고 다시 과거의 비슷한 경험에서 득실을 파악할 수 있다면 '길한 것을 따르고 흉한 것을 피할' 수 있습니다.

만약 어떤 조직이 과거에 경험한 일을 다른 조직이 미래의 행동에 참고로 삼는다면 이는 직관적 사고의 응용입니다. 과거의 경험을 세밀하게 분석하고 그중에서 관련된 행동의 득실을 인식하면 미래의 행동에 참고할 수 있습니다. 하지만 직관적 사고로 비슷한 사물의 발전적 미래를 판정하는 일에는 아직 결점이 남아 있습니다. 왜냐하면 과거의 경험을 미래의 행동에 참고로 삼는 사고방식은 사실 과거에 경험한 것을 그대로 미래로 옮기는 타성에 젖은 방법이기 때문입니다. 과거의 경험은 관련 조직이 직접 경험한 것이지만 경험을 인용하는 다른 조직에게는 간접 경험이 됩니다. 경험에 간접적인 성질이 생겼다면 타성에 젖은 직관적 사고를 취해 응용할 때 제한이 생기게 마련입니다. 또한 A라는 시공간의 상황에서 얻은 경험을 B라는 시공간의 상황에 그대로 적용할 수 있는지의 여부도 문제가 됩니다. 다른 시공간에서 관련 조건이 이미 급격히 변화했을 것이기 때문입니다.

이미지적 사고
::

『주역』은 원래 점치는 책입니다. 괘상으로 사물의 발전에 대한 전망을
판정하는데, 8가지 경괘와 64가지 별괘는 모두 일정한 함의를 가진 괘
상입니다. 괘상에 함의가 있어야 사물이 발전해나가는 전망이 길한지
흉한지 추리하고 판단할 수 있습니다. 괘상을 활용해서 사물이 변화해
가는 전망과 길흉을 표현하는 사고방식이 바로 이미지적 사고입니다.

　『주역』의 괘상은 음효 부호--와 양효 부호—로 사물의 이미지를 나
타냅니다. 이미지를 나타내는 다른 방식은 태극도처럼 도상을 채택하
는 것입니다. 8가지 경괘는 하늘(건괘), 땅(곤괘), 우레(진괘), 바람(손괘),
물(감괘), 불(이괘), 산(간괘), 연못(태괘) 같은 자연계의 현상을 상징하고,
또 다른 사물의 상징이 될 수도 있습니다. 사람이라면 아버지(건괘), 어
머니(곤괘), 큰아들(진괘), 큰딸(손괘), 가운데 아들(감괘), 가운데 딸(이
괘), 작은아들(간괘), 작은딸(태괘)입니다. 방위라면 서북쪽(건괘), 서남
쪽(곤괘), 동쪽(진괘), 동남쪽(손괘), 북쪽(감괘), 남쪽(이괘), 동북쪽(간괘),
서쪽(태괘)입니다. 오행이라면 금(건괘와 태괘), 목(진괘와 손괘), 수(감괘),
화(이괘), 토(곤괘와 간괘)입니다. 몸뚱이와 마음씨 등도 있습니다.

　팔괘가 둘씩 위아래로 거듭되면 육십사괘를 구성합니다. 그래서 팔
괘의 이미지적 사고 공간은 직관적 사고보다 더 넓습니다. 앞에서 리더
론을 분석하면서 이미 이미지적 사고에 따라 판단했습니다. 예를 들어

겸괘☷☶의 '땅속에 산이 있다'거나 비괘賁卦☶☲의 '산 아래에 불이 있다'거나 복괘☷☳의 '우레가 땅속에 있다'거나 함괘☱☶의 '산 위에 연못이 있다'거나 건괘蹇卦☵☶의 '산 위에 물이 있다' 등은 경괘 둘을 달리 조합해서 다른 자연 현상을 표현한 다음 인간관계와 행위까지도 자연 현상으로부터 미루어 판단합니다. 경괘 둘로 구성된 자연 현상의 함의는 사람마다 이해하고 연상하는 것이 다르기 때문에 차이가 생깁니다. 이것이 바로 이미지적 사고가 사고 영역을 확대할 수 있다는 장점입니다.

앞의 직관적 사고에서 동인괘 육이 효사 "피붙이끼리만 뭉친다. 인색하다"라는 예에서 이미지적 사고로 미루어 판단한 결과가 같은 구석도 있지만 다른 구석도 있다는 것을 볼 수 있습니다. 예를 들어 동인괘☰☲의 상괘는 건괘, 하괘는 이괘입니다. 동인괘는 원래 건괘☰이지만 하괘에 음효 하나가 뛰어들어와서 동인괘를 형성했다고 볼 수도 있지요. 동인괘는 음이 하나에 양이 다섯인 괘입니다. 이치대로라면 육이는 구오와 상응하기 때문에 구오의 응효이고, 리더 구오와 아랫사람 육이 사이에 강유가 서로 돕는 훌륭한 협력 작용이 생겨야 합니다. 그러나 육이는 오히려 구삼과 초구에게 둘러싸여 '패거리'를 형성하기 때문에 조직이 올바른 길로 발전하는 데 맞지 않습니다. 이미지적 사고에서 이렇게 해석하는 것은 직관적 사고의 해석과 같습니다.

하지만 이미지적 사고에서 정책 결정자는 다르게 해석할 수 있어야 합니다. 육이의 위치가 본질적으로 리더에게 협조해야 하기 때문에 육이와 구오는 괘상과 효상에서 강유가 서로 보완하는 협력 관계를 가지고 있어야 합니다. 이것이 정상적인 관계입니다. 육이가 구삼, 초구와 패거리 관계인 것은 결국 정상적이지 않기 때문에 오랫동안 버틸 수 없습니다. 육이와 구오는 계속 정상적인 협력 관계를 회복하게 될 것입니다. 따라서 직관적 사고와 이미지적 사고로 육이 효사를 해석한 결론은 서로 다를 수 있습니다. 직관적 사고는 타성에 젖은 방법을 사용하고, 이미지적 사고는 괘상과 효상으로 해석하기 때문이지요.

다른 예는 사괘☷입니다. 사괘의 괘사는 "바르다. 어른이면 길하고 허물이 없다貞 丈人吉 无咎"입니다. 바른길을 굳게 지키기 때문에 대중이 존경하고 따르는 경험 많고 묵직한 사람이 장군이 되어야 합니다. 직관적 사고의 관점에서는 아마 바른길을 지키고 노련하며 셈이 깊은 사람을 우두머리로 임명해야 한다고 해석할 것입니다. 하지만 직관적 사고의 관점으로 보면 해석의 영역이 더 넓습니다. 사괘의 괘상은 양이 하나이고 음이 다섯인 괘입니다. 앞에서 말한 음이 하나이고 양이 다섯인 괘와 꼭 반대이고, 음유인 전체 분위기에 덮인 조직 구조에서 양강인 구이는 영향력을 가진 작용을 일으킵니다. 왜냐하면 상사와 동료, 아랫사람이 모두 그의 협조를 얻으려고 다투고, 특히 음유인 조직의 리더 육오는 그의 재능과 지혜, 군대 통솔력에 의지해서 강유가 서로 돕는 작용을 일으키기 때문입니다. 그러므로 조직 전체에서 중대한 책임을 맡겨야 합니다.

직관적 사고와 비교해서 이미지적 사고가 고려하는 쪽이 더 넓지만 결코 과거의 경험을 타성에 젖은 채 그대로 해석하는 것이 아닙니다. 하지만 이미지적 사고도 결점을 가지고 있습니다. 그저 사물의 형상에 의존한다면 사물의 표면적인 현상만 인식할 수 있을 뿐 사물의 내재적인 특성과 사물 사이의 공통성이 어디에 있는지 깊이 연구할 수 없을 것입니다.

조직의 리더는 괘마다 괘상을 깊이 연구해서 힌트와 행동 지침을 얻을 수 있습니다. 「계사상전」은 "군자는 평소 살면서 괘상을 살펴보고 괘사를 곰곰이 생각한다. 움직이면 괘변과 효변을 살펴보고 점치기를 곰곰이 생각한다. 그래서 하늘이 그를 돕는다. 길할 뿐 불리한 것은 없다 君子居則觀其象而玩其辭 動則觀其變而玩其占 是以自天祐之 吉無不利"라고 합니다. 어떤 괘상을 얻으면 괘상과 효사의 분석을 통해 함의를 인식하고 관련된 행동이 길한지 흉한지 이해할 수 있습니다. 앞쪽에서 관련된 괘마다 괘상을 분석할 때 이미 이미지적 사고를 응용한 사례가 있습니다.

술수적 사고

∷

술수적 사고는 글자 그대로 '이미지'와 '숫자'를 동시에 사용해서 사물과 사물의 발전을 인식하거나 추리하고 판단하는 사고방식입니다. 『주역』의 사고는 괘상과 숫자로 표현하기 때문에 이미지와 숫자는 『주역』의 사고를 돕는 매개체입니다. 이미지 측면에는 다음과 같은 것이 있습니다.

- ○ 괘상: 팔괘, 육십사괘.
- ○ 효상: 3개의 효로 이루어진 경괘의 구조, 6개의 효로 이루어진 별괘의 구조.
- ○ 파생된 괘상: 종괘, 착괘, 교호괘, 호역괘.
- ○ 태극도와 오행.

그리고 숫자의 개념은 다음과 같은 것이 있습니다. 앞쪽의 점술에 관한 대목을 보십시오.

- 사물이 변동하는 원소로는 음효-- 와 양효— 2가지가 있습니다.
- 점칠 때 변하지 않는 음효가 소음--이고, 숫자는 8입니다. 변하지 않는 양효가 소양— 이고, 숫자는 7입니다.
- 점칠 때 변해야 하는 음효는 노음-- •이고, 숫자는 6입니다. 변해야 하는 양효가 노양— •이고, 숫자는 9입니다.
- 육효의 위치는 초효부터 이효, 삼효, 사효, 오효, 상효에 이릅니다.
- 하늘과 땅, 사람이라는 육효 구조에서 상효와 오효는 하늘, 초효와 이효는 땅, 삼효와 사효는 사람을 나타냅니다.

괘상에 숫자가 있고 숫자는 다시 이미지를 구성합니다. 과연 이미지가 먼저 생겼을까요, 아니면 숫자가 먼저 생겼을까요? 보편적으로 2가지 견해가 있습니다. 첫 번째는 '이미지가 숫자를 낳는다'는 견해입니다. 사물이 먼저 있어야 이미지가 생길 수 있고, 이미지 개념이 생긴 다음에야 숫자로 표현할 수 있다는 주장입니다. 8개의 경괘는 사물의 이미지를 관찰하고 얻은 것이고, 경괘마다 음효와 양효의 조합으로 괘상을 나타냅니다. 사물의 현상은 8가지만이 아니라 더 많은 유형이 있습니다. 그래서 세 효로 이루어진 괘를 거듭해서 얻은 64가지 별괘로 나타냅니다. 세 효에서 여섯 효로 간 까닭은 많은 유형의 이미지를 새기려는 뜻입니다. 그래서 이미지가 먼저 존재하고 숫자는 이미지를 표현하는 도구가 됩니다. 두 번째는 '숫자가 이미지를 낳는다'는 견해입니다. 세상의 사물 사이에는 본디 숫자의 관계가 존재하고 때와 자리의 변동이 숫자의 변동이기 때문에 효위의 변동이 이런 현상을 표현한다고 생각합니다. 점칠 때도 우선 6, 7, 8, 9라는 4가지 숫자를 얻어 괘 하나를 형성할 필요가 있습니다. 그래서 이미지와 숫자의 관계는 '숫자가 이미지를 낳는' 것이어야 합니다.

이미지와 숫자 가운데 어느 쪽이 먼저인지는 사실 중요하지 않습니다. 왜냐하면 둘의 관계는 마치 음양이 서로 보완하는 관계에서 '음이 먼저'인지 '양이 먼저'인지 다투는 문제처럼 아무 의미도 없기 때문입니다. 음양은 같은 몸뚱이의 다른 측면이라고 이해할 수 있고, 이미지와 숫자도 이런 성질을 가지고 있습니다. 이미지의 표현은 숫자가 필요하고, 숫자의 표현은 이미지가 필요합니다. 따라서 둘은 서로 보완하는 관계입니다.

조직의 리더도 이런 '이미지와 숫자의 합일象數合一'이라는 사고를 가져야 합니다. 예를 들어 기업 조직의 리더는 안팎의 환경에 대해 가정하고 있는 이미지가 있어야 합니다. 내부 환경에서 사기가 하락하고 있는지, 화합이 이루어지고 있는지, 기술은 혁신하고 있는지 등과 외부 환경에서 경제가 쇠퇴하고 있는지, 구조가 전환되고 있는지, 경쟁이 치열한지 등입니다.

위의 환경은 각각 가정한 이미지입니다. 리더는 가정한 이미지를 만드는 동시에 관련한 숫자의 데이터를 수집해서 가정한 이미지가 이미 존재하는 것이 확실한지의 여부를 데이터를 통해 확정합니다. 위의 방법은 이미지와 숫자의 합일이라는 『주역』의 사고에 가깝습니다. 금융시장에서 가격 변동을 예측할 때 보통 기본적 분석과 기술적 분석을 활용합니다. 기본적 분석은 기본적인 경제적 요소로 시장 가격의 동향을 예측하지만, 기술적 분석은 각종 계량적 방법을 예측의 기초로 삼습니다. 기본적 분석은 마치 이미지와 숫자로 사고할 때의 이미지와 같습니다. 시장 흐름의 이미지가 분석의 초점이 되고 경제 지표 데이터가 이미지를 판단하는 근거가 됩니다. 기술적 분석은 가격 변동의 데이터를 미래의 가격 추세를 판단하는 이미지의 기초로 삼습니다. 기본적 분석과 기술적 분석은 모두 '이미지와 숫자의 합일'이라는 성질을 가지고 있고, 이 2가지 방법은 동시에 쓰여 서로 보완하는 작용을 일으키기도 하며, 비슷한 이미지와 숫자 사고방식이 『주역』에 늘 응용되고 있습니다. 하지만 이미지와 숫자의 방법에서 나중에 파생된 갖가지 술수들, 곧 사주팔자나 관상, 풍수 등은 『주역』이 본디 이야기하는 이미지와 숫자의 성질이 아닙니다.

논리적 사고

::

『주역』의 사고방식은 논리적 사고의 요소를 가지고 있습니다. 논리적 사고는 주로 개념화, 분류, 유추라는 3가지 측면으로 표현됩니다.

개념화

추상적 사고를 통해 사물의 차이와 공통점을 파악하고 그중에서 변화의 공통성과 일반적 법칙을 찾기 때문에 음양 개념은 『주역』에서 사고의 기초가 됩니다. 음양이라는 개념은 '—'와 '--'이라는 부호를 통해 표현하고 만물의 변화도 음효와 양효로 설명하기 때문에 사물은 모두 음양의 속성을 가지고 있습니다.

음양 개념은 추상성을 띠기 때문에 사물의 일반적 특징을 나타낼 수 있습니다. 음양 부호는 어떤 구체적 사물의 특성만 나타내는 것이 아니라 모든 사물의 공통적인 특성을 나타냅니다. 팔괘에서 육십사괘로 확대하는 시스템이 사고를 개념화한 표현입니다. 사고의 개념화는 인류가 이미지적 사고에서 이성적 사고로 나아가는 더 높은 단계입니다.

분류

팔괘의 사고는 천지와 만물을 해설하려는 뜻이 있습니다. 그래서 만물을 귀납하고 분류해 8가지 특성으로 나눕니다. 이것이 바로 「계사전」이 이야기하는 "같은 방향인 것들은 유형에 따라 모이고, 같은 사물은 무리에 따라 나눈다方以類聚 物以群分"입니다. 천지와 만물은 비록 특성이 제각각이지만 동시에 같은 구석도 지니고 있습니다. 예를 들어 임금이 한 나라의 우두머리를 나타내고 온 나라에서 가장 높은 위치에 있거나 아버지가 한 집안의 주인이고 온 집안의 가장 높은 위치에 있으며, 머리가 몸의 가장 높은 위치에 있는 것처럼 같은 속성을 가진 사물을 같은 유형으로 귀납할 수 있습니다. 그래서 '가장 높은 위치'에 있으면 어떤 사물이든 건괘로 나타낼 수 있고, 씩씩한 속성을 가지면 어떤 사물이든 같은 유형으로 귀납할 수 있습니다.

『주역』은 사물을 여러 가지로 분류합니다.

1. 사물의 속성은 음양과 강유로 나눌 수 있습니다.

2. 육효로 이루어진 괘는 본괘와 지괘, 내괘와 외괘, 종괘, 착괘, 교호괘, 호역괘 등으로 나눌 수 있습니다.

3. 자리 사이의 관계에서 효위는 응應, 비比, 승承, 승乘의 유형으로 나눌 수 있고, 음양의 2가지 속성이 자리의 성질과 일치하는지의 여부에 따라 당위와 당위가 아닌 것으로 나누며, 중효와 중효가 아닌 것으로도 나눕니다.

4. 괘효에서 점치는 말은 '길하다' '이롭다' '위태롭다' '인색하다' '후회한다' '허물' '흉하다' 등으로 분류할 수 있습니다.

공통적인 속성을 가진 사물을 같은 유형으로 귀납하는 것이 '공통점'입니다. 각 유형마다 다른 공통점을 가지고 있기 때문에 유형 사이에 '차이'가 나타납니다. 공통적인 속성을 가진 사물이라 해도 모든 속성이 같은 것이 아니고 개별적인 속성만 같은 사물도 있습니다. 다른 사물에서 같은 속성을 뽑아내 같은 유형으로 귀납하는 것이 '차이는 그대로 두고 공통점을 찾는' 것입니다. 『주역』의 분류 사고는 이런 성질을 띠고 있습니다.

조직의 리더는 분류하는 사고력을 가져야 더 깊이 있게 이성적으로 인식할 수 있습니다. 예를 들어 아랫사람의 성격을 다른 유형으로 나누어야만 다른 성격의 아랫사람을 함께 어울리게 만들 수 있고, 그 결과 강유가 서로 도와 반대되는 것도 같은 점을 갖게 되는 효과를 얻을 수 있습니다. 앞쪽의 태극, 음양, 오행의 대목에서 조직 안의 인재를 조합하는 문제를 이미 설명했습니다. 금, 목, 수, 화, 토로 나누어지는 5가지 유형의 사람이 지닌 성격의 분류가 이런 작용을 가지고 있고, 여기에 음금, 양금, 음목, 양목처럼 음양의 2가지 속성을 아우르면 분류하는 사고의 수준이 깊어집니다.

만약 시장 마케팅에서 모든 제품의 구매자를 같은 유형으로 보는 무차별 영업을 펼친다면 다른 유형의 구매자에게 다른 제품과 서비스를 제공할 수 없게 될 테고 구매자들은 불만을 갖게 될 것입니다. 그러면 시장을 파고드는 작용에 제한을 받게 됩니다. 사람들이 제품을 구매하는 동기가 오직 가격에 있다고 가정하는 일도 분명 잘못입니다. 반대로 사람들이 제품의 기능만 중시할 뿐 가격은 중시하지 않는다고 가정하는 것도 지나치게 치우친 감이 있습니다. 잠재적 구매자를 구매 동기에 근거해서 실용적 유형이나 유행을 따르는 유형 등으로 나눈다면 구매자의 분류를 통해 잠재적 구매자의 수요를 충족시킬 기초적 방안을 대략 세울 수 있습니다.

분류 사고는 목표로 정한 대상에 관해 깊이 있게 분석할 수 있는 기초를 제공해줍니다. 『주역』은 태극에서 양의가 생기고, 양의에서 사상이 생기며, 사상에서 팔괘가 생기고, 팔괘가 거듭해서 육십사괘를 얻는다는 기초 단계의 분류 사고에 대한 예를 들고 있습니다. 64는 이미 논리적인 체계를 구성하기 때문에 육효로 이루어진 괘를 더 이상 확대할 필요가 없습니다. 육십사괘의 괘상은 결코 64가지 현상만 상징하는 것이 아니기 때문에 갖가지 사물의 현상에 적용할 수 있습니다. 태극 개념에 근거해서 갈려나온 것들은 여전히 전체의 일부분일 뿐 독립해서 바깥에 있는 것이 아닙니다. 이것이 '하나가 둘로 나뉘고, 둘이 하나로 합치는一分二 二合一' 이치입니다. 그래서 태극이 분해된 육십사괘 자체도 사실 태극입니다. 분류 사고는 전체론적 사고의 일부분입니다.

유추

분류 사고에서 한층 발전한 것이 유추 사고입니다. 같은 유형에 속하는 A라는 사물의 속성을 바탕으로 B라는 사물까지 추리해서 인식하려고 하는 것이지요. 『주역』의 점술은 유추 사고를 기초로 삼고 있습니다. 곧, 점을 쳐서 나온 괘사와 효사의 내용을 취해서 관련된 사물이 변동하는 전망이 길한지 흉한지를 미루어 짐작합니다. 지난날의 경험으로 미래의 일을 추리하고 판단하는 것이지요. 유추 사고의 논리는 '차이 속에 공통점이 있다'는 분류 사고의 가정에 근거하고 있습니다. A 사물과 B 사물은 비록 다르지만 공통적인 속성을 가지고 있습니다. 괘사와 효사가 기록한 일은 과거의 일이지만 과거와 미래의 일 사이에는 여전히 공통된 속성이 있습니다. 공통된 속성에 근거해 미래의 일과 관련된 것을 추리할 수 있는데, 이것이 유추 사고입니다. 분류 사고에서 파생된 팔괘와 육십사괘 시스템은 유추 사고의 방식을 취합니다.

여기서 유추 사고의 방식을 어떻게 응용할 것인지 예를 들어 설명하겠습니다. 만약 점을 쳐서 태괘䷊의 육오효를 얻었다면 효사의 내용을 근거로 유추해서 결론을 이끌어낼 수 있습니다. 육오 효사는 "제을이 누이동생을 시집보낸다. 이로써 복이 되고 아주 길하다"입니다. 제을은 중국 은나라 주왕의 아버지이며 중국 역사에서 고종高宗이라고 합니다. 제을은 당시 자신의 딸을 서쪽 지역의 제후인 희창, 곧 나중의 주나라 문왕에게 시집보냈습니다. 혼인 관계를 빌려 은나라와 주나라의 관계를 강화했기 때문에 결과는 행복하게 마련이지요. 육오 효사는 본디 과거의 역사 기록입니다. 점에서 이런 효가 나왔을 때 나머지 비슷한 상황까지 유추할 수 있습니다. 예를 들어 다음과 같습니다.

1. 재능 있는 아랫사람에게 큰 상을 주고 위아래의 관계를 튼튼하게 합니다.
2. 동맹 방식을 통해 자기보다 작은 경쟁자와 협력 관계를 강화합니다.
3. 협력의 깊이를 강화하고 도매상이나 소매상 사이의 관계를 돈독하게 합니다.

『주역』이 사물의 전망을 추측하고 판단하는 기초는 64가지 괘사와 384가지 효사입니다. 여기에 건괘의 용구, 곤괘의 용륙을 다시 더합니다. 만약 이런 괘사와 효사를 특정한 현상으로 간주하면 『주역』 전체의 추측 범위가 좁아지기 때문에 만물의 변동 현상을 해석할 때 쓰지 못합니다. 하지만 384가지 효를 384가지 유형의 효로 간주해서 처리하면 추측해서 판단하는 범위가 확대되고 많은 상황을 해석할 수 있습니다. 이런 가정에서는 유추법을 써야 의미가 있습니다. 유추법을 취할지 여부는 편차와 유형 분류의 정확한 판단에 달렸습니다. 만약 유추할 때 A 유형에 속해야 하는 사물을 B 유형의 사물로 간주한다면 편차가 생기게 마련입니다.

제20장

결론 『주역』의 리더십 모델

위의 여러 대목에서 리더십과 관련된 다양한 『주역』의 관점을 이야기했습니다. 여기서는 개별적인 시각을 전체의 개념 모델로 융합해서 리더십과 관련한 『주역』의 관점을 전체적으로 이해해보겠습니다. 옆의 그림이 『주역』의 리더십 모델입니다.

『주역』의 리더십 모델에 관한 특성을 귀납하면 다음과 같습니다.

1. 위의 그림에서 실선으로 그린 가장 큰 동그라미는 조직 전체를 나타냅니다. 전체가 바로 태극이고 조직 발전의 원점이기도 합니다. 조직의 어떤 변화도 리더의 사고와 조직의 행동을 포함하고 전체에 의지합니다. 리더가 전략을 정하고 결정을 내릴 때 한결같이 전체의 이익을 기준으로 삼고 개인의 이익에 치우치지 않아야 균형을 이룬 상태를 얻을 수 있습니다. 단기적으로 개체의 이익이 균형점에서 조금 벗어나도 되

그림 3. 『주역』의 리더십 모델

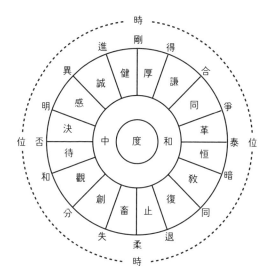

지만 장기적으로는 균형을 유지해야 합니다. 장기적으로 균형을 얻을 수 있다면 장기적인 안정도 얻게 됩니다.

리더는 문제를 고려할 때 전체론의 사고를 가져야 합니다. 하지만 이 것은 사고의 기초일 뿐이어서 전체론적 사고에 아무런 변화가 없는 것 은 아닙니다. 변화가 있는 전체론적 사고가 『주역』의 본래 정신입니다. 『주역』은 일원론도 아니고 다원론도 아닙니다. 같은 몸뚱이의 다른 측 면, 근본이 같은 두 몸뚱이, 같은 실체의 여러 측면, 근본이 같은 여러 몸뚱이 개념입니다. 음의 힘과 양의 힘은 절대적으로 맞서는 관계에 있 는 것이 아니라 상대적으로 맞서고 있습니다. 하나가 둘로 나누어지고 둘이 하나로 합친다거나 하나가 여럿으로 나누어지고 여럿이 하나로 합 치는 관계입니다. 조직의 리더는 문제를 고려할 때 한 측면만 고려해서 는 안 되고 긍정적인 측면과 부정적인 측면, 곧 양적인 측면과 음적인

결론

측면이라는 두 측면 혹은 그 이상의 여러 측면을 고려해야 합니다. 전체론적인 관점으로 문제를 봐야만 균형을 이룬 상황을 얻을 수 있고, 균형은 장기적이고 안정적으로 발전하는 일에 기초가 됩니다.

2. 실선으로 그린 가장 큰 동그라미 위에 맞서는 여덟 쌍의 음양 개념, 곧 강剛과 유柔, 전진進과 후퇴退, 득得과 실失, 나누기分와 합치기合, 차이異와 동일성同, 밝음明과 어둠暗, 태泰와 비否, 조화和와 다툼爭 등이 있습니다. 『주역』에 포함되어 있는 음양 개념이 이 여덟 쌍만 있는 것은 아닙니다. 여기서는 그저 8가지 예를 들었을 뿐입니다. 큰 동그라미나 태극은 사실 음양 개념을 많이 포괄하고 있습니다. 조직의 리더는 이와 같은 음양 개념을 장악해야 합니다. 음양이 맞서는 관계가 결코 절대적으로 고정되거나 변하지 않는 것이 아니고 시공간의 변화에 따라 전환할 수 있다는 점을 이해하는 것이 중요합니다. 예를 들어 오늘 '얻는' 상황이 내일 '잃는' 상황으로 바뀔 수 있다는 것, 곧 오늘 얻는 것이 내일 잃는 것일 수 있거나 오늘 잃는 것이 내일 얻는 것일 수 있습니다. 음양이 전환하는 과정에서 만약 적절한 '중中'과 '화和'를 유지할 수 있다면 조직이 급격하게 변하는 시공간에서 맞닥뜨리게 될 위험을 줄일 수 있습니다. 『주역』의 말로 하자면 '길한 것을 따르고 흉한 것을 피하는' 작용을 일으킵니다.

모든 맞서는 개념에서 강유는 조직의 리더에게 가장 중요합니다. 먼저 리더는 강유가 서로 돕는 상태까지 자신을 수양해야 합니다. 힘차고 강인한 동시에 부드럽고 너그러운 점은 성공적인 리더에게 없어서는 안 되는 가장 중요한 조건입니다. 리더는 어떤 사람을 써야 강유가 서로 돕는 것처럼 경영진을 어울리게 만들어 더 높은 효율을 거둘지 반드시 이해해야 합니다. 강유뿐만 아니라 오행 개념도 포함해서 말이지요. 정책을 세울 때도 강유가 서로 보완하는 관계를 유지해서 안정적인 목표를 달성해야 한다는 점을 이해해야 합니다.

3. 균형의 중요성은 앞의 그림에서 가장 작은 동그라미의 범위, 곧 '도度'의 개념으로 표현합니다. '도'는 '적절함適度'입니다. 행위나 행동은 적절함의 유지를 기준으로 삼아야 합니다. 적절함이 지나치게 높거나 지나치게 낮으면, 곧 적절함이 넘치거나 모자라면 모두 적당하지 않은 상황입니다. '중'의 개념이나 '중도'의 개념도 사실 '도'의 함의를 가지고 있습니다. '중'은 균형의 성질을 가지고 있고 균형에 도달하려면 '도'의 문제가 걸리게 마련입니다. 같은 상황은 '화'에도 적용됩니다. 조직에서 '화'는 주로 '조화로움'과 '화합'의 뜻을 가리킵니다. 조직이 조화롭고 화합하는 상태에 도달하려는 것도 '도'의 문제입니다. 조화의 적절함이 모자라면 조화는 안정성을 잃게 마련이고, 반대로 지나치게 조화로운 것도 반대쪽인 불화로 갈 가능성을 증가시킵니다. 적절함만이 장기적이고 안정적인 조화에 도달할 수 있습니다. 적절한 상태를 유지해서 '중화'의 상태에 도달하게 만드는 것이 리더의 중요한 직책입니다.

4. 실선으로 그린 가장 큰 동그라미 속의 사다리꼴에 열거한 16개의 글자는 『주역』에 포함된 행위 지침을 나타냅니다.

'씩씩함健'은 건괘의 씩씩함과 진취성을 나타내고, '너그러움厚'는 곤괘의 너그러움과 포용성을 나타냅니다. 건괘와 곤괘의 정신은 조직의 리

행위 지침	관련 괘
씩씩함健	건괘
너그러움厚	곤괘
정성誠	중부괘
겸손謙	겸괘
교감感	함괘
어울리기同	동인괘
결단決	쾌괘
혁신革	혁괘
기다리기待	수괘
꾸준함恒	항괘
살펴보기觀	관괘
창의성創	준괘
가르치기敎	몽괘
쌓기蓄	대축괘
멈추기止	간괘
되돌아오기復	복괘

더가 꼭 갖추어야 하는 기본 조건입니다. '정성誠'은 중부괘의 정신을 나타냅니다. 리더는 정성스러움을 갖추어야 조직 구성원의 구심력과 응집력을 세우기 쉽습니다. '겸손謙'은 겸괘의 괘의입니다. 리더는 겸허하고 겸양하며 겸손하게 화합하는 등 진심에서 우러난 겸손하고 간절한 태도를 가져야 조직 구성원의 믿음을 얻을 수 있습니다. '교감感'은 교감이나 감응을 가리킵니다. 리더는 이런 행위에 관한 지침을 파악해서

조직 안팎의 인간관계를 형성해야 합니다. '어울리기同'는 한마음 한뜻을 가리킵니다. 리더는 이로써 조직 문화를 세우는 기초로 삼아야 합니다. '결단決'은 과감한 결정이나 결단의 뜻을 가리킵니다. 쾌쾌의 괘의이지요. 리더는 우유부단한 면을 버리고 굳센 의지를 다지며 과감하게 결정을 내려야 합니다. '혁신革'은 변혁을 가리킵니다. 리더는 기회를 파악해서 조직에 필요한 개혁을 진행하고 조직의 안정적인 발전에 기여해야 합니다. '기다리기待'는 리더가 반드시 인내심을 가져야 함을 가리킵니다. 기회가 아직 무르익지 않았을 때 결코 조바심을 내거나 무턱대고 전진하면 안 됩니다. 수괘는 이런 지침을 제시합니다. '꾸준함恒'의 뜻은 오랫동안 지속한다는 것입니다. 리더는 객관적인 법칙에 따라 일을 처리하는 원칙을 견지해야 합니다. '사람이 늘 한결같아야 한다'가 항괘의 정신입니다. '살펴보기觀'는 사물을 관찰하는 것을 가리킵니다. 리더는 넓은 마음과 도량으로 조직 안팎의 사물을 관찰하는 동시에 자신을 반성하는 정신도 갖추어야 합니다. 이것이 관괘의 괘의입니다. '창의성創'은 창업 정신을 가리킵니다. 리더는 어려운 창업의 시기에 신중하고 인내하며 능력 있는 사람을 찾고 은혜를 베풀며 기회를 기다리고 기회를 타는 원칙을 파악해야 합니다. 준괘는 이런 이치를 제시합니다. '가르치기敎'는 가르쳐서 변화시키고 이끈다는 뜻이 있습니다. 리더는 조직 구성원을 계몽시키는 인재 양성 업무를 중시해야 합니다. 인력의 소질을 개선하면 조직의 장기적 발전에 유리합니다. 이것이 몽괘의 괘의입니다. '쌓기畜'는 자원을 축적하는 일을 가리킵니다. 리더는 자원 축적과 인재 양성을 중시해야 합니다. 우수한 인재를 가지고 있는 조직이라야 장기적인 발전을 보증할 수 있습니다. 대축괘는 이런 함의를 가지고 있습니다. '멈추기止'는 억제의 뜻을 포함하고 있습니다. 리더는 '전진할 때와 멈추어야 할 때를 알아야' 합니다. 적당한 때나 적당한 자리에서 행동을 멈추어 '적당한 때'와 '적당한 자리' 원칙에 부합해야 합니다. 간괘의 괘의는 이런 지침을 지니고 있습니다. '되돌아오기復'는 회복을 가리킵니다. 리더는 자기반성을 거쳐 과거의 잘못된 행동을 인정하고 정확한 발전 방향을 다시 정해야 합니다. 복괘의 괘의는 이런 뜻을 포함하고 있습니다.

안쪽 동그라미의 사다리꼴에는 16가지의 행위 지침만 열거했습니다. 이 영역 안에 열거할 수 있는 리더십의 다른 행위 지침이 사실『주역』에 많습니다만 여기서는 생략하겠습니다.

5. 태극의 범위 바깥에 점선으로 그린 큰 동그라미는 '때時'와 '자리位'라는 2가지 요소를 나타냅니다. 때와 자리는 결코 리더가 완전히 장악할 수 있는 것이 아니라는 점을 지적합니다. 설령 리더가 태극의 범위에 있는 음양 전환의 법칙과 안쪽 동그라미의 행위 지침을 모두 파악했다 하더라도 때와 자리가 맞지 않으면 목표를 달성하기가 어려울 수 있습니다. 따라서 적당한 때와 자리를 파악하는 것도 리더가 자신의 지혜를 드러내는 초점이 될 수 있습니다.

9가지 음양 법칙

∷

위에서 설명한 리더십 모델이 작용하게 만들려면 조직의 리더는 꼭『주역』의 9가지 음양 법칙을 파악해야 합니다.

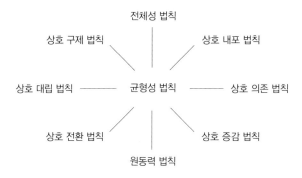
그림 4. 『주역』의 9가지 음양 법칙

1. 균형성 법칙

『주역』의 리더십 모델에서 음양 균형은 조직이 조화에 도달하는 주요 조건입니다. 음양 균형은 결코 절대적인 균형을 가리키지 않고 상대적인 균형을 가리킵니다. 그래서 음양 균형은 사실 적절한 관계를 가리키지요. 음양의 균형성 법칙은 다른 8가지 음양 법칙의 중심입니다. 왜냐하면 다른 법칙들은 모두 균형을 근거로 삼고 있고 그저 정도에서만 차이를 보이기 때문입니다. [그림 3]에서 볼 수 있는 『주역』의 리더십 모델에서 적절한 중화 상태는 사실 음양의 균형성 법칙이 조직의 행동에서 고려해야 하는 핵심적인 기초라는 점을 반영하고 있습니다.

2. 전체성 법칙

음의 힘과 양의 힘은 태극에서 나옵니다. 하나는 둘로 나뉘고, 둘은 하나로 합치지요. 그래서 음양은 같은 몸뚱이의 다른 측면이라는 성질

결론

을 가지고 있습니다. 조직의 행동은 태극이나 전체에 의지합니다. 전체가 존재해야 개체가 있는 것이므로 전체가 존재하지 않으면 개체도 없습니다. 마치 태극이 있어야 음양이 있고, 음양이 있어야 사상·팔괘·육십사괘 등의 하위 시스템이나 개체의 발전이 생기는 것과 같습니다. 하지만 지나치게 전체를 강조하면 개체를 소홀히 여길 가능성도 생깁니다. 그러면 개체의 적극성에 영향을 끼치게 되겠지요. 반대도 마찬가지입니다. 그래서 전체와 개체의 이익도 적당한 균형을 이루어야 합니다. 균형성 법칙은 여기서 작용을 일으킵니다.

3. 원동력 법칙

음만 혼자서 낳을 수 없고, 양만 혼자서 자랄 수 없습니다. 음의 힘과 양의 힘이 서로 합쳤을 때만 발전의 원동력이 생길 수 있습니다. 양강의 창조성과 음유의 포용성은 발전하는 원동력의 기초입니다. 원동력이 있어야 조직은 발전을 확대시킬 수 있습니다. [그림 3]에서는 태극의 범위가 커지는 것이지요. 따라서 조직의 리더는 양강의 요소와 음유의 요소를 합쳐서 사용할 방법을 반드시 이해해야 합니다. 하지만 여기서도 균형성 법칙에 주의를 기울여야 합니다. 만약 음과 양이라는 원소의 어울림이 좋지 않거나 균형을 잃으면 원동력을 충분히 드러낼 수 없습니다. 이것도 적절함의 문제입니다.

4. 상호 대립 법칙

모든 사물은 대립하는 측면이 있습니다. 음양의 대립이 있어야 마찰이나 모순이 생기고 변동의 힘도 생깁니다. 조직의 리더는 대립 문제를 냉정하게 처리하고, 대립을 서로 보완해 의존하도록 바꾸어야 합니다. 대립에서 상호 의존으로 바꾸는 것은 균형 작용입니다.

5. 상호 의존 법칙

태극도에 나와 있는 것처럼 음양 관계는 대립만 있는 것이 아니라 서로 의존하기도 합니다. 조직의 리더는 조직의 음양이 서로 의존하도록 상호 보완 관계를 강화시킬 방법과 대립 국면을 서로 의존하는 국면으로 바꿀 방법을 강구해 리더의 능력을 보여줄 수 있습니다. 그러나 서로 의존하는 관계가 지나치게 오래되면 조직의 원동력을 떨어뜨릴 가능성이 있습니다. 이때 대립의 형세가 나타나는 것이 반드시 나쁜 일은 아닙니다. 왜냐하면 대립 관계를 잘 이용해서 인도하면 다시 발전에 필요한 원동력이 될 수 있기 때문입니다.

6. 상호 구제 법칙

강한 성질을 위주로 취하는 행동에 부드러운 성질의 행동을 어울리게 하면 강유가 서로 돕는 작용이 생깁니다. 강유가 서로 돕는 상황에서 양쪽 힘의 차이가 지나치게 크면 좋지 않습니다. 차이가 크지 않아야 적절한 균형 관계를 유지할 수 있습니다. 만약 강유 관계의 차이가 지나치게 크면 음양이 서로 내포하는 현상을 바꿉니다.

7. 상호 내포 법칙

음 안에 양이 있고, 양 안에 음이 있습니다. 양강을 위주로 하는 행동이 음유의 성분을 내포하고 있을 때 강 속에 유를 가지고 있게 됩니다. 반대 상황에서 음유를 위주로 하는 행동이 양강의 성분을 내포하고 있으면 유 속에 강을 가지고 있게 됩니다. 상호 내포 법칙에서 강의 힘과 유의 힘이 더 큰 차이를 나타내면 균형성의 정도는 상호 구제 법칙의 강유 관계에 미치지 못합니다.

8. 상호 전환 법칙

음양은 다른 때와 자리에서 급격하게 바뀔 수 있습니다. 음이 양으로 바뀌고 양이 음으로 바뀌는 것은 자연스러운 전환일 수도 있고, 인위적이거나 전략적인 전환일 수도 있습니다. 전환은 양이 음보다 크거나 음이 양보다 커서 균형을 이루지 못한 상태에서 균형 상태로 전환할 수도 있고, 음양이 대체로 같은 균형 상태에서 균형을 이루지 못한 상태로 전환할 수도 있습니다. 사물은 균형에서 불균형으로, 그리고 다시 균형으로 발전합니다. 만약 원점까지 회복한다면 고리 모양의 전환이지요. 새로운 균형점이 예전의 균형점보다 높으면 선형 전환이나 나선형 전환입니다.

9. 상호 증감 법칙

음이 스러지면 양이 자라고, 양이 스러지면 음이 자랍니다. 이것은 순환 현상이며 물극필반의 법칙도 반영하고 있습니다. 음양이 스러지고 자라는 과정도 균형을 이루지 못한 변동 과정입니다. 마치 해가 지면 달이 뜨고 달이 지면 해가 뜨거나 봄이 오면 겨울이 가고 가을이 오면 여름이 가는 것처럼 변동 과정은 균형을 이루지 못합니다. 그러나 하루나 한 해처럼 변동 과정 전체는 균형을 이룬 것이고, 균형을 이루지 못한 것은 균형을 이루기 위한 조건을 창조합니다. 조직의 리더가 음양이 스러지고 자라는 법칙을 파악한다면 순환 변동에 적응하는 전략을 정하는 데 유리하며 위험을 회피하거나 낮출 수 있습니다.

[그림 3]의 『주역』의 리더십 모델과 [그림 4]의 『주역』의 9가지 음양 법칙 사이의 관계도 사실 음양 관계입니다. 리더십 모델이 바깥이라면 음양 법칙은 안입니다. 태극도에서 강과 유, 전진과 후퇴, 득과 실, 차이와 동일성, 나누기와 합치기 등과 같은 대립 관계를 파악하려면 꼭 균형성 법칙, 상호 전환 법칙, 상호 증감 법칙, 상호 의존 법칙, 상호 내포 법칙 등 9가지 음양 법칙을 이해해야 합니다. 그래야 대립 관계를 마음대로 응용할 수 있습니다. 9가지 음양 법칙은 태극 범위 안의 행위 지침에도 의미가 있습니다. 예를 들어 '씩씩함' '너그러움' '정성' '창의성' '결단' '기다리기' 등의 행위 지침 가운데 몇 가지만 중시하고 나머지를 흘려버리면 안 됩니다. 그렇지 않으면 일방적이게 됩니다. 왜냐하면 행위 지침이 전체 관계를 구성하고(전체성 법칙), 행위 지침 사이에도 서로 의존하는 관계(상호 의존 법칙)와 서로 보완하는 관계(상호 구제 법칙)가 있기 때문입니다.

시위와 음양 법칙

::

때와 자리의 변동도 음양의 변동을 반영할 수 있습니다. 다른 때와 다른 자리는 각기 다른 음양 관계를 가지고 있기 때문에 9가지 음양 법칙은 모두 시위 변동과 관련됩니다. 시위의 관점에서 균형성 법칙의 응용은 중요한 의미가 있습니다. 단기적인 목표를 지나치게 중시하고 장기적인 목표를 소홀히 하면 단기적으로 시위 변동에 대한 적응성을 증가시키겠지만 장기적으로는 방향을 잃게 될 것입니다. 그러나 장기적인 목표를 지나치게 중시하고 단기적인 목표를 소홀히 하면 아마 시위 변동에 대한 적응력을 상실하는 바람에 창의적으로 변통하지 못하고 효율의 안정성을 방해할 테지요. 균형성 법칙에서 단기적인 목표와 장기적인 목표를 알맞게 결합해야 훌륭한 결과를 얻을 수 있을 것입니다.

시위가 변동해서 반영된 음양 변동의 예로는 대립에서 상호 의존으로 바뀌거나 상호 의존에서 대립으로 바뀌는 상호 전환 법칙, 음이 스러지면 양이 자라거나 양이 스러지면 음이 자라는 상호 증감 법칙, 양 속에 음을 포함하고 있다는 상호 내포 법칙 등을 들 수도 있습니다. 시위 변동과 음양 변동의 관계를 파악할 수 있느냐가 『주역』이 말하는 리더십의 핵심적인 의미입니다.

『주역』의 리더십 모델이 효과적으로 작동할 수 있는지의 여부는 다음의 2가지 조건이 갖추어져 있는지를 보고 결정합니다.

필요조건: 9가지 음양 법칙을 효과적으로 파악할 수 있다.
충분조건: 적당한 때와 자리(시공간).

조직의 리더가 9가지 음양 법칙을 효과적으로 파악할 수 있으면 조직의 응집력과 적응력, 성장력 등을 개선하는 데 도움이 됩니다. 분명 이런 것들은 『주역』의 리더십에 없으면 안 되는 필요조건입니다. 하지만 필요조건이 갖추어진다 해도 적당한 때와 자리가 있어야 『주역』에 담긴 리더십의 작용이 효과적으로 드러날 수 있습니다. 9가지 음양 법칙을 파악하는 일은 본디 시위 변동에 대한 리더의 판단력과 적응력을 끌어올리는 데 도움이 되지만, 어떤 시위 변동은 리더가 사전에 예측할 수 있는 것도 아니고, 실제의 시위 변동과 예측한 시위 변동 사이에도 여전히 차이가 있습니다. 결국 음양 법칙을 파악한 리더는 시위 변동을 판단할 때 파악하지 못한 리더보다 더 뛰어난 분별력을 가지게 됩니다.

참고문헌

『노자』『논어』『손자병법』『중용』

궈젠쉰郭建勳, 『신역역경독본新譯易經讀本』, 삼민서국三民書局, 타이베이臺北, 1996

궈쥔이郭俊義 · 류잉劉英, 『역경응용대관易經應用大觀』, 강서고교출판사江西高校出版社, 난창南昌, 1997

난화이진南懷瑾, 『역경계전별강易經繫傳別講』, 노고문화사업공사老古文化事業公司, 타이베이, 1992(번역서: 『주역계사강의』, 부키, 서울, 2011)

_____, 『역경잡설易經雜說』, 노고문화사업공사, 타이베이, 1994(번역서: 『역경잡설』, 문예출판사, 서울, 1998)

난화이진 · 쉬친팅徐芹庭, 『주역금주금역周易今注今譯』(수정판), 대만상무인서관臺灣商務印書館, 타이베이, 1999

둥헝위董恒宇, 『주역 비즈니스 지침周易經商指南』, 번영출판사繁榮出版社, 홍콩, 1994

딩차오우丁超五, 『역경의 과학적 탐구易經科學探』, 상해삼련서점上海三聯書店, 상하이上海, 1996

류샤오춘劉孝存, 『주역과 인생 전략周易與人生謀略』, 중국문련출판공사中國文聯出版公司, 산둥山東, 1999

류정劉正, 『중국역학예측학中國易學豫測學』, 홍기출판사紅旗出版社, 베이징北京, 1991

류쥔쭈劉君祖, 『결책역決策易』, 뉴턴출판공사牛頓出版公司, 타이베이, 1992

_____, 『생활역生活易』, 뉴턴출판공사, 타이베이, 1993

_____, 『성정역性情易』, 뉴턴출판공사, 타이베이, 1995

_____, 『조직역組織易』, 뉴턴출판공사, 타이베이, 1995

_____, 『우환지서憂患之書』, 신신문문화사업고분유한공사新新聞文化事業股份有限公司, 타이베이, 1998

류창린劉長林, 「주역의 시공관周易時空觀」, 『국제역학연구國際易學研究』 제3집, 화하출판사, 베이징, 1997

류춘柳村, 『원형리정元亨利貞』, 한양출판공사漢陽出版公司, 타이베이, 1995

리롄李廉, 『주역의 사유와 논리周易的思惟與邏輯』, 안휘인민출판사安徽人民出版社, 허페이合肥, 1994

리톄비李鐵筆, 『역경점복응용易經占卜應用』, 익군서점益群書店, 타이베이, 1995

링즈쉬안凌志軒,『역경취관易經趣觀』, 아태국제출판사亞太國際出版社, 홍콩, 1998

산취안珊泉·천젠쥔陳建軍,『중화주역中華周易』, 북경사범대학출판사北京師範大學出版社, 베이징, 1993

셰바오성謝寶笙,『역경의 비밀이 풀렸다易經之秘打開了』, 명창출판사明窓出版社, 홍콩, 1993

_____,『역학의 수수께끼는 어떻게 푼 것인가易學之謎是如何打開的』, 명창출판사, 홍콩, 1994

셰웨이양謝維揚,『지고한 이치: 오래된 기서 주역至高的哲理: 千古奇書周易』, 원신출판공사圓神出版公司, 타이베이, 1996

시창안席長安,『주역과 형세 분석周易與形勢分析』, 전정정좌연구추광학회全程靜坐研究推廣學會, 홍콩, 1999

신쯔辛子,『시간의 문時間之門』, 인민체육출판사人民體育出版社, 베이징, 1998

쑨시궈孫希國,「주역과 전통문화周易與傳統文化」,『대역집선大易集選』, 파촉출판사巴蜀出版社, 청두, 1998

쑨잉쿠이孫映逵·양이밍楊亦鳴,『역경 대화록易經對話錄』, 사회과학문헌출판사社會科學文獻出版社, 베이징, 1996

쑹후이쥔宋會郡·먀오쉐란苗雪蘭,『중화제일경: 주역과 중국 문화中華第一經: 周易與中國文化』, 하남대학출판사河南大學出版社, 카이펑開封, 1995

양수판楊樹帆,『주역의 부호 사유 모델론周易符號思惟模型論』, 사천인민출판사四川人民出版社, 청두成都, 1998

양완창楊萬强,『괘복전서卦卜全書』, 산서인민출판사山西人民出版社, 타이위안太原, 1994

왕더유王德有,「주역의 가치는 '학'에 있지 '술'에 있는 것이 아니다周易的價値在'學'而不在'術'」,『국제역학연구』제3집, 화하출판사, 베이징, 1997

왕밍슝王明雄,『역경의 원리易經原理』, 원류출판사업고분유한공사遠流出版事業股份有限公司, 타이베이, 1996

_____,『생활역경生活易經』, 원류출판사업고분유한공사, 타이베이, 2000

왕신화王新華,『주역계사전연구周易繫辭傳研究』, 문진출판사文津出版社, 타이베이, 1998

왕쥐궁王居恭,『만담주역漫談周易』, 중국서점中國書店, 베이징, 1997

왕치밍王啓銘,『교해주역巧解周易』, 요령대학출판사遼寧大學出版社, 선양瀋陽, 1991

위둔캉余敦康,『역학과 경영易學與管理』, 심양출판사瀋陽出版社, 선양, 1997

_____,「역학의 경영 사상易學中的管理思想」,『국제역학연구』제3집, 화하출판사, 베이징, 1997

자오지밍趙繼明,「캐럴 앤소니와 주역 심리학 연구安東尼及其周易心理學研究」,『주역연구周易研究』제37기, 산동대학중국주역학회中國周易學會, 1998

장궈주姜國柱,『주역과 병법周易與兵法』, 국방대학출판사國防大學出版社, 베이징, 1997

장산원張善文,『주역: 현묘한 계시周易: 玄妙的天書』, 중화서국中華書局, 홍콩, 1996

_____,「대립과 조화對立與和諧」,『국제역학연구』 제3집, 화하출판사, 베이징, 1997

장젠즈張建智,『역경과 경영의 도易經與經營之道』, 상해삼련서점, 상하이, 1997

장치청張其成 편집,『역학대사전易學大辭典』, 화하출판사, 베이징, 1992

_____,『역학응용대백과易學應用大百科』, 동남대학출판사東南大學出版社, 난징南京, 1994

_____,『역도: 중화 문화의 줄기易道: 中華文化主幹』, 중국서점中國書店, 베이징, 1999

장샤오메이張小梅,『삼십육계三十六計』, 동제대학출판사同濟大學出版社, 상하이, 1990

장판蔣凡,『주역연설周易演說』, 호남문예출판사湖南文藝出版社, 창사長沙, 1998

저우룬유周倫佑,『주역 결책학周易決策學』, 청해인민출판사青海人民出版社, 시닝西寧, 1999

저우산周山,『주역 문화론周易文化論』, 상해사회과학원출판사上海社會科學院出版社, 상하이, 1994

저우전푸周振甫,『주역역주周易譯註』, 중화서국, 홍콩, 1996

정완경鄭萬耕·자오젠궁趙建功,『주역과 현대 문화周易與現代文化』, 중국광파전시출판사中國廣播電視出版社, 베이징, 1998

주보쿤朱伯崑,『역학 기초 과정易學基礎教程』, 광주출판사廣州出版社, 광저우廣州, 1993

_____,『역학만보易學漫步』, 심양출판사, 선양, 1997(번역서:『주역산책』, 예문서원, 서울, 1999)

주치징朱啓經,『역경패주분석易經卦主分析』, 중국의약과기출판사中國醫藥科技出版社, 베이징, 1994

중치루鍾啓祿,『역경십육강易經十六講』, 중국화교출판공사中國華僑出版公司, 베이징, 1992

중타이더鍾泰德,『역경통석易經通釋』, 정중서국正中書局, 타이베이, 1998

진징팡金景芳·뤼사오강呂紹綱,『주역전해周易全解』, 길림대학출판사吉林大學出版社, 창춘長春, 1996

진징팡,「주역의 변증법 문제를 말하다談談周易辯證法問題」,『국제역학연구』 제4집, 화하출판사, 베이징, 1998

쩌우쉐시鄒學熹,『역학과 병법易學與兵法』, 사천과학기술출판사四川科學技術出版社, 청두, 1995

쩡스창曾仕强,『21세기의 역경 경영법21世紀的易經管理法』, 방지출판사方智出版社, 타이베이, 1996

천구잉陳鼓應,『역전과 도가 사상易傳與道家思想』, 삼련서점, 베이징, 1996(번역서:『주역 유가의 사상인가 도가의 사상인가』, 예문서원, 서울, 1996)

천구잉·자오젠웨이趙建偉,『주역 역주와 연구周易注譯與研究』, 대만상무인서관, 타이베이,

1999

천왕헝陳望衡, 『점과 이치占筮與哲理』, 중화서국, 홍콩, 1993

천원더陳文德, 『수리 역경數位易經』, 원류출판사업고분유한공사, 타이베이, 1999

천자오량陳昭良, 『역경점복백과전서易經占卜百科全書』, 무릉출판사武陵出版社, 타이베이, 1998

청전칭程振淸 · 허청정何成正, 『역경과 현대화 경영易經與現代化管理』, 중천출판사中天出版社, 타이베이, 1999

청중잉成中英, 『C 이론: 역경의 경영 철학C理論: 易經管理哲學』, 동대도서공사東大圖書公司, 타이베이, 1995

첸스밍錢世明, 『사변적 지혜思辨智慧』, 중국청년출판사中國靑年出版社, 베이징, 1995

캉중첸康中乾, 「역경의 비밀을 풀다易經解秘」, 『주역연구』 제38기, 산동대학중국주역학회, 1998

탕화唐華, 『역경의 변화 원리易經變化原理』, 상해사회과학원출판사, 상하이, 1993

판위팅潘雨廷, 『주역표해周易表解』, 상해사회과학원출판사, 상하이, 1993

푸윈룽傅雲龍 · 차이상진柴尙金, 『역학의 사유易學的思惟』, 심양출판사, 선양, 1997

한융韓勇, 『태역론太易論』, 산동우의출판사山東友誼出版社, 지난濟南, 1998

황정黃征, 『역경직해易經直解』, 절강문예출판사浙江文藝出版社, 항저우杭州, 1998

옮긴이의 말

오랜 세월이 흘렀습니다. 처음 이 책을 접하게 된 시기는 2001년 이 책의 2쇄가 나오고 얼마 지나지 않았을 때였습니다. 볼일이 있어 방문한 홍콩에서 마침 서점에 들를 시간을 낼 수 있었고, 그곳에서 이 책을 만나게 되었습니다. 우연한 만남이었지만 이전부터 동양 고전을 어떻게 현대 사회에 접목시킬 수 있을까 고민하던 터라서 매우 반가웠습니다. 얼른 그 책을 가지고 돌아와 읽기 시작했고, 이후 철학과 대학원 과정의 강의 교재로도 쓰면서 좋은 책이라는 확신이 들었습니다.

바쁘다는 핑계로 찔끔찔끔 번역하던 책이 대충 완성될 무렵, 번거로운 일들이 많아지는 바람에 번역 원고는 구석으로 밀려나게 되었습니다. 다시 이 책을 찾은 것은 이미 확보해두었던 번역권 시한이 거의 다 했을 때였습니다. 베이징대학 철학과에서 역학을 공부한 임형석 박사에게 원고 검토와 윤문을 부탁한 때가 2011년 여름이었고, 여름이 다가기 전에 썩 괜찮은 꼴을 갖추게 되었습니다. 그리고 글항아리 출판사 강성민 대표의 도움으로 이제 기다림의 끝이 보입니다.

지은이 문킨축閔建蜀 선생에 대해 간단히 소개하겠습니다. 선생은 1935년에 태어났습니다. 현대 중국의 대학자 첸무錢穆 선생이 1949년 홍콩에 세운 대학인 신아서원新亞書院 문학계文學系에 1956년 입학해 공부했고, 이어 독일 프라이부르크대학에서 석사 학위와 박사 학위를 받았습니다.

학업을 마친 뒤 싱가포르에 있는 난양대학南洋大學 상학원商學院에서 부교수를 지냈고, 모교인 홍콩중문대학香港中文大學 공상관리학원工商管理學院 교수와 학장을 역임했으며, 동 대학 마케팅과 국제기업학과 석좌교수 및 학과장을 역임했습니다. 석좌교수로 있던 1993년에 중국에서는 처음으로 EMBA 과정을 만들었으니 20년도 더 지났습니다. 홍콩중문대학 EMBA 과정은 영국『파이낸셜 타임스Financial Times』가 선정하는 전 세계 EMBA 순위에서도 손꼽히는 명문입니다.

대학 교육 이외에 문 선생은 홍콩 마케팅학회 총재, 미국에 본부를 둔 국제기업학회 동남아분회 회장을 맡는 등 학회에서 활발히 활동했고, 중국의 권력 기구 가운데 하나인 중국인민정치협상회의中國人民政治協商會議의 제6대, 7대, 8대 위원으로 1980년대 초반부터 1990년대 중반까지 활동했습니다. 게다가 홍콩 반환을 앞두고 이양 준비를 맡은 중국 측 기구로부터 1992년 고문으로 위촉된 적도 있습니다.

교육이나 사회 활동과 더불어 선생은 저술에도 많은 힘을 기울였습니다. 『시장 연구: 기본적 방법市場研究: 基本方法』『시장 관리市場管理』『개혁과 진보改革與進步』등은 선생의 전공인 경영학에 관한 저서입니다. 선생은 중국인이자 본래 문학을 공부한 경영학자로서 세월이 갈수록 중국 고전의 지혜를 경영학에 연결시키고 싶은 생각이 깊었던 것으로 보입니다. 이 책『주역의 힘易經的領導智慧』을 포함해 『역경 해석: 방법과 원리易經解析: 方法與哲理』『채근담의 인생철학菜根譚的人生哲學』『음양적 사고와 응용陰陽的思考與應用』『주역의 중국적 리더십의 지혜Chinese Leadership Wisdom From the Book of Change』등은 중국 고전, 특히『주역』과 경영학을 연결시킨 저술입니다. 홍콩중문대학을 퇴직한 이후로도 명예교수 자리에 있는 문 선생은 여전히 홍콩중문대학 EMBA 과정에서 '역경과 리더십의 예술' 강좌를 맡고 있습니다.

『주역』에 대한 문 선생의 관심은 개인적 취향이라기보다『주역』자체가 가진 성질 가운데 중요한 것 하나를 문 선생이 똑똑히 보았기 때문이라고 생각합니다. 바로 리더십과 관련해서 말입니다. 미래를 예측하는 능력은 집단의 안위를 책임지는 리더에게 예나 지금이나 가장 중요한 덕목입니다.『주역』은 미래를 예측하는 일에 관한 책이니 어떻게 소홀히 대할 수 있겠습니까. 더구나 그것이 중국 문화에서 차지하는 위상을 생각한다면 말입니다.

『주역』에서 말하는 리더는 본래 국가 사회를 책임지던 사람들이지요. 그 무렵 인간 집단의 주도적 형태가 그랬기 때문입니다. 여기에 기업이라는 새로운 주도적 형태가 등장한 지도 꽤 오래되었습니다. 기업이 국가 사회를 넘어서 '지배적' 형태가 된 이후 많은 부작용이 생겼습니다. 경영학자 문 선생이『주역』에 관심을 기울이게 된 마음도 이런 점을 포착한 탓이리라 생각합니다. 현대 사회에서 기업의 주도적 역할을 부정할 수 없다고 하지만 기업도 사회와 더불어 살아가는 존재다, 이런 마음 말입니다.

이 책에는 변명이 필요한 부분이 분명히 있습니다. 그 가운데 몇 가지만 적어보겠습니다. 먼저 이 책의 관점에 의문을 표하는 독자가 있을 수도 있겠습니다. 고전의 현대화라는 구호나 최근 제기된 인문학 위기 담론 등을 볼 때, 이 책이 취하는 태도에 대한 찬반이 갈리기 쉬우리라 예상됩니다. 지루한 말은 생략하고 결론만 말하자면, 인문학 위기 담론이 말하는 위기는 '대학 인문학의 위기' 내지 이른바 '인문학'이라는 훈고학 방법의 위기이지 인문학의 진정한 위기는 아닙니다. 그렇다고 인문학에 직접적 효용성을 요구하는 야만적 태도가 정당화될 수 있는 것은 아닙니다. 우리는 사람입니다. 인문학은 여기서 출발할 것입니다.

또한 번역 원고를 미리 읽어본 사람들 가운데 『주역』을 경영에 적용하는 부분은 좀 알 듯한데, 『주역』 자체를 소개하는 부분은 잘 이해하지 못하겠다는 사람들이 있었습니다. 무슨 뜻인지 알고 있습니다. 여기에 덧붙이고 싶은 말은 이렇습니다. 『주역』은 미래를 예측하는 방법을 알려주는 책입니다. 방법에서 순서나 형식은 무척 중요하지요. 어떤 일이든 그 일에 관해 책임을 짊어져본 사람들은 잘 알 것이라고 생각합니다. 내가 모르는 방법이고 좀 번거롭다고 해서 외면할 수는 없겠지요. 그것이 오랜 세월 동안 효용을 발휘했다면 거기에는 이유가 있지 않겠습니까. 마음을 돌이켜 『주역』의 방법을 눈여겨보길 바랍니다. 그러면 새로운 사고의 길이 열릴지 누가 알겠습니까.

마지막으로 당부하고 싶은 것은 이 책에 나오는 많은 전문용어에 관한 것입니다. 이 용어가 이해를 방해한다고 말하는 사람들이 있었습니다. 어떤 학문이든 전문용어는 나오게 마련이고 『주역』이나 경영학 역시 그렇습니다. 문 선생이 전문용어를 비교적 쉽게 풀어놓았기 때문에 앞뒤를 따져서 되풀이해 읽어보면 이해하는 데 괜찮으리라 생각합니다. 또한 전문용어는 먼저 용어 그대로를 아는 편이 좋습니다. 이 책의 주제와 관련된 다른 책에도 이런 전문용어들이 툭툭 튀어나오기 때문입니다. 그때는 아마 뿌듯한 마음이 들겠지요.

부디 많은 사람, 특히 경영자나 관리자로 일하고 있는 사람들이 이 책을 보고 새로운 공부와 사고에 관심을 가지길 바랍니다.

2015년 10월
옮긴이를 대표해서
박문현

주역의 힘

1판 1쇄 2015년 10월 30일
1판 2쇄 2015년 12월 21일

지은이   문킨촉
옮긴이   박문현 임형석
펴낸이   강성민
책임편집   이효숙
편집   이은혜 박세중 이두루 곽우정
편집보조   차소영 백설희
마케팅   정민호 이연실 정현민 양서연 지문희
홍보   김희숙 김상만 한수진 이천희

펴낸곳   (주)글항아리 | 출판등록 2009년 1월 19일 제406-2009-000002호
주소   10881 경기도 파주시 회동길 210
전자우편   bookpot@hanmail.net
전화번호   031-955-1936(편집부) 031-955-8891(마케팅)
팩스   031-955-2557

ISBN 978-89-6735-259-2 03100

글항아리는 (주)문학동네의 계열사입니다.

이 도서의 국립중앙도서관 출판예정도서목록(CIP)은 서지정보유통지원시스템
홈페이지(http://seoji.nl.go.kr)와 국가자료공동목록시스템(http://www.nl.go.kr/kolisnet)에서
이용하실 수 있습니다.(CIP제어번호: CIP2015027406)